该书为教育部人文社会科学重点研究基地重大项目“文化传统在法治中国建设中的创造性转化研究”（17JJD820004）的阶段性成果。

『家』视野下的中国法制现代化

李拥军◎著

上海三联书店

序 言

为什么是中国？还有家庭？

李拥军

中国的近现代史是波澜壮阔的，它在单位时间内承载了比之古代史密集得多的历史事件。1840 年以来，一场战争接一场战争，一个运动接一个运动，一次革命接一次革命，侵略、抗争、自强、启蒙、革命、改良此起彼伏。中国人在干什么？用现在一个流行语来说，是要“转型”，即要从传统转到现代，实现现代化。如自由学者王东岳先生所说，正是因为我们的古代文明太辉煌了，它形成了一个非常精致而成熟的文化系统，从而使转型变得异常困难。转型过程的艰难让中国人焦虑，使他们变得越来越极端，以至于认为必须彻底抛弃传统才能实现现代化。

“家”是中国传统中的核心内容。农业文明下的社会结构就是家的结构。“家”既是基层社会的基本单位，又是整个国家的总体轮廓。整个国家都是按照家的逻辑来运行的。家庭伦理是国家的意识形态，是法律的指导思想和原则。整个中华法系就是一个亲属法体系。正因为“家”在传统中具有如此重要的地位，所以在近代转型过程中，它被当成首要的批判对象，以至于认为只有彻底解构家，才能实现现代化。

人离不开自己的传统，而法治离不开具体的人，因此一个国家的法治离不开其所在的传统。亲伦传统、重家观念是中华文化的重要组成部分。因此，当下的中国法治不能无视“家”的存在。正是基于此，近年来我把对法理学的研究锁定在“家”这一领域。这一领域可以把现代和传统贯通起来，可以在中西对比的意义上来观察，可以在理论和实践的视野下来分析。因此关于在“家”视野下考察中国法治，将能更全面、更深刻地理解当下的中国。

之所以关注这一问题，除了其对中国社会重要之外，还因为“家”的问题是我的兴趣所在，而兴趣则来源于自己的经历。我是一个怀旧的人，是一个重感情的人。我生于农村，从小就生活在一个大的家庭中。我的爷爷奶奶都已经 90 多岁，至今还很健康；姥姥姥爷也刚刚过世不久。我家的亲戚非常多，叔、伯、姑、舅、姨一大群，直到现在，每次回家走亲戚都是一项非常繁重的任务。我从小就在亲情中长大，我已习惯于亲戚间的迎来送往，婚丧嫁娶，我也珍惜和留恋这份亲情。当看到或想到亲人们慢慢老去的时候，心里难免会泛起一缕缕悲凉之意。我想我的这种生活体验不是个案性的，我只是亿万个中国人中的普通一员。家庭、亲情是每个中国人生活中的必备内容，血浓于水、骨肉相连是每个中国人的真实感受。既然如此，我们的法治不能在无视或缺失这样的因素下来建构。这便是我这些年要对家庭进行研究的一个最为朴素的动力。

中国人离不开家庭，就如同西方人离不开宗教一样。西方人临终之时要有牧师为他做心理疏导，而中国人临终之时总有亲属陪伴。西方人惊奇诧异之时喊的是“My God”，中国人在遇到难处的时候萌生出的是想家的情感，在下意识中喊出的是“我的娘”。正是因为有家的观念，中国人处事原则和行为轨迹常常是家庭主义的。西方人做手术前，医生往往与病人本人或他的代理人商议，而在中国，医生往往要征求病人亲属的意见。西方人的公司雇佣的都是陌生人，中国人的企业中员工往往都是老板的亲戚。中国人的亲属种类特别多，宗亲、表亲、姻亲、干亲，表亲当中又分姑表亲、姨表亲、舅表亲等。西方人亲属的分类远没有中国这么多，姑、姨一个“aunt”，叔、舅一个“uncle”就都表示了。指称最多的一个词莫过于“brother-in-law”，它相当于中国的“姐夫”“妹夫”“大舅哥”“小舅子”“大伯哥”“小叔子”“一担挑（连襟）”。

由于家庭在中国人的生活实践中占有重要地位，亲属关系在整个社会关系中具有明显的普遍性和特殊性，因此家庭的这些机制和属性便会深刻地影响着当代中国法律对社会关系的调整，从而使中国当下的法律呈现出自身的特殊性。换言之，法律欲具有生命力就必须贴近人的生活，而贴近人的生活在中国语境下就是要对中国人的家庭生活实践给予充分的关照，从这个意义上说当下中国法律的生命力取决于它对中国人家庭生活方式的关照程度。因此，当下中国的法律欲实现与人的生活方式的自洽，就必须按照中国社会自身的逻辑来运作。若依此运作，那么它必然呈现出自身独有的面貌。因此可以这样说，能否与“家”相适应也是检验当下中国法律合法性与否的重要标准。

受“家”思维的影响，中国社会呈现出更多特殊性。具体说：中华民族更具有也更需要更多的“同”；中国社会因庞大的亲属关系会出现更多的“别”；中华民族是一个最具有人情味的民族，同时中国人对自己民族具有特殊的情感，因此它孕育着更多的“情”；中国民间社会离不开伦理风俗来维系，因此它需要更多的“止”。如果我们要承认“家”文化是中国人的安身立命之本或者欲将其塑造为中国人的精神支柱，如果我们承认“家”的生活方式已经嵌入中国人的生活而不能剥离，那么我们就需要用制度来加以巩固与引导。既然面向中国建设法治不能无视“家”，那么这些内容也的确为当代中国法治增加了特殊性。

近百年来，我们的现代化走了一条“西化”的道路，无论是洋务运动、戊戌变法还是辛亥革命、新文化运动。为了进入现代化，我们一直把传统当作批判的对象，在“去礼”“非孝”“打倒孔家店”等口号下试图彻底解构传统，认为只有把它批倒、批臭才能实现现代化。如果说，在积贫积弱的那个时代，中国人操之过急、急躁冒进，有情可原，但是到了今天，随着中国的经济实力和政治地位显著增强，中国人应该有一个真正的反思，即用什么态度和方式来对待传统。正如西方汉学家布迪和莫里斯指出的：“任何严肃的对中国社会的研究都应当从家庭开始，或者以家庭终结。”正是带着这样的思考，我这些年把研究领域锁定到家庭。我对于家庭的研究不是局限于对当代婚姻法律制度的完善，而是强调在传统视野下发现家庭领域的问题，试图通过对传统的创造性转化和创新性发展来推动中国法制的现代化。本书就是这些年研究的一个成果的合集。

本书共由十章内容组成。第一章,婚姻制度的生物学解释,主要从生物学的角度阐述人类婚姻的形成,并对当下中国婚姻家庭法律制度作出了具体反思。第二章,家庭制度的功能性考察,从人类学、文化学的角度阐释家庭制度的形成的内在机理,系统地解释了性、婚姻、家庭、亲属在法律上的意义。第三章,中华亲伦法律传统的特点及近代命运,集中阐释了中国传统法律中的亲伦性特征及近代转型的动因。第四章,清末"礼法之争"背后的省思,以清末修律中的法理派和礼教派的争论为线索,剖析了争论的动因,对法律现代化过程中去亲伦传统的实践进行了深刻的反思。第五章,"亲属相奸"条款消亡背后的思考,以乱伦为例,分析了它之所以被人类社会严格禁止的文化学动因,并对中国法律现代化过程中乱伦除罪实践进行了反思。第六章,"孝"的法治难题及其理论破解,分析了"孝"文化融入现代法治的三大难题,并在理论上提出了具体的破解路径。第七章,法律对亲属调整的文本表达与实践运作,分析了在家庭法领域法律文本与现实世界之间呈现出巨大的张力的原因,认为这种张力为活跃的司法留下了很大空间,进而引发出关于亲属领域立法和司法的规范化问题的思考。第八章,亲属豁免权的中国面相,以"大义灭亲"和"亲亲相隐"两种话语的博弈为视角,阐释了在中国建立亲属豁免权制度的必须性和具体路径。第九章,家事司法的中国模式,在社会治理的视野下对当下的家事司法改革进行评析,揭示出当下中国家事司法运用的是一种心灵征服技术、思想规训技术、操作于人内心的"自我技术"以及临摹传统的"仿古"技术,呈现出的是一个逆现代法律发展方向的降理性化的演进路径。第十章,"家"视野下的中国法治的主体性,分析了家庭生活方式对中国人权利的形态、法律运作方式、思维方式的影响,提出在关照"家"的意义上重建中国法治的主体性。

本书从传统到现代,从国内到国际,从理论到实践,从立法到司法,从文化到制度,从普遍规律到中国经验,力求较为系统地阐释家庭在中国法制现代化中的功用。笔者真诚地希望它能够为推动当下法治中国的建设、探索符合中国国情与民情的法治道路有所助益。

在本书的写作过程中，桑本谦教授、黄源盛教授对个别章节内容进行了实质性的指导，让本书的内容表述得更为准确和丰富，在此对他们表示感谢。

目录

第一章　婚姻制度的生物学解释

婚姻是人类社会中最为古老和普遍的社会现象，有了它，男女得以结合，后代得以延续，亲属得以确立，分工得以产生，社会组织得以形成。[①]为维护人类婚姻而存在的制度则是在人类漫长的发展过程中逐渐形成的。人类学的研究让我们相信在没有法律和政府的初民时代婚姻就已经形成。如果我们真的能够回眸那段人类的历程，我想，婚姻应该是在人类的进化中为满足人类生产和生活的需要而在潜移默化中形成的。由此，我们推之，人类的婚姻制度在大体上应该是一种哈耶克意义上的“自生自发”秩序，是一种哈耶克所言及的“不是经由主观琢磨而发明出来的，而是通过渐进的试错过程，慢慢发展起来的”、依靠“无数代人的经验才发展成当下这个状况”的一些规则。[②] 当人类进入政府时代以后，法律不过是对这些既定规则的确认而已。

既然如此，那么，当我们在探讨婚姻制度是如何形成与维持的机理的时候，有两个条件是应该坚持的：第一，必须在进化的框架内进行；第二，不能偏离生物学意义上的人。因为人类的进化是一个从生物意义上的人向社会意义上的人迈进的过程，而婚姻及其基本制度恰恰是在这一过程中形成的。自然性和社会性是人的两大属性，而越接近前政府时代，人的自然性就越明显，因此，人的生物学因素必然在婚姻制度的形成与演变过

① 童恩正：《人类与文化》，重庆：重庆出版社 2004 年版，第 101 页。

② ［英］哈耶克：《自由秩序原理》（上），邓正来译，北京：生活·读书·新知三联书店 1997 年版，第 196 页。

程中发挥着不可替代的作用。提及动物的进化，就不可能不关注动物的生殖。达尔文的进化理论告诉我们：任何物种都要通过自然选择的方式来进化，只有那些在生存斗争中占据有利地位的物种才能存续下来；但是，对任何物种来说仅仅能够生存下来是不够的，还必须要考虑后代繁殖的问题。如果一个物种仅仅能够生存，不能繁殖后代，即使它是“适者”，那么对于物种进化来说也是没有意义的，因为物种个体的寿命是有限的，如果它不能繁殖，其种族最终将随着个体的死亡而消亡。因此，生殖上的成功与个体自身的保存一样都是物种进化中的关键性因素。①

现代的生物学的研究又推进了这种认识：在很多场合下，物种传递基因的本能或欲望超过了个体自身保存的本能或欲望，②“生物无论做的什么都是为了增加自身基因的存活率或基因复制的成功率”。③ 如果我们同意生物学家或进化论的观点的话，那么我们可以这样认为：物种的行为是以生殖为导向的，基因传递是促使物种进化的核心力量。提及生殖，就不能不与性相联系，因为在传统的社会里性是生殖的唯一途径。提及性，又不能不在男女两性的框架内讨论，因为一般的性行为都要在男女两性间完成。这样，对婚姻及其制度的探讨就可以在两个层面上进行：其一，在进化的层面上，婚姻便是在人类发展的过程中，在男女、性、生殖等诸要素共同作用下形成和完善的，这套制度在前政府时代是通过习惯来发挥作用的。当这种通过自生自发而形成的一套习惯被国家法律认可或作了微调而上升为法律时，婚姻便成为了规范男女间性与生殖的一套国家制度。其二，在生物学的层面，婚姻制度恰恰是在同性或异性间以生殖为目的、以性为内容、以生物学为场域的博弈中形成的，这场博弈伴随

---

① ［英］达尔文：《物种起源》，周建人等译，北京：商务印书馆 1995 年版，第 77—96 页。

② 生物学家们认为，通常情况下维护基因与维护自身利益相一致，但两者之间发生矛盾时，多数物种往往为了自己的基因而宁愿牺牲自身的利益。比如鲑鱼会因产卵而死亡，蜜蜂为保护自己幼儿蜇了其他物种而丧生，雄螳螂为自己基因能够繁衍宁愿为雌螳螂充饥；有时处于基因利益的考虑，动物们偶尔会为群体效力，比如遇到狼群围攻时，成年麝牛会肩并肩形成一堵墙来保护小麝牛。参见［美］理查德·道金斯：《自私的基因》，卢允中，张岱云译，北京：科学出版社 1981 年版，第 5、8—9 页。

③ ［美］麦特·肯德雷：《美德的起源——人类本能与协作的进化》，刘珩译，北京：中央编译出版社 2004 年版，第 10—11 页。

人类发展的始终，男女、性、生殖等诸要素的变化通常会引起婚姻制度的变革与调整。不难看出，无论在哪个层面，生物学因素都在婚姻制度的形成与演变中扮演了重要的角色。正基于此，笔者试图从基因传递的角度，利用进化论的知识，为人类婚姻制度的发生和演变提供生物学的解释，并对现代的婚姻立法给予必要的反思。

一、自私的基因与婚姻关系的形成

性是婚姻的本质内容，离开了性我们就无法定义婚姻。正因如此，霭理士将婚姻定义为“性的关系的一种”①，M·恩伯和C·恩伯把婚姻界定为“两性之间性与经济的结合”②，波茨和肖特视婚姻为“社会文明对交配行为的约定”③，韦斯特马克认为：“结婚总是意味着性交的权利”④，康德的定义则更为经典：“婚姻就是两个不同性别的人，为了终身互相占有对方的性器官而产生的结合体”⑤。虽然婚姻依赖于性，但并不是所有的性关系都可以称其为婚姻关系。某种性关系成为婚姻关系通常要依赖于两个条件：首先，性关系必须在时间上能够维系足够的长，因为婚姻代表着性关系的恒常化，“一夜情”式性关系不能称为婚姻；其次，性关系必须具有某种程度的排他性，至少对一方来说是这样，因此，在人类社会早期，在性杂交的状态下，还谈不上婚姻。这样说来，婚姻的发生与人类社会并不是同步的，它是在人类社会的发展中逐渐形成的，它是性关系恒常化、性关系主体固定化的结果。用现代人的观点来看，处于杂交状态下的早期人类在性上是自由的，而在婚姻状态下的现代人在性上反而是不自由的，由此看来，在性的进化上，人类是从自由迈向了不自由。既然如此，我们

① [英]霭理士：《性心理学》，潘光旦译，北京：生活·读书·新知三联书店1987年版，第330页。

② [美]C·恩伯，M·恩伯：《文化的变异——现代文化人类学通论》，杜杉杉译，沈阳：辽宁人民出版社1988年版，第279—280页。

③ [美]马尔科姆·波茨，[澳]罗杰·肖特：《自亚当和夏娃以来——人类性行为的进化》，张敦福译，北京：商务印书馆2006年版，第97页。

④ [芬]E. A. 韦斯特马克：《人类婚姻史》(第一卷)，李彬等译，北京：商务印书馆2002年版，第33页。

⑤ [德]康德：《法的形而上学原理》，沈叔平译，北京：商务印书馆1991年版，第95页。

不禁要问，人为何要超越天性而“作茧自缚”？是什么力量促使人们能够超越天性而甘愿“作茧自缚”？

如前所述，一切生物的进化都要受基因传递法则的支配，人类也不例外，而对于早期的人类来说，性又是实现基因传递的唯一手段，因此，受这一法则的支配，人类的性行为必然要本着有利于后代繁衍的方法和策略选择。[①] 既然如此，同性间的性竞争便不可避免，因为个体（无论男女）只有获取更多的性机会，更优质的性资源，它才有可能在基因传播上占有优势。依达尔文的理论：物种的性竞争分为两种。一种是发生在雄性个体间的性竞争，其目的是赶走或杀死竞争对手，此间雌性处于消极被动状态；一种是发生在雌性个体之间的性竞争，其通过刺激或媚惑异性（雄性）的方式，选择更合意的配偶，此间雌性不再处于被动地位。[②] 这样，面对性竞争，对于雄性来说，它们只有通过武力竞争击败对手才能获得较多的与异性性交的机会从而最大限度地增加其基因传播的可能性；对于雌性来讲，它们必须对雄性实施某些性吸引的策略，以便一方面较之其他同性个体获得较多或较优的性资源从而增加其受孕的概率以及后代的成活率，另一方面以性为交换手段来获取较为充足的蛋白质以供养自己及其子女。这种性竞争机制的存在，决定了此时的性仅仅是作为对供养者的酬劳的形式而出现的。同时也表明，此时在性资源的配置上奉行的是“丛林法则”，强者多占或独占性资源，弱者少占性资源或者被排除在性关系之外。

如前所述，婚姻关系的特点在于性关系的恒常化和性关系主体的固定化，即男性或女性个体要有相对固定的性伙伴。在人类进化的进程中，人的生理结构和生育特点在固定人类的性关系方面起了关键性的作用。首先，人类的单系生殖的特点促进了性行为的固定化。所谓单系生殖是指虽然卵子受孕需要两性的通力合作，但孕育和生殖后代在生理上只需女性一方就可完成。这样，在性杂交的状态下“隐性的受孕”和“显性的生

---

① ［美］马尔科姆·波茨，［澳］罗杰·肖特：《自亚当和夏娃以来——人类性行为的进化》，张敦福译，北京：商务印书馆 2006 年版，第 27 页。

② ［英］达尔文：《人类的由来及性选择》，叶笃庄，杨习之译，北京：北京大学出版社 2009 年版，第 409 页。

殖”便形成了“能定其母，难定其父”的悖论。又因为在人类的进化中，女性形成了与灵长类动物相区别的隐匿排卵的特点，[①]而受有性生殖的特点所决定，男女两性只有在女性排卵期内从事性行为，女性才能受孕。这意味着在不能确定女性排卵期和真正的父子亲缘关系的情况下，男性只有持续地固定地与一位女性发生性行为，并长时间地守护在其周围不让其他同性染指才能确保自己的基因得以复制和繁衍。其次，人类双系抚育的特点也促进了性关系的固定化。生理学的经验表明：女人怀孕 280 天才能让腹中胎儿发育成熟，要把一个婴儿培育成直立行走的人一般要花费 700 天的时间，并且每胎一般一子，相比之下大部分哺乳动物都较之人有明显的优势，它们或是怀孕时间短，或是成长期短，或是一胎多仔，或是几者兼具。如前所述，虽然受精卵的形成需要男女双方的性行为来完成，但怀胎与分娩从生理上讲却是女人自己的事。怀胎和分娩使女人相对于男人承担了额外的负担，这种负担使得她们的生存能力下降。

人的这种生理特点决定了女性单靠自己的力量很难完成抚育后代的任务，她必须长时间借助男人的力量为自己和孩子提供营养源，而男人欲获得自己的子嗣并保证其存活就必须供养女人和孩子。人类学家戴蒙德对这种只有雌雄通力合作才能成功抚育子女的人类生活特点如此揭示道：“人类婴儿即使断奶之后，所有的食物仍由父母亲供应；而猩猩断奶后，就自行觅食。大多数人类父亲密切涉及子女的抚育，母亲就更不用说了；而黑猩猩只有母亲这么做。……因为我们取得食物的方法既复杂又依赖工具，刚断奶的婴儿根本无法喂饱自己。我们的婴儿，出生后得长期喂养、训练与保护——比黑猩猩母亲需要付出的多得太多了。因此人类父亲只要期望子女存活、长大，通常就会协助配偶养育子女，而不只是贡献一粒精子——红毛猩猩的雄性，唯一的亲职付出，就是一粒精子。”[②]

受“自私的基因”的支配，男人的辛勤付出是为了自己的基因，他不可能供养在血缘上不属于自己的孩子，于是，处于多元性关系中的女性便有可能成为“公地悲剧”中的受害者，因为当男人在不能确定女人胎内的基

---

① ［英］莫里斯：《人这种动物》，杨丽琼译，北京：华龄出版社 2002 年版，第 182 页。

② ［美］杰拉德・戴蒙德：《第三种猩猩》，王道还译，海口：海南出版社 2004 年版，第 52 页。

因是否归属自己时，他是不会向其投入更多的抚育资本的。这样，为了诱使男人做长效的投资从而换取固定的营养源，女人只能将配偶相对固定化。因此，对于早期的人类来说，婚姻意味着男人对女人及其子女的供养。①

正如人类学家所言："夫妻之间的许多性行为并不能导致怀孕，而密切他们关系的性交合就成了婚姻生活中不可缺少的篇章。"②性行为持续在固定的主体间进行，感情才得以产生(所谓"日久生情")。这种由长时间默契的"性合作"而导致的或在共同抚育后代中产生的彼此间的感情，便成为了进一步促进男女双方结合的黏合剂。它既是促进婚姻形成的力量，又是强化婚姻维持的力量。在人类进化之初，或许情感只是为生殖的需要而演化出来的副产品，但随着人类的进步，它在婚姻中的作用便越发重要，以至于在现代社会中成为了婚姻成立与维系的主要理由。难怪恩格斯说："只有以爱情为基础的婚姻才是合乎道德的。"③也正因如此，现代婚姻法才把"夫妻双方感情确已破裂"、"婚姻关系破裂"、"婚姻双方的共同生活不复存在"等作为判决离婚的主要依据。④

当然，婚姻并不完全等同于婚姻制度，但是婚姻制度必须依赖于婚姻才能存在，它是为规定婚姻关系而产生的制度。当婚姻关系产生以后，通过婚姻的方式来生活便会成为人们的一种习惯，从而得到社会认可和支持。也就是说，当初通过生物学力量而形成的婚姻后来被赋予了文化与社会的意义，并加以维持，而通过法律对婚姻进行规定与保护则成为了社会文化的一部分。虽然婚姻并不等于一夫一妻制(后面将谈及)，但是婚姻毕竟意味着性关系主体的相对固定化，意味着男女之间以性、抚育子女或以其他经济为目的的恒常化的共同生活。因此，不同时代、不同民族的婚姻制度在内容上虽然有很大的不同，但就维护性关系主体的排他性和

① 潘绥铭：《性的社会史》，郑州：河南人民出版社 1998 年版，第 90 页。

② [美]马尔科姆·波茨，[澳]罗杰·肖特：《自亚当和夏娃以来——人类性行为的进化》，张敦福译，北京：商务印书馆 2006 年版，第 99 页。

③ 《马克思恩格斯选集》第 4 卷，北京：人民出版社 1995 年版，第 81 页。

④ 我国婚姻法(第 32 条)是把"夫妻双方感情破裂"作为离婚的理由。德、法等国均以"婚姻破裂"、"共同生活破裂"、"婚姻双方的共同生活不复存在"等为离婚理由。参见陈苇主编：《外国婚姻家庭法比较研究》，北京：群众出版社 2006 年版，第 389、401 页。

恒常性来讲，应该说具有相当大的共性，而这种共性在现代社会则更加显著。于是，法律通常都会将维护婚姻的稳定作为自己的宗旨和任务，①都会将同居或共同生活规定为婚姻成立的实质要件；②通常法律还会要求，夫妻双方或至少其中一方（在男权社会通常是妻子）不能与其他异性发生性关系（忠诚义务）。③ 一般说来，换偶、淫乱、群交、重婚以及其他非婚性行为即使发生在一对自愿的男女之间或者一个封闭的群体之内，也会遭到社会的谴责乃至法律的制裁。④ 随着人的主体地位的提高，虽然世界范围内通奸无罪化的趋势日益明朗，但是，这并不意味着通奸就是合法的，并不意味着男女双方就有通奸的权利，这仅仅意味着通奸摆脱了刑罚的处罚，因为几乎在所有的国家，通奸都是离婚的法定事由和一方承担民事责任的重大过错。

二、基因传播与婚姻形态的演变

如前所述，虽然性关系的固定化和恒常化导致了婚姻，但婚姻并不等于一夫一妻制。一夫一妻制是性关系中男女主体都固定化的形式，因此仅仅是婚姻当中的一种形态。当男女一方固定，而另一方不固定时也会导致婚姻，而此时的婚姻便表现为一夫多妻制和一妻多夫制。

---

① 例如我国婚姻法第 32 条规定，人民法院审理离婚案件，应当先进行调解；如感情确已破裂，调解无效的，才能判予离婚。《法国民法典》规定：夫妻双方在 6 个月内不得相互同意离婚；在因夫妻共同生活破裂或因过错离婚的情况下，向法院起诉前，必须试行和解。和解亦得于诉讼中间再次试行。《俄罗斯联邦家庭法典》规定：法院有权采取使夫妻和解的措施，可以为夫妻双方指定不超过 3 个月的和解期。参见陈苇主编：《外国婚姻家庭法比较研究》，北京：群众出版社 2006 年版，第 389、391 页。

② 《法国民法典》第 215 条第 1 款规定："夫妻双方负有在一起生活的义务。"《德国民法典》第 1353 条第 1 款规定："婚姻双方相互之间有义务过共同的婚姻生活"。《瑞士民法典》第 159 条第 1 款规定：结婚使配偶双方结合以共同的婚姻共同生活。"《意大利民法典》第 143 条第 2 款规定："依据婚姻的效力，夫妻间互负……在家庭生活中相互合作和同居的义务。"参见于静：《比较家庭法》，北京：人民出版社 2006 年版，第 44 页。

③ 如《法国民法典》第 212 条规定："负有相互忠实、帮助、救援的义务。"我国婚姻法规定：夫妻应当互相忠实，互相尊重；禁止有配偶者与他人同居。

④ 据笔者不完全统计，现代所有国家的刑法都有重婚罪的规定，除中国、芬兰、俄罗斯等少数国家外，绝大多数国家都将乱伦或亲属相奸规定为犯罪。中国刑法中有聚众淫乱罪的规定，《奥地利联邦刑法典》（2002 年修订）第 218 条将公然淫乱行为定为犯罪。现代各国刑法虽然都不对卖淫与嫖娼行为直接规定为犯罪，但是都将淫媒行为定为犯罪。

“多夫多妻”形式实际上等同于乱交，由于这种性行为完全不排他的模式与婚姻的本质不符，因此还不能称之为婚姻。由此看来，在人类发展史上，婚姻以三种形态存在：一夫一妻制、一夫多妻制和一妻多夫制。①

然而，这三种婚姻形态的适用率在人类历史上明显地具有不均衡性。人类学家对有记录的853种文化进行考察后发现，只有16%的文化明确规定实行一夫一妻制，即只允许男人在同一时间内拥有一名妻子；近84%的文化允许一个男人同时拥有多名妻子，即实行一夫多妻制；而实行一妻多夫制的文化仅占总数的0.5%。② 默道克的世界民族志抽样调查结果更精确地显示了这样的结论：在565个抽样社会中，只有大约1/4的社会实行严格的一夫一妻制，其他社会都允许某种形式的多偶制，但其中实行一妻多夫制的社会却只有4个。③ 从自然的角度看，既然男性的数量和女性数量大致是相等的，那么人类更应该选择一夫一妻制；又如前所述，既然性竞争既可以在男性中展开又可以在女性中展开，那么一夫多妻制和一妻多夫制则应大致平等地被选择，而现实中却为何如此不均？难道单单就是因为男人和女人的地位不平等？

生殖成功的关键在于受精卵的形成，而受精卵是精子和卵子结合而成的。精子和卵子各含23对染色体，在性行为的作用下，它们融合在一起就形成一个拥有46对染色体的完整基因结构的受精卵。男女的生理结构是不同的。对于男子来说，他每天能产生一亿个精子，而其一生产生的精子能达到万亿之多，而且每一次使女性受孕的活动不过几分钟而已；但女性的生育潜能却十分有限，对于青春期的女性来说，能够为生殖服务的卵子不过几百个。④ 加之女性的一个妊娠期一般在280天左右，而且

① 在中国传统社会中，虽然妻和妾在政治地位和经济地位上有很大的不同，但是在性和生育方面她们的地位是一样，因此本书把中国传统的妻妾制度也称作一夫多妻制。

② [美]海伦·费什：《人类的浪漫之旅——迷恋、婚姻、婚外情、离婚的本质透析》，刘建伟，杨爱红译，深圳：海天出版社1998年版，第58、62页。

③ [美]C·恩伯，M·恩伯：《文化的变异：现代人类文化学通论》，杜杉杉等译，沈阳：辽宁人民出版社1988年版，第308、314页。

④ [美]马尔科姆·波茨，[澳]罗杰·肖特：《自亚当和夏娃以来——人类性行为的进化》，张敦福译，北京：商务印书馆2006年版，第143页。

一般每胎一子，这样推算起来单个女子一生生育 20 个孩子在试管婴儿出现之前就已经是一个现实的最大值了[①]（据说，女性的生育记录是一个俄罗斯妇女保持的，她一生总共生了 69 个孩子）。如果让一个男性尽情地发挥，他的子嗣会远远地超过这个数字（据说，摩洛哥国王一生生育了 888 个孩子）。从生理的角度看，男性的生殖资源和能力比之女性要丰富得多，有趣的是，造物主却偏偏将孕育的任务交给了能力较差的女性。由此推之，如果一名男性和一名女性绑定在一起，即使女性已经竭尽全力，但男人的生育资源仍然会被浪费。如果将一名女性与几名男性绑定在一起，那资源浪费的情况更是可想而知的。试想，如果我们的祖先一开始便把一妻多夫当作主流的婚姻形态，人类是否还能发展成后来的称雄世界的最大物种呢？因此，从基因传播的角度看，在人类进化中，一妻多夫制是最不可取的，实行这一制度无异于实施"基因自杀"行为。而比之"一妻多夫"，实行一夫多妻制度则有更多的优势，因为它能较为充分地利用男性的资源。由此看来，我们的祖先之所以更多地选择一夫多妻制，而很少选择一妻多夫制，并不单纯是男性压迫女性的结果，而是有着深层的生物学根源的。

如前所述，在性竞争中，雄性是通过武力的方式击败、驱赶甚至杀死竞争对手，以获得较多的与异性性交的机会进而增加其基因传递的可能性。因此，一个男子的性机会、基因传递率是和他的生存能力成正比的，也就是说，对于男性来说，其生存能力越强，其性机会便越多，其基因获得传递的概率和比率就越高（所谓"美人爱英雄"）。达尔文的考察证明了这一点："最强壮和精力最充沛的男子——那些最能保卫其家族并为其狩猎的男子，那些拥有最好武器和最大产业（如大量的狗或其他动物）的男子——比同一部落中较弱而且较穷的成员，大概会在平均数量上养育更多的儿女。"因为，"最强有力而且最能干的男子最能成功地得到富有魅力的妇女。它们在一般生存斗争中，以及在保卫其妻子儿女不受一切种类

---

① ［美］波斯纳：《性与理性》，苏力译，北京：中国政法大学出版社 2002 年版，第 118—119 页。

的敌害侵袭方面最能获得成功”。[①] 这样看来，一夫多妻制是最符合自然的一种选择，因此大部分的早期或传统的人类社会都允许该种形态的婚姻存在。虽然大部分社会允许一夫多妻制存在，但并不是说实践中的婚姻全都如此。从某种意义上说，一夫多妻制婚姻是“丛林法则”下同性博弈后的结果，它是胜利者的战利品，因此它只能归属于某个社会中少数强者，而在性竞争中处于不利地位或失败的男子在实践中是很难践行一夫多妻制的。正因如此，在生产力水平低下的时代，一般的男子因为没有能力供养过多的配偶和子女，因而不得不更多地选择一夫一妻制的婚姻。换言之，即使一个没有或失去供养能力的男子拥有了多名配偶，恐怕这种婚姻关系也是不稳固的。因为“在人类发展的初期，我们的祖先通过直立行走、采集、清理和迁移等方式生存下来，果壳类植物、草莓类植物、水果和肉食分布在草原的各个地方，一个男人无法收集或者守护足够的肉食来吸引几个女人，他也不能占据一块最好的地方来进行后代的养育”；“即使一个男人能吸引到几个女人，那么他怎么来保护她们呢？即使狮子不吃掉他的一两个妻子，单身汉也会来偷他的‘新娘’。在通常情况下，一夫多妻制是行不通的”。[②] 同时，受生存法则与基因传递法则的共同支配，许多女性也会主动选择或取悦能够为其提供生活来源的男性（这实际是前面所讲的雌性间的性竞争），有时她们宁可与其他女性共同侍奉一个男人，也不愿独占一个男人而受穷。因此，即使在允许一夫多妻制存在的社会里，经济能力一般的男性也不会拥有太多的妻子，甚至还可能没有妻子，所以最为普适的婚姻形式还是一夫一妻制的。这一判断与默道克的考察也基本一致，他认为：尽管在绝大多数社会中人们都喜欢一夫多妻制，而且有好多社会确实存在一夫多妻，但是客观的观察者必须承认每一个社会总体上都是一夫一妻制的。[③]

在传统社会中，国家对婚姻形态的选择基本上是在自然选择的基础

① [英]达尔文：《人类的由来及性选择》，叶笃庄，杨习之译，北京：北京大学出版社 2009 年版，第 396 页。

② [美]海伦·费什：《人类的浪漫之旅——迷恋、婚姻、婚外情、离婚的本质透析》，刘建伟，杨爱红译，深圳：海天出版社 1998 年版，第 158 页。

③ 同上书，第 62 页。

上进行的。农业文明开始后，由于男性在生理与社会分工中占有优势，而一夫多妻制则迎合了这种优势，因此，法律都通常会肯定、保护，最起码不排斥一夫多妻制。更有甚者，国家还特别鼓励官僚阶层多妻。因为，一方面，女人的身体可以作为统治者对功臣的奖励和酬劳，“多劳多得”的原则往往能够成为官僚阶层为统治者服务的激励，另一方面，让某些人“多妻”可以使许多人的精力和财力转移到非政治领域，从而减弱某些强势官僚对国家的政治破坏力。[①] 然而，婚姻的具体形态还要受经济条件的制约，一般的男子是没有能力供养过多的配偶及其子女的，因此，一夫一妻制又是大多数人通常意义上的选择，国家更要承认这样的选择。由此看来，在传统社会中，在婚姻形态的选择上，对男人来说是自由的。然而，一夫多妻制的形式注定会引发性与生育资源的分配不均，如果有相当数量的男子娶不上妻子，社会的犯罪率，尤其是性犯罪率就会上升。因为在没有妻子的情况下，正常的生理欲望更可能通过反社会的方式来发泄，并且，独身会降低男子犯罪的机会成本，因为犯罪者不再担心连累他的妻子和孩子(梁山好汉绝大多数没有妻儿子女)。由此看来，近现代以来，国家强制实行的一夫一妻制，并不像通常所理解的那样单单就是为了保护和提高女性在婚姻中的地位，而且还是为了平均资源进而维护社会的稳定。[②]

然而，在婚姻形态的选择上既体现着自然选择与国家干预共同作用，又体现着强者和弱者的互相博弈。如前所述，一夫多妻制和一夫一妻制都具有自然选择上的意义，前者是以强者或少数人为主导的选择，而后者则是以弱者或多数人为主导的选择。到底实行一夫一妻制还是实行一夫多妻制则主要取决于国家的态度。在传统社会中，由于国家是由少数强者垄断的，因此它自然要肯定这种有利于少数强者的自然选择而实行一夫多妻制；而在现代社会，由于民主制是国家的普遍形式，男女平等又是现代国家的基本意识形态，因此现代国家必然要肯定有利于多数人的一夫一妻制的选择。近现代社会以降，一夫一妻制是和民主制绑定在一起

① 《唐六典》中规定，在唐朝，亲王可娶十二妾，郡王及一品官可娶十妾，二品官可娶八妾，三品官可娶六妾，四品官可娶四妾，五品官可娶三妾。东汉蔡邕所著的《独断》称：“卿大夫一妻二妾”，“功成受封，得备八妾”。

② 桑本谦：《私人之间的监控与惩罚》，济南：山东人民出版社 2005 年版，第 226 页。

的，一夫多妻制通常是民主革命的对象，一夫一妻制是民主革命的成果。这一现象充分地体现在我国的民主革命的历程中，对其中的道理 1950 年新中国的婚姻法的官方解释可谓一语中的：婚姻法"制定的基本原则，是要彻底推翻中国长期的封建制度在婚姻关系上所加于人民的枷锁……新民主主义的婚姻法是坚决废除封建主义的婚姻制度，实行婚姻自由、一夫一妻、男女平等的法律"。[①]

三、两性权力的博弈与婚姻制度

如果我们能把婚姻看成是男女两性围绕着基因传递而达成的合作的话，那么我们完全可以推之，千百年来在婚姻制度的背后在两性之间围绕着基因传递实际上还发生着一场生物学意义上的权力博弈。[②] 既然这种博弈是生物学意义上的，那么它的发生就不仅仅局限于前政府时代，而是伴随着人类发展的始终。

这场博弈其实早在生命的孕育过程中就开始了。如前所述，胚胎要由受精卵发育而成，而受精卵则是由精子和卵子结合而成的。精子和卵子具有明显的差别，前者体积小，营养少，但数量多，而后者体积大，营养丰富，但数量有限。[③] 所以，尽管精子和卵子为受精卵都平等地贡献了基因数量（彼此各含 23 对染色体），但卵子却提供了胚胎成长所需要的几乎全部营养源。因为精子的优势是体积小、数量多且活动能力强，因此，它们实行的是"广种薄收"的策略，即它们可凭借数量优势，且完全不必操心食物储存问题，"全面出击"，即便在此过程中有大批精子白白浪费了也不可惜，只要有一个精子和卵子能够结合便大功告成。相反，大而笨拙的卵子却只能采取"稳重守成"的策略，因为它们的优势是"皇帝女儿不愁嫁"，所以它们即使不活跃也无关紧要，数量众多的精子在基因传递的动力下

---

① 《实行新民主主义的婚姻制度》，载《人民日报》1950 年 4 月 16 日。

② 此处及以下参见桑本谦：《私人之间的监控与惩罚》，济南：山东人民出版社 2005 年版，第 226 页。

③ 男性一生能产生 1 万亿个精子，每天能产生 1 亿个精子，而女性一般一生最多排卵 450 个，一月只能排出一个卵子。精子和卵子数量的比例大约为 1∶8500，卵子几乎提供了胚胎成长的所有营养源。参见张敦福：《从兽性到人性——人类对自身行为的再认识》，济南：山东人民出版社 2004 年版，第 174 页。

总会积极主动地去追寻它们。

在孩子的抚育过程中同样进行着两性间的博弈。从自私基因的角度可以合理地假设，男性和女性都希望成功地生育更多的子女，但受生理特点的限制，欲实现这一目的，男女必然要采取不同的策略。对于男性来说，他们的最佳策略是“薄情”，即尽可能拥有更多的性伙伴，以便最大化地增加其基因复制数量。为此，他通常要利用各种手段诱使或迫使对方（女方）承担更多的抚养责任，自己则脱身同另外的配偶再去生儿育女。而对于女性来说，“薄情的策略”则是不适合的，因为女性一生的卵子数量有限，加之每次的孕和育都要通过她的身体来完成，受生理的局限，即使她不断地“移情别恋”也不会比之绑定一个男人多生育子女。又因为，通常在孕和育的过程中女性要比男性付出更多的成本，最起码，每次的孕和育都会对女性的一生的生育频率和机会产生重要影响，所以，在基因传递上女性比之男性会受到更大的限制并要付出更多的成本和负担。因此，在抚育过程中，一旦幼儿夭折，母亲的损失要比父亲的损失大得多。于是，我们可以推之：在两性的博弈中，如果母亲“耍花招”，抛弃幼儿同另一个男子私奔，父亲可以采取“以牙还牙”的手段进行报复，但如果父亲也抛弃幼儿，损失却比母亲要小得多；相反，如果父亲抛弃幼儿同另一个女子私奔，母亲却很难采取“以牙还牙”的手段进行报复，因为母亲的报复通常会给她自己带来更大的损失。[①] 既然女性一生的生育潜力是有限的，而且每一次孕育都要付出较高成本，因此，对她来说，基因传递的最佳方略不是“广种薄收”，而是最大化地提高养育子女的成功率。欲如此，面对男性的“薄情”，她通常要采用两种策略：“谨慎策略”和“欺骗策略”。

所谓“谨慎策略”，即指女性要谨慎地选择性伙伴。如前所述，如果男性的“薄情策略”获得成功，女性在这场博弈中注定要败北。又如前所述，女性一旦孕育子女，其生存能力下降，必须依靠男性的扶助，所以，女性只有谨慎地选择出愿意为其母子付出且有能力付出的性伙伴，才能保证子

---

① ［美］理查德·道金斯：《自私的基因》，卢允中等译，北京：科学出版社 1981 年版，第 203—204 页。

女孕育的成功。为了考验男性的能力与忠诚，女性往往要在与其发生性关系之前，迫使其付出更多的利益或精力。她们或者要求他们为其“筑巢”，或者要求他们为其提供财产抵押，或者她们把求爱的时间尽量地拖长，以便能够较全面地考察。

所谓“欺骗策略”，即指在女性选择性伙伴失败的情况下（即孕育了“薄情”男性的基因），通过“隐性的受孕”的生理特点，欺骗另一个男性来抚育不属于他的幼儿。如果“欺骗策略”获得成功，该男性便成为彻头彻尾的输家，因为他的忙碌换来的是别人基因的成长，这在经济学上和生物学上都是一种不理性的行为。正因如此，男性更愿意选择保守的女性，因为保守的女性比之放荡的女性更值得男人信任，会让男人更少地遭遇到“辛辛苦苦为谁忙”的尴尬。反过来，保守的女性比之放荡的女性更容易在生育上获得成功，因为她遭遇到“公地悲剧”的可能性比之后者要小，更容易获得男性的长效投资。

人类的许多婚姻制度实际上是在这场博弈过程中形成的，许多婚姻现象也必须放在这场博弈中才能正确地予以解释。为了能够把基因更多地传承下去，生物学要求男性要“薄情”，女性要“谨慎”，这是男性追求性的多样化的生理欲望比女性更强烈的深层次原因，因为自然选择更青睐于那些比较花心的男子和比较保守的女子。[①] 所以，几乎在所有的社会，强烈渴望“寻花问柳”的丈夫比强烈渴望“红杏出墙”的妻子要多得多，包养情妇（“包二奶”）的现象要比保养情夫（“包二爷”）的现象普遍得多。[②] 这种情况又使得，在实行一夫一妻制的社会里，法律监控违规丈夫的成本要高于监控违规妻子的成本。[③] 也正是为了克服“薄情”的丈夫给为完成共同的基因繁衍任务而在这场博弈中处于不利地位的妻子带来更大损

---

① ［美］波斯纳：《性与理性》，苏力译，北京：中国政法大学出版社 2002 年版，第 119—120 页。

② 正因如此，我国法律对“包二奶”现象有规定，而对“包二爷”现象却没有规定，如 2007 年 10 月实施的《广东省实施〈中华人民共和国妇女权益保障法〉办法》规定，对“包二奶”的男人，可以由公安机关给予行政处罚；构成犯罪的，依法追究刑事责任。

③ 此处及以上参见桑本谦：《私人之间的监控与惩罚》，济南：山东人民出版社 2005 年版，第 228 页。

失，许多国家法律才对妻子怀孕和分娩前后的丈夫的离婚请求权进行限制。[①]

因为女性选择性伙伴时生物学要求她要“谨慎”，所以通常她要把求爱的时间尽量地拖长以便能够全面地考察男性。稍长的求爱期，既增加了男性追求性伴侣的搜寻成本，又减少了他追求其他女性的时间和可能性，从而降低女性被“薄情”的风险。稍长的求爱期对男人也是有利的，既然“隐性的受孕”使男人有抚养别人基因的风险，所以他正可以利用这段时间考察女人是否已经怀了别人孩子。[②] 正因如此，在正式婚姻启动之前，人类需要一种订婚制度。在传统社会，订婚（婚约）是婚姻制度不可缺少的组成部分，是具有法律效力的行为，解除婚约需具备一定的理由，通常要引起一定的法律后果。[③] 即使在现代社会，虽然订婚或婚约已不具有强制执行的效力，但它仍然是国家承认的由民间习惯来约束的一种非正式制度，通常还会因婚约发生财产和精神上的损害赔偿。[④]

为了防止男性的“薄情”使其处于不利地位，女性在同意与其婚配之前往往迫使对方先行进行投资。这种投资或是表现为女方要男方支付一定的金钱或财物，因此，在传统社会中，法律与习俗都要求婚姻缔结前男

---

① 我国婚姻法第 43 条规定：“女方在怀孕期间，分娩后一年内或终止妊娠后六个月内，男方不得提出离婚”；《俄罗斯联邦家庭法典》第 17 条规定，“丈夫在妻子怀孕期间和分娩后一年内，未经妻子同意，无权提起离婚诉讼”。

② ［美］理查德·道金斯：《自私的基因》，卢允中等译，北京：科学出版社 1981 年版，第 208 页。

③ 罗马法中规定，已订婚者不得再与他人订婚，不得同时与两人订婚，否则主持人（本人、家长或监护人）要受“丧廉耻”的宣告；在婚约解除后，一方也不能与对方的直系亲属订婚或结婚。日耳曼法以婚约当事人为准夫妻，双方互负贞操义务，违者以通奸论。依教会法规的规定，当事人一方不履行婚约时，他方当事人可提起要求履行婚约之诉，并可要求其赔偿损失。在传统的中国社会，婚约的法律效力更强，违反者不但要承担民事责任，严重的还要承担刑事责任。如明律规定：“若再许他人，未成婚者杖七十，已成婚者杖八十。后定娶者知情与同罪，财礼入官；不知者不坐，追还财礼。女归前夫；前夫不愿者，倍追财礼给还，其女仍从后夫。男家悔者，罪亦如之，不追财礼。”参见周枏：《罗马法原论》（上册），北京：商务印书馆 1994 年版，第 182 页；杨大文主编：《婚姻法学》，北京：中国人民大学出版社 1989 年版，第 152—153 页。

④ 王洪：《婚姻家庭法》，北京：法律出版社 2003 年版，第 71 页；于静：《比较家庭法》，北京：人民出版社 2006 年版，第 66 页。

方须向女方交付“彩礼”，这实际上相当于合同中的“定金”或“抵押金”；[①] 这种投资或是表现为男性为女性“筑巢”，因此，在传统社会，建房造屋的任务一般都是由丈夫一方来完成的，也可以这样说，提供住房既是男方的应尽的义务，同时又是女方应享的权利，正因如此，居所与房产问题一直是传统与现代婚姻法的最为重要的内容之一。[②] 正因如此，我国古代法律虽然规定了男子因“七出”而享有“休妻”的权利，但是当他遭遇到妻子“有所娶而无所归”的情形时，这种权利便被禁止了。[③] 也正因如此，《法国民法典》针对协议离婚才特别做出了离婚协议必须对“妻迁出并居住何一房屋”做出明示说明的规定，其目的就在于防止出现因离婚而造成妻子无家可归的情形(《法国民法典》第 280 条)。虽然现代婚姻自由的原则摧毁了被视为买卖婚姻的制度，但它摧毁不了婚姻的物质基础。难怪，我国《最高人民法院关于适用〈中华人民共和国婚姻法〉若干问题的解释(三)(征求意见稿)》(以下简称婚姻法解释三)刚一出台便引起了热议，其对婚后房产的“严格登记主义”的规定激起了女权主义者的强烈不满。[④]

---

① 我国古代从西周开始实行的“婚姻六礼”制度，由“纳彩”“问名”“纳吉”“纳征”“请期”“亲迎”六部分组成，其中“纳征”也称“纳币”，就是指在正式缔结婚姻前男家送财礼至女家。参见曾宪义主编：《中国法制史》(第二版)，北京：北京大学出版社、高等教育出版社 2009 年版，第 53 页。

② 英国 1967 年的《婚姻住房法》和 1970 年的《婚姻程序及其财产法》规定夫有提供婚姻住所的义务。参见于静：《比较家庭法》，北京：人民出版社 2006 年版，第 42 页。

③ “七出”即中国古代男子休妻的七种理由，“三不去”即中国古代男子三种不准休妻的理由，由于“三不去”的存在，在男权社会下其在客观上起到了保护妇女权益的作用。参见苏力：《制度是如何形成的》，广州：中山大学出版社 1999 年版，第 23 页。

④ 我国婚姻法解释三第 8 条第 1 款规定：“婚后由一方父母出资购买的不动产，产权登记在出资人子女名下的，可视为对自己子女一方的赠与，应认定该不动产为夫妻一方的个人财产。”第 11 条规定：“夫妻一方婚前签订不动产买卖合同，以个人财产支付首付款并在银行贷款，婚后不动产登记于首付款支付方名下的，离婚时可将该不动产认定为不动产权利人的个人财产，尚未归还的部分贷款为不动产权利人的个人债务。婚姻关系存续期间由夫妻共同财产还贷部分，应考虑离婚时不动产的市场价格及共同还贷款项所占全部款项的比例等因素，由不动产权利人对另一方进行合理补偿。”因为在中国的婚姻模式通常都是男方及其父母出资购房，这样的规定便打破了传统的“夫妻共同财产”的模式，使房产更多地被确认为男方的财产，从而使女方处于不利地位。参见赵晓力：《中国家庭资本主义的号角》，载《文化纵横》2011 年第 1 期；强世功：《司法能动下的中国家庭——从最高人民法院关于〈婚姻法〉的司法解释谈起》，载《文化纵横》2011 年第 1 期。

为了防止男性的“薄情”，女性还要求男性在婚配之前要有公开化的求偶仪式。这种求偶仪式后来演变为民间的“婚礼”和官方的“登记”。求偶仪式的功能在于公示公信。[①] 仪式举行得越隆重就越能显示女方的身份（所谓“明媒正娶”）和婚姻的意义，仪式越具有公开性，就越能克服男性的“薄情”。因为聘礼的支付、婚宴的举办以及各种烦琐的礼仪都费时、费力、费财，并且由此而取得了公信力，如果男方任意“薄情”，就意味着他会多支付经济成本和舆论成本。在现代社会，仪式和登记是法律所确认婚姻成立的必要形式，但追根溯源，这一制度之所以能够推行，从根本上在于它能够起到公示公信的效果，进而对男女性行为的随意性起到约束作用。[②]

为了防范“隐性的受孕”带来的风险，在传统的男权社会，一方面，在思想层面，强调女人的贞操观念，因为女人贞操观念越强，男人抚养别人基因的风险越小；另一方面，实施“男娶女嫁”的婚姻模式，只有把女人娶到自己的家中，由自己及其家族成员共同监视才能把风险降到最低。[③] 正是受这一传统的影响，许多国家的法律至今仍然坚持夫妻居所的“夫方本位制”。[④] 虽然，贞操观念是男权主义下的产物，但是它对现代婚姻也仍然具有一定的积极作用。因为现代婚姻很大程度上是依靠道德来维系的，而作为道德的一部分而存在的贞操观念，对于提高婚姻违规者的负罪感具有一定的作用（女方对自己丈夫的负罪感和男方对别人丈夫有负罪

---

① [芬]E. A. 韦斯特马克：《人类婚姻史》（第二卷），李彬等译，北京：商务印书馆 2002 年版，第 827 页。

② 法国、意大利、瑞士、德国，结婚的形式均采取仪式制，而且要求法律仪式。即当事人结婚，必须在户籍官员面前公开举行仪式，并由户籍官宣告他们结合为合法夫妻。日本、俄罗斯等国对结婚只要求登记。即不举行仪式，仍然具有婚姻效力。英国和美国的大多数州采取仪式和登记相结合制。即结婚不但要求登记，还要举行一定的仪式。参见陈苇主编：《外国婚姻家庭法比较研究》，北京：群众出版社 2006 年版，第 156 页。

③ 人类学家所研究的诸社会中，约有 75％是新娘要离开父家到夫家去住，而只有 10％刚好相反。把血统严格归于男方者要 5 倍于以母系所传递的血统。参见[美]爱德华·O. 威尔逊：《人类的本性》，甘华鸣译，福州：福建人民出版社 1988 年版，第 121 页。

④《瑞士民法典》第 160 条第 2 款规定：“夫决定婚姻住所，并以适当方式扶养妻和子女。”1967 年的英国《婚姻住房法》规定夫有提供婚姻住所的义务。参见于静：《比较家庭法》，北京：人民出版社 2006 年版，第 42 页。

感),进而对其构成某种程度的心理制约,从而使婚姻法所规定的"夫妻忠实义务"能够更好地履行。也正是因为"男娶女嫁"的模式有着深厚的生物学基础,它才与现代法律中的"男女平等""婚姻自由"等原则发生严重碰撞,所以我国婚姻法(第 9 条)才要做出"登记结婚后,根据男女双方约定,女方可以成为男方家庭成员,男方也可以成为女方家庭中的成员"这样的貌似画蛇添足式的规定。正因为存在着"母子关系靠事实,父子关系靠推知"这样的生理学困惑,为了减少因女方的"欺骗策略"而给男方造成的损失,进而恢复两性生物学上的平衡,因此,许多国家都规定了婚生子女推定制度。① 在现代高科技的条件下,亲子鉴定是消除男性的困惑的最为有效的手段,正因如此,我国婚姻法解释三针对由此而产生的纠纷作出了有利于男性的规定。②

四、基因传递与近亲不婚

人类的亲属制度是以基因(血缘)为基础的。男女两性结合后,所生子女各携带父母的 1/2 的基因,其子女再生育子女,孙子女各携带祖父母的 1/4 的基因。兄弟姐妹身上都携带父母的 1/2 的基因,伯、叔、姑、舅、姨等堂、表兄弟姐妹都携带祖父母、外祖父母 1/4 的基因。依此类推,所携带相同基因的比例越高,亲缘越近。亲属制度是现代许多法律制度赖以存在的基础,比如,法律以亲缘的远近来划分继承顺序,以与被监护人的亲疏程度来确定监护人,法律还把亲属制度作为禁止婚姻的条件。亲属制度对刑法领域也构成重要影响,早在中国古代就有"准五服以治罪""亲亲相隐"等制度,即使在现代社会,许多国家仍都规定了"包庇亲属免

① 《法国民法典》第 312 条规定,虽然可以通过婚姻关系存续期间的受胎而进行子女的婚生推定,但是,"如果夫能够提出足以证明其不能为子、女之父的事实,得在法院否认该子、女。"《意大利民法典》规定,丈夫基于子女出生前的 300 日到 180 日期间夫妻没有同居、上述期间丈夫有性功能障碍或没有生育能力、在上述期间妻子与他人通奸等事实提起婚生否认之诉。参见陈苇主编:《外国婚姻家庭法比较研究》,北京:群众出版社 2006 年版,第 281、289 页。

② 婚姻法解释三第 3 条第 1 款规定:"对婚姻关系存续期间所生育的子女,夫妻一方向人民法院起诉请求确认亲子关系不存在并已提供必要的证据予以证明,另一方没有相反证据又拒绝做亲子鉴定的,人民法院可以推定请求确认亲子关系不存在一方的主张成立。"

罚”或“亲属作证义务豁免”等制度。①

在众多的与亲属有关的制度中，与婚姻关系最为密切的莫过于近亲不婚制度了。纵观古今，不同的民族、不同的时代对婚姻与性的认识与规定或许千差万别，但是就倡导近亲不婚或禁止亲属相奸（乱伦）方面却有相当大的一致性。在古代中国，亲属相奸一直都被统治者视为最为严重的犯罪之一，被认为是灭绝人伦的“禽兽行”，隋唐以后被称之为“内乱”，归入“十恶”罪之中。与古代中国法律一样，《汉谟拉比法典》、《赫梯法典》、罗马法、中世纪的日耳曼法和教会法等古代世界的重要法律也都将乱伦作为严重的犯罪来惩罚。② 在当今世界，虽然对乱伦行为的惩罚已远没有传统社会那样重，但是许多国家还仍然保留着乱伦为罪的规定，即使那些社会自治化、民主化程度很高的国家也不例外。据笔者的不完全统计，目前，包括美、英、德、法、意、加拿大、西班牙、瑞士在内几乎所有西方国家的刑法中都有乱伦罪的规定，只有中国、俄罗斯、蒙古等少数国家没有这方面的规定。③ 与此相应，包括中国在内的几乎所有的现代国家也都将“近亲”作为结婚的禁止性条件（我国婚姻法第 7 条）。④

现代人类遗传学的研究也表明：大多数人均具有若干个恶性基因，这些基因一般都呈隐性状态，但近亲之间的婚配，由于双方都具有遗传上代的隐性基因的可能性，因此他们的子女出现病态的可能性就比较高。据统计，由 21 种隐性基因所致的遗传病出现率，非近亲结婚者为 1/3000，近亲结婚者为 1/180。前捷克斯洛伐克的一项研究表明：在 161 位由近亲结合而生的子女中，有 15 位是死胎或者在出生一年内夭折，其余 40％以上的带有各种先天性的身心缺陷。⑤ 显然，这是现代国家婚姻

① 范忠信：《中西法文化的暗合与差异》，北京：中国政法大学出版社 2001 年版，第 111 页。

② 同上书，第 173—175 页；《外国法制史资料选编》（上册），北京：北京大学出版社 1982 年版，第 35—36 页；何勤华，夏菲主编：《西方刑法史》，北京：北京大学出版社 2006 年版，第 58—59 页；李秀清：《日耳曼法研究》，北京：商务印书馆 2005 年版，第 204、207—208 页。

③ 李拥军：《现代西方国家性犯罪的特点与趋势——关于完善我国当前性犯罪立法的特点与趋势》，载《河北法学》2006 年第 7 期。

④ 杨大文主编：《婚姻法学》，北京：中国人民大学出版社 1989 年版，第 142—143 页。

⑤ ［美］爱德华·O. 威尔逊：《人类的本性》，甘华鸣译，福州：福建人民出版社 1988 年版，第 35—36 页。

法规定近亲不婚的一个最为重要的理由。然而,吊诡的是,关于乱伦禁忌或近亲不婚的习俗,在人类的初民社会中就已经形成了,而那时人类还不一定具有这样的知识,实际上现代法律的这些规定与初民时代的这些禁忌和习俗也不无关系。

从动物学视角,我们不难看出,即使没有这方面的知识,乱伦或近亲不婚的禁忌也会形成。动物学家们观察到:大多数哺乳动物在性成熟之前就离开父母的巢穴,分散开来生活,这样就能够有效地避免血亲之间相遇和交配的可能性。20 世纪 50 年代,科学家在日本的一个动物园里观察到,那里饲养的雄性猕猴会与任何一头雌性猕猴交配,却避开了它的母亲。美国科学家简·古尔多在 20 世纪 60 年代对坦桑尼亚贡贝国家公园的黑猩猩进行了长时间的考察,据她的观察,她还没有看到过成年的雄性黑猩猩与母亲交配的情景。社会生物学的研究表明,所有的灵长类动物都存在着乱伦禁忌。而人类作为最聪明的灵长类动物,应该有这样的本能。①

人类不单有这样的本能,更应有将基因传播开来的智识。进化的规则不但要求物种基因传递得多,还要求物种基因传递得广,因为只有传递得广,才能增加携带本体基因的个体数,这样可以增强该物种抗拒风险的能力。如前所述,由于亲属之间都携带着某种程度的相同的基因,亲属之间婚配,必然要产生基因重叠的现象。将基因囿于一个小的群体当中,不屑说生殖的后代是否羸弱,就基因不能广泛散播来讲也是一种物种自杀行为。法国文化人类学家列维-施特劳斯将乱伦禁忌形成的原因归结于“交换”,他认为:在原始社会中,父亲娶了女儿,哥哥娶了妹妹,这好比拥有香槟酒的人不邀请朋友而独自享用一样;出于扩大交流的需要,父亲必须把等同于女儿的财富,哥哥必须把等同于妹妹的财富,放入一个仪式性的交换流通之中。“如果我嫁出了我的女儿,我会为我的儿子得到另一个女人。总的来讲,这就意味着借助一个有限的整体达成的慷慨与有机的

---

① 张敦福:《从兽性到人性——人类对自身行为的再认识》,济南:山东人民出版社 2004 年版,第 136 页。

交流”。[①] 如果从生物学的角度来分析，这种交换的本质则在于“基因的交流”。正因如此，中国历史上的诸如“昭君出塞”“文成入藏”等一系列“和亲”行为则是有助于基因进化的成功举动。

由此我们推出，支持乱伦禁忌以及近亲不婚习俗形成的力量来源于自然的选择，这种自然的选择超越了人类对近亲交配病理的认识。我们试想，如果人类性行为不受这种禁忌限制，它的基因传递能否顺利进行？如前所述，基因不能顺利传递就意味着进化上的失败，而某一物种在进化上的失败则意味着它遭到了自然选择的惩罚。对此威尔逊的论述可谓一语中的，他说：“凡是在遗传的先天倾向上能排除近亲的性关系者，便能传递更多的基因给他的后代。自然选择很可能就是沿着这条经过几千个世代而建立起来的；也正是这个缘故，人类才会直觉地通过简单、自动地排除性关系的方法来避免乱伦。”[②]人类各种制度都应该向着有利于自身进化和发展的方向演进，因此，对于强大的家庭纽带贯穿于每个个体的一生的人类来说，很有必要演化出一种内生机制来制约亲属相奸行为的发生，而这一机制是建立在家庭成员识别的基础上的。[③]

虽然说乱伦禁忌和近亲不婚的习俗可能是在动物学的基础上以潜意识的方式起源发端的，但当人类进入文明社会以后，出于维护性秩序的目的，伦理、道德、宗教、习惯等又强化了这一意识，并进一步在法律中加以规定。因为在任何一个文明的社会中，乱伦都会对亲属之间的尊敬、权威乃至家庭间的差序格局形成致命性的冲击，对性关系的亲密、平等、特定、有序的文化内涵构成了根本性的颠覆，维护这些文化内涵和伦理秩序的法律规范必须要对此做出反应。

五、由人的生物学性征而引发的对婚姻立法的思考

伴随人类社会的发展而演进的婚姻制度，其最大的特点就在于它的

① [法]乔治·巴塔耶：《色情史》，刘晖译，北京：商务印书馆 2003 年版，第 29、30 页。

② [美]爱德华·O. 威尔逊：《人类的本性》，甘华鸣译，福州：福建人民出版社 1988 年，第 36—37 页。

③ [美]马尔科姆·波茨，[澳]罗杰·肖特：《自亚当和夏娃以来——人类性行为的进化》，张敦福译，北京：商务印书馆 2006 年版，第 116 页。

自发性。婚姻起始于国家创立之前，这意味着在国家立法机关尚未把婚姻制度白纸黑字地写在法律文本上的时候，它已经作为一种非常古老的习俗根深蒂固地存在于人们的观念之中了。① 而婚姻的这种自发性的原动力则来源于作为婚姻关系主体的人的自然性。也就是说，在人类社会之初，婚姻制度之所以能够形成是因为它适应了自然选择的需要。如果我们的分析能够成立的话，那么这说明人类的婚姻制度中有抹不去的生物学的痕迹。虽然在国家出现以后的时代，婚姻必然要受到社会文化广泛而深刻的制约和影响，但是，这并不能从根本上改变婚姻的生物学的特征。因为，一方面，婚姻形成之初的自然性会世代传承并对以后的制度构成重要影响；另一方面，只要作为婚姻主体的人还属于自然物种的一员，只要他(她)身上还保留着祖先留下的动物性征，支持婚姻制度存在的生物学因素就不会完全消解。②

既然如此，即使在当下，当我们通过法律来实现对婚姻的治理的时候，生物学方面的因素就是不容忽视的。如果从生理角度看，因为女性在孕育后代中承担了主要的任务，因此在两性的博弈中，男性明显占有优势，而女性明显处于劣势。所以，对于处于劣势从而必须要得到男性扶助的女人来说，这种扶助越稳定、越持久便越有利。因此，女人相对于男人来说更依赖于婚姻和家庭。也正因如此，在人类的早期阶段，女性为了谋求稳定的经济来源，她并不特别在乎与她共同分享的人数，特别是在社会分工中占有明显优势的农业社会开始后，更是如此(“嫁汉嫁汉，穿衣吃饭”)。所以，我们推之，在传统社会中，一夫多妻制带给妇女的未必都是不利，因此，要求废除一夫多妻制的力量也未必都来自女性。一般认为，一夫一妻制的确立是近代民主革命的成果，是妇女解放的标志，但从另一

① 桑本谦：《配偶权：一种“夫对妻、妻对夫”的权利？——从发生学视角对婚姻制度和配偶权的重新解读》，载《山东大学学报》(哲学社会科学版)2006年第1期。

② 现代科学也证明了这一点。通过分子生物学的技术分析表明，人类体内的遗传物质DNA与黑猩猩只有不到2%的不同，而且倭黑猩猩则比一般黑猩猩更接近人类的血缘。也就是说，与倭黑猩猩比较，我们只不过是在1%多一点的意义上属于人类，几乎在99%的意义上属猿类。正因如此，英国人类行为学家莫里斯把人类称为“裸猿”。参见张敦福：《从兽性到人性——人类对自身行为的再认识》，济南：山东人民出版社2004年版，第12页；[英]莫里斯：《裸猿》，刘文荣译，上海：文汇出版社2003年版，引言。

个侧面讲，这场革命实际是由男性领导的，从某种意义上说，它代表着男性对女性性资源的一种重新分配。在一夫多妻制下，女性性资源必然集中在少数强者手中，而多数弱者则处于资源匮乏状态。因此，与平均土地、财产等要求一样，平均分配性资源也是革命的原动力之一，而这种生物学动机越是接近社会底层，其在革命中的作用就越明显。[①] 由此看来，一夫一妻制受益最多的不一定是妇女，而更可能是处于社会底层的男性弱者。由此推之，在现代社会，"包二奶"现象不但侵犯了男人妻子一方的利益，同时也侵犯了一夫一妻的受益者——处于社会底层的男人们的利益。男人"包养情人"现象似乎是对现代婚姻构成致命冲击但又难以治愈的"癌症"，但是我想，如果国家能够通过具体的制度将这部分处于社会底层的男人的力量发动起来，便会极大增强抵制该现象的力量，进而对破坏婚姻家庭行为的治理效果也会随之大为改观。

男女平等是现代婚姻法的首要原则。但从生物学上讲，男女在身体结构上确实存在着差异。所以极"左"时期所强调的"男人能做到的，女人也能做到""妇女能顶半边天"的理论[②]以及在该理论的激励下所出现的铁姑娘突击队、"三八"女子高空带电作业班、女子远洋运输船等事迹，其实，这并不是对妇女利益的保护，而是在抬高妇女地位的名目下对她们进行摧残。[③] 在家庭中也是如此，一个家通常需要夫妻双方通力合作才能维持，传统中无论是关于"男主外，女主内"分工描述，还是关于"男人是搂钱的耙子，女人是攒钱的匣子"的功能描述，其实都是在言明家庭生活需要夫妻双方的努力，缺一不可。他们的劳动价值都应该在婚姻法上得到必要的承认和尊重，但是就中国的现实来说则并不如此。

如果将婚姻看成是两性基于生育和性而达成的合伙的话，那么，男女两性在生物学上的差异便决定了他们在结合之初所依赖的投资的形式是不同的。通常说来，男方要以其供养能力做投资，而女方要以其容貌（性资源的一种形式）和生育潜力做投资（在中国古代，"无子"是丈夫要求离

---

① 朱晓东：《通过婚姻的治理》，载《北大法律评论》第 2 辑，北京：法律出版社 2002 年版，第 386 页。

② 《毛主席刘主席畅谈十三陵水库》，载《人民日报》1965 年 5 月 27 日。

③ 徐国栋：《家庭法哲学两题》，载《法制与社会发展》2010 年第 3 期。

婚的法定理由)。对于男性来说,其供养能力越强,越能在婚姻市场中占有优势;对女性来说,其性资源越优秀(容貌越好)、生育潜力越大,就越能受到青睐(所谓“郎才女貌”)。然而在这种看似平等的投资模式背后却隐藏着许多对女性不利的因素。由于生物学上的原因,随着岁月的推移,妻子或是已经年老色衰,或是已经“灯枯油尽”(俗语说“女大五,赛老母”),而此时的男人或是在身体上还老当益壮,或是在事业上已如日中天。这时候夫妻离异,男子不难再娶(不愁再找到一个年轻貌美的姑娘),而女性却难以再嫁(很难再找到一个供养能力强的小伙)。由此看来,当初所做的投资,在价值上,对于男性来说是递增的,而对于女性来讲却是递减的。

从另一个角度看,由于受传统的社会分工的决定,妻子往往在家庭生活中尽有更多的义务,她们常常“放弃或减少个人的社会努力以养育子女、承担家务,以自己独特的方式和进路对丈夫的成就和地位进行了‘投资’”,而这种投资因为不能物化,所以在离婚时很难作为“共同财产”来分割。[①] 因此,从自然的角度看,在现有的婚姻模式下,离婚总体来说对女人是不利的。[②] 强调男女平等的“离婚自由”原则和“无过错离婚法”,由于两性生物学上的差异,带给妇女的不一定都是利益。[③] 为配合“无过错离婚法”,我国婚姻法规定了“有错受罚”的原则,即离婚虽然原则上不需要一方有过错,但有过错的一方可能被判令承担精神损害赔偿的责任或在分割财产时要受到少分或不分的惩罚(我国婚姻法第 46 条、47 条)。这

---

① 苏力:《制度是如何形成的》,广州:中山大学出版社 1999 年版,第 26—27 页。

② 虽然我国婚姻法第 40 条规定:“一方因抚育子女、照料老人、协助另一方工作等付出较多义务的,离婚时有权向另一方请求补偿,另一方应当予以补偿。”但是,由于这些劳动不能物化和计算,因此在实践中女方的权益很难得到保护。又如,婚姻法解释二第 21 条规定:“离婚时双方对尚未取得所有权或者尚未取得完全所有权的房屋有争议且协商不成的,人民法院不宜判决房屋所有权的归属,应当根据实际情况判决由当事人使用。”这一条对农村妇女财产权的保护相当不利。在农村一般都是女方到男方家落户,女方一旦离婚自然要从该地方搬出,而农村的房产大多没有产权,如果法院不做权属分割,只是判定女方仍可居住,实际女方无法居住,最终导致其权利根本无法保障。

③ 美国有统计资料表明,虽然无过错离婚比过错离婚更加合理,但由于离婚后 90% 的子女归母亲抚养,离婚后他们的生活质量大幅度下降。在 20 世纪 70 年代,当美国的 48 个州采取了无过错离婚法之后,当离婚时在财产分割上采取了男女“平等”对待之后,离婚女性及其子女的生活水平下降了 73%,而她前夫的生活水平却上升了 42%。参见[美]弗里丹:《非常女人》,邵文实,尹铁超译,哈尔滨:北方文艺出版社 2000 年版,第 424 页。

种表面看似合理的制度选择,实际上对女人来说却没有多少可操作性。在现有婚姻家庭结构和生理结构下,通常丈夫会比妻子更多地拥有婚外性机会,而且婚外性行为也更具隐蔽性。又如前所述,受生物学因素的影响,妻子监控违规丈夫的成本要远远高于丈夫监控违规妻子的成本,因此,无论在生理上还是经济上都处于弱者的妻子一方,要想举证对方有过错,谈何容易![①] 相反,在现实生活中,妻子常常遭遇到"捉贼不成,反被贼咬"的尴尬。近些年来隐私权的纠纷很多都是由所谓的妻子"维权不当"造成的。[②]

再有,虽然现代婚姻法规定了一夫一妻制,在法律状态下共时层面的"多偶"已不可能,但是由于两性在生理上的差异,许多男性中的强者,可以在婚姻自由的旗帜下,通过不断的离婚再结婚的方式,实现历时层面的"多妻"。而由于在生理上处于劣势,女性,即使是事业上的女强者,也很难做到这一点。这些都是现代的婚姻立法必须面对的问题,否则,许多为自由、平等而设计的制度最终可能会走向反面。

---

① 李银河:《两性关系》,上海:华东师范大学出版社 2005 年版,第 193 页。在诉讼实践中,许多律师抱怨:很多法官认定出轨的证据是"捉奸在床"。这很难做到。在别人家里安装摄像头太难不说,还涉及侵犯对方隐私权。参见林维兵:《出轨要受罚?法律如何遏制夫妻不忠》,载"《家庭》杂志微信公众号"2017 年 9 月 5 日。

② 赵合俊:《作为人权的性权利》,载徐显明主编:《人权研究》(第二卷),济南:山东人民出版社 2002 年版,第 196 页。《肇庆女婿帮岳母查岳父婚外情竟触犯刑法》,载《广州日报》2017 年 7 月 18 日。

第二章　家庭制度的功能性考察

通常“婚姻”与“家庭”两个概念连在一起，不可分割，有时我们甚至把它们当成同位概念来使用，如我国的婚姻法和家庭法往往表征同一内容。如果从更微观的角度看，两者是有区别的。婚姻指称的是男女两个人之间的关系，家庭则表征的是以婚姻和血缘为核心的一群人之间的关系。对于家庭与婚姻的区别，默道克这样描述道：“家庭是一个社会集团，以共同的住处、经济合作和繁殖后代为其特征。它包括了不同性别的成年人——其中至少有一对可以发生由社会认可的性关系，以及这一对男女亲生或收继的儿女。家庭和婚姻是有区别的。婚姻乃是一个复合的习惯法，它的目的是肯定家庭内部一对成年男女之间的性关系。”[①]由此看来，婚姻是家庭形成的基础，家庭是婚姻关系的扩展。如前所述，婚姻由性而形成，是性关系的恒常化，而性行为导致的是生殖的发生和后代的繁衍，那么，由有固定性关系的男女及其所繁衍的后代所组成的集合即为家庭。

家庭既表征着一种人的组合，同时也表征着一套制度，因为人合作的基础在于资源的如何分配。家庭的产生和存在归根结底是因为实现了人类的一些功能，满足了人类社会的基本需要。这些功能和需要是制度生成的动因和方向。家庭是以血缘为基础的，长期共同生活在一起的人的组合，因此它不可能完全适用以陌生人交换为基础的市场规则，同时，虽

① Murdock, G. P, *The Nuclear family*, *Issues in Cultural Anthropology*, D. W. Mccurdy and J. P. Spradley ed Little, Brown and Company, 1949, Boston, p. 139.

然它以血缘为基础，但也不可能在群体内实现资源的共享。既然家庭是以婚姻为纽带、以血缘为中心构建起来的，那么身份就是资源配置的最为重要的因素。《牛津法律大辞典》解释说："身份特指一个人在法律上所居的地位，该种地位决定其在特殊情况下的权利和义务。"①由此，我们说家庭既是一套以身份为基础的人身和财产制度，也是一套基于身份发生的权利义务关系。它既表现为一套刚性的法律制度，又表现为一套具有弹性的家庭伦理。在一个常态的社会中关于家庭的法律不能离开该社会基本的家庭伦理，而基本的家庭伦理又最终通过法律的方式得以维护。然而，无论是作为法律而存在的还是作为伦理而存在的家庭制度，它的功能都是通过一系列家庭法的基本范畴而表现出来的。

一、"何以有家"——家庭制度的形成机理

家庭既是一个群体，又是一套制度。正是因为它是一个群体，所以才需要一套制度，因为没有制度，这个群体就无法维系。从家庭的起源上说，这套制度首先是一套有关"性"的制度。

（一）夫妻之间的产权制度

一个社会的维系离不开一系列的制度，而每一个制度又是依靠一定法律规则来支撑的，因此，规则和制度是一个问题的两个方面。法律制度按照功能可以分为构成性的制度和调整性的制度。② 所谓构成性制度是确认某些法律事实、制定某些法律标准、分配初始权利和义务的制度。所谓调整性制度，是对破坏构成性制度的行为进行矫正、制裁和处罚的制度，它的功能在于对构成性制度的辅助与维系。依照这样的分类，婚姻制度属于构成性的制度，它的功能在于确立一种性资源的分配机制，进而明确性行为和性关系的合法与违法的界限。由于这一制度是建立在对人的本能限制的基础上的，因此它不可避免地要遭到本能的反抗。所以，它的良性运作有赖于一定的调整性的制度的配合。这些调整性的制度在文明社会则表现为一系列的对通奸、强奸等违规的性行为的禁止和惩处

① ［英］戴维·沃克主编：《牛津法律大辞典》，北京：光明日报出版社 1988 年版，第 855 页。
② 张文显主编：《法理学》，北京：法律出版社 1997 年版，第 70 页。

机制。

资源的分配和产权的确立是连在一起的,分配是产权确立的前提。既然婚姻制度确立了一种性资源的分配机制,那么由此为基础,一种关于性资源的产权制度也随之产生。因此可以这样认为,婚姻制度既是一种性资源分配制度,又是一种性资源的产权制度。如果社会不建立一套对性资源侵犯的禁止与惩罚机制,那么性资源分配和所有机制是无法正常发挥作用的,这最终必将导致秩序的紊乱和社会的解体。古人类学的资料证明,在原始人的进化过程中,无序的性行为会妨害劳动中的协调合作,原始人之间的很大一部分矛盾和冲突是由这种无序的性行为而引起的性嫉妒导致的。根据对北京猿人化石的分析,北京猿人几乎所有的颅骨都有被棍棒、石制工具打击致死的迹象。根据这些事实,人类学家认为,早期人类死亡的一个重要的原因是他们同性之间由性嫉妒而引起的自相残杀。[①] 这种残杀无论对生活秩序还是生产秩序都是一种破坏。因此,"理解人类婚姻的关键不在于它对性关系敞开了门,而在于它对性关系的限制。这是因为,婚姻并不是向新郎和新娘发生性关系提供了方便——他们本来可以那么做——反而对他们的性关系给予了一定的限制,使他们的性伙伴关系与社区内其他性活跃分子划清界限、分割开来。"[②]用费孝通先生的话说,"婚姻是社会为性筑下的防疫圈"。[③] 于是在这个意义上我们说,对通奸、强奸行为的禁止和惩罚机制是通过配套性资源的分配与所有机制——婚姻制度来发挥作用的。

在男权社会的婚姻制度中,妻子没有垄断丈夫性行为的权利。丈夫在婚外放纵性欲的阻力并不来自婚姻内部,而是来自于社会,因为丈夫必须对其他丈夫承担相应的义务。要求一位妻子只能从其丈夫那里获得快感,也就等于要求其他男子不与这位有夫之妇发生性关系,推而广之,要求所有的妻子对其丈夫绝对忠诚,就意味着任何丈夫都享有要求其他男人不与自己妻子发生性关系的权利,这实际上仍然是为了防范男性为争

---

① 王伟,高玉兰:《性伦理学》,北京:人民出版社 1992 年版,第 63 页。

② [美]马尔科姆·波茨,[澳]罗杰·肖特:《自亚当和夏娃以来——人类性行为的进化》,张敦福译,北京:商务印书馆 2006 年版,第 98 页。

③ 费孝通:《乡土中国　生育制度》,北京:北京大学出版社 1998 年版,第 141 页。

夺性资源而引发冲突的威胁。①

在传统的男权社会里，夫妻关系是一种支配与被支配，占有与被占有的关系，妻子没有独立的人格，她是以丈夫的财产形态出现的。因此，婚姻所表征的性资源产权制度实际上是男方独占依附于女方身体而产生的性资源的产权关系，具体说，这种产权关系表征的是丈夫对妻子性器官的专有使用权、个人基因的复制权和性利益的孳息获取权。② 于是我们可以做这样的推断：在专偶型的婚姻产生之初，婚姻的基本目的既是出于两性间抚育后代的合作，又是为了阻止同性间的相互侵犯。正如财产私有制是为了阻止人与人之间的相互争夺其各自拥有的财产，婚姻也是为了阻止同性之间相互侵犯其各自拥有的性资源。因此，这样的婚姻在产生之初或许还能表征为男人和女人之间的关系，但它一旦被男权社会的文化和规范确认进而形成一种法律制度后，它就只能表征为男人与男人之间关于女人的关系。③ 基于此，强奸和通奸在男权社会中通常不被视为男人对女人权利的侵犯，而被视为男人对男人权利的侵犯，具体说，它表现为一种男人对男人性资源的盗窃。④ 这种盗窃既减损了男子的性资源，又增加了他抚育别人基因的可能性；既让他利益受损，又让他道德蒙羞。⑤ 正因如此，虽然通奸和强奸在表现形式上具有相当大的差异，但它们在男权主义的国家的视野中是没有本质区别的，都是应该受到法律重罚的违规性行为。⑥ 为了补偿男子因妻子通奸或被强奸而受到的损失，

---

① 桑本谦：《配偶权：一种"夫对妻、妻对夫"的权利——从发生学视角对婚姻制度和配偶权的重新解读》，载《山东大学学报》（哲学社会科学版）2004 年第 1 期；李拥军，桑本谦：《婚姻的起源与婚姻形态的演变——一个突破功能主义的理论解释》，载《山东大学学报》（哲学社会科学版）2010 年第 6 期。

② 在男权社会里，因夫妻的性行为而繁育的子女，也被视为男人的财产，具体说，是一种由妻子这一主物而衍生出的孳息。

③ 桑本谦：《强奸何以为罪》，载《法律科学》2003 年第 3 期，第 50 页。

④ 正因如此，波斯纳从经济学的角度将强奸者视为"性窃贼"。参见[美]理查德·A. 波斯纳：《性与理性》，苏力译，北京：中国政法大学出版社 2002 年版，第 242、532 页。

⑤ 参见[英]马林诺夫斯基：《野蛮人的性生活》，高鹏等编译，北京：团结出版社 2005 年版，第 26 页。

⑥ 正因如此，在我国古代法律中，通奸和强奸合称"奸罪"，在对男性一方的处罚上两者没有明显的轻重差别。西方的历史经验也表明了类似的情况，通奸和强奸都被视为万恶之（转下页）

许多古代社会的法律允许丈夫同态复仇或自行斩杀奸夫淫妇。①

在现代社会，虽然在婚姻关系中女性取得了与男性平等的主体地位，但是性资源的产权制度理论并没有过时。首先，既然女性在社会中取得了独立的主体地位，那么她们也就取得了自身性资源的产权。这种产权表现为积极权能和消极权能两个方面，即主体对自身的性资源的自由支配权和性资源不受他人侵犯的抵制权。因此，在现代社会，法律保护自主婚姻，惩罚强奸、性骚扰等违规性行为。其次，这种个人产权仍然受到婚姻的制约。因为，即使在现代社会，婚姻的专偶性、性爱的排他性也依然存在。女性取得了主体地位，只意味着男性对女性的性压迫解除了，女性在婚姻关系中的性自由度增加了，但绝不意味着女性就享有了没有约束的性自由。在现代婚姻制度下，只能意味着男方和女方一道因制度的制约而都不自由了。在现代社会，每一个人原则上对自己的身体和性具有支配的权利，但是由于受婚姻本性所决定，每一个人既然自愿选择了婚姻，就可以视为其同意接受制度的限制；既然结了婚，就应该转变角色进而承担夫妻双方的义务与责任，即承担夫妻双方互相保持性忠诚的义务和责任，即夫妻双方都不能跨越婚姻而与其他人发生性关系，其他人也不能无视这种婚姻关系的存在而和其中的一方发生性关系。这也就是说，夫妻双方性资源只能互相开放，而不能对外开放。因此，现代的婚姻制度并不意味着性资源产权制度的破产，仅仅意味着性资源产权制度中男性垄断机制的破产；仅仅意味着一种性资源的“双向私有制”——男女两性互为所有者、互为被所有者、相互占有对方性资源并排除他人干涉与侵犯

(接上页)源。参见张中秋：《中国封建社会奸罪述论》，载《南京大学学报》1987 年第 3 期；[法]乔治・维加莱洛：《性侵犯的历史》，张森宽译，长沙：湖南文艺出版社 2000 年版，第 69 页。

① 如公元前 15 世纪的《赫梯法典》规定：“如果这个人强占了这处女，并侮辱了她，则其夫可夺取强奸者的妻子使其受辱。”参见《外国法制史资料选编》，北京：北京大学出版社 1982 年版，第 70 页。我国《明律・刑律》规定：“凡妻、妾与人奸通，而于奸所，亲获奸夫奸妇，登时杀死者，勿论。若止杀死奸夫者，奸妇依律断罪，从夫嫁卖。”清律基本上承袭了明律的规定。美洲的加勒比人、中世纪西欧勃艮第人和伦巴德人的习惯法也都允许丈夫可以杀死与人通奸的妻子和奸夫。参见[美]E. A. 霍贝尔：《初民社会的法律》，周勇译，北京：中国社会科学出版社 1993 年版，第 334 页；李秀清：《日耳曼法研究》，北京：商务印书馆 2005 年版，第 207—208 页。

的产权机制的建立；[①]仅仅意味着一种性资源的“共同产权”——男女双方因婚姻关系将各自的性资源混同后而生成的一种集体产权的形成。因此，在现代社会，强奸妇女的行为不仅侵犯了女性的性权利，也侵犯了其丈夫对妻子的性资源的专属权，或者更确切地说侵犯了夫妻性资源的共同产权。这种理论并不违背男女平等的原则，因为当女对男“逆强奸”发生时，也依同此理。这种权利在现代法学中称之为“配偶权”。[②]

正如前所述，虽然随着人的主体地位的提高，婚姻身份性的减弱，法律日益宽容合意的性行为，因此，在世界范围内出现了通奸无罪化的趋势，但是，这并不意味着通奸就是合法的，并不意味着男女双方就有通奸的权利，这仅仅意味着通奸摆脱了刑罚的处罚，仅仅意味着男女双方只享有发生婚外性行为时免于刑法处罚的权利。因为在许多国家，通奸仍要承担民事责任，最起码通奸是离婚的法定事由和一方承担责任的重大过错。[③]

（二）家庭成员之间的合作制度[④]

按照人类学的逻辑，家的形成无疑是性资源分配固定化、均衡化的结果。在动物界，特别是在较高级的哺乳动物中，往往是由一雄性垄断着某一群体的性权利。在这一群体中，群主是唯一的雄性，如鹿王、猴王，等等，其他成员都是它的配偶。虽然其基因是在它的资助与保护下才能存活，但是在原始的性妒忌的驱使下，群主为了垄断性权利，其必须把成年的男性，即它的儿子们逐一驱除出该群体。我们将大体上按照人类学家阿特金森的理论来解释家庭制度的形成过程。[⑤]

---

① 桑本谦：《强奸何以为罪》，载《法律科学》2003 年第 3 期，第 51 页。

② ［英］戴维·M. 沃克：《牛津法律大辞典》，北京：光明日报出版社 1988 年版，第 199 页；杨立新：《人身权法论》，北京：中国检察出版社 1996 年版，第 726—727 页。

③ 依我国现行婚姻法第 32 条、第 46 条的规定，有配偶者与他人同居的行为既是离婚的法定事由，又是无过错方请求损害赔偿的法定事由。参见桑本谦：《配偶权：一种“夫对妻、妻对夫”的权利——从发生学视角对婚姻制度和配偶权的重新解读》，载《山东大学学报》（哲学社会科学版）2004 年第 1 期。

④ 以下内容参见吴飞：《人伦的“解体”——形质论传统中的家国焦虑》，北京：生活·读书·新知三联书店 2017 年版，第 342—350 页。

⑤ Andrew Lang James Jasper Atkinson, *Social Origins*; *Primal Law*, London: Longmans, Green, and Co. 关于阿特金森的理论主要来源于吴飞先生的《人伦的“解体”——形质论传统中的家国焦虑》一书，详见该书第 332—350 页。

按照人类学家阿特金森的理论，家庭从男性群主不再将其儿子赶出族群开始。或许其后宫由于女儿不断加入，变得越来越庞大，使其身体难以承受；或许为了摆脱其他人群或兽类的威胁，群主必须要将男性的子嗣留下从而加强他的力量；或许当他年老体衰时，需要由自己的基因来承继此份事业，以尽可能避免在性竞争中被外来人入侵而死于非命的结局。这些原因都可能促使群主要将一部分或全部儿子留在该群体中。因为动物有发情期的限制，所以只有在发情期内才有性竞争，而人类在进化的过程中摆脱了发情期的限制，所以性竞争无时不在。父子之间也不例外。这意味着父亲同意儿子留在群内的前提是父子之间必须在性上要有媾和，即儿子必须不能染指父亲的女人。这个群体中的女人，不是儿子的母亲就是儿子的姐妹，儿子不被放逐的条件就是他不准与母亲和姐妹发生性关系。于是人类历史上便有了第一种规则，这个规则严格地明确了父亲和儿子之间的性权利，即父亲和儿子在女性资源上做了明确的划分，即某些女人成为某些男人的绝对神圣不可侵犯的财产。这一规则虽然只是把父亲的性特权规定下来，但在阿特金森的眼里，这是人类脱离动物的标志，是人类最初的法律。

儿子虽然不能染指家族内的女子，但家族外的整个世界则是对他开放的，他必须到那里去掠夺女子。当新的女人进入家中，父亲的权利也要发生调整。以前他可以临幸所有的群体内的女性，但现在新来的女性必须属于儿子，只有父亲做出这样的让步，儿子才能留在家族中。这样，随着规则的扩展，不仅在母子、兄妹之间，而且在公公和儿媳妇之间也形成了严格的禁忌。父亲和儿子只有达成这样的默契，这个家族的秩序才能维持。于是，这样的规则不仅使父亲的婚姻权利得到了儿子的尊重，儿子的婚姻权利也获得了父亲的尊重。这是阿特金森所言及的原始法律的第二阶段。

随着被留下来的儿子越来越多，这个家族的实力也越来越强。数代以后，它与周围的家族之间的力量对比越来越悬殊，因而从那些家族抢劫女子越来越容易。由于更多的儿子被逐渐吸纳进来，家族中势必会出现性嫉妒。如果他们之间因为争夺抢来的女人而陷入冲突，就会回到原来的状态。于是,原始法律进入了第三阶段,即在兄弟之间明确彼此性权利的界限,或者按照年龄大小决定权利的大小,或是在叔嫂之间规定明确的禁忌或回避制度。这个家族因而更加团结,实力显著增强,抢夺外族女人的能力也获得了明显的提升,而周围的其他敌对家族逐渐解体,它的成员被吸纳到这个家族中来。没有了可怕的敌人,这个家族便获得了空前的优势,它的法律开始成为地域性的、统治性的。在这个大的群体内部,规则开始成体系化。这些规则不仅使男性与男性之间为了维护和平达成了契约,而且为他们增加了许多新的观念,使亲属制度越来越细化,将不同的女人做更加细致的分类,规定每个人的权利,法律开始呈现出体系化的特征。

到此时,还需要解决一个问题,即父女乱伦的问题。由于父女在年龄上保持着一定差距,所以通常当父亲过世时,会留下很多没有生育过的女儿。但按照第一规则她们不能嫁给自己的兄弟,但如果让她们嫁到外族去,又会加强那些家族的力量。如果让她们守寡,就会造成资源的浪费,增加整个家族的生活成本。为了解决这一难题,人类社会又必须向前继续迈进,即允许其他男子加入到家族中来,与这些女人结婚,这样便导致部落的产生。这样家族变得越来越大,女人之间也有了进一步的区别,女儿和母亲的界限开始变得明确。于此同时,暴力抢劫女子也开始被和平交换所取代。因为男人们开始认识到,他们的姐妹可以被当作财富进而换取和平。等到外来的女婿自己的儿子也出生了,并且越来越多的时候,原来完全的同质家族群体结构便被改变了,在同一群体中出现了表亲关系。随着外姓成员的增多,这个群体不再是单纯的血缘群体,而成为两个互相通婚的氏族组成的部落。①

费孝通先生说,个人在家庭之外去建立社会关系最方便的路线是利用原有的家庭关系,这是亲属路线。根据生育和婚姻,每个人都生在一个谱系秩序里。在这一秩序中,他们因生活需要分出亲疏,形成一个亲属范

① 此处及以上参见吴飞:《人伦的"解体"——形质论传统中的家国焦虑》,北京:生活·读书·新知三联书店 2017 年版,第 338—350 页。

围。更因亲疏的程度分成若干基本类别。每个类别都有一个亲属名词。[①] 随着更多的异族的加入,亲属的范围越来越大,社会的网络也越来越大,部落、国家得以产生,而最初的国家法律则是该种家庭法的延伸。

如前所述,家庭表征着一套成员间的合作性的制度。美国人类学家霍贝尔在探讨社会秩序的本质时认为:群居在一起的每个人都应该成为"有实践经验的社会科学家",必须能够预见到其他人将会怎么做,并基于其过去的经验调整自己的行为,以期望与别人的行为相协调,这样,所在群体才能得以维系;如果每个人都以冲动自行其是,群体将不复存在。[②] 由此看来,家庭制度实际是在人类长期进化中人们不断博弈从而互相妥协进而达到合作的结果。每个人都有天赋的自由,但如果人人都尽情地行使自己的自由,个体冲突就不可避免,"一盘散沙"最终会使每个人都失去利益和自由。于是在这种不断的冲突性的交往中,人们认识到只有合作,让渡自己的部分利益和自由,适度地承认别人的利益和自由,自己的部分利益和自由才能得以保留。在这种利益和自由的相互承认中制度便产生了。辛格这样描述权利的产生过程:"在这样做时,它们就确立了相互认同的基础。因为我认识到我有权就是认识到你也有权,反之亦然。所以我就懂得了,如果我们中任何人都可以被任意剥夺这一权利,那么,它实际上就不是权利。所以我能认识到,保卫你的权利是对我有利的,并且,我也能向你表明,保卫我的权利,也是有利于你的。"[③]家庭制度的产生就遵循了这样的逻辑。

从以上的分析来看,家庭依靠内外两种机制形成,即对内禁止乱伦,对外扩大外婚的范围。禁止乱伦是雄性家长不再将儿子赶出自己部族后的必备机制,目的在于阻断恶性基因的遗传,防止基因的衰败,以及维护共同体内部的秩序,防止内部性竞争。外婚制的出现在于扩大交往范围,形成稳定的人际网络,扩大血缘的辐射范围,从根本上保障家庭的安全和

---

① 费孝通:《乡土中国　生育制度　乡土重建》,北京:商务印书馆 2011 年版,第 331 页。

② [美]E. A. 霍贝尔:《初民社会的法律》,周勇译,北京:中国社会科学出版社 1993 年版,第 12 页。

③ [美]贝思·J·辛格:《实用主义、权利和民主》,王守昌等译,上海:上海译文出版社 2001 年版,第 38 页。

壮大。在初民社会，只有建立在一个稳固的家庭结构基础上的群体，在激烈的族群竞争中、残酷的人与自然的斗争中，才能有更多生存机会。从这个意义上说，“家”是早期人类在其生存结构中不得不做的选择。

二、“何以有孝”——家庭伦理的形成机理

人类之所以产生孝伦理，依张祥龙先生的观点，其前提是人必须有更长的内时间意识，即在时间上人类在家庭中能够生活得足够长，没有足够长的时间，老年人就不会比中年人更有知识和经验。① 如前所述，从生理学上讲，在生殖和抚育基因方面，比之其他哺乳动物，人类明显处于劣势。人怀孕 280 天才能让腹中胎儿发育成熟，要把一个婴儿培育成能直立行走的人至少花费 700 天的时间。② 妊娠时间长，意味着母亲孕育胎儿的过程非常艰难，并需要父母通力合作，以保证胎儿的生命安全和足够的营养源。婴儿成熟时间长，意味着养活这样的生命需要母亲乃至父亲的完全投入，在时间和精力上做出更多的付出。更为关键的是它改变了以往的“个人主义”的生活方式，重塑一种以抚育子女为中心的更为紧密的家庭生活方式。

养孩子越是艰难，越是时间长久，就越是被这种“长期投资”逼得发展出时间意识。而人类在进化过程中，由于生产工具的改进，生活能力的提高，在寿命上比之其他动物明显提高。也就是说，子女与父母在家庭中生活的时间被大幅度延长。只有人的寿命足够长，共同生活的时间足够长，即当父母逐渐老去，而儿女已经成年，此时老人在知识和经验上的优势才能变现出来，从而在父母体力明显失去优势时还能被儿女当作有用的人来看待甚至敬仰。共同生活时间足够长，也让幼辈对长辈的付出留下的记忆成为可能。共同生活时间足够长，以至于长到当自己也要去养育儿女并尝到其中的艰辛和痛苦时，便会对父母的感情升华为这样一种意识。

---

① 此处及以下参见张祥龙：《家与孝——从中西间视野看》，北京：生活·读书·新知三联书店 2017 年版，第 95—110 页。

② 民间流传着“兔一、鼠二、猫三、狗四、猪五、羊六、牛七、马八、人九、骆驼十”之说，即兔子妊娠 1 个月就能产子，老鼠需要两个月，猫需要三个月，狗需要四个月，等等。只有骆驼的妊娠时间比人长。而且大部分动物从出生到行走的时间都比人要短。

"这个与他/她被养育同构的去养育的经验，这个被重复又被更新的情境，在延长了的人类内时间意识中，突然唤起、兴发了一种本能记忆，也就是长期的，哪怕是内隐的回忆，过去父母的养育与当下为人父母的去养育，交织起来，感通了起来。当下对子女本能的深爱，与以前父母对自己的本能的深爱，在本能记忆中沟通了，反转出现了，苍老无助的父母让他/她不安了，难过了，甚至恐惧了。于是，孝心出现了。他/她不顾当时生存的理性考虑，不加因果解释说明地干起了赡养无用老者的事情，他/她的子女与他/她的父母的生存地位开始沟通，尽管说不上等同。"①这就是民间谚语中所言的"不当家不知柴米贵，不养儿不知父母恩"的逻辑。按照这一逻辑，作为一种心理上的"孝"出现了。这是一种对"父兮生我，母兮鞠我，拊我蓄我，长我育我，顾我复我，出入腹我"的记忆，是一种"欲报之德，昊天罔极"感恩、报偿的意识。②

"孝指子女对年老父母乃至前辈亲人的照顾、尊重、怀念和继承，孝道则指对这种孝行的自觉化、深刻化和信仰化。从哲理上讲，孝意味着子女与(年老)父母和祖先的生存时间在意识层面的再交汇。""孝是人的待发本性，乃反本报源的爱敬意识和继承意识，所以非有深远的做时间旅行的意义保持或历时记忆能力而不可。这就是在子女的深层意识中，记住了或回忆出了父母祖先的养育之恩，不论是可对象化、事件化之恩，还是非对象化和非事件化之恩。由此形成溯源之意识流。"③

"孝"和"悌"连在一起，代际之间幼对长为"孝"，同代之间幼对长为"悌"。同代之间的"悌"来源于代际之间的"孝"，无论从时间的发生上还是地位上它都落后于"孝"，它可以看成孝的次级形态，或者说是一种"准孝"。因此这两者都发生于人类的内时间意识之中。孝悌和慈爱相对应，所以中国古人讲求"父慈子孝，兄友弟恭"。这两种意识生长在顺物理时间而下和逆物理时间而上的时间流中，都停留在人们的记忆和情感之中。

---

① 此处及以上参见张祥龙：《家与孝——从中西间视野看》，北京：生活·读书·新知三联书店2017年版，第105页。

② 《诗经·小雅·蓼莪》。

③ 张祥龙：《家与孝——从中西间视野看》，北京：生活·读书·新知三联书店2017年版，第104—105、147页。

它们便构成了人类的基本伦理。人类基本伦理必须禁止乱伦，因为亲属之间的性爱搅乱这种时间流。[①]

"孝"也好，"悌"也罢，其实所有的家庭伦理都来源于"性"(Sex)，因为婚姻是由"性"结成的，家庭是建立在生育的基础上。在传统社会只有两性在性上通力合作才能完成每一次生殖，正是因为有了这样的合作，由此而来的"宝宝"才将合作的一方(男性)称为父，将另一方称为母。有血缘关系的同辈才成为兄弟姐妹。这样亲属关系得以形成。夫妻在性合作中、在共同抚育子女的过程中便形成了"爱"，代际亲属间便形成了"慈"和"孝"，在同代亲属间便形成了"友"和"恭"。由此全部的家庭伦理得以形成。这套伦理是以身份为基础的。身份本质上是一种社会关系，是一种基于各种事实或行为所产生的相互影响的相互作用的状态，它表征着一种地位和资格，表现为特定的人身利益和无形的精神财富。[②] 因此家庭伦理便是发生在家庭间的，给予特定人一定地位和资格，承认成员间相互的人身权益，作用于人的精神世界的，约束人的日常行为的一套无形的制度。

这其中的逻辑，《礼记》这段话将其描述得再透彻不过了："夫昏(婚)礼，万世之始也。男子亲迎，男先于女，刚柔之义也。天先乎地，其义一也。执挚以相见，敬章别也。男女有别，然后父子亲。父子亲，然后义生；义生，然后礼作；礼作，然后万物安。无别无义，禽兽之道也。"如前所述从生理学上讲男主动，女被动，男"主动出击"，女"静静等待"，男女结合才有婚姻，有婚姻才有生育，有生育才有父母与子女之间的孝伦理，以此为基础而有整个家庭伦理。伦理是一套在家庭范围内关于资源的分配机制，越是在农业社会伦理制度就越发达，因为农业文明对劳动力的特殊需求导致的必然是家庭人口的壮大，进而导致资源的稀缺。如果不能合理分配资源必然会导致家庭的解体。因此，伦理是作为一种资源分配手段而存在的。正因如此，当资源紧张时，就需要"父父""子子""父慈""子孝"

① 张祥龙：《家与孝——从中西间视野看》，北京：生活·读书·新知三联书店2017年版，第148页。

② 姚辉：《民法的精神》，北京：法律出版社1999年版，第221—222页。

“兄良”“弟悌”那样的伦理，需要每个人都扮好自己的角色，需要“不患寡而患不均，不患贫而患不安”的机制，[①]需要通过情和爱、礼和让来缓解资源稀缺的问题。这正是儒家哲学的基础。

家庭伦理推而广之才有整个国家制度。家庭伦理的产生意味着婚姻已不仅仅是原始的生物学上交配的概念，家庭也不仅仅是性资源上的合作形式，而是变成了情感衍生、文化交流以及新的社会关系形成的源头。在人类的早期社会，人类社会的规则通常都是不成文的。所以伦理、习惯、法律是三位一体的。因此，在传统社会家庭伦理往往是法律的一种表现形式，在纠纷解决中它发挥着裁判依据的作用。特别是在中国古代，家庭伦理往往以“礼”的形式表现出来。“礼”有“经国家，定社稷，序民人，利后嗣”的功用，[②]所谓“道德仁义，非礼不成；教训正俗，非礼不备；分争辩讼，非礼不决；君臣上下，父子兄弟，非礼不定。”[③]因此，从这个意义上说，家庭伦理的形成过程也是家庭法律的形成过程。在一个常态的社会中，法律的生命力需要伦理来滋养，伦理的拘束力需要法律来维护。善良的伦理为法律的运行提供了方向，法律为伦理的存在提供了根本性的保障。伦理从人的内心世界发挥作用，法律对人的外在行为发挥作用。伦理和道德相得益彰才能造就一个和谐的社会。正所谓“法律是人外在的伦理，伦理是人内心的法律”。

这套伦理制度是依托于农业文明产生的，也可以看成是农业文明生产方式下的必然选择。农业文明本身需要稳定的社会秩序，而长时间的稳定带来的必然是人口的增长。人口增长带来优势资源的紧张，而资源紧张必然引发激烈的社会竞争。于是这就需要一种缓解这种竞争的意识形态和制度。伦理和伦理法正是这样一种意识形态和制度。以家庭为中心的伦理，要求人与人之间要在“仁”意义上安排自己的行为，要以“爱”为中心做出行为举止，每个人都要扮演好自己的角色，要认可身份和差别，每个个体之间都要以“利他”原则建立关系，最大限度地保持群体内的和

---

① 《论语·季氏》。

② 《左传·隐公·卷四·传十一年》。

③ 《礼记·曲礼》。

谐与秩序。这正是儒家思想能在长达两千多年的历史长河中一直占据社会主流意识形态的根本原因。

三、性、婚姻、家庭、亲属——与家庭有关的法的四个基本范畴

范畴是人类理性把握世界的方式。人类进步的重要标志就是能够运用范畴来表达自己思想。人类理性认识的发生和发展是一个形成概念范畴,并将概念范畴序列化、体系化的过程,同时也是理论和理论体系形成和发展的过程。[①] 无论是与家庭有关的法律规范还是与家庭有关的法学理论,它的成熟化无非表现为能够用一批精确的、周延的概念来表达其中的信息。在众多的范畴中,具有基础性地位,起着核心作用的范畴有四个:性、婚姻、家庭、亲属。它们之间的逻辑关系是:两性关系的恒常化发展成为婚姻,以婚姻为基础生育子女扩展为家庭,家庭由亲属组成,家庭的发展表现为亲属的分类的细化。它们之所以具有基础性的地位,是因为它们具有重要的法律意义。

(一)“性”的法律意义

性(Sex)是人类社会不可或缺的一部分,它既是人获得快乐和幸福的重要途径,同时它又是社会人力资源再生的最主要方式。由于受性自身的特点所决定,性对象的选择与性行为的完成主要是通过个体的自为的方式来实现的,因此,在人类的进程中,性往往表现出“自治”的品质。人类的文明表现为一种秩序化的生活,而依弗洛伊德的理论,人类的文明是在与人类的本能相对抗中实现的。[②] 因此,人类的文明必然表现出对人本能的一种压制。对性快乐的追求是人的自然本能,虽然人类繁衍、社会发展都要依靠这种本能,但是,如果这些本能不能按照一定的规则运作,那么它们就会转化为一种巨大的破坏力,直接威胁着人类正常的社会秩序。同时,性也是一种重要的资源,并且这种资源是稀缺的,所以在性资源的取得上,在个体间也会产生竞争,而无序的竞争对某一个社会来讲则

---

① 张文显:《法哲学范畴研究》(修订版),北京:中国政法大学出版社 2001 年版,第 4—5 页。

② [奥]弗洛伊德:《论文明》,徐洋等译,北京:国际文化出版公司 2000 年版,第 2—3 页。

是灾难性的。因此，通过一定的规则来遏制无序的竞争和本能的过度行使进而使性的取得与保有表现为一定的秩序化，则是一个社会存在与发展的必要条件。所以，从社会维系的角度，任何社会的公共权力都不会任凭性行为放任自由，都必须对性做出必要的约束，只不过这种约束在传统与现代之间表现的强度不同而已。因此，从这个意义上说，在人类社会中性的领域离不开制度与规则的"强制"。在现代社会，由于法律的治理是社会治理的常态，因此，这种制度与规则的"强制"便更多地表现为法律上的"强制"。在传统社会，性受到了包括法律在内各种力量的过多的压制和禁锢；在现代社会，伴随着人的解放，社会对性的态度也变得日益宽容，套在性上的枷锁也在不断地消解，因此性权利的话语与实践开始崛起。尽管人的进步是和性的解放联在一起，但是法治意义上的性权利绝不是完全的性自治和性自由，它永远都是法律规则与制度下的权利，永远都是和性义务、性责任相对应的权利，它受制于社会规则，来源于社会合作。因此，我们说，性的法治是建立在自治基础上的对性的法律控制。一般说来，把它规制在婚姻范围内同时禁止其在家庭成员内部流动，是当下法律对性控制的主要方式。

（二）"婚姻"的法律意义

婚姻，以史尚宽先生的定义，为"以终生共同生活为目的之一男一女之合法的结合关系。"[①]其法律意义在于：

1. 婚姻意味着性关系的垄断

如前所述，婚姻制度既是一种性资源的配置制度，又是一种性资源的产权制度。这种性资源产权制度在婚姻关系内部表现为男女（夫妻）双方或一方对另一方性资源的拥有和支配机制，在婚姻外部表现为国家对侵犯他人婚内性资源行为的禁止与惩罚机制。婚姻为夫妻双方或一方的性利益或资源垒起了一道围墙，从而使其中的利益或资源范围形成了一个相对封闭的空间，进而在人的观念中产生了"你的""我的"这样的区分。每个人只能支配自己空间内的利益，而不能跨出这个空间支配别人的利益，否则就构成权利滥用；相对者也不能踏进权利人的领域行使权利，否则

① 史尚宽：《亲属法论》，北京：中国政法大学出版社2000年版，第97页。

就构成了侵权行为。权利滥用和侵权行为都会招来社会和法律的否定性评价。

虽然从广义上说，婚姻不止有一夫一妻制一种形式，一夫多妻制、一妻多夫制都是或曾经是婚姻的形式，但无论从人类的历史上看，还是从世界范围来看，一夫一妻的专偶型的婚姻都是最普遍的婚姻形式。[①] 正因为它具有这样的普遍性，所以它才成为近现代婚姻制度的基础。专偶制的婚姻关系的形成既是一种自然的选择，又是一种文化的认同。当一种社会现象在人类发展过程中潜移默化地形成，并被大多数人所接受且长期存续下去，那么它就取得了一种文化认同的效果。一方面，它作为一种传统或习惯而取得了应有的效力；另一方面，国家出于社会稳定的考虑，在不危及其统治的前提下也会以法律的形式对其予以确认。在文明社会中，经过文化认同和法律认可后的专偶型的婚姻制度便成为了国家约束人的性行为的随意性进而维护既定社会秩序的手段。从自然进化的角度看，是先有性行为后有婚姻关系，但一旦婚姻制度形成以后，婚姻关系和性行为的出现顺序便发生了颠倒，即在婚姻制度的框架内必须先有婚姻关系才能有性行为。婚前和婚外性行为都要受到禁止，最起码是不被社会所认同的。正像马林诺夫斯基所说的："实际上，任何人类社会里面，凡未经相宜的社会认可而要度过结婚生活的男女都要多多少少地受到苛罚。"[②]这样，婚姻就成为了性行为发生的唯一通道和性行为存续的合法场域。于是，性交便成为了一种只能在婚姻内获得的特殊利益，无婚姻则无权性交。

将性关系固定化的婚姻制度实际上是国家对社会性资源的一种分配制度。一般来讲，自然状态下的男女的性别比例大致相等，这意味着，只有建立一对一的专偶型的婚姻制度才能保证社会性资源的分配平衡，一夫多妻制或一妻多夫制的婚姻制度之所以在绝大多数社会不被接受，其

---

① 人类学家乔治·彼得·莫多克对250种文化进行了考察后认为：尽管在绝大多数社会中人们都喜欢一夫多妻制，而且有好多社会确实存在一夫多妻，但是客观的观察者必须承认每一个社会总体上都是一夫一妻制的。参见[美]海伦·费什：《人类的浪漫之旅——迷恋、婚姻、婚外情、离婚的本质透析》，刘建伟，杨爱红译，深圳：海天出版社1998年版，第62页。

② [英]马林诺夫斯基：《两性社会学》，李安宅译，上海：上海人民出版社2003年版，第198页。

根本原因就在于它打破了这种分配平衡。在性资源总量一定的条件下，某些人过多地占有或垄断性资源，必然侵占其他人正常的份额，致使这些人的性能量无法释放。依弗洛伊德的理论，当"里比多"的释放受阻进而造成性压抑时，它就会另觅出路寻找替代物。[①] 因此，当一个社会性资源分配平衡被打破时，通奸、强奸等违规性行为便是不可避免的，或者说，法律治理这些违规性行为的成本也是相当高的。或许也是基于这样的理由，中国早期的儒家思想家们把"内无怨女、外无旷夫"作为一个社会和谐的重要标志。[②] 诚然，在现代社会，随着社会自由度的增加和人们权利意识的增强，婚姻对人的约束力正在减弱，结婚和离婚正在变得越来越容易和简便，婚前性行为和婚外性行为去罪化趋势日渐明朗。但是，即使如此，婚姻制度仍然是目前世界各国通行的对性进行管理的基本制度，重婚几乎在当今的所有国家都被法律所禁止。[③] 在当下的中国，"包二奶""包二爷"之所以被法律和舆论所不容，从某种意义上说是因为它破坏了这种性资源分配的平衡；[④]由"重男轻女"思想所导致的新生儿的男女性别比例失调的现状之所以令专家们忧虑和政府高度重视，从某种意义上说也是由这种性资源不平衡的社会危害性而引发的。[⑤]

正因为婚姻意味着性关系的垄断和独占，因此夫妻间的忠诚义务则

---

① 何仲生，余凤高编著：《弗洛伊德：文明的代价》，沈阳：辽海出版社 1999 年版，第 65 页。

② 《孟子·梁惠王下》。

③ 20 世纪 90 年代初西方学者的调查表明：在美国，不论人们在结婚前和离婚后有多么丰富的性活动，但人们一旦结了婚，所有人的生活基本上只有一种形式——忠于自己的伴侣；在英国、法国、芬兰等国的调查情况也基本一致。参见[美]罗伯特·迈克尔等：《美国人的性生活》，潘绥铭，李放译，西安：陕西人民出版社 1996 年版，第 146—147 页。

④ 我国现行婚姻法第 3 条规定：禁止重婚和有配偶者与他人同居。2007 年 10 月实施的《广东省实施〈中华人民共和国妇女权益保障法〉办法》也规定，诸如"包二奶"等违反治安管理行为的，由公安机关给予行政处罚；构成犯罪的，依法追究刑事责任。虽然此办法出台后引起了很多争议，我们也暂且不论其立法的合理性，但这仍然可以在一定程度上反映出国家和民众对破坏婚姻行为的否定性态度。

⑤ 2002 年 9 月 1 日起施行的《中华人民共和国人口与计划生育法》第 35 条规定，"严禁利用超声技术和其他技术手段进行非医学需要的胎儿性别鉴定；严禁非医学需要的选择性别的人工终止妊娠"。由国家计划生育委员会、国家卫生部、国家药品监督管理局共同发布的《关于禁止非医学需要的胎儿性别鉴定和选择性别的人工终止妊娠的规定》从 2003 年 1 月 1 日起开始生效。目前对非法鉴别胎儿的行为我国刑法是通过非法行医罪来处罚的。

是婚姻的必要内容，并受到法律的肯定。如《法国民法典》第212条规定，夫妻双方负有相互忠实、帮助、救援的义务；《意大利民法典》第143条规定，夫妻双方均负有对对方忠实的义务；《瑞士民法典》第159条规定，夫妻应对自己的配偶诚实，不得有婚外性行为，也不得有损害配偶合法利益的其他不当行为；我国婚姻法第4条规定，“夫妻应当互相忠实，互相尊重；家庭成员间应当敬老爱幼，互相帮助，维护平等、和睦、文明的婚姻家庭关系”。这意味着夫妻双方都不能跨越婚姻而与其他人发生性关系，其他人也不能无视这种婚姻关系的存在而和其中的一方发生性关系。这也就是说，夫妻双方性资源只能互相开放，而不能对外开放。基于此，一种存在于夫妻之间的双方互相拥有对方性资源的权利——配偶权才得以产生。

2. 夫妻财产关系的形成

婚姻不仅表征一种身份关系，同时也表征一种财产关系，因此婚姻的成立意味着一种有别于其他人之间的财产关系开始形成。夫妻间的财产关系，是婚姻共同生活不可或缺的物质基础和保障，其不同于物权法、债法上的一般的财产关系，难以用普通法或物权法上的法律关系来规范以配偶身份为基础的夫妻间的财产关系。加之在商品经济社会，财产交易频繁，夫妻一方难免与第三人有财产法上的行为，因此该夫妻与第三人的财产关系也须另有规定，以维持交易安全。所以各国家庭法特设夫妻财产制，以规范婚姻共同生活中的财产。①

虽然人类历史上夫妻的财产形式很多，但从现代主流的家庭法规定来看，其形式不过法定财产制、约定财产制、共同财产制、分别财产制四种形式。一般来说，有约定从约定，无约定从法定。法定财产制依一国法律的规定，而法律既可以规定为共同财产制，也可规定为分别财产制。共同财产制还可以分完全共同财产制和所得共同财产制。所谓完全共同财产制（full community），是指夫妻双方的全部婚前财产、婚后财产及债务除某些法律的例外规定外，由夫妻共同享有和承担。如荷兰、南非、葡萄牙等国的法律作此规定。所谓所得共同财产制（community

① 王洪：《婚姻家庭法》，北京：法律出版社2003年版，第116页。

of gains)，即夫妻婚后所得的财产，除法律另有规定或约定外，归夫妻双方共同所有。如法国、意大利、西班牙、俄罗斯、东欧各国等法律作此规定。

以夫妻共同财产制为例，结婚意味着夫妻共同财产从那一刻起形成。其意义在于：夫妻在婚姻关系存续期间产生的家庭财富系双方在婚姻生活中多方面分工合作，并同心协力获得的成果，虽然其贡献的方式不同，但其贡献的价值相等。夫妻一方的家务劳动应给予适当的评价，即使一方没有参与家庭财富的直接创造，但是为一方的直接创造财富的活动提供了帮助，减少了家庭支出，都应视为创造同等价值的劳动。由此形成的财富双方共有，平等分享。① 再进一步说，一旦离婚，没有特殊约定，一方只能就其中二分之一的财富主张权利；一方死亡，继承人只能就其中的一半财富主张继承权。

3. 夫妻间特有的权利义务形成

婚姻关系比之普通人之间的关系的不同之处还在于由它产生了一些特有的权利义务。婚姻既是人的集合也是财产的集合，因此这些权利义务也是围绕身份和财产产生的。

(1) 同居的义务和权利

夫妻同居为夫妻共同生活之基础的要件，其义务为本质的义务，与婚姻成立同时发生，在婚姻解体前，继续存在。同居的义务是相互的，因此对于双方来说既是义务也是权利。许多国家的家庭法都对此进行规定。《法国民法典》第 215 条第 1 款规定：“夫妻双方负有在一起生活的义务”；《德国民法典》第 1353 条第 1 款规定：“婚姻双方相互之间有义务过共同的婚姻生活”；《瑞士民法典》第 159 条第 1 款规定：“结婚使配偶双方结合以共同的婚姻共同生活”；《意大利民法典》第 143 条第 2 款规定：“依据婚姻的效力，夫妻间互负……在家庭生活中相互合作和同居的义务”；我国婚姻法第 3 条规定：“禁止有配偶者与他人同居”。

(2) 扶助的义务和权利

婚姻是以共同生活为目的的结合，因此双方在共同生活中就有相互

---

① 王洪：《婚姻家庭法》，北京：法律出版社 2003 年版，第 122 页。

扶助的义务和权利。“协助义务，亦要求金钱之给付及生活费用之保障，夫妻生活费用保障义务，分别规定于夫妻财产制中”；“因相互负有协助义务，各应以言语及行动，在其力所及为共同之繁荣而互助……，例如应为他方照顾病患，安慰精神上生活，如一方因身体上或精神上缺陷，不能维持自己的利益时，应为其维护”；“婚姻共同体为分工合同之结合，夫之协助与妻之协助，外形上非必同一”。[①] 如一方失去劳动能力或处于危险之中，而作为婚姻中的另一方，则负有照顾或救助对方的义务，否则可能构成遗弃、虐待或其他伤害型的犯罪，而作为普通人则不必然负有这样义务。

（3）日常家事代理权

日常家事代理权是指夫妻一方因日常家庭事务而与第三人为一定法律行为时的代理权。该代理行为的后果由夫妻双方共同承受，被代理方须对代理方从事家事行为所产生的债务承担连带责任。在婚姻生活中，需要处理的日常事务很多，不可能事事都要由夫妻双方共同处理，因此必然要发生互相代理的情况。这是日常家事代理权产生的基础，多数国家法律承认这一权利。如《法国民法典》第 21 条规定：“夫妻共同负责家庭道德与物质事务的管理，负责子女的教育并为子女的未来做准备。”从这一规定中可以推出夫妻之间日常家事代理权的存在。《瑞士民法典》第 166 条规定得更为明确：“配偶双方中任何一方，于共同生活期间，代表婚姻共同生活处理家庭日常事务。”该权利是基于夫妻身份关系和共同生活的特点产生的，因此不以明示为必要，但代理的范围应以家庭生活为必要，如一方滥用代理权他方可以对此代理权进行限制。由于夫妻间的代理权的限制很难为外人知晓，故法律通常规定它不能对抗善意第三人。[②]

（4）继承权

如一方死亡，另一方作为配偶可以继承另一方的遗产。这一权利的特殊性在于该权利在婚姻存续期间是一种可期待的权利，只有在一方死亡后且没有特别约定的情况下，该权利才能真正履行。如果不是婚姻关

① 史尚宽：《亲属法论》，北京：中国政法大学出版社 2000 年版，第 303 页。

② 王洪：《婚姻家庭法》，北京：法律出版社 2003 年版，第 122 页。

系，仅仅是一种同居关系，并不产生该项权利。

（三）“家庭”的法律意义

费孝通先生曾经用三角形结构来描述家庭的特质。他指出，对于一个核心家庭来说，男女结合只是构成了三角形的一条边，孩子出生则构成了三角形的另外一点，完成了整个三角形结构。“这个完成了的三角在人类社会学的视野里称作家庭”。[①] 随着孩子的增加，这个三角形变得越来越稳固和复杂。由此说来，如果说婚姻是夫妻双方的集合，那么家庭则是夫妻、子女的集合，再推而广之，则是夫妻、子女、父母及其他亲属、家属的集合。如果说婚姻是两人的概念，那么家庭则是多人的概念。从法哲学的角度讲，家庭既是一个主体性的概念，又是一个场域性的概念。

1. 家庭是培育亲情、塑造健康人格的场域

家庭是每个人最先接受“爱”的场地，是人间伦理的孵化器。有家的人才懂得“爱”和“理”，家是让人具有人性的保障。没有家或不要家的人常常摆脱不了人格上的瑕疵。当年在管仲临终之前，齐桓公探视管仲，问及他死后丞相的人选。桓公提及易牙、竖刁和公子开方三个人，而管仲不但否定他们而且还告诫桓公远离他们，因为在管仲眼里，他们都不是好人。易牙为了满足桓公的好奇能把自己的亲生儿子蒸来给桓公吃，公子开方为了跟随桓公宁可放弃卫国公子的身份甚至父母死了都不回去奔丧，竖刁为了能够留在桓公身边宁可阉割自己。管仲说：“人之常情是最爱自己的儿子的，他连儿子都忍心杀掉，对别人还有什么做不出来的？人都是把自己的身体看得最重，他连自己的身体都不在乎，他会在乎别人吗？连父母都可以抛弃，还有什么人不能抛弃的？”结果，后来的事情恰恰被管仲言中了。齐桓公生病，他的几个儿子为了争夺太子的位置明争暗斗，三宠加入了这场争斗，最终易牙和竖刁将齐桓公关在后宫，将他活活饿死。这就是“停尸不顾，束甲相攻”的故事。[②]

---

① 费孝通：《乡土中国　生育制度》，北京：北京大学出版社 1998 年版，第 163 页。

② “管仲病，桓公问曰：‘群臣谁可相者？’管仲曰：‘知臣莫如君。’公曰：‘易牙如何？’对曰：‘杀子以适君，非人情，不可。’公曰：‘开方如何？’对曰：‘倍亲以适君，非人情，难近。’公曰：‘竖刀如何？’对曰：‘自宫以适君，非人情，难亲。’管仲死，而桓公不用管仲言，卒近用三子，三子专权。”（《史记·齐太公世家第二》）

一个人不懂得爱亲人,如何懂得爱别人?一个人自私到连自己父母都不爱,还能指望他爱别人的父母吗?古人说:“一屋不扫,何以扫天下?”“不能治家,焉能治国?”对“家”没有爱的人,如何对“国”有爱呢?一个从小就不爱家的人,大了以后能指望他爱国吗?正如《论语》中说的:“其为人也孝弟,而好犯上者,鲜矣;不好犯上,而好作乱者,未之有也。”“爱亲”是人的本性,“亲爱”是“他爱”的基础,国家尊重和保护“爱亲”的人性才能让民众有理由爱它。常常是,一个健全的正常的家庭才能培育出一个真正具有社会责任感的人。各国领导人竞选时,候选人总要向民众展示其家庭的一面,领导人,特别是一个大国的领导人,出访时,往往都要带上其家人,其实这是向其人民或世界展示一种“Family man”形象。为何如此?因为哪一个国家的民众会愿意或敢把自己的国家交给一个没有家庭责任感的“光棍儿”呢!世界和平又如何能指望一个连家庭之爱都残缺的人来支撑呢!

在现代西方,在个人主义的思潮的影响下,加之城市化的发展以及妇女地位的提高,“解家庭主义”正在兴起。西方的传统的家庭正在受到冲击,核心家庭让位于单亲家庭、未婚同居、同性恋家庭,家庭与个人之间的关系日益松散,婚姻关系寿命开始缩短,家庭规模变小,且不稳定。由家庭的解构产生了许多的社会问题。据调查,在同居关系中所生的孩子,有3/4的人在16岁之前会目睹父母分手,而出生在父母婚姻关系中的孩子,只有1/3会遭受厄运,并且当孩子的母亲同任何非生父的男人同居,孩子都处在不安全的家庭环境中。英国的一项研究证实,与生活在已婚的亲生父母家庭中的孩子相比,生活在同居而未婚的亲生父母家庭中的孩子受虐比例高出20倍;与母亲及其同居的男友而非生父住在一起的孩子,受虐比例高出33倍;而只与母亲单独生活的孩子比完整家庭高14倍。实际上,这都在表明,当孩子的母亲同任何非生父的男人同居,孩子都处在不安全的家庭环境中。[①]

美国13位研究家庭问题的学者的一份联名报告重提婚姻家庭的重

① 陈一筠编译:《同居关系会替代婚姻吗?——美国的最新研究报告》,载《国外社会科学》1999年第4期。

要性，认为婚姻是一种善举，对于孩子和未成年人具有广泛的积极意义。①

(1) 在完善的家庭中，父母更容易与孩子建立良好的关系；

(2) 同居无法替代婚姻的功能；

(3) 在单亲家庭长大的孩子，后来发生非婚生育和遭遇离婚的可能性高于完整家庭的孩子；

(4) 婚姻的确是人类社会的普遍的组织；

(5) 离婚和未婚生育增加了儿童及其母亲遭遇贫困的可能性；

(6) 有婚姻的夫妻比单身者或同居者享有的财富多些；

(7) 在有同样教育背景和职业经历的条件下，成婚男人挣钱比单身男人多；

(8) 父母离异增加了孩子学业不良的可能性；

(9) 父母离异降低了孩子上完大学和获得较好职业的可能性；

(10) 与双亲生活在一起的孩子比单亲的孩子身体健康些；

(11) 结婚夫妻比未婚男女的婴儿死亡率要低得多；

(12) 完整家庭中的成年人和青年酗酒、吸毒的情况比不完整家庭的情况少得多；

(13) 在婚男女特别是在婚男人，其预期寿命高于单身者；

(14) 在婚者的一般健康水平高于单身者，而致病、致伤、致残的比例低于单身者；

(15) 父母离异的孩子比双亲家庭的孩子更易罹患疾病；

(16) 离婚大大增加了自杀的危险；

(17) 在婚母亲患焦虑症的比例低于单身母亲；

(18) 单亲家庭教育的男孩更可能发生越轨犯罪行为；

(19) 婚姻有助于降低成年人成为犯罪者和受害者的比例；

(20) 在婚妇女比同居妇女遭遇家庭暴力的可能性小些；

(21) 不与亲生父母生活在一起的儿童遭遇虐待的可能性大些。

---

① 以下内容参见王丽萍：《婚姻家庭法律制度研究》，济南：山东人民出版社 2004 年版，第 56—57 页。

这些问题的出现归根结底是因为家庭残缺导致亲爱与责任感的缺失，而亲爱与责任感的缺失恰恰是许多犯罪产生的根源。没有爱的人，自然不会珍视别人的权利乃至生命。不懂得爱的人自然不擅长通过沟通与合作的方式来解决问题，而可能更愿意诉诸暴力和武力。一个不需要为别人牵肠挂肚的人，自然不会对其他人有责任意识。一个在社会上没有归属感和家园感的人自然也不会有社会责任感。家是个人与社会联系的纽带，家使个人利益和社会利益连在一起。家庭不稳或缺失往往是社会动荡的根源，从经济学上讲，独身会降低男子犯罪的机会成本，因为犯罪者不再担心连累他的妻子和孩子。正因如此，水浒英雄大多没有家庭。[①]

19 世纪法国的政治思想家托克维尔认为良好的家庭是公民自治、合作、守法观念产生的土壤，他曾这样评价家庭对美国人的意义，他说："美国人则从家庭中汲取对秩序的爱好，然后再把这种爱好带到公务中去。"[②]美国哈佛大学资深法学教授玛丽·安·格伦顿女士曾对当下美国社会的个人主义对家庭的破坏从而导致社会责任的缺失予以有力的抨击，并疾呼家庭的重要性："健康的家庭能够保证个体发挥其全部的潜能；紊乱的家庭是违法和犯罪的温床；对于支持我们社会安全体系、维系我们在世界经济中拥有竞争地位的劳动人口而言，家庭是我们所依靠的主要源泉。"[③]

在青少年的政治认同和社会认同上，家庭的作用至关重要。政治社会学认为，家庭是对公民的社会化，特别是政治社会化具有重要影响的场所。家庭塑造了子女的心理特征，传递一套规范和价值，它对子女生活习

---

① 水浒一百单八将中有一百零二个单身汉，除张青与孙二娘，王英与扈三娘，孙新与顾大嫂六人算是有家庭之外，其余人等无一再有家室，并且无论是有家的还是没家的，统统都没有子女。像李逵、张顺、鲁智深、阮氏兄弟等等压根就没有妻子，而像宋江、卢俊义、杨雄等原本是有家室的，但终因杀妻后而没有了家。林冲也原本是有家室的，但也因妻子被高衙内逼死后而失去了家。张都监曾把侍女玉兰许配武松，尽管这是他使用的奸计，但总之武松差一点有了家，但血溅鸳鸯楼那一刻，杀红了眼的他，未婚妻也被其结果了性命。参见李拥军：《为何水浒英雄不要"家"》，载《道法古今》，北京：知识产权出版社 2016 年版，第 167—169 页。

② [法]托克维尔：《论美国的民主》（上下），董国良译，北京：商务印书馆 1988 年版，第 338 页。

③ [美]玛丽·安·格伦顿：《权利话语：穷途末路的政治言辞》，周威译，北京：北京大学出版社 2006 年版，第 165 页。

惯、行为、态度、信念的作用是其他任何机构所不能比拟的。其中，对于国家民族的认同和忠诚，直接关系着国家安全也关系着子女社会观念和行为的养成，[①]而这些恰恰是一个国家公民法治观念形成的基础。

2. 家是承载私人利益的空间

在哈贝马斯等学者看来，家庭是与政治国家相对的市民社会的一部分："国家和社会分离是一条基本路线，它同样也使公共领域和私人领域区别开来。公共领域只限于公共权力。我们把宫廷也算作公共权力机关。私人领域当中包含着真正意义上的公共领域，因为它是由私人组成的公共领域。所以，对于私人所有的天地，我们可以区分为私人领域和公共领域。私人领域包括狭义的市民社会，亦即商品交换和社会劳动领域，家庭以及其中的私生活也包括其中。"[②]而戈登·怀特等学者则认为家庭是比之市民社会更为私人的场域：市民社会"是国家和家庭之间一个中介性的社团领域"[③]；"市民社会存在于家庭、家族与地域的界域之外，但未并达至国家。"[④]虽然西方学者就家庭是否包含在市民社会中的认识不相一致，但对于家庭是政治国家之外的私人领域则是一致的。作为私人领域，家是培养个人权利的地方，是藏匿个人秘密的场所，是承载私人财产的空间，是抵抗政治强权侵犯的堡垒。因此，但凡民主社会一定要承认家的主体地位，承认其为家庭成员自治的空间，将之视为隐私权、住宅权、家庭权、财产权等权利生发的场域，国家权力止步的红线。正因如此，西方有这样的谚语："风能进，雨能进，国王不能进！"贫民的茅草屋，风可以吹进来，雨可以打进来，但是国王的千军万马不能踏进来，因为它为个人所有。也正因如此，西方历史上才有"磨坊主告倒皇帝"的故事，皇帝之所以败诉就是因为他跨过了红线，侵犯了家庭中的私产。

---

① 孟宪范：《家庭：百年来的三次冲击及我们的选择》，载《清华大学学报》(哲学社会科学版)2008年第3期。

② [德]哈贝马斯：《公共领域的社会结构》，曹卫东译，载汪晖，陈燕谷主编：《文化与公共性》，北京：生活·读书·新知三联书店1998年版，第137页。

③ [英]戈登·怀特：《公民社会、民主化和发展：廓清分析的范围》，何增科译，载何增科主编：《公民社会与第三部门》，北京：社会科学文献出版社2000年版，第64页。

④ [美]爱德华·希尔斯：《市民社会的美德》，李强译，载邓正来，[英]J. C. 亚历山大主编：《国家与市民社会》，北京：中央编译出版社2002年版，第33页。

法治主义的根基在于对个人权利的保有和维护。在法治的视野中，个人是本体，国家是派生，私权利是目的，而公权力是手段。人民之所以创造出国家是为了让国家增进自己的福利，因此只有能增进民众福利，有效地保护公民权利的公权力才是正当的、必要的。对私权利的保有和维护是法治主义的根本立场和价值标准，如果不能坚持这一立场和标准，即使是用法律来治理，也不能称之为法治，因为"恶法非法"，而以恶法来治国的"法治"也非真"法治"。个体权利恰恰就存在于家庭之中，而一个完全吞噬了家庭的社会，必然变成了一个"原子化"的社会，而一个个原子化的人是无法对抗庞大的国家的，所以在一个国家公域完全排挤了家庭私域的社会里，法治主义便失去了生存的基础。

如卢梭所言，人若要成为国家的公民，必须向国家奉献出一切："每个人既然是向全体奉献出自己，他就没有向任何人奉献出自己；而且既然从任何一个结合者那里，人们都可以获得自己本身所让渡给他的同样的权利，所以人们就得到了自己所丧失的一切东西的等价物以及更大的力量来保全自己的所有。"[①]在这一过程中，自然家庭也要被解散。如果公民把所有的一切都必须献给国家，如果家庭消逝于国家之中，那么在强大的共和国生成之际，便是个体消亡之时，而个体消亡之时，便是法治消亡之际。因为没有了个体和家庭，法治便失去了保护和服务的对象，这时所谓的"法治"只能是某些假"公益"之名而行私利之实的特权者的"法治"。

哈耶克曾将这种"原子式"的个人主义批判为"伪个人主义"，他认为这种个人主义终将走向集体主义和专制主义。[②] 如果消灭了"家庭—国家"分野的格局，国家伦理必将取代家庭伦理，一切风俗、传统必将被荡弃，一切亲情和伦理注定被消灭。在没有社会保障条件下的个人，在荡弃了一切传统条件下的个人，必然无力对抗国家，进而不得不完全听命于国家，国家完全吞噬了个人。这其实是以一种全民平等的形式塑造起来的个人与国家的不平等！

传统中国是一个农业社会，家自然具有特殊的意义。处于统治地位

---

① [法]卢梭：《社会契约论》，何兆武译，北京：商务印书馆 1980 年版，第 24 页。

② 姚中秋：《重新发现儒家》，长沙：湖南人民出版社 2012 年版，第 111 页。

的儒家思想也非常强调对家庭的建设。尽管如此，这并不意味家在传统中国就获得了充分发展的地位。其实正是因为家具有限制甚至对抗政治国家的功能，所以国家一直对家保持着警惕的态度，并在一定程度上实施打压的策略，而且国家的专制程度越高，对家防范和打击的力度便越大。对于法家来说，"弱民"是其重要的社会治理的策略，其实就是要建立一个原子式的社会，而达致这一目标的重要方法就是分解家庭。所以，早在商鞅变法时秦国就颁行"分异令"，规定"民有二男以上不分异者，倍其赋"。[①] 政府强制民众必须把大家族分开，变成一个个核心家庭。《秦律》中还规定，奴婢偷盗了主人的父母，不算偷了主人；丈夫犯法，妻子若告发，妻子的财产可以不予没收；妻子有罪，丈夫告发，则妻子的财产可以用于奖励丈夫。[②] 这强调的是父子、夫妻的财产各自独立，不隶属于同一家庭，并鼓励人们为国家利益破坏家庭利益。这样的治理策略出现了"秦人家富子壮则出分，家贫子壮则出赘，借父耰鉏，虑有德色；母取箕帚，立而谇语。抱哺其子，与公并倨；妇姑不相说，则反唇而相稽"[③]的局面。家的观念被彻底解构了。

汉武帝时实施的"推恩令"，实际上是继承制度的改革，将原有的嫡长子继承制改成诸子均分制。这被以后王朝所延续，其实是将大家族由整化零的策略，从而结束了它们对中央的威胁。而两晋南北朝时期恰恰是大家族的发展，才使中央集权受到威胁，甚至曾经出现了"王马共天下"的局面。这一时代也是秦汉以后中国历史上少有的一段皇权羸弱的时代。明清时期中央集权异常强化，自然会加强对家族势力的打压。如明初，"浦江郑氏九世而居，明太祖常称之。马皇后从旁惎之曰：以此重叛，何事不成？上惧然，因招其家长至，将以事诛之。"[④]正因为传统中国一直奉行打击大家族的政策，所以秦晖先生将之称为"大共同体发达，小共同体

---

① 《史记·商君列传》。

② 睡虎地秦墓竹简中的《法律答问》："人奴妾盗其主之父母，为盗主，且不为？同居者为盗主，不同居不为盗主。""夫有罪，妻先告，不收；妻媵臣妾衣器当收不当？不当收。""妻有罪以收，妻媵臣妾衣器当收，且畀夫？畀夫。"

③ 贾谊：《治安策》。

④ 方孝标：《纯斋文选》卷六。

不发达”的社会。[①] 正是专制时代国家认为家庭是对国家权力的威胁，所以统治者，“杀人必要灭门”，“夺财必要毁家”。如《红楼梦》中的情形：皇帝指向哪里，他的军队就抄到哪里，任何华厦豪宅，岂有皇权不能踏入的道理？正因如此，在专制时代“族诛”“连坐”“满门抄斩”“户灭九族”比比皆是。

专制国家消解家庭的目的当然不是让个性直接得到发展，而是让个人直接服从君主。原子化的个人主义不是真正的个人主义，而是哈耶克所言及的“伪个人主义”。它与集体主义之间具有微妙的关系。个人单子是无法对抗全副武装的国家的。全民之间的绝对平等造就的是每个人与统治者之间最大的不平等。极“左”时期奉行的是集体主义，而它的前提是政府以强力要求人们否定家庭、否定亲情、否定一切传统的人际关系。[②] 它要求人们要从自己的“小家”走出来投入革命的“大家”，将自己的人格无条件贡献给国家。

正是由于没有认识到家国之间的这种关系，才使我们错误地认为只有不要家才能更革命；正是在实践中背离了“爱己—爱亲—爱他”之间的正常逻辑，才使我们走了许多弯路，犯了许多“极左”的错误。今天的中国共产党已不是昔日的革命党，而是带领自己的人民进行经济、社会、文化建设的执政党，她不单单是某一个阶层的先锋队，而是中华民族的先锋队，她以代表中国最广大人民群众的根本利益为自己的指向，因此在她领导下的国家应以最宽广的人性关怀为立场，应以最大限度地保护人权为目标。

中华民族是家庭观念最强的民族，是最重视亲伦传统的民族，是亲属关系最发达的民族。正因如此，当下的中国的发展，不能不要“家”，相反还要弘扬“家”，发展“家”。正像习近平主席在2015年春节团拜会上的讲话中所说的那样：“中华民族自古以来就重视家庭、重视亲情。家和万事兴、天伦之乐、尊老爱幼、贤妻良母、相夫教子、勤俭持家等，都体现了中国人的这种观念”；“家庭是社会的基本细胞，是人生的第一所学校。不论时

---

① 秦晖：《传统十论》，上海：复旦大学出版社2013年版，第61—123页。

② 姚中秋：《重新发现儒家》，长沙：湖南人民出版社2012年版，第114—115页。

代发生多大变化，不论生活格局发生多大变化，我们都要重视家庭建设，注重家庭、注重家教、注重家风，紧密结合培育和弘扬社会主义核心价值观，发扬光大中华民族传统家庭美德，促进家庭和睦，促进亲人相亲相爱，促进下一代健康成长，促进老年人老有所养，使千千万万个家庭成为国家发展、民族进步、社会和谐的重要基点”。

3. 家是重要的法律主体

家庭是人类历史上最早的团体。在几乎整个罗马法的历史上，家庭都扮演着社会交往基本单元的角色。在这个单元中，家父是法律上唯一具有完全能力的自权人，对外是家庭的法定代表人，对内拥有全部家产的所有权和对家子的人身支配权。① 这一点中西方大体相同。中国古代通常是以家庭作为承担法律责任的主体。家庭在法律上称为“户”，家长为户主。中国古代的赋税是以“户”为单位征收的，因此称“户赋”。② 法律还把家庭规定为犯罪的主体，如秦律规定了“匿户罪”：“匿户弗徭、使，弗令出户赋之谓也。”③即对逃避“户赋”治罪，又如唐律规定以家庭形式犯罪，以家长为首犯。所以中国古代专门负责民政工作的部门称为“户部”，调整民事关系的法律称为“户律”，家庭没有男性继承人的情况被称为“户绝”。

随着个人主义观念的兴起，家庭的社会功能逐渐萎缩。家庭成员对外的权利义务已由个人承担而非家庭和家长承受。不过作为人与人之间最密切的合作，家庭在私法上仍然具有重大意义。④ 民国时期的法律继承了把“家”作为法律主体的习惯。如《中华民国民法典》专章规定了“家”。第 1122 条规定：“称家者，谓以永久共同生活为目的而同居之亲属团体”；第 1123 条规定：“家置家长。同家之人除家长外，均为家属。”第 1125 条规定：“家务由家长管理。但家长得以家务一部，委托家属处理。”

---

① 朱庆育：《民法总论》，北京：北京大学出版社 2013 年版，第 463 页。

②《汉书·昭帝纪》记载，武帝时，每户每年要交纳户赋二百钱。《三国志·魏志·武帝纪》记载，建安九年，操平袁人邺，下令：“其收田租亩升，户出绢二匹，绵二斤而已，他不得擅兴发。”参见宁清同：《家庭的民事主体地位》，载《现代法学》2004 年第 6 期。

③《睡虎地秦墓竹简·法律答问》。

④ 朱庆育：《民法总论》，北京：北京大学出版社 2013 年版，第 463 页。

当下中国仍把家庭视为民事法律关系的主体。这主要表现在“个体工商户”“农村承包经营户”的规定上。无论是个体工商户还是承包经营户，它们参加民事活动都是以“户”，即家庭的名义进行的，既不同于公民，也不同于法人，是一种特殊的法律关系主体。[①] 改革开放以来中国多数的民营企业源于家庭经营，企业的运营模式也是家庭式的。[②] 即使在当下，许多企业虽然具有公司法人的外观，但由于它的运营模式完全是家庭式的，并存在于熟人社会之中，资金多来源于亲朋的借贷，因此事实上它们还是以家庭为单位承担经济责任，无法完全按照法律上的有限责任的形式来运作。

4. 家庭为公民权利的重要载体

正是因为家庭是人类社会必要的组成部分，所以现代法律都对正常家庭给予合理的保护。首先从宪法层面衍生出家庭权。《世界人权宣言》第 16 条规定：“家庭为社会之当然基本团体单位，并应受社会及国家的保护。”《欧洲社会宪章》(the European Social Charter)第 1 章第 16 条规定：“家庭作为一个社会基本单位享受适当的社会、法律、经济保护，以确保其获得充分发展。”第 17 条规定：“不管婚姻状况与家庭关系如何，母亲与子女享受适当的社会与经济保护的权利。”德国基本法在基本权利章(第 1 章)第 6 条规定：“婚姻与家庭应受国家特别保护。”我国宪法第 49 条第 1 款规定：“婚姻、家庭、母亲和儿童受国家的保护。”从这些规定中可以看出宪法保护公民的婚姻与家庭权。按照我国台湾学者李震山先生的观点，家庭权包括“组成或不组成家庭之权利”“和谐家庭生活之权利”“维持家庭存续之权利”“维持家庭亲属关系之权利”。“家庭权”作为宪法所保障的权利，其权利主体乃有要求政府为一定行为、不为一定行为的所谓的“主观公权”。“主观公权”的形式意义在于依据所谓人格具体能力之请求权。[③] 这种请求权既包括要求政府不作为，又包括要求政府作为。因为

---

① 郝铁川：《中华法系研究》，上海：复旦大学出版社 1997 年版，第 241 页。

② 费孝通等：《农村振兴和小城镇问题》，南京：江苏人民出版社 1991 年版，第 7 页；麻国庆：《永远的家——传统惯性和社会的结合》，北京：北京大学出版社 2009 年版，第 302—303 页。

③ 李震山：《多元、宽容与人权保障——以宪法未列举权之保障为中心》，台北：元照出版公司 2007 年版，第 168—173 页。

它是针对政府提出的，具有人权的性质。

其次，因家庭受法律的保护从而衍生出各种普通权利。这既包括从家庭中，基于血缘、伦理、亲情而衍生的家庭成员间的权利，如扶养权、抚养权、赡养权、亲权、配偶权、亲属先买权、医疗决策权、择偶建议权、日常家事代理权、家长教育权、祭奠权、探视权、生育权等，还包括与家庭生活有关的权利，如住宅权、宅基地使用权、家庭财产权等。这些权利存在于人与人之间，是主体要求他人为一定行为或不为一定行为的能力，是民事法律关系中的重要内容。

（四）“亲属”的法律意义

亲属关系是一种在社会上带有基础性和原创性地位的社会关系。之所以称它“基础”和“原创”，首先是因为亲属关系来源于生育。亲属是一种由出生而联系起来的人们，①即由两性合作而孕育出的子代，依次繁衍，由基因上的同源性而生成亲属。人类学家将这种血缘上的联系分为两种形式：一种是由一个人生出另一个的人与人之间的联系；另一种是由同一个祖先生出的人们之间的联系。② 这构成了亲属最为基础的形态。其次是因为亲属来源于婚姻。生育必须由两性的结合才能完成，而婚姻则是文明社会两性结合主要形式，所以，中国古代把婚姻的功能定义为：“合二姓之好，上以事宗庙，而下以继后世”。③ 由于婚姻中的两性结合具有恒长性、持续性、排他性的特点，因此，围绕着婚姻，两性及其与两性有血缘关系的人之间会形成稳定的交往关系，这种关系也被称之为亲属关系。这种亲属形式通常被称之为“姻亲”。由于在传统社会中亲属关系是最为密切的社会关系，为了取得这种亲密性，人们往往通过人为的方式和程序将普通的社会关系拟制成亲属关系，从而使纳入该领域的人享有如同亲属一样的权利和义务。在中国文化传统中，亲属伦理是以“别”为核心展开的，亲属和非亲属不应该具有同样的社会意义。因此，出于追求亲属关系的特殊性和优先性，通过拟制的方式进入亲属关系的现象非

---

① 刘引玲：《亲属身份权与救济权制度研究》，北京：中国检察出版社 2011 年版，第 9 页。

② [苏]谢苗诺夫：《婚姻和家庭的起源》，北京：中国社会科学出版社 1983 年版，第 18—19 页。

③《礼记·昏义》。

常普遍，例如过继、收养、结义、认干亲等都属于法律拟制亲属的方式。由此看来，亲属是基于婚姻、血缘和拟制而产生的一种人与人之间的关系。

亲属作为一种社会关系，它的特殊性体现在：一方面，亲属是与特定的身份相联系的概念，它的称谓除法律另有规定外，不得任意解除和变更。社会的身份有的因法律而设定，有的依自然形成。依自然形成的身份具有永久性，如父母子女、兄弟姐妹间的身份关系，它是基于血缘而成的，因此无法人为地予以变更。依法律设定的身份关系，如配偶、养子女与养父母，可以依据法律解除或变更，但必须履行较为严格的程序。另一方面，亲属与特定的权利义务相联系。正如恩格斯所说："父亲、子女、兄弟、姊妹等称谓并不是简单的荣誉称号，而是一种负有完全确定的、异常郑重的相互义务的称呼。"①这些权利义务只在亲属间发生，只对于亲属有意义，具有明显的身份性。②

在传统中国宗法制度下通常把亲属分为宗亲、外亲和妻亲。所谓宗亲，是指源于同一祖先的男系血亲，也包括在室女和因娶入而归于本宗的妇女。所谓外亲，是指同母系亲和出嫁女有关的亲属；所谓妻亲，是指同妻子相关的亲属。在现代社会，亲属的分类有两种立法例：一种是把亲属分为血亲和姻亲，不承认配偶为亲属。德国、瑞士采用此立法例。另一种是把亲属分为血亲、姻亲和配偶三种，确认配偶是亲属的组成部分。如日本等国采用此立法例。当下中国采用第二种立法例。配偶不仅是亲属，而且在亲属关系中处于核心地位。③

亲属作为一种特殊的关系或人群，它的法律意义表现为：

1. 亲属间发生代理或同效意义上的规定。鉴于亲属间血缘上的相似性、情感上的亲密性和利益上的共同性，法律承认或允许亲属间从事代理行为，或在特定条件下将亲属与当事人视为同一主体。这是法律对亲属最为普遍的一种规定，法律文本中经常使用的"某某人及其近亲属"的规定即属于该种情况。具体如法律规定法定代理人、监护人首先应由当

① 《马克思恩格斯全集》第 21 卷，北京：人民出版社 1965 年版，第 40 页。

② 余延满：《亲属法原论》，北京：法律出版社 2007 年版，第 92 页。

③ 同上书，第 93—94 页。

事人的近亲属担任;[①]某些事项的举报、辩护、申请、接受等可以由近亲属代理或亲属所为这些事项与当事人发生同等效力;[②]等等。

2. 亲属之间的私法上的权利与义务。亲属的意义是和非亲属相区别而存在的,正是亲属之间存在有别于普通人的权利和义务,亲属这个称谓或者这种关系才有其意义,法律才可能对其作专门的调整。关于亲属之间权利义务的规定构成了各国亲属法的主体部分,诸如发生亲属之间的抚养、扶养、赡养、监护等义务,发生在亲属之间的配偶权、亲权、继承权、先买权、名誉权、生育权等权利。这些权利和义务源于习惯和伦理,当它们与国家的基本秩序不相冲突时,往往法律都予以承认,因此,它们一般都具有私法的性质。在我国这些内容通常规定在婚姻法、收养法、继承法、民法总则等专门性的法律中。

3. 亲属间具有公法性质的禁止性规定。即由于亲属关系的特殊性,出于保护某些价值的需要,在某些关系中法律禁止具有亲属身份的人介入。如婚姻法中近亲属之间禁止结婚的规定,公权力的行使中有关亲属回避的规定,[③]公权力行使者为亲属牟利的禁止性规定或其亲属的从业禁止等。[④] 由于是出于维护公共利益的需要而做出的除外规定,所以这

---

① 《中华人民共和国民法总则》第 28 条规定:"无民事行为能力或者限制民事行为能力的成年人,由下列有监护能力的人按顺序担任监护人:(一)配偶;(二)父母、子女;(三)其他近亲属;(四)其他愿意担任监护人的个人或者组织,但是须经被监护人住所地的居民委员会、村民委员会或者民政部门同意。"第 42 条第 1 款:"失踪人的财产由其配偶、成年子女、父母或者其他愿意担任财产代管人的人代管。"

② 2010 年 12 月 29 日最高人民法院下发的《关于处理自首和立功若干具体问题的意见》中规定:"犯罪嫌疑人被亲友采用捆绑等手段送到司法机关,或者在亲友带领侦查人员前来抓捕时无拒捕行为,并如实供认犯罪事实的,虽然不能认定为自动投案,但可以参照法律对自首的有关规定酌情从轻处理。"《中华人民共和国民事诉讼法》第 85 条中规定:送达诉讼文书,应当直接送交受送达人;受送达人是公民的,本人不在交他的同住成年家属签收;等等。

③ 这些规定散见于当下我国的刑事诉讼法、民事诉讼法、仲裁法、劳动争议调解仲裁法、农村土地承包经营纠纷调解仲裁法、海关法、证券法、人民警察法、治安管理处罚法、公务员法、道路交通安全法、现役军官法、行政监察法、商标法实施条例、事业单位人事管理条例、税收征收管理法实施细则、专利法实施细则等关于回避的规定中。

④ 2006 年 1 月 18 日通过的国务院的《娱乐场所工作条例》第 4 条第 2 款规定:"与文化主管部门、公安部门的工作人员有夫妻关系、直系血亲关系、三代以内旁系血亲关系以及近姻亲关系的亲属,不得开办娱乐场所,不得参与或者变相参与娱乐场所的经营活动";2013 年 3 月 20 日通过的《国务院工作细则》第 54 条规定:"国务院组成人员要廉洁从政,严格执行领导干部(转下页)

些规范往往都带有公法的属性和强行法的色彩。

4. 基于对特殊身份的考量公法上给予亲属的特殊优待。如中国古代允许“亲亲相隐”，现代世界许多国家的刑法都规定亲属之间相互包庇和藏匿可以免除处罚，在诉讼法上一般都有亲属作证豁免权的规定。[①]虽然我国至今还没有关于此的系统的制度设计，但2012年新修改的刑诉法第188条第1款所做的“不准强制亲属证人出庭”的规定，也可视为该方面一种不成熟的突破。再有，刑诉法第73条中关于执行机关“应当在执行监视居住后二十四小时以内，通知被监视居住人的家属”的内容也属于类似的规定。

5. 亲属关系或利益为某些犯罪构成的必要条件。某些犯罪以侵害他人尊亲属的权益为犯罪构成要件。如我国台湾地区刑法至今还保留着众多的“伦常条款”，其中所涉及的“诬告直系血亲尊亲属罪”，“侵害直系血亲尊亲属尸体、坟墓罪”，“杀害直系血亲尊亲属罪”，“伤害直系血亲尊亲属罪”，“施暴行于直系血亲尊亲属未成伤罪”，“遗弃直系血亲尊亲属罪”，“剥夺直系血亲尊亲属行动自由罪”等罪名。[②] 某些犯罪构成必须以有一定的亲属关系为条件。如我国刑法规定的虐待罪、遗弃罪、暴力干涉婚姻自由罪，还有传统中国的乱伦罪。加害人和被加害人必须具有亲属关系或者必须在亲属间发生才能构成此犯罪。

6. 某些利益的发生或效力的取得必须以某些亲属关系为前提。根据我国国籍法的相关规定，一定的亲属关系是取得中国国籍的前提条件。父母双方或一方是中国公民，本人出生在中国或外国，即具有中国国籍。但父母双方或一方为中国公民，本人在外国出生，且出生时就具有外国国籍的，不具有中国国籍。父母无国籍或国籍不明，定居在中国的，本人出生在中国，就具有中国国籍。与中国有一定亲属关系的外国人、无国籍人

(接上页)重大事项报告制度，不得利用职权和职务影响为本人或特定关系人谋取不正当利益；不得违反规定干预或插手市场经济活动；加强对亲属和身边工作人员的教育和约束，决不允许搞特权”；等等。

① 范忠信：《中西法文化的暗合与差异》，第五章，北京：中国政法大学出版社2001年版。

② 黄源盛：《传统与当代之间的伦常条款——以“杀尊亲属罪”为例》，载《华东政法大学学报》2010年第4期，第83、99页。

可以申请加入中国国籍。根据我国国籍法,一定亲属关系也可以成为退出中国国籍的前提条件。与外国人有一定亲属关系的中国人,可以申请退出中国国籍。根据我国劳动法的规定,劳动者死亡后,其遗属依法享受遗嘱津贴,与配偶分居两地的国家机关、人民团体和全民所有制企事业单位工作满1年的固定职工,与父母分居的职工,享有探亲权、探亲期间享有一定的福利待遇。根据我国继承法,依据一定的亲属关系来确定法定继承人的范围和顺序。①

7. 亲属间纠纷特殊处理的规定。鉴于亲属之间的特有的身份因素和情感因素,亲属之间的纠纷处理往往有别于一般人之间的纠纷处理。如中国古代"准五服以制罪"制度,凡服制愈近,以尊犯卑,处罚变轻;以卑犯尊,处罚变重。在当下的中国法律中,亲属对于纠纷处理的特殊意义在于:一方面,法律更希望通过调解或和解的途径解决亲属间的纠纷;②另一方面,对发生在亲属间的犯罪,法律更倾向于通过轻刑化的方式处理。③

① 王洪:《婚姻家庭法》,北京:法律出版社2003年版,第56—57页。

② 我国民事诉讼法规定,调解是婚姻家庭案件处理的必经程序。

③ 发生在亲属之间的诸如盗窃、敲诈勒索、诈骗等案件如能获得亲属的谅解可以不按犯罪来处理,认定为犯罪的,应当酌情从宽处理。参见最高人民法院、最高人民检察院联合作出的《关于办理敲诈勒索刑事案件适用法律若干问题的解释》第6条,《关于办理盗窃刑事案件适用法律若干问题的解释》第8条;《关于办理诈骗刑事案件具体应用法律若干问题的解释》(法释〔2011〕7号)第4条;最高人民法院的《人民法院量刑指导意见(试行)》等。

第三章　中华亲伦法律传统的特点及近代命运

中国文化是以家庭为基础构建起来的，是典型的亲伦文化。以该文化为基础，传统法律表现出明显的“泛伦理化”的特征。这套体系与农业文明下的生存机构是相融的。随着近代中国国门的被迫开放，社会结构发生了根本性变化，这套体系也受到激烈的冲击。中国需要一套体现现代工商业文明的法律体系，由此传统的法律体系开始退出历史舞台，中国法制现代化由此开启。

一、农业文明与家文化

古中国人大致生活在蒙古大漠以南，秦岭或南岭以北，青藏高原以东，大海以西。这是一个四周封闭、内部广阔的区域。这一区域为农业生产提供了得天独厚的环境。据科学家的研究，从远古时候起，中国北方的西伯利亚寒流不断地向南方移动，在经过蒙古大漠时候，大风裹挟着细沙飞扬，当到了中国黄河中下游一带时，由于风力不支，尘沙慢慢降落，日积月累，年复一年，就在中原一带形成了大约 150 米厚的土壤层。这层土壤相当肥沃。另外，以喜马拉雅山为界，东西两边的气候完全不同。以东的中国，气候比较湿润，雨量比较充沛，四季比较分明。这是世界上最适合人类生存的地带——中纬度地带。这些条件成就古代中国发达的农业文明。[①] 考古资料显示，早在 5000 年前的新石器时代，此地区就形成了自给自足的农业系统，此后农业社会的区域不断扩展，及至最近两千年形成

① 辜正坤：《中西文化比较导论》，北京：北京大学出版社 2007 年版，第 4 页。

了成熟的农业生产系统。①

农耕文明的基础是土地，而土地属于不动产，土地不动，人亦不动。农业文明的这一特点决定了人们不需要流动而只要通晓了“春种”“夏耕”“秋收”“冬藏”寒暑之变的规律就能获得稳定的收入。因此，农业文明催生了静态的社会秩序和人们安土重迁的习惯。人们长期居住在一个地方，一代代繁衍和滋生，家族便得以繁衍和扩大，血缘必然成为联系人际关系的纽带。当家族人口越来越多，家族的数量越来越多的时候，家族之间必然要通过通婚的方式进行交流和联系。这样，人际关系网络日趋复杂多元，于是社会开始形成。受静态的农耕生活方式的决定，所形成的社会必然是熟人社会，从家庭中衍生的伦理必然成为调整该社会的主要规则形式。

农业生产包含着众多工序，需要多人的合作才能完成，也即非单个人能力所能及，须靠持久而稳定的小团体来共同运作。比较持久而稳定的小团体当然是以血统为基础的家庭，于是家庭乃成为传统中国社会最重要的运作单位。正因为家庭是传统社会最为重要的团体，自小生活在其中的强烈经验与习惯乃使中国人养成一种很明显的心理与行为倾向，那就是将家庭以外的团体或组织予以家庭化，即将家庭中的结构形态和关系模式推广到家庭外的团体或组织。这样，在整个农业社会便表现出一种泛家族主义的倾向。在强烈的家族主义的影响下，为了维护家庭的和谐、团结及延续，必须提倡一种以孝为中心的意识形态。② 这种意识形态扩展至社会层面便成为以尊卑等级秩序为中心的社会伦理。

农耕文明是典型的经验主义至上的生活方式。无论是春种、夏耕，还是秋收、冬藏都需要经验的指导才能做得更好，而年长者因其长期从事农业生产无疑具有更多的经验，因此其在群体中自然会有更大的权威。③

---

① Ho, P,T, Chinese Civilization: A Search for Roots of Its Longevity, *Journal of Asian Studies*, 1976, Vol. 35, pp. 547 - 554.

② 杨国枢：《中国人的孝道概念分析》，载杨国枢主编：《中国人的心理》，南京：江苏教育出版社 2006 年版，第 33—34 页。

③ 中国俗语：“不听老人言，吃亏在眼前”；“我吃过的咸盐比你吃过的饭米粒多”，“我走过的桥，比你走过的路多”。这些都旨在表明年长者、经验多者的权威。

于是，在家庭里无疑长者具有更多的权威，在一个熟人社会里辈分高的人具有更大的影响力。加之，男性因体力上的原因在农业生产中占有优势，因此，家庭中通常以男性长者为家长，在家族中以男性长者为族长，在熟人社会中更依托于有经验的长者来处理公益事务。在这样的社会里，孝敬父母，尊重长者，崇拜祖先，听从长辈便是顺理成章的。

国家也是在家的基础上产生的。尽管黄河流域平坦的地势、肥沃的土壤、充足的水源，为处于蒙昧时代的中国古代先民发展农业提供了优越的自然条件，但桀骜不驯的黄河频繁爆发洪涝灾害，又给擅长农耕的古中国人造成巨大威胁。因此，兴修水利是确保民族生存的头等大事，而这项工作绝不是少数人所能完成的，它需要大量的人力和高度的社会组织结构，需要系统化的管理与协调。在当时，这样的工程必须以大的家族为基础联合其他家族方能完成，而整个工程实施也必然促进了该大家族权力的延伸，最终使其家长取得了对整个社会的领导权，于是国家得以产生。①

正是由于这种特殊的地理环境，才催发了中国阶级国家的早产，即古代中国在商品经济欠发达、生产力水平相对低下以及阶级分化尚不明朗的条件下就提前进入了阶级社会。正是在这个意义上马克思称其为“早熟的儿童。”②在这一进程中，由于产品交换和社会分工不普及，土地没有充分私有，所以原始氏族内部的血缘关系也就不能被彻底破坏，这必然表现为　种自然宗法关系在阶级社会中积淀下来。这表明即使国家出现了，人与自然、人与社会的原始关系并没有被彻底斩断，人始终作为家族和血缘关系网络中的一个环节而存在，而家庭或家族仍然以自然中的一个细胞而衍生。国家是一个放大的家庭，家庭是一个缩小的国家。君主既是国家的主宰，又是“大家”的家长；家庭中的父亲是君主的臣子，同时也是小家的“国王”。在这种社会结构里，中国人的主要兴趣不可能像古

---

① ［美］卡尔·A. 魏特夫：《东方专制主义——对于极权力量的比较研究》，徐式谷等译，北京：中国社会科学出版社1989年版，第43—59页。

② 马克思在社会形态问题上曾这样论述过：“有粗野的儿童和早熟的儿童，古代民族中有许多是属于这一类的。希腊人是正常的儿童。”参见《马克思恩格斯选集》第2卷，第29页。笔者正是从这个意义上使用这一概念的。

希腊人那样要跳出社会去探索自然，而是要处理好人化的社会中的国事与家事。因此，中国人没有必要到社会之外去崇拜超自然的神力，他们所要崇拜的则是社会之内的实实在在的人。这个人就是创建部落、拯救国家的权威人物——祖宗。即“尊祖以敬宗、敬宗以收族。”基于此，在中国人的精神世界里宗教始终没有占据主要位置，取而代之的是伦理。

在家国一体的社会结构中，整个社会也呈现出一种泛家族主义的文化。这种文化首先体现为一种“祖宗崇拜”。与西方的“人格神”的崇拜不同，中国人所崇拜的是“神格人”。人们不是将自然界种种现象归结为超自然的神力，而是将种种非个人完成的奇迹附会到一些早逝祖先身上。《韩非子·五蠹》中说：“上古之世，人民少而禽兽众，人民不胜禽兽虫蛇。有圣人作，构木为巢以避群害，而民说(悦)之，使王天下，号曰有巢氏。民食果蓏蚌蛤，腥臊恶臭而伤害腹胃，民多疾病。有圣人作，钻燧取火以化腥臊，而民说(悦)之，使王天下，号之曰燧人氏。”“有巢氏”“伏羲氏”“神农氏”等氏族的首领均被看成伟大的发明家。各行各业都有自己的祖师，黄帝行医、鲁班做锯、仓颉造字、杜康造酒……即将人类历史进程归结到列祖列宗个人身上，使其具有了“神格人”的品位。[①] 所以，中国人所谓的“祭神”，其实更大意义上是在“祭祖”。

祖宗崇拜追求的是一种“内在性超越”，这也是泛家族主义的文化的又一体现。中国人是世界上少有的一个不需要救世主还能活得很幸福的民族，即他不需要像西方人那样借助上帝的力量到达彼岸世界才能获得完满，而是只需在世俗社会中就能实现自身价值的超越。余英时先生称之为“内在超越”。[②] 因为中国人是作为祖宗血脉链条中的一个环节而存在的，他的任务在于“承上启下”。一个人能够上对得起祖宗，即能够繁衍先人的血脉、发展前人的事业，往下能够对得起子孙，即将其抚养成人，为其准备了继续发展的资本，其任务就已完成，其价值就已实现。这些任务都是在世俗世界来完成的，而世俗世界的基础则是家庭，而后扩展至社会和国家，总之不需要到彼岸世界去完成。所以传统的儒家文化强调发展

① 陈炎：《多维视野中的儒家文化》，北京：中国人民大学出版社 1997 年版，第 23—24 页。
② 余英时：《中国思想传统的现代诠释》，南京：江苏人民出版社 2004 年版，第 22 页。

的是人与人之间的关系，不是人与神之间的关系。所以，孔子经常告诫他的弟子："未能事人，焉能事鬼"[1]，"敬鬼神而远之"[2]，"子不语怪力乱神"。[3] 儒家思想认为，一个人最要紧的是关心他的家庭，关心他的亲人，关注他身边的人乃至于整个国家与社会，承担其他应负的社会责任，而不是关心那些离自己很远的、虚幻的彼岸世界。正可谓民间俗语所说的："在家敬父母，何必远烧香！"正因为中国人过分地倚重于家庭，在一个由血缘、亲情编制成的人伦网络中能够完成价值上的自足，所以他没有必要、没有精力、也没有兴趣去发展一个神学的世界。这正如李泽厚先生所评价的那样："孔子没有把人的情感心理引导向外在的崇拜对象和神秘境界，而是把它消溶满足在以亲子关系为核心的人与人的世间关系之中，使构成宗教三要素的观念、情感和仪式统统环绕和沉浸在这一世俗伦理和日常心理的综合统一体中，而不必去建立另外的神学大厦。"[4]

既然中国人以家为核心来拟制国，那么家庭中的伦理自然被会上升为国家伦理，因而国家的法律也自然会呈现出伦理化的特征。因为"国"被视为一个放大的"家"，而且这个国家中人与人之间的关系都是亲属关系，所以从某种意义上说，古代中国的所有法律都是亲属法。既然是亲属关系，他们之间的矛盾都是家庭内部矛盾。既然是家庭内部矛盾，就不一定非得通过残酷的刑罚方式来解决。所以，传统中国更强调通过调解的方式来解决纠纷，通过教化的方式预防犯罪，所谓"德主刑辅""德本刑用""明刑弼教""先教后诛"。概言之，亲伦性是古代中国的法律的最典型特征。

二、传统中国法律的亲伦性的特征

（一）孝治天下

传统中国以农立国，特别强调家庭在整个社会治理中的地位。而家庭的维系则有赖于家长的权威，而欲维护家长的权威则必须要构建起以

---

① 《论语·先进》。

② 《论语·雍也》。

③ 《论语·述而》。

④ 李泽厚：《中国古代思想史论》，北京：人民出版社 1986 年版，第 21 页。

孝为中心的道德观念与规范体系。孔子在《孝经》中说:“夫孝,德之本也,教之所由生也”;[①]“夫孝,天之经,地之义,民之行也”。[②] 即孝是一切道德的根本,是所有教化的基础,是人间最为根本性的品德和规范。正因为孝具有这样的地位,所以在“德礼为政教之本,刑罚为政教之用”的传统社会治理中,法律必须以孝作为指导或者说必须要维护孝的基础性地位。

法律维护孝的途径无外乎两条:一是奖励“孝行”,包括褒奖孝子贤孙,为他们树碑立传,选拔孝廉为官或旌表等,容忍“孝子”们的某些非法行为,比如复仇、容隐。二是严厉打击“不孝”者,震慑不孝之徒,以绝其怠慢父权之心,从根本上维护家长的权威。[③]

统治者以孝治天下,除了君王身体力行、告谕万民、提倡尊老政策外,在司法、教育选才、教育、赋役等系统中也都介入支持,使得孝成为儒家政治文化中极为重要的价值,具有高度的政治性。[④] 两汉时期选拔官吏时实行察举制,由地方推荐贤德的人为官,其中孝是被录用为官的最为重要的条件,这种形式也因此被称为“举孝廉”。隋唐以后实行科举取仕,孝的理论也是重要的考察内容,例如清朝时期《孝经》是重要的考试科目。旌表是皇权深入民间收编既有势力与提倡官方意识形态的重要手段,也是地方大族争取国家认可、扩展自身权力与影响的重要机制。[⑤] 因此,旌表对于孝治至关重要。割股疗亲、毁身葬亲、居丧尽礼、代父受罪、万里寻亲等事例受到官方的奖励和表彰。[⑥] 孝是子孙对父祖长辈的服从,它与尊老敬老连在一起。所以“尚老”是孝治的重要组成部分。早在西周时期就有“三赦之法”:“一曰幼弱,二曰老耄,三曰愚蠢”,即年老是刑罚宽赦的条

---

① 《孝经·开宗明义章》。

② 《孝经·三才章》。

③ 范忠信等:《情理法与中国人》,北京:北京大学出版社 2011 年版,第 127 页。

④ 吕妙芬:《孝治天下——〈孝经〉与近世中国的政治与文化》,台北:台湾联经出版事业股份有限公司 2011 年版,第 35 页。

⑤ 据《大清历朝实录》统计,从康熙三十五年至同治十二年间(1696—1873),共旌表孝子 5533 人,年平均为 31 人。参见常建华:《清代的国家与社会研究》,北京:人民出版社 2006 年版,第 88 页。

⑥ 吕妙芬:《孝治天下——〈孝经〉与近世中国的政治与文化》,台北:台湾联经出版事业股份有限公司 2011 年版,第 36 页。

件之一。《礼记》也记载“悼与耄，虽有罪不加刑焉”。[①] 唐律中则直接规定“七岁以下、九十以上，虽死不加刑”。清朝除继承这些内容外，还设立“给老民顶戴”“旌表百岁”“赏赐高年”“优恤高年”“举行千叟宴”“举行乡饮酒礼”等制度。[②]

从秩序维护的角度来看，国家不允许复仇，所以大多时期的法律都规定了禁止复仇。但是从儒家伦理的角度来看为父报仇是尽孝的应有之义。正如《礼记·曲礼》中所说的：“父之仇弗与共戴天。”《春秋公羊传》中也说：“不复仇，非子也。”正因为指导思想与法律规定之间有冲突，面对复仇案件的国家立场常常是暧昧和游移的。唐宋时期，虽然法律上严厉禁止复仇，但在司法实践中一般都允许将案件上奏，由朝廷大臣讨论，并经过皇帝批准裁决。[③] 其结果常常是复仇者得到宽宥。元朝时期法律公开允许复仇，并且规定父亲被杀，儿子复仇杀死仇人无罪，仇人之家还要拿出 50 两烧埋银赔给复仇者。明清的法律虽然规定复仇有罪，但处罚很轻。明律中规定：“凡父母祖父母为人所杀，而子孙擅杀行凶之人者，杖六十；其即时杀死者勿论。”[④]这样的规定虽然名义上禁止复仇，但由于刑罚太轻，无异于默许复仇。

“亲亲相隐”是传统中国法律的重要原则和制度，因为它符合儒家的宗法伦理和重家的观念。它从西汉董仲舒的“春秋决狱”的司法应用，[⑤] 到汉宣帝昭示天下，再到唐律中的“同居者相为隐”逐渐发展成熟。其实“亲亲相隐”当中更强调的是“父子相隐”，因为父子关系是儒家伦理的原点。孔子在《论语》中说：“子为父隐，父为子隐，直在其中矣”，即父子互相包庇罪行是人伦大礼。而“父子相隐”的核心是“子为父隐”，因为这才真正体现孝的精神，其他人之间的容隐均不过是“子为父隐”派生出来的。

---

① 《礼记·曲礼上》。

② 常建华：《清代的国家与社会研究》，北京：人民出版社 2006 年版，第 89—91 页。

③ 郭建：《中国法文化漫谈》，上海：东方出版中心 1999 年版，第 105 页。

④ 《大明律·刑律斗殴》。

⑤ 春秋决狱一案例：时有疑狱曰：“甲无子，拾得道旁弃儿乙养之以为子。及乙长，有罪杀人，以状语甲，甲藏匿乙，甲当何论？”仲舒断曰：“甲无子，振活（活）养乙，虽非所生，谁与易之！《诗》云：‘螟蛉有子，蜾蠃负之。’《春秋》之义，父为子隐，子为父隐，甲宜匿乙，诏不当坐。”杜佑：《通典》第 69 卷，北京：中华书局 1992 年版，第 1911 页。

"至于'父为子隐',这是'慈'道,只不过是'孝'的回报;夫为妻隐,妻为夫隐,其逻辑等同于父子相隐;奴仆为主隐,等同于子为父隐,也是'孝'的推广;无服卑幼为同宗尊亲属隐,同样是'孝'的延伸。弟为兄隐,其义为'悌',也是'孝'的延伸,因为'长兄当父';兄为弟隐,其义为'友',是'悌'的回报。总之,如果离开'孝'这种中国古代最根本的价值,容隐制度就根本不会出现。"①容隐制度的实质就在于为了维护基本伦常秩序允许或鼓励亲属或家属之间互相包庇和隐藏。

除了上述奖励孝行的举措外,国家法律对孝的维护还体现在对"悖孝"的行为的处罚上。如早在西汉时期就有"不孝,弃市"的规定,②而唐律将其系统化和完善化,其中的"十恶"条即包括"不孝"。"十恶"条的第七项"不孝"指的是:"谓告言、诅詈祖父母父母,及祖父母父母在,别籍异财,若供养有阙;居父母丧,身自嫁娶,若作乐,释服徒吉;闻祖父母父母丧,匿不举哀;诈称祖父母父母死。"③疏文解释曰:"善事父母曰孝。既有违犯,是名不孝"。对"不孝"的行为处以从"绞""流""徒"等刑罚。除此之外,唐以降的封建法典还规定对"和仇人私和""干名犯义""委亲之官""冒哀取仕""犯父祖名讳""子孙违反教令"的行为进行处罚。④

(二)忠孝一体

诚如陈顾远先生所言:"中国向之视为罪大恶极者,不出两类。其一,关于叛逆犯罪之行为,此为维护家天下之地位,不得不严也;其二,关于反伦之犯罪行为,此为有助君纲之树立,不得不重也。"⑤"国"与"家"、"忠"

---

① 范忠信等:《情理法与中国人》,北京:北京大学出版社 2011 年版,第 123—124 页。

②《张家山汉简奏谳书》收录的"居丧通奸"案例中有这样的表述:"律曰:不孝,弃市。有生父而弗食三日,吏且何以论子?廷尉縠等曰:当弃市。"彭浩,陈伟,工藤元男主编:《二年律令与奏谳书——张家山二四七号汉墓出土法律文献释读》,上海:上海古籍出版社 2007 年版,第 374 页。

③《唐律疏议·名例》。

④ "和仇人私和"是指子孙私自与杀害父祖的仇人达成和解;子孙告祖父、妻妾告夫,在明清时称为"干名犯义";"委亲之官"是指当父母达到一定年龄需要供养时,做儿子的不管身居何等高位,都应主动回乡孝养父母;"冒哀取仕"是指父母丧期不回家守丧而外出求仕;"犯父祖名讳"是指对父祖的名字不回避,直称其名;"子孙违反教令"是指不听父母的教训、命令忤逆不孝的行为。参见范忠信等:《情理法与中国人》,北京:北京大学出版社 2011 年版,第 129—152 页。

⑤ 陈顾远:《中国法制史》,北京:商务印书馆 1934 年版,第 296 页。

与“孝”是连在一起的。国家维护“孝”的最终目的是达致臣民对于君主的“忠”。《论语》中说：“其为人也孝弟，而好犯上者，鲜矣；不好犯上，而好作乱者，未之有也。”国家是一个放大的家庭，为国尽忠就是对“放大的家”的尽孝，所以背叛君主，颠覆政权，分裂国家是更高级别的“不孝”，正因如此，国家通常将其视为最为严重的罪行。最具有代表性的就是传统法律中的“十恶”之罪。《唐律疏议》中所规定的“十恶”中的“谋反”“谋大逆”“谋叛”前“三恶”，都是直接危害国家政权的犯罪。“大不敬”是对皇帝人身的侵犯和对皇权的不尊，也可归入不忠的范畴。其他的如“恶逆”“不孝”“不睦”“不义”“内乱”等罪都是严重违背伦理纲常的行为。在家国一体的结构下，这些犯罪即使仅发生在家庭内，但是由于它动摇的是传统社会的统治根基和政治基础，因此这类犯罪也具有了意识形态的色彩，从某种意义上也具有了“不忠”的成分。对于这种具有意识形态的犯罪，处罚相当严厉。如对前“三恶”的处罚，唐律作了如下的规定：

“诸谋反及大逆者，皆斩；父子年十六以上皆绞。十五以下及母女、妻妾（子妻妾也同）、祖孙、兄弟、姊妹若部曲、资财、田宅并没官，男夫年八十及笃疾、妇人年六十及废疾者并免”；“伯叔父、兄弟之子皆流三千里，不限籍之同异”；“即虽谋反，词理不能动众，威力不足率人者，亦皆斩”；“父子、母女、妻妾并流三千里，资财不在没限。其谋大逆者，绞。”

“十恶”中的其他犯罪的处罚也比之同性质的犯罪处罚更重。如凡人通奸，按律一般处徒刑一年半，有夫之妇与人通奸，处徒刑二年。但如子女与父祖通奸，即“内乱”，犯者处死刑。犯“十恶”之罪不仅处罚严厉，而且还不能享受法律所规定的赦免方面的优待。如《唐律疏议》“八议”条规定：“诸八议者犯死罪，皆条所坐及应议之状，先奏请议，议定奏裁；流罪以下减一等；其犯十恶者，不用此律。”就是说，犯“十恶”罪的人即使有“八议”减免的情况也不能适用。谓之“常赦所不原”。[①]

中国传统的“礼”的精神，可分为“亲亲”和“尊尊”两大部分。“亲亲”要求在家族内亲近、爱护、尊敬与自己有亲属关系的人，“尊尊”要求在社会范围内尊敬一切比自己地位高的人。“亲亲”的基本原则是“孝”，“尊

① 张中秋：《中西法律文化比较研究》，南京：南京大学出版社1999年版，第50页。

尊"的基本原则是"忠"。当"亲亲"和"尊尊"发生冲突时,强调"尊尊"的地位高于"亲亲",不能以"亲亲"害"尊尊",即"忠"高于"孝",要求移孝作忠。"亲亲相隐"是传统法典的基本原则,是每个人必须为之的义务,但是它毕竟维护的是家庭的利益,如果遇到破坏国家统治基础的"十恶"之罪,亲属间则不能容隐。又如,按照"礼"的原则,父母丧,官员必须回家"丁忧",但如果确实因为国家事务脱不开身,皇帝还可以下旨"夺情"。

(三)身份本位

传统中国社会由于深受宗法制度的影响,建构起一套家国相通,亲贵合一,天、君、忠、孝相连的政治体制,与此相应,形成了以家族为本位、以伦理为核心的"身份秩序社会"。① 该种社会形态中的法律要以维护家族伦理为主要旨归,以身份来决定人的权利义务以及责任承当的形式。

在家庭中家长凭借其身份享有各种权利,其他成员负有服从的义务,而这样的权利义务关系又是从宗法伦理中产生的。作为父祖对其子孙拥有惩戒权。② 这种惩戒权包括自惩权和送惩权两种,即父祖对不听话的子孙既可以动用笞杖训诫,还可以送请官府惩治。作为丈夫,对其妻子拥有法定的单方面解除婚姻的权利,即休妻的权利。"七出"是传统中国"休妻"的法定事由。③ 符合"七出"之一者即可"休妻":一、无子,二、淫泆,三、不事舅姑,四、口舌,五、盗窃,六、嫉妒,七、恶疾。上述"休妻"的条件莫不与家族和伦理有关,归根结底都是不利于家族维系、家庭和谐或者说是有悖伦理的行为。作为家族中的亲属,享有亲族财产先买权,获得其他亲属救助的权利,同时还负有对亲属容隐的义务。

在责任承担上也体现出严格的身份性。因为父祖是一家之长,子女的人格被父祖吸收,所以在民事责任上奉行"父债子还"的无限责任原则。在刑事上奉行"缘坐"的原则,即自身并未犯罪,但只因与正犯具有一定的身份亲属关系而须连带受到处罚。一般说来,犯罪行为人的罪刑越重牵

---

① 黄源盛:《中国法史导论》,桂林:广西师范大学出版社 2014 年版,第 93 页。

②《唐律疏议·斗讼》疏文曰:"祖父母、父母有所教令,于事合宜,即须奉以周旋,子孙不得违反",如有违反处二年徒刑。明代清代法律规定处以杖一百。参见《大清律例·刑律·诉讼》。

③《大戴礼记·本命》中说:"妇有七出:不顺父母,为其逆德也;无子,为其绝世也;淫,为其乱族也;妒,为其乱家也;有恶疾,为其不可与共粢盛也;口多言,为其离亲也;窃盗,为其反义也。"

连的范围越广，被牵连者与犯罪者的亲缘关系越近处罚越重。历代亲属“缘坐”的范围有妻子（妻与子）、三族（父母、妻子、兄弟）、五族（加祖孙、叔伯父母、侄）、九族（本宗五服亲）。[①]

身份对定罪处刑具有重要作用，最为典型的体现在“准五服以治罪”上。“服制”是以丧服为标志，规定亲属之间亲疏远近的一种制度。即把亲属分为五等：斩衰、齐衰、大功、小功、缌麻。斩衰亲，服丧三年，穿着不缝边的极粗生麻布丧服；齐衰亲，服丧一年或一年以下，穿着缝边的次等生粗麻布丧服；大功亲，服丧九个月，穿着粗熟麻布丧服；小功亲，服丧五个月，穿着稍粗布丧服；缌麻亲，服丧三个月，穿着细熟布丧服。服制不仅确立继承与赡养等权利义务关系，而且确定了亲属相犯时的刑罚轻重。“服制”从西周开始就已形成，《礼记》《礼仪》中就有规定，而“准五服以制罪”制度首立于《晋律》。其适用原则是：凡服制愈近，以尊犯卑，处罚愈轻；以卑犯尊，处罚愈重。凡服制愈远，以尊犯卑，刑罚愈重；以卑犯尊，刑罚越轻。该刑罚制度和原则生成与运作的基础依然是身份和伦理。

身份也是古代中国继承制度的基础。西汉以后在财产继承上打破了原有的嫡长子继承制，代之以诸子均分制，但是在身份上仍然保留嫡长子继承制。利用母亲的身份，从父亲血脉中划分出嫡庶这样的具有本质区别的身份。凡正妻所生为嫡子，庶妻（妾）所生为庶子，母亲在婚姻家庭中的地位，决定了子女在继承中的地位。嫡庶之间的区别不在财产，而在身份。庶子虽是父亲的血脉，但没有家祭的权利。在嫡子中，长幼是决定继承的关键因素。这样嫡长子成为家族继承中的正宗，称为“后”。嫡长子（孙）之外的诸子（孙）只取得财产却不能分享祖先的身份和荣誉。[②]

（四）强调教化

在传统中国的家国一体的社会结构下，“国”是“家”的放大，国法是家规的延伸。君主相当于大的家长，所以称为“君父”，人民相当于家庭中的子女，所以称为“子民”。因此，从某种意义上说在这个国家中所有人都有亲属关系，他们之间的矛盾都属于家庭内部矛盾。梁漱溟先生对此有生

---

① 黄源盛：《中国法史导论》，桂林：广西师范大学出版社 2014 年版，第 93 页。

② 金眉：《中国亲属法的近现代转型》，北京：法律出版社 2010 年版，第 3—4 页。

动的描述:"中国伦理推家人之情以及于社会一切关系,名著其互以对方为重之义,总使它对立不起来。""彼此遇有问题,即互相让步,调和折中以为解决,殆成中国人之不二法门,世界所共知。'一争两丑,一让两有',为我南北流行谚语。"①在这样的逻辑下,首先意味着,对于不听话的"孩子"家长有教化的责任,即使犯了错误,除非冒犯皇权,否则没有必要非得使用残酷的刑罚。其次意味着,既然是家庭内部矛盾,那都可以通过调解的方式来解决,没必要非得争个是非曲直。再次意味着,既然都是"亲属",就要以家庭和睦为旨归,争讼就是家庭不和,因此这个社会的治理应该以"无讼""息讼"为目标。正如滋贺秀三先生在对比研究了中西诉讼形态后指出:"如果同欧洲诉讼这种内在的性质相对照而探索中国诉讼的原型,也许可以从父母申斥子女的不良行为,调停兄弟姐妹间的争执这种家庭的作为中来寻求。为政者如父母,人民是赤子,这样的譬喻从古来就存在于中国的传统中。事实上就被呼为'父母官''亲民官',意味着他是照顾一个地方秩序和福利的总的'家长'。知州知县担负的司法业务就是作为这种照顾的一个部分一个方面而对人民施与的,想给个名称的话可称之为'父母官诉讼'。"②

既然儒家追求"以天下为一家,以中国为一人",那么社会治理就像家长管孩子,既然如此,统治者当然强调教化的作用。孔子在《论语》中说:"不教而诛谓之虐";"导之以政,齐之以刑,民免无耻;导之以德,齐之以礼,有耻且格。"与此相应的法律实践则以"德主刑辅""德本刑用""出礼入刑""明刑弼教""先教后诛"为原则。既然他们相信通过教化能够实现社会的和谐,那么他们自然把"无讼""息讼"作为社会治理的理想,所以孔子说:"听讼吾犹人也,必也使无讼乎!"③

正因为有这样的理念,古代中国把一直有把"息讼"和"无讼"作为官员政绩的传统。④ 东汉著名循吏吴佑为"胶东相"时,"民有争讼者,必先

① 梁漱溟:《中国文化要义》,上海:上海人民出版社2003年版,第235、234页。

② 滋贺秀三:《中国法文化考察——以诉讼的形态为素材》,载滋贺秀三等:《明清时期的民事裁判与民事契约》,北京:法律出版社1998年版,第16页。

③《论语·颜渊》。

④ 范忠信等:《情理法与中国人》,北京:北京大学出版社2011年版,第213页。

闭阁自责，然后断讼，以道譬之，或亲到闾里重相和解。自是争讼者息，吏人怀而不欺。”[①]又如西汉人韩延寿“为东郡太守，以德为治，三年之间，令行禁止，断狱大减，为天下最”，遇有诉讼，他就“闭阖思过”，致使两造“深自责让”，郡内“二十四县莫复以辞讼自言者”。[②] 西汉循吏黄霸任颍川太守时，要求每户人家种一棵榆树，一百棵薤，五十根葱，一畦韭菜，养两口母猪，五只鸡，不准有游手好闲的人，各级官府都要做到自给自足。男女走路左右分道而行，路上遇到来人，少应该让长，卑应该让贵。如此等等。这样治理多年后，颍川大治。八年未发生过大案，监狱都长了草。他因此被朝廷征召，当了宰相。[③]

“理想的官员，尤其是郡县一级常常被视为调停者(arbiter)，而非法官(judge)，因为他在这些情况下的任务是消除或减少两个或更多争端家庭的冲突，而非费尽心思确定手头的争端孰对孰错。”[④]正是在这样的理念下，古代中国一直把以劝讼、止讼为宗旨的调解奉为主要的解决纠纷的手段。其中明朝的经验最为典型。朱元璋曾经颁布过六句圣谕：“孝敬父母，尊敬长上，和睦乡里，教训子孙，各安生理，勿作非为。”他在乡间设立“申明亭”。“申明亭”由老人主持，规定民间户婚、田土、斗殴、相争等一切轻微事件，不许直接向官府起诉，必须先由“申明亭”调解理断。明嘉靖年间设立“乡约”，每百家为“一约”。约内的纠纷一般在约内调解，调解被接受，就登录在和簿上。[⑤]

出于教化的目的，为了实现“无讼”的目标，统治者还赋予家族一定的司法权。家族听断族内“大小事件”，重大案件送州县审判。[⑥] 这种形式和“申明亭”的功能有时是重合的，和前述家长的惩罚权原理是相通的。“每姓有族长绅士，凡遇族姓大小事件，均听族长绅士判断。”“如有不法匪

---

① 《后汉书·吴祐传》。

② 《汉书·韩延寿传》。

③ 郭建：《中国法文化漫笔》，上海：东方出版中心1999年版，第59页。

④ [美]安乐哲：《生民之本——〈孝经的哲学诠释及英译〉》，何金俐译，北京：北京大学出版社2010年版，第35页。

⑤ 郭建：《中国法文化漫笔》，上海：东方出版中心1999年版，第62—63页。

⑥ 曾宪义，马小红：《礼与法：中国传统法律文化总论》，北京：中国人民大学出版社2012年版，第264页。

徒，许该姓族长绅士捆送州县审办。”[①]清朝雍正皇帝曾谕令：家长族正“训诫子弟，治以家法，至于身死，亦是惩恶防患之道，使不法子弟知所儆惧悛改，情非得已，不当按律拟抵偿。嗣后凡遇凶恶不法之人……或以家法处治，至于身死，免于抵罪”。[②]

地方官在处理纠纷时不仅崇尚调解，同时为了达到息讼的目的甚至威胁两造。明人王守仁在其颁布的《禁省词讼告谕》中说：“一应小事，各宜含忍；不得辄兴辞讼。不思一朝之忿，锱铢之利，遂致丧身亡家，始谋不臧（善），后悔何及。……若（判官）剖断不公，或有亏枉，方许申诉，敢有故违，仍前告扰者，定行痛责，仍照例枷号问发，决不轻贷。”[③]

清朝陆陇其任嘉定知县时，作有“兄弟争家产之妙判”。这也是试图通过威胁两造的方式来息讼：“判得黄仁、黄义，争执祖业遗产，久讼未决。夫鹏鸟呼雏，慈鸟反哺，仁也。蜂见花而聚众，鹿见草而呼群，义也。鸣雁聚而成行，雎鸠挚而有别，礼也。蝼蚁闭塞而壅水，蜘蛛结网而罗食，智也。鸡非晨不鸣，燕非时不至，信也。彼夫毛虫蠢物，尚有五常，人为万物之灵，岂无一德？尔兄弟名仁而不克成仁，名义而不知为义，以祖宗之微产，伤手足之天良。兄藏万卷，全无教弟之心，弟掌六科，竟有伤兄之义。古云：同田为富，分贝为贫。应羞析荆之田氏，宜学合被之姜公。过勿惮改，思之自明，如再不悛，按律治罪不逭。”[④]

在无讼的目标下，传统社会的地方官更愿意选择“和合”的方式化解纠纷，尽量不激化矛盾。清代郑板桥任山东潍县县令时，曾判过一桩“僧尼私恋案”。一天，乡绅将一个和尚和一个尼姑抓到县衙，吵吵嚷嚷地说他们私通，伤风败俗。原来二人未出家时是同一村人，青梅竹马私订了终身，但女方父母却把女儿许配给邻村一个老财主做妾。女儿誓死不从，离家奔桃花庵削发为尼，男子也愤而出家。谁知在来年三月三的潍县风筝会上，这对苦命鸳鸯竟又碰了面，于是趁夜色幽会，不料被人当场抓住。

① 《清实录》道光十二月戊戌。

② 《钦定大清会典事例》卷八一一。

③ 《王文成公全书》卷三十一，转引自张中秋：《中西法律文化比较研究》，南京：南京大学出版社1999年版，第335页。

④ 韩秀桃：《司法独立与近代中国》，北京：清华大学出版社2003年版，第60页。

板桥听后，动了恻隐之心，遂判他们可以还俗结婚，并写下判词曰："一半葫芦一半瓢，合来一处好成桃。从今入定风归寂，此后敲门月影遥。鸟性悦时空即色，莲花落处静偏娇。是谁勾却此案？记取当堂郑板桥。"[①]这可以说是成人之美的典范。

三、亲伦法律传统的近代转型

明清以来随着传统中央集权制度的僵化以及奉行闭关锁国政策，中国逐渐落后于世界新兴的资本主义国家。从19世纪中叶始，世界列强不断入侵中国，在中国获取领事裁判权，中国的主权受到严重侵害。随着中国自然和半自然经济的解体，传统的以宗法制度为核心的法律制度也开始解体。在内外交困的局势下，清政府不得不作出变法的姿态。1901年7月，两江总督刘坤一、湖广总督张之洞联名会奏《江楚会奏变法三折》。其中第三折最早提出了采用西法的主张。他们建议清政府高薪聘请西方法律专家，为中国编纂矿律、路律、商律、交涉刑律。这些建议拉开了清末法制改革的序幕。在修律的过程中，主张维护传统礼教的一派被称为礼教派，以张之洞、劳乃宣为代表；主张引进西方立法技术和法律理念的一派，被称为法理派，以沈家本、伍廷芳、杨度为代表。两派对修律的立场和具体制度设计等问题进行了激烈的争论。

1906年，修订法律大臣沈家本、伍廷芳奏上《进呈诉讼律拟请先行试办折》，认为中国法律诸法合体，实体法程序法不分，这种体例从根本上不能符合新形势的要求。中外法制不同，而涉外案件日益增多，外国人歧视中国法律，中国人不熟悉外国法律，常常酿成纠纷。所以修律应首先变通诉讼法。于是他们主持草拟了第一部《大清刑事民事诉讼法草案》。草案下发各地后，遭到了各地督抚、都统的反对，其中反对最为激烈的是湖广总督张之洞。他在1907年9月所上的《遵旨核议新编刑事民事诉讼法折》中批驳了沈家本、伍廷芳的立法理由。其主要观点是新的立法有悖中国传统礼教纲常。从此拉开了清末"礼法之争"的序幕。

1907年10月3日，沈家本上《刑法草案告成分期缮单呈览并陈修订

① 钟芳：《古代判词中的智慧》，载《贵州政协报》2019年3月16日第A3版。

大旨折》，并附刑律总则草案语；同年 12 月 30 日又奏上《进呈刑律分则草案折》及分则条文，主张刑法典采用西方近代体例。1908 年初，《大清新刑律》草案分发部院督抚大臣签注意见。军机大臣兼管学部大臣张之洞首先发难，批驳新法，其他督抚也纷纷附和。随后，清廷发出“旧律义关伦常诸条，不可帅行变革”的修改新律的上谕。在这样的压力下，沈家本将有关伦常条款的罪名各加重一等，送交法部。礼教派代表人物法部尚书廷杰又在正文后面加上《附则五条》，明确规定，犯“十恶”“亲属容隐”等有关伦常礼教各罪依照大清律处理，不适用新律正文。1910 年《修正刑律草案》交宪政编查馆核定。礼教派代表人物宪政编查馆参议、考核专科总办劳乃宣又率先发难，要求把旧律有关伦纪礼教各条直接写入新刑律正文。礼教派群起附和。沈家本予以反驳。法律顾问日本法学博士冈田朝太郎、松冈正义等人支持沈家本。双方争论激烈。最后经过调和将《修正刑律草案》核定为《大清新刑律》，将附则五条改为《暂行章程》交资政院决议。①

法理派与礼教派争论的主要焦点是中国传统的伦常条款的存废问题，集中体现在以下几个方面：②

其一，关于“干名犯义”的存废问题。如前所述“干名犯义”是传统法律中的一个重要的罪名，专指子孙控告祖父母、父母的行为。沈家本等人从西方国家通行的法理出发，提出“干名犯义”属“告诉之事，应于编纂判决录时，于诬告罪中详叙方法，不必另立专条”。而礼教派认为，“中国素重纲常，故于干名犯义之条，立法特别严重”，它是维护传统伦理所必需的，因而绝不能在新刑律中没有反映。

其二，关于“存留养亲”的问题。“存留养亲”也是传统法律中的一个重要制度。在一些案件中，若有“亲老丁单”，即凶犯家中独子、父母老病的情形，考虑其父母年老无人奉养，又无其他男丁继承宗嗣，经有关部门

---

① 曾宪义，马小红主编：《礼与法：中国传统法律文化总论》，北京：中国人民大学出版社 2012 年版，第 415—417 页。

② 曾宪义主编：《中国法制史》（第二版），北京：北京大学出版社、高等教育出版社 2009 年版，第 255—257 页；黄源盛：《中国法史导论》，桂林：广西师范大学出版社 2014 年版，第 370—385 页。

代为申请，得到皇帝特许以后，可免其死罪，施以一定处罚以后，令其回家孝养其亲。法理派认为，“存留养亲”不必编入新刑律草案。礼教派认为，这是宣扬仁政、鼓励孝道的重要方式，不能随意废除。

其三，关于“无夫奸”及“亲属相奸”的问题。依照传统伦理，“奸非”是严重的违反道德的行为，故传统刑律中有严厉的处罚条款。“亲属相奸”更是严重的伤害伦常的行为，处罚更重。因此，礼教派认为在新律中应该特别规定。法理派认为，“无夫妇女犯奸，欧洲法律无治罪之文”。“此事有关风化，当于教育上别筹方法，不必编入刑律之中”。至于亲属相奸“此等行同禽兽，固大乖礼教，然究个人之过恶，未害及社会，旧律重至立决，未免过严”。因此，对此行为，依“和奸有夫之妇”条款处以三等有期徒刑即可，“毋庸另立专条”。

其四，关于“子孙违反教令”的问题。在传统中国，只要子孙违反父母、尊长的意志，即构成此方面的犯罪。礼教派认为，祖父母、父母对子孙有惩治之权，这是孝伦理的当然之意。法理派则指出：“违反教令出乎家庭，此全是教育上事，应别设感化院之类，以宏教育之方。此无关于刑事，不必规定于刑律中也。”

其五，关于子孙卑幼能否对尊长行使正当防卫权的问题。礼教派认为，按照传统伦理，天下无不是之父母，子孙对父母祖父母的教训、惩治，最多是“大杖则走，小杖则受”，只有接受的道理，而绝无正当防卫之说。法理派则认为：“国家刑法，是君主对全国人民的限制。父杀其子，君主治以不慈之罪；子杀其父，则治以不孝之罪”，唯有如此，才是公平的。

1911年12月，清廷下谕将刑律总则、分则连同《暂行章程》5条全行颁布。《暂行章程》主要体现了礼教派的主张。如保留了对于一些严重犯罪仍处斩刑（第1条），加重了对有违传统礼教的犯罪行为的处罚（第2、3条），与无夫妇女通奸构成犯罪并要处以刑罚（第4条），对尊亲属有犯不得适用正当防卫（第5条）。这些都是法理派为了保证新刑律能够颁布所作出的让步。

礼法双方表面上争论的是一些刑律条文如何编写的问题，实际上是清末修律过程中两种法律思想的交锋。礼教派代表的是封建法律思想，以维护君主专制和宗法家族制度为宗旨,而法理派代表的是一批要求变革的先进的中国人的思想,强调个人本位的国家利益高于家族利益,试图通过这部法典促进中国资本主义的发展。[①] 总的来说,它是一种新旧思想的碰撞,是以家庭为中心和以个体为中心的两种生活方式的碰撞,是中国文化不得不经历的痛苦转型。此间,虽然法理派作了让步,但是《大清新刑律》总体上仍然不失为一部现代国家的刑法典。经过大规模的修律,近代的法律体系和法律原则得以建立。这是中国历史上第一次系统地介绍和传播西方的法律学说、思想和制度,促进了中国人法制观念的形成。也可以这样说,礼法的争论和新的法律的修订为中国步入现代法治开启了思想和制度的大门。由于沈家本居功至伟,所以他被后世称为"中国法律近代化之父"并不为过。但是我们必须认识到,由于受当时历史条件的限制,无论是刑法典的制定还是整个修律活动,都是以西方为蓝本的。加之立法者在实现民族自强的急躁心理支配下,对国外法律的移植不可避免地会出现简单移植的情况,对中国传统法律制度的批判和修正也不可避免地具有矫枉过正的性质。一百多年后的今天,如果回眸那段历史的话,其中的经验和教训仍然值得我们思考。

---

① 曾宪义,马小红主编:《礼与法:中国传统法律文化总论》,北京:中国人民大学出版社2012年版,第418页。

第四章　清末"礼法之争"背后的省思

在20世纪初，围绕着《大清新刑律》制定中的礼教存废问题发生了一系列激烈的争论，这就是我们所说的"礼法之争"。具体说，以沈家本为代表的法理派通过吸收西方立法精神和技术，试图对传统中国的"礼法合一"的法律模式进行改革，从而建立一种法律与道德相分离的现代法律体系，而以张之洞、劳乃宣为代表的礼教派则坚持传统伦理纲常与法律不能分离的原则，反对过分依赖西方模式而脱离中国礼教传统变革中国法制，由此，双方展开了一系列的争论。这些争论具体集中在"干名犯义""存留养亲""亲属相奸""亲属相殴""亲属相为容隐""故杀子孙""杀有服卑幼""妻殴夫、夫殴妻""无夫奸""子孙违反教令"等问题上。[①] 对于这场争论，以往官方的教科书往往将之定义为"进步"与"落后"之间的斗争。法理派顺应历史潮流，推动社会发展，是进步一方；礼教派逆潮流而动，维护旧的秩序和利益，是保守和落后的一方；《暂行章程》五条也被视为进步势力向保守势力妥协的结果。[②] 如果仔细研究那段历史，深入当时的历史场景来评价那场争论，我们会发现问题或许没有那么简单。这场争论或许不单单是一场技术、制度甚至精神层面的争论，对两派做"先进"和"落后"的评价也可能过于简单和武断，在争论的背后可能隐藏着更多的社会文化方面的问题。这些问题不仅仅发生在当时，而且依然及于现在，重新审视

① 黄源盛：《法律继受与近代中国法》，台北：元照出版有限公司2007年版，第206页。

② 张晋藩主编：《中国法制史》，北京：高等教育出版社2003年版，第308—309页；曾宪义主编：《中国法制史》，北京：北京大学出版社、高等教育出版社2009年版，第257页。

这些问题对于当下中国法治模式的探索依然具有很重要的现实意义。

一、"礼法之争"背后的意识形态和政治话语

传统中国的法律是典型的伦理法。所谓"礼之所去,刑之所取""出礼入刑""礼法合一"。它强调伦理道德是立法、司法的指导原则,是法律的正当性基础。法律为礼教所支配,法律要维护礼教的基础性地位,违反伦理纲常的行为要受到法律制裁。① 这种法律模式在中国延续了两千年之久,但随着近现代中国社会的发展,其存在的根基正在受到严重的冲击。

20 世纪初的清政府面临着空前的政治危机。在外部,随着西方列强对中国侵略步伐的加快,中国的国家主权进一步丧失,民族危机日益加重。在内部,资产阶级革命浪潮此起彼伏,严重地威胁着清政府的统治。在这样的形式下,清廷上下逐渐形成共识:欲摆脱危机只有变法维新。1901 年 1 月,因八国联军侵华而流亡西安的那拉氏痛下决心,表示要变法图强:"世有万古不易之常经,无一成罔变之治法。大抵法久则弊,法弊则更","法令不更,锢习不破,欲求振作,须议更张"。② 载泽在《奏请宣布立宪密折》中将变法维新的好处归结为三点:"皇位永固""外患渐轻""内乱可弭"。③ 光绪二十八年(1902 年)的上谕中称:"参酌各国法律,悉心考订,妥为拟议。务期中外同行,有裨治理,俟修定呈览,候旨颁行。"④由于时局所迫,此时的清廷上下都在言及变法改制,以至于变法修律都成为了当时的流行话语。

在这样的背景下,不仅法理派主张修律,其实就连礼教派也不反对变法。事实上,沈家本之所以能成为修律大臣,也是张之洞等人保举的结果。⑤ 张之洞恰恰是这次修律的最早也是最主要的倡导者之一。他早在光绪二十七年(1901 年)的一次电文中就表达了这样的思想:"欲救中国

---

① 瞿同祖:《瞿同祖法学论著集》,北京:中国政法大学出版社 2004 年版,第 412 页。

② 朱寿朋:《光绪朝东华录光绪二十八年》(第四册),北京:中华书局 1958 年版,第 4655 页。

③《出使各国考察政治大臣载泽奏请宣布立宪密折》,载故宫博物院明清档案部编:《清末筹备立宪档案史料》(上),北京:中华书局 1979 年版,第 174—175 页。

④ 上海商务印书馆编译所编纂:《大清新法令》,北京:商务印书馆 2010 年版,第 16 页。

⑤ 高潮,马建石:《中国历代刑法志注释》,长春:吉林人民出版社 1994 年版,第 1011 页。

残局，惟有变西法一策”；“盖必变西法，然后可令中国无仇视西人之心；必变西法，然后可令各国无仇视华人之心；必变西法，然后可令各国无仇视朝廷之心。”[①]他在《整顿中法十二条折》中提出“禁讼累”“省文法”“省刑责”“重众证”“修监羁”“恤相验”“改罚锾”“派专官”等九项有关“恤刑狱”方面的改革举措。[②] 在《采用西法十一条折》中他更明确地提出仿西法改中法的思想：“鉴前世之失，破迂腐之谈，将采西法以补中法之不足……以观自强之政”，并提议“定矿律、路律、商律，交涉刑律”。[③] 礼教派又一代表人物——劳乃宣，也不是一个食古不化的顽固分子，他也不反对变法维新。相反他和张之洞一样主张“中体西用”，主张“法久必弊，不变无以通其穷”，“道则从古从旧，器则从今从新”。[④]

由此看来，法理派和礼教派的分歧其实并不在“变”与“不变”的问题上，而在“如何变”“变到何种程度”的问题上。法理派认为，欲救中国，欲使改革确实具有实效，就必须虔诚地学习西方，必须对中国传统旧律做“刮骨疗毒”式的改进，具体说必须彻底打破传统的“礼法合一”的模式，从而建立一种西方式的法律体系。虽然法理派在修律上也倡导“不戾乎我国历世相沿礼教民情”，但从其修改的具体内容上可以看出，其实他们更强调“折衷各国大同之良规，兼采近世最新之学说”，[⑤]更强调通过“模范列强”“齐一法制”的方式来完成修律工作。具体正如沈家本所指出的：当今世界，“举凡政令、学术、兵制、商务、几有日趋于同一之势”，故应以“专一折冲樽俎，模范列强为宗旨”。[⑥] 由此观之，在修律问题上，在中外、

① 《致西安鹿尚书》，载《张之洞全集》，石家庄：河北人民出版社 1998 年版，第 8527 页。

② 《遵旨筹议变法谨拟整顿中法十二条折》，载《张之洞全集》，石家庄：河北人民出版社 1998 年版，第 1415—1420 页。

③ 《遵旨筹议变法谨拟采用西法十一条折》，载《张之洞全集》，石家庄：河北人民出版社 1998 年版，第 1429 页。

④ 张立胜：《县令·幕僚·学者·遗老——多维视角下的劳乃宣研究》，北京：人民出版社 2011 年版，第 133、137 页。

⑤ 《修订法律大臣沈家本等奏进呈刑律分则草案折》，载黄源盛编：《晚清民国刑法史料辑注》(下)，台北：元照出版有限公司 2010 年版，第 1426 页。

⑥ 《修订法律大臣沈家本等奏请编定现行刑律以利推行新律基础折》，载故宫博物院明清档案部编：《清末筹备立宪档案史料》(下)，北京：中华书局 1979 年版，第 851 页。

新旧、同异之间,法理派是"重外""趋新"和"从同"的。①

但是法理派也深知,面对守旧势力,欲达到此目的谈何容易!他们要面临着相当大的社会阻力和政治风险。因为在一个通常的社会里突破传统往往要比回归传统会遭遇到更大的阻力,特别是在中国这样一个崇尚传统的国度里,当下的合法性也往往要到传统当中去寻找。当初"康梁变法"之时,即使把孔子搬出,通过"托古改制"的方式进行,仍然没有逃脱失败的命运。② 而当下的修律,只有通过学习西方、决裂传统的方式进行,渲染"托古改制"已无实际意义且无法自圆其说,因此必须重新寻找能说动权力顶层支持修律并能挡住保守派攻击的有效武器。从当时的具体情况来看,收回"治外法权"或"领事裁判权"无疑成为了法理派手中最为有效的武器。

既可能是出于收回司法主权的良好愿望,也可能是出于减少修律阻力的技术性考虑,法理派在其言词中频繁地使用了"治外法权"或"领事裁判权"这样的语词和概念。如光绪三十三年八月(1907 年 10 月)大清新刑律草案告成,沈家本上折阐述修律理由,第一条即为领事裁判权问题:"国家既有独立体统,即有独立法权,法权向随领地以为范围。各国通例,惟君主大统领,……独对于我国藉口司法制度未能完善,予领事以裁判之权,英规于前,德踵于后,日本更大开法院于祖宗发祥之地,主权日削,后患方长,此毖于时局不能不改也。"③又如宣统元年十二月(1910 年 2 月)针对来自各方的批评意见和清廷修律的指示,沈家本所奏中的关于《修正刑律草案》的第一点修正理由仍是领事裁判权问题:"同居率土之中,而法权则互分彼我,同列讼庭之上,而惩戒则显判重轻,损失国威,莫此为甚。今幸续订商约,英、美、日、葡等国,均允于改良刑律之后,侨民悉归我审

① 梁治平:《礼教与法律——法律移植时代的文化冲突》,上海:上海书店出版社 2013 年版,第 45 页。

② 为了给变法提供合法性,减少阻力,康有为特作《孔子改制考》《新学伪经考》。

③《刑律草案告成分期缮单呈览并陈修订大旨折》,载故宫博物院明清档案部编:《清末筹备立宪档案史料》(下),北京:中华书局 1979 年版,第 846 页。

判。歃血未寒，时机讵容坐失，……”[①]再如，对于新刑律废止“无夫奸”的法律规制的质疑之声，沈家本特以“此最为外人着眼之处，如必欲增入此层，恐此律必多指摘也”作答。[②] 其言外之意是如不废除“无夫奸”为罪便有可能影响“治外法权”的收回。就连法理派又一代表人物，时任政府特派员的杨度，在讨论该问题时也把“外交上的不便”作为废除此罪的一个重要的理由来阐释。[③]

由此看来，法理派为了保证修律工作的顺利完成，而运用了一种“托洋改制”的策略。[④] 这一策略所指向的不是一个单纯的技术问题，而更是一个政治问题。具体说，这是一种通过民族主义来诠释修律方法正当性的策略。在民族危亡时刻，外争主权是一个国家最大的政治，是民心所向，于是为主权而修律就带有了意识形态的色彩。换句话说，也只有这一理由才能说服清廷上层放弃一些既得利益而接受新律，也只有这一理由才能让民众宽容新律对传统的背弃。

然而，通过背弃传统伦理纲常的方式来修律是礼教派所不能容忍的。在礼教派看来，伦理纲常是立国之本，是中华法系的根。事实上也是如此，从唐律以至清律，整个社会秩序立基于五伦常理之上。凡违反礼者，即附以刑罚制裁；法之所禁，必为礼之所不容；而礼之所许，自为法之不禁。换言之，法的内容是从礼教中取得其价值；法律的作用是在弥补礼教的不足。“礼”为法制的终极目的，“律”不过是实现“礼”的终极手段。[⑤] 正如张之洞所说：“五伦之要，百行之原，相传数千年更无异议，圣人之所以为圣人，中国之所以为中国，实在于此”[⑥]；“盖法律之设，所以纳民于轨

---

① 《修订法律大臣会同法部具奏修正刑律草案告成缮单呈览折》，载怀效锋主编：《清末法制变革史料》（下），北京：中国政法大学出版社 2010 年版，第 450 页。

② 沈家本：《沈大臣酌拟办法说贴》，载高汉成主编：《〈大清新刑律〉立法资料汇编》，北京：社会科学文献出版社 2013 年版，第 788 页。

③ 《资政院第一次常年会第二十三号议场速记录》，载黄源盛编：《晚清民国刑法史料辑注》（下），台北：元照出版有限公司 2010 年版，第 1482 页。

④ 高汉成：《签注视野下的大清刑律草案研究》，北京：中国社会科学出版社 2007 年版，第 29 页。

⑤ 黄源盛：《法律继受与近代中国法》，台北：元照出版有限公司 2007 年版，第 266 页。

⑥ 张之洞：《劝学篇》，上海：上海书店出版社 2002 年版，第 12 页。

物之中。而法律本原，实与经术相表里，其最著者为亲亲之义，男女之别，天经地义，万古不刊"[①]；"《书》曰'明五刑以弼五教'。《五制》曰'凡听五刑之讼，必原父子之亲，立君臣之义以权之'。此我国立法之本也，大本不同，故立法独异"[②]。也就是说，伦理纲常是表征和彰显中国法律主体性、独立性的根本性标志，通过背弃传统的方式修律无异于斩断了中华法系的根，无疑丢失了这种主体性，这样，即使收回了"治外法权"又能如何？即使律修好了而这律又是为谁修的呢？由此看来，在礼教派那里纲常礼教已经具有了"国本"的色彩，已经上升到了政治的高度，而法理派无疑犯了严重的"修正主义"错误。

正如前所述，在民族危亡之际，变法维新是民心所向，无疑法理派顺应了这个潮流，因此他们在舆论上占有优势。也正因如此，诸如奕劻、袁世凯、徐世昌这样的权力核心人物都明确赞成新刑律草案。[③] 面对法理派的优势，礼教派也只有将这一问题提升到政治的高度，才能有效地阻止法理派的激进主义举动。依笔者看来，将修律提高到"有伤国本"的高度就是这种政治性的策略。在一个通常的社会里，某一问题一旦上升到政治的高度，留给人们平等讨论的空间就会变得非常狭小，在一个不完全民主和自由的社会更是如此。对于传统的留恋是民众的一般心理，与突破传统相比维护传统在政治上具有特殊的安全性，这无疑都为礼教派在这场争论中提供了得天独厚的优势。礼教派正是利用了这种优势并通过将该问题提升到"国本"的层面来完成对法理派的批评和攻讦的。这些策略和技术明显地表现在礼教派的言辞中。例如陈宝琛所言："中国之刑法在世界上本为一独立法系，其所长者即注重伦常礼教，与他国法律异趣。改良刑律，止可择吾国旧法不合于理者去之而已，不当一一求合于外国法

---

① 《张之洞奏遵旨核议新编刑事民事诉讼法折》，载怀效锋主编：《清末法制变革史料》（上），北京：中国政法大学出版社 2010 年版，第 400 页。

② 《学部原奏》，载高汉成主编：《〈大清新刑律〉立法资料汇编》，北京：社会科学文献出版社 2013 年版，第 187—188 页。

③ 高汉成：《签注视野下的大清刑律草案研究》，北京：中国社会科学出版社 2007 年版，第 53 页。

律，而没我国固有之文明。”[①]又如刘廷琛所言：“该天下之大，所以保治安者，全赖纲常隐相维系，今父纲、子纲全行废弃，则人不知伦理为何物，君纲岂能独立，朝廷岂能独尊？”[②]再如劳乃宣所言：“天下刑律无不本于礼教，事之合乎礼教者，彼此自相安无事，其不合礼教者，必生事端。”[③]由此说来，“礼法之争”的实质不是单纯的立法技术之争，而是政治理念之争，是意识形态之争，是关乎中国法律主体性的存废之争。因此，如果从技术角度看，双方为了击败对手，都在打“民族主义”这张牌。

传统中国士人自古就有“道统”和“政统”二分的思想。“道统”以儒家思想为基础，其核心是天理人伦、礼教纲常；“政统”以皇权为代表，其核心为政治统治与法律制度。“道统”是“政统”的思想基石，“政统”的合法性要靠坚持“道统”来表征。礼教派把法理派修律的破坏性提升到“国本”的高度，其实就是提高到“道统”的高度。某一问题一旦被提升到“道统”的高度，皇帝往往都要为之妥协和让步。每个士人都知道，“道统”的缺失将面临的是一种顾炎武所言及的“率兽食人，人将相食”的“亡天下”的后果。[④] 这不能不让他们警惕和担忧。一些官员在对新律的反馈意见中就明显地表现出了这种警惕和担忧：“若忽将家族主义骤然改破，则全国人民国家之观念既浅，家族之范围复驰，恐人心涣然，更无术可以结合”[⑤]；“若以中国数千年尊君亲上之大防，制民遏俗之精意，翻然废弃而不顾，恐法权未收，防闲已溃，必致奸慝放恣，不可收拾”[⑥]。这其中把这种担忧表

---

① 陈宝琛：《读劳提学及沈大臣论刑律草案平议》，载高汉成主编：《〈大清新刑律〉立法资料汇编》，北京：社会科学文献出版社 2013 年版，第 795 页。

② 刘廷琛：《奏新刑律不合礼教条文请严饬删尽折》，载高汉成主编：《〈大清新刑律〉立法资料汇编》，北京：社会科学文献出版社 2013 年版，第 790 页。

③ 劳乃宣：《声明管见说贴》，载黄源盛编：《晚清民国刑法史料辑注》(下)，台北：元照出版有限公司 2010 年版，第 1455 页。

④ “有亡国，有亡天下，亡国与亡天下奚辩？曰：易姓改号，谓之亡国；仁义充塞而至于率兽食人，人将相食，谓之亡天下……保国者，其君其臣、肉食者谋之；保天下者，匹夫之贱，与有责焉耳矣！”顾炎武：《日知录·正始》。

⑤《安徽巡抚原奏》，载高汉成主编：《〈大清新刑律〉立法资料汇编》，北京：社会科学文献出版社 2013 年版，第 194 页。

⑥《直隶总督原奏》，载高汉成主编：《〈大清新刑律〉立法资料汇编》，北京：社会科学文献出版社 2013 年版，第 196 页。

述的最为直接和强烈的莫过于时任京师大学堂总监督的刘廷琛了:“窃维政治与时变通,纲常万古不易,故因世局推移而修改法律可也,因修改法律而毁灭纲常则大不可。盖政治坏,祸在亡国,有神州陆沉之惧;纲常坏,祸在亡天下,有人道灭绝之忧,宗旨不可不慎也。”[①]面对“道统”和“国本”受到的冲击,就连统治者也感到了压力,进而迫使他们不得不正视此问题。于是,皇帝有必要重申此次修律的政治立场问题:“惟是刑法之源,本乎礼教,中外各国礼教不同,故刑法亦因之而异。中国素重纲常,故于干犯名义之条,立法特为严重。良以三纲五常,阐自唐虞,圣帝明王兢兢保守,实为数千年相传之国粹,立国之大本”;“凡我旧律义关伦常诸条,不可率行变革,庶以维天理民彝于不弊。该大臣务本此意,以为修改宗旨,是为至要。”[②]在统治者看来,改革的总体基调虽不能变,但不能跑得太远。正是在这种形式下,法理派也不得不做出让步,在新刑律正文后附加《暂行章程》五条就是这种让步的产物。

二、“礼法之争”背后的理性主义冲突

在近代西方理性主义的形成和发展过程中逐渐形成了两个分支:经验主义和唯理主义。经验主义主张一切知识起源于感觉经验而否认“天赋观念”,与此相反,唯理主义则否认正确的认识起源于感觉经验而以不同的方式肯定“天赋观念”。[③] 在经验主义者看来,一切观念都是思维从感官经验的感性内容中归纳、概括抽象出来的,人的知识不是从来就有的,是在长期的实践和经验中逐渐形成的,因此经验主义下的理性是一种进化主义理性。而在唯理主义者看来,思维本身具有超越感官经验的先天认识原则,对象只有在先天认识原则的把握下才能被人认识。人完全可以通过这种“天赋观念”并在这种先天认识原则的指引下形成系统的知识从而认识世界,因此唯理主义下的理性是一种建构主义理性。经验主

---

① 刘廷琛:《奏新刑律不合礼教条文请严饬删尽折》,载高汉成主编:《〈大清新刑律〉立法资料汇编》,北京:社会科学文献出版社 2013 年版,第 789 页。

②《凡旧律义关伦常诸条不可率行变革谕》,载高汉成主编:《〈大清新刑律〉立法资料汇编》,北京:社会科学文献出版社 2013 年版,第 469 页。

③ 孙正聿:《哲学通论》,沈阳:辽宁人民出版社 1998 年版,第 351 页。

义的家乡在英国，以休谟为代表；唯理主义的家乡在欧洲大陆，以法国的笛卡尔为代表。

正如达维德所说：“西方的法典原是为信奉理性主义的社会制定的，法典的抽象性结构是西方笛卡尔主义思想的产物。”[①]19世纪随着唯理主义的兴起，法典主义在世界范围内方兴未艾，一部部大的法典相继问世。在唯理主义者看来，法典是“书写的理性”，人们有能力通过构建一部大而全的法典来解决人类社会的一切矛盾；他们相信，“历史可以通过废除法规而消灭”，“一个全新的法律制度只要吸收不合理的法律制度中的某些合理成分就会建成，并取代旧制度。这种设想是：从自然法学派思想所建立的基本前提进行推理，人们就能够取得一种可以满足新社会和新政府所需要的法律制度”。[②]

清末的修律运动正是在这样的背景下启动的。受法典主义的影响，加之历史的原因和成文法借鉴的简便性，中国在修律的过程中直接学习日本，间接学习德国，试图仿照欧陆建立一种以法典为中心的法律模式。具体说，法理派试图通过人为构建新式法典的方式来实现对社会的改造从而达至国家富强、民族独立的目的。从这一点看，法理派明显具有建构理性主义的倾向。[③] 他们之所以热衷于仿效西方制定大的法典，是因为他们对法典的功效寄予了很高的期望，认为这是拯救中国危局的重要手段。正如沈家本所说：“顾或有以国民与审判之程度未足者，窃以为颛蒙之品汇不齐，而作育大权实操于上，化从之效，如风偃草，陶铸之功，犹泉受范，奚得执一时之风习而制限将来之涂辙？”[④]法理派之所以要通过礼法分离的路径来建构新律，依笔者看来，其目的就在于通过一套制度安排让人们摆脱旧道德束缚，并通过这套制度建构一种新的道德。关于此点，杨度在立法会上的关于国家主义和家族主义区别的发言将之表达得淋漓

① [法]勒内·达维德：《当代主要法律体系》，漆竹生译，上海：上海译文出版社1984年版，第507页。

② [美]梅利曼：《大陆法系》，顾培东等译，北京：法律出版社2004年版，第28页。

③ 梁治平：《礼教与法律——法律移植时代的文化冲突》，上海：上海书店出版社2013年版，第105页。

④《修订法律大臣沈家本等奏进呈刑律分则草案折》，载黄源盛编：《晚清民国刑法史料辑注》(下)，台北：元照出版有限公司2010年版，第1427页。

尽致。①

如前所述，法理派和礼教派争论的焦点就是传统礼教与法律的分与合的问题。礼教派之所以坚持礼法必须合一的观点，是因为他们认为礼教纲常是法律的根基，是滋养法律的土壤，是法律的合法性的基石。对此劳乃宣这样阐述道：“法律何自生乎？生于政体。政体何自生乎？生于礼教。礼教何自生乎？生于风俗。风俗何自生乎？生于生计。”“风俗者，法律之母也，立法而不因其俗，其凿枘也必也。中国农桑之国也，故政治从家法；朔方，猎牧之国也，故政治从兵法；欧美，工商之国也，故政治从商法。”“法律之不能与风俗相违，非数千年来实地试验，确有成绩，不容以空言理想凭空臆断者哉。”②法律生于政体，政体生于礼教，礼教生于风俗，风俗生于生计，而生计又源于人们的生活实践。这种论证逻辑表明了法律最终来源于人们漫长的生活实践，是在人们潜移默化的生活中形成的，非单纯人为主观构建的结果。正因如此，法律不但不能和礼教相分离，还要维持和保护礼教的存在，正如一位要员所说的“略称风俗之美，虽由教化濡染而成，亦藉律法以维持之”。③ 从这一点看，礼教派具有鲜明的经验主义倾向，其观点明显带有进化理性主义色彩。④

著名的经验理性主义者哈耶克认为，真正的法律是一种源自“自生自发社会秩序”的规则，它不是“经由主观琢磨而发明出来的，而是通过渐进的试错过程，慢慢发展起来的”，依靠“无数代人的经验才发展成当下这个状况”的规则。⑤ 他将人类的规则分为内部规则和外部规则，所谓内部规则是指社会上在长期的文化进化过程中自发形成的规则，所谓外部规则

---

① 杨度：《论国家主义与家族主义的区别》，载高汉成主编：《〈大清新刑律〉立法资料汇编》，北京：社会科学文献出版社 2013 年版，第 782—785 页。

② 劳乃宣：《新刑律修正案汇录序》，转引自李贵连：《沈家本评传》(下)，南京：南京大学出版社 2011 年版，第 285、286 页。

③ 胡思敬：《奏将新律持平覆议折》，载高汉成主编：《〈大清新刑律〉立法资料汇编》，北京：社会科学文献出版社 2013 年版，第 793 页。

④ 梁治平：《礼教与法律——法律移植时代的文化冲突》，上海：上海书店出版社 2013 年版，第 103—104 页。

⑤ [英]哈耶克：《自由秩序原理》(上)，邓正来译，北京：生活·读书·新知三联书店 1997 年版，第 196 页。

是那种只适用于特定之人或服务于统治者目的的规则，而内部规则才是真正意义上的法律。由此他坚持一种法律和立法的二元观，国家的立法作为一种外部规则，其正当性取决于它对内部规则的遵守，取决于对"自生自发秩序"的维护。因此在哈耶克的理论中，真正的法律是"人之行动而非人之设计的结果"，人没有能力脱离"自生自发秩序"去主观创造法律。[①] 由此观之，礼教派的观点无疑契合了哈耶克的理论。用哈氏的理论分析，礼教源于风俗，源于一种"自生自发的社会秩序"，是"人之行动而非人之设计的结果"，它才是真正意义上的法律，所修律法只有符合礼教传统才有合法性，抛开传统主观臆断的立法没有合法性。一位地方大员所做的签注也正好表达了这样的观点："法者，与民共信之物。将欲改全国之制，立万年之基，则必斟酌国民之程度，审查现时之大势，以为因笔损益。……此固非少数人之心思学力，规划一时，便能永垂久远者也。"[②]正因如此，在两者的关系上，礼教派才坚定地认为："不论新律可行不可行，先论礼教可废不可废，礼教可废则新律可行，礼教不可废则新律必不可行"。[③]

由此，我们不禁想起了伟大的德国法学家萨维尼，正当一些德国人极力鼓吹制定大而全的德国民法典之时，他喊出了"法律已然秉有自身确定的特性，其为一定民族所特有，如同其语言、行为方式和基本的社会组织体制(constitution)"；"法律以及语言，存在于民族的意识(consciousnes of the people)之中"；法律随着民族的成长而成长，随着民族的壮大而壮大；最后，"随着民族对于其民族性(nationnality)的丧失而消亡"等掷地有声的话语。[④] 在萨维尼看来，法律是特定地域人群的生存智慧与生活方式的规则形式，正是一个民族的历史所凝聚沉积而成的全体民众的内在

① 邓正来：《社会秩序规则二元观——哈耶克法律理论的研究》，载《北大法律评论》1999 年第 2 期。

② 《湖南巡抚原奏》，载高汉成主编：《〈大清新刑律〉立法资料汇编》，北京：社会科学文献出版社 2013 年版，第 214 页。

③ 刘廷琛：《奏新刑律不合礼教条文请严饬删尽折》，载高汉成主编：《〈大清新刑律〉立法资料汇编》，北京：社会科学文献出版社 2013 年版，第 790 页。

④ [德]萨维尼：《论立法与法学的当代使命》，许章润译，北京：中国法制出版社 2001 年版，第 7、9 页。

信念与外在行为方式，才决定了其法律的真正的意义和形式。正如其所说："法律首先产生于习俗和人民的信仰(popular faith)"，"法律完全是由沉潜于内、默无言声而孜孜矻矻的伟力，而非法律制定者的专断(a law-giver)意志所孕就的"。[①] 这与哈耶克的法律源于"自生自发秩序"、礼教派的"风俗者法律之母也"的观点是何等地相似！或许在那个时代，礼教派不曾知晓萨维尼，更没有读过哈耶克的书，但是由于他们都是从特定人的社会生活实践出发来思考法律的形成和发展，因而他们在观点上都因为坚持了进化理性主义的立场不谋而合了。

在晚清的中国，达尔文的进化论一直影响着中国的知识阶层，斯宾塞的社会达尔文主义主宰了中国人的神经，严复所译的《天演论》畅销全国，甚至都影响到了当时的权力顶层，"物竞天择、适者生存"的格言在当时的官僚世界和知识场中耳熟能详。[②] 这一思想是变法维新思想的直接源泉，因此法理派通过修律来改造和救亡中国的最终思想动力也是来源于此。[③] 达尔文的进化论实际上也是源于英国的经验主义，[④]但令人吊诡的是，在动力源上受经验主义影响下的法理派在实践中却以唯理论的方式解决问题，换言之，在进化主义的立场上所启动的修律在具体操作上却倒向了建构主义。其中的原因，其实沈家本已经给出了答案："惟是智力日出，方有进无已，天演物竞，强胜乎，弱胜乎，不待明者而决之。然则处今日之变，通列国之邻，观时势，度本末，幡然改计，发奋为雄，将必取人之长，以补吾之短"。[⑤] 面对咄咄逼人的内忧外困，国人已经普遍具有了一种"急症等不了慢郎中"的心态，已等不及通过进化的方式来解决问题，

---

① [德]萨维尼：《论立法与法学的当代使命》，许章润译，北京：中国法制出版社2001年版，中译本序言第6—7页、导论第11页。

② 徐纪霖：《家国天下——现代中国个人、国家与世界认同》，上海：上海人民出版社2016年版，第247页。

③ 法理派的重要人物杨度在《金铁主义说》中公开表明其社会达尔文主义的立场："自达尔文、黑胥黎等以生物学为依据，创为优胜劣败、适者生存之说，其影响延及于世间一切之社会，一切之事业，举人世间所有事，无能逃出其公例之外者。"杨度：《金铁主义说》，载刘晴波编：《杨度集》，长沙：湖南人民出版社1986年版，第220页。

④ 钱乘旦，陈晓律：《英国文化模式溯源》，上海：上海社会科学院出版社，成都：四川人民出版社2003年版，第257页。

⑤ 沈家本：《寄簃文存》，北京：商务印书馆2015年版，第210—211页。

“拿来我用”式建构主义路径更容易受到当时“饥不择食”的中国人的青睐。

三、“礼法之争”背后的“中国国情论”和“普适经验论”

法理派试图仿效西方的立法技术和模式在中国建立起一套现代化的刑法体系，而这种仿效或移植具有可能性的前提条件则是中西方在制度环境上得有相通性。正因如此，法理派在论证仿效西法的必要性和可能性时特别强调了这种相通性。如沈家本等人在奏折中说：当今世界，“举凡政令、学术、兵制、商务，几有日趋于同一之势”，故修律应以“专一折冲樽俎，模范列强为宗旨”①；“即从前各国刑法咸从武健严酷而来，殆后改从轻刑，专事教育，颛蒙知识日臻进步。中国人同此禀赋，不应独异”②；在谈及学习日本法时更是强调这种“同”：“中日两国，政教同，文字同，风俗习尚同，借鉴而观，正可无庸疑虑也。”③在论及“无夫奸”不应入罪时说：“无夫之妇女犯奸，欧洲法律并无治罪之文”；“近日学说家多主张不编入律内，此最为外人着眼之处”。④ 杨度在立法会上的陈词也表达了这样的观点：西方各国以国家主义立国，中国以家族主义立国，所以西方强盛而中国积弱，中国立法只有与西方同一，同采国家主义，方能实现国家振兴。⑤ 另一位法理派人物崔云松所表达的更直接和鲜明：“新律仿自世界各文明国之法律，所据之原理原则，多源于近出科学应用之法理，而非出于各国遗传之事物。公例发明，推之人类社会而皆准。故为世界立法家所采用，吾国新律不过其中之一而已。”⑥

① 《修订法律大臣沈家本等奏请编定现行刑律以利推行新律基础折》，载故宫博物院明清档案部编：《清末筹备立宪档案史料》(下)，北京：中华书局 1979 年版，第 851 页。

② 《法部尚书臣廷杰等奏为修正刑律草案告成折》，载黄源盛编：《晚清民国刑法史料辑注》(下)，台北：元照出版有限公司 2010 年版，第 1431 页。

③ 《伍廷芳、沈家本等奏删除律例内重法折》，载高汉成主编：《〈大清新刑律〉立法资料汇编》，北京：社会科学文献出版社 2013 年版，第 8 页。

④ 沈家本：《沈大臣酌拟办法说贴》，载高汉成主编：《〈大清新刑律〉立法资料汇编》，北京：社会科学文献出版社 2013 年版，第 788 页。

⑤ 杨度：《论国家主义与家族主义的区别》，载高汉成主编：《〈大清新刑律〉立法资料汇编》，北京：社会科学文献出版社 2013 年版，第 782—785 页。

⑥ 转引自李贵连：《沈家本评传》(下)，南京：南京大学出版社 2011 年版，第 296 页。

在法理派看来,西方的法律之所以值得学习是因为它们遵循着公理,代表着进步,是一种带有人类普适意义的经验。落后的国家要想挤进世界结构,必须向它们学习。在法律上与西方趋同了,中国才能谋求与它国外交上的平等。由此看来,法理派的立论基础是"中西趋同论"或"普适经验论"。法理派还着重运用"收回治外法权"这一理由来诠释中国法与西方法必须"同"的原因,因为不同就有可能"被外人指摘"而不能收回司法主权。甚至在某些法理派人物看来,基于这样的考虑,即使修律有违一些中国传统民情,也是没有办法的事情。例如杨度在立法会上所表达的:"刑律亦是法律最要之一种,所以刑律的内容条件不能不同各国一律,明知有不合于中国今日社会情形者,但因急欲撤去领事裁判权,有不得不委屈从权之处。"①

与此相反,礼教派的立论基础是"中西分殊论"。他们更强调中国具有自己的特殊性,而这种特殊性很大程度体现在礼教传统上。"中国之刑法在世界上本为独立一种法系,其所长即在伦常礼教,与他国法律异趣。"②"中国之律重在伦常,外洋之律重在财产,彼此相较,人格之优劣可见矣。"③"外国风教攸殊,法律宗旨异趣,欧美宗耶教,故重平等,我国纵孔孟,故重纲常。"④正因如此,在具体关于"无夫奸"的争论中,礼教派着重强调中西在文化、环境、传统等方面的不同。其论证上多采用"外国如何如何,中国则不然"的模式。如"外国礼俗,夫妇终身相处,子女年长即应自主,不归父母管束,故夫妇关系重于父子,……中国则不然,在室之女犯奸,为家门之辱,贻笑于人,其父母视为大耻……"⑤;"盖欧洲所以不能

---

① 《资政院第一次常年会第三十九号议场速记录》,载黄源盛编:《晚清民国刑法史料辑注》(下),台北:元照出版有限公司 2010 年版,第 1607 页。

② 陈宝琛:《读劳提学及沈大臣论刑律草案平议》,载高汉成主编:《〈大清新刑律〉立法资料汇编》,北京:社会科学文献出版社 2013 年版,第 795 页。

③ 胡思敬:《奏将新律持平覆议折》,载高汉成主编:《〈大清新刑律〉立法资料汇编》,北京:社会科学文献出版社 2013 年版,第 793 页。

④ 刘廷琛:《奏新刑律不合礼教条文请严饬删尽折》,载高汉成主编:《〈大清新刑律〉立法资料汇编》,北京:社会科学文献出版社 2013 年版,第 790 页。

⑤ 劳乃宣:《声明管见说帖》,载黄源盛编:《晚清民国刑法史料辑注》(下),台北:元照出版有限公司 2010 年版,第 1455 页。

罪无夫奸者,彼别自有故。一则欧洲社会本系个人制度,……一则欧洲男女婚姻年龄较中国为迟,……若吾国则自昔妇女以贞洁为主,有犯者世以为诟病,是惯习本与欧洲不同。夫法律不能与习惯相反者,立法上之原则也,此所以欧洲不能行而独能行于吾国也”①。

由此观之,礼教派事实上是把礼教传统视为中国特有之国情,在他们看来,立法必须要着重考虑这种国情,脱离国情的立法注定要失败,正可谓“与社会不相副之法律,无益有害,故无夫奸之规定在中国有之,无赫赫之功,无之,则滋烈烈之害者,从来之国情民俗使之然也。”②也正因如此,蔡枢衡先生将后来与礼教派持相同立场的人都称之为“国情论者”,认为他们从中国社会现实出发谈论法律,持一种唯物论和反映论的立场。③

应该承认,在世界范围内在法治的基本价值和理念方面确实具有跨越民族和地域的共同性内容,所以在法律发展方面国家与国家之间具有互相学习的可能性。而且,人类法从传统的身份模式向现代的权利模式进化应该说是人类法的普遍性规律。对于中国这样一个后发展国家来说,通过学习先进国家经验来实现自身的现代化可能是最自然不过的一种选择。但是也恰恰正因如此,这种法律现代化很容易受功利主义的支配,很容易导致过分地强调供体和受体的趋同性而有意或无意地忽视两者的特殊性的情形,从而在学习的过程中表现出“操之过急”和“过度移植”的倾向。④ 这种倾向在清末修律中体现得相当明显。

例如在关于“亲属相奸”问题的争论中,法理派认为,“此等行同禽兽,固大乖礼教,然究为个人之过恶,未害及社会,旧律重至立决,未免过严。此等事何处无之,而从无人举发,法太重也。”因此,对此等行为,依“和奸有夫之妇”条款处三等有期徒刑即可,“毋庸另立专条”。⑤ 其论证逻辑

---

① 陈宝琛:《读劳提学及沈大臣论刑律草案平议》,载高汉成主编:《〈大清新刑律〉立法资料汇编》,北京:社会科学文献出版社 2013 年版,第 795 页。

② 陈宝琛:《陈阁学新刑律无夫奸罪说》,载黄源盛编:《晚清民国刑法史料辑注》(下),台北:元照出版有限公司 2010 年版,第 1460 页。

③ 蔡枢衡:《中国法理自觉的发展》,北京:清华大学出版社 2005 年版,第 36—37 页。

④ 朱勇:《中国法律的艰难历程》,哈尔滨:黑龙江人民出版社 2002 年版,第 348 页。

⑤ 沈家本:《沈大臣酌拟办法说帖》,载高汉成主编:《〈大清新刑律〉立法资料汇编》,北京:社会科学文献出版社 2013 年版,第 786—787 页。

是，“亲属相奸”无非是“奸非”行为中的一种，没有特殊性，或可归入“无夫奸”，或可归入“有夫奸”，归入“无夫奸”的不按犯罪处理，归入“有夫奸”的按照“有夫奸”的规定科刑，不应单独列罪。如果从客观的角度分析，这种立论是不妥的。亲属相奸，在中国古代被称为“内乱”，一直被视为严重违背纲常的犯罪，是“十恶”罪之一，把它与普通的“奸非”行为等量齐观，应该说在当时来讲普通民众是接受不了的。法理派欲在立法上有突破，每每都要从西方立法例中找理由，就在“无夫奸”问题上，也是以“欧洲法律并无治罪之文”来为其除罪化的做法辩护，[①]但有趣的是，他们所间接学习的德国在当时恰恰是有亲属相奸犯罪规定的。[②] 由此看来，当时法理派的观点既超越了当时中国的现实，也不完全符合当时世界立法的趋势，实在有些太激进了！

又如关于堕胎犯罪的规定，在草案的立法说明中这样解释道：“堕胎之行为戾人道害秩序损公益，本案故仿欧美日本各国通例，拟以适当之罚则”。事实上这一条完全出自西方法律，西方法律禁止堕胎的规定很大程度上来源于基督教伦理，对于当时中国这样一个生育率极高、生活水平又普遍偏低的社会来说，堕胎、溺婴可能是人民生活中更常见的现象，也不被社会伦理和风俗所排斥，其危害性在当时绝没有立法者言说的那样严重。[③]

针对法理派激进的做法和所提出的“为外人着眼之处”“恐为外人指摘”的观点，礼教派这样反驳道：“不知此亦最为中国人着眼之处，如不增入此层，此律必为中国人所指摘。畏外国人指摘，独不畏中国人指摘乎！”“中国自定法律，何畏外国人指摘乎？”中国的法律调整的是中国人，立法者更应该关注的是中国人的心理承受力。因为怕外国人指摘而忽视中国人自己的感受，是“忘却自我”的不理性行为。至于能否收回领事裁判权

---

① 沈家本：《沈大臣酌拟办法说帖》，载高汉成主编：《〈大清新刑律〉立法资料汇编》，北京：社会科学文献出版社 2013 年版，第 788 页。

② 1871 年《德国刑法典》就有亲属相奸的规定，其第 173 条规定，“一、血亲之间，尊亲属与卑亲属相奸者，尊亲属处 5 年以上重惩役，卑亲属处 2 年以下轻惩役；二、姻亲之间，尊亲属与卑亲属相奸，或兄弟姊妹相奸者，处 2 年以下轻惩役”。参见《世界著名法典选编 · 刑法卷》，北京：中国民主法制出版社 1998 年版，第 357 页。

③ 高汉成：《签注视野下的大清刑律草案研究》，北京：中国社会科学出版社 2007 年版，第 206 页。

的问题，礼教派更有清醒的认识：“要知裁判权之能收回与否，尚有种种方面，非止刑律一端，更非止刑律中无夫奸罪一端也。如种种方面皆足收回，断不能因此一端而生阻；种种方面皆不足收回，亦不能因此一端而收效。”[①]德国刑法规定了亲属相奸为罪，欧洲许多国家没有规定，但是德国并没有因此受到外人指摘，更没有因此失去司法主权，究其原因，国家实力使然。如欲想收回领事裁判权，壮大中国自身是问题的关键，而不在于新律亦步亦趋地仿效列强。由此看来，礼教派在这方面比法理派要务实得多。

清末修律所效法的日本在法律近代化的进程中也出现过类似礼法之争这样的争论。19世纪末针对新民法典的制定，革新派和保守派之间爆发了论战。保守派代表人物日本法学家穗积八束先生提出“民法出则忠孝亡”的观点。他指出：“我国乃祖先教化之国、家族制度之乡。权力与法皆出于家……氏族、国家不过为家制之推移。……然民法之法文精神，先排斥国教，继而破灭家制，……史家对于视三千年之家制为敝履并双手欢迎极端个人主义法制之我国立法家实觉惊愕，以为他们违背万世一系主权与天地共长久之根本祖先之教法和家制之精神。”[②]另一代表人物穗积陈重反对全盘移植欧美、速成法典的做法：“法典编纂之速成，为国家计不得不抱杞忧也。”当时法学家大会的意见书也表达了此种态度：“盖编一国之法典，与著教科书、论文不同，体裁遂美，论理虽精，苟不适于民情、风俗，不得谓之为善法。故欲法典，企于圆美，宜先公布草案，假以岁月，而博征公众之批评。徐加修正，以期其完成焉。”[③]1892年5月28日，日本议会以压倒性多数通过延期至1896年再实施民法典的议案，最后延期实施的承诺也未兑现，编订近20年的民法典胎死腹中。在这种情况下，日本明治政府决定成立法典调查委员会，编纂新的法典。日本政府派出以伊藤博文为代表的国外考察团对欧洲的法典编纂进行了广泛调研，重新

---

① 劳乃宣：《声明管见说帖》，载黄源盛编：《晚清民国刑法史料辑注》(下)，台北：元照出版有限公司2010年版，第1455、1456页。

② 转引自王家骅：《儒家思想与日本文化》，杭州：浙江人民出版社1990年版，第275页。

③ [日]穗积陈重：《法典论》，樊树勋译，上海：上海昌明公司1907年版，第16、18页。亦参见[日]穗积陈重：《法典论》，樊树勋，李求轶，北京：商务印书馆2014年版，第15页。

制定法典编纂策略，并接受了保守派的很多建议，实现了两派观点的糅合、平衡和互补。[①] 由此而制定出来的是一个兼容东西文化、并糅传统与现代的民法典。

清末修律从一开始就以日本为师，但日本的立法历程的曲折性显然没有引起中国法理派的足够关注，在法典的制定过程中与传统合作的程度也并没有得到他们应有的重视。相反其中的激进主义者视国家主义和家族主义为水火不容："假令如此，是与国家主义日行日近，而与家族主义日行日远也。故此二主义者，不两立之道，无并行之法者也。"[②]正因为他们过于迷恋普适经验从而忽视了对中国固有民情的关照，所以在新法典的制定中不可避免地会滋生急躁的心理从而出现矫枉过正的情况。对此，后人王伯琦先生这样评价道："《新刑律草案》是被外力逼迫出来的，不免与社会脱了节。《暂行章程》之附加，毋宁说是很自然的终局。"[③]这是一种后进社会期望有先进法律的浪漫急进，显然忽略了当时中国的仍处于半殖民地以及大部分仍属农村社会的现实国情。[④]

四、法律和伦理是"分"是"合"："礼法之争"带给现代社会的思考

英国法律史学家梅因把从传统社会向现代社会过渡的过程描述为一个"从身份到契约"的运动。[⑤] 这一运动在中国表现为一个由伦理法向权利法转变的过程，一个如杨度所说的由法的"家族主义"向法的"国家主义"转变的过程。清末修律无疑开启了这样一个运动和过程。虽然所修的新律没能等到实行清王朝就已灭亡，但沈家本所领航的修律事业的成果，并没有因此而告终，而是在民国各个时期都得到不同程度的继承和发扬。伦理法向权利法转变的过程是围绕着国家权力对社会改造的过程展

---

① 封丽霞：《法典编纂论——一个比较法的视角》，北京：清华大学出版社 2002 年版，第 198 页。

② 杨度：《论国家主义与家族主义的区别》，载高汉成：《〈大清新刑律〉立法资料汇编》，北京：社会科学文献出版社 2013 年版，第 784 页。

③ 王伯琦：《近代法律思潮与中国固有文化》，北京：清华大学出版社 2005 年版，第 29 页。

④ 黄源盛：《晚清民国刑法春秋》，台北：台湾犁斋社有限公司 2018 年版，第 102—103 页。

⑤ [英]梅因：《古代法》，沈景一译，北京：商务印书馆 1959 年版，第 97 页。

开的。在这一过程中建构理性发挥了主导作用，通过移植和建构的方式建立起了一套法典化的法制模式，“六法全书”即为典型代表。但是，由于当时多元利益的存在，而且国家主义思潮和实践并未一统天下，因此中国的礼教民情、伦理道德也在一定程度上得到了一些尊重。例如有关杀害尊亲属方面的犯罪、亲亲相隐的规定、乱伦、通奸等方面的犯罪也获得了一定程度的保留，目前我国台湾地区的刑法典依然有这样的规定。[①]

但是随着新民主主义革命思潮的兴起，一种更强意义上的建构理性开始出现在中国的政治舞台，这一力量从一开始就把革命的矛头指向了家庭。[②] 在革命者看来，只有彻底地解构私人家庭，而且让每个人都融入到集体大家庭中，革命才能获得成功。新中国建立以后，国家理性取得了至高无上的地位，通过国家力量改造社会的模式又获得了进一步的强化。国家力图以一种新型的政治伦理取代传统的家庭伦理，从而建立一个由“原子式”的个人为基础而组成的国家。在革命者眼里亲属关系是不值得发展的关系，既然如此，就应该抛弃以血缘、亲属为中心建构起来的旧家庭法，而应该以以爱情为纽带走到一起的革命同志关系为中心建立家庭法。[③] 在政治伦理下亲属关系是不应该被当作特殊的关系来看待的，受这样思维的影响，无论是新中国成立后的刑事司法还是直到1979年以后的刑法典，都是以一般意义上的公民展开和型构的。具体表现为，亲属间的犯罪都没有被当作特殊的犯罪来处理，亲亲相隐的传统完全被抛弃，乱伦不被视为犯罪，对尊亲属没有任何保护的规定，等等。

当年康有为先生强调一个“国魂”的概念：“凡为国者，必有自立也，其自立之道，自其政治教化风俗，深入其人民之心，化成其神思，融洽其肌肤，铸造其群俗，久而固结，习而相忘，谓之国魂。”[④]梁启超先生论述一个

---

① 黄源盛：《传统与现代之间的伦常条款——以“杀尊亲属罪”为例》，载《华东政法大学学报》2010年第4期，第95页。

② 孟宪范：《家庭：百年来的三次冲击及我们的选择》，载《清华大学学报》（哲学社会科学版）2008年第3期。

③ 金眉：《中国亲属法的近现代转型——从大清民律草案到〈中华人民共和国婚姻法〉》，北京：法律出版社2010年版，第104页。

④ 康有为：《中国颠危误在全法欧尽弃国粹说》，载汤志钧编：《康有为政论集》（下册），北京：中华书局1981年版，第890页。

"国性"的概念:"国之成立,恃有国性,国性消失,则为自亡。"在他看来,"中国历数千年,未尝一息亡",不亡之原因就在于"国性"未亡。而亡国最大的威胁则在于"有国性而自摧毁之者",只有保住"国性"才能避免亡国。[①] 清末民初的梁济认为"国性"乃"天理民彝,为圣道所从者,是吾国之国性,皆立国之根本也"。[②] 他为民国丢失了中国的"国性"而愤然自杀。这里的"国魂""国性"就是礼教派与法理派所争的"国本"。落实到法律制度中就是中国法律的主体性。当初的法理派在国家积贫积弱的情况下,试图通过与西方法律保持趋同的方式来争取国家主权,而当今的中国已不存在收回治外法权的问题,相反随着其实力的壮大,正在世界范围内发挥着越来越大的影响。此时的中国需要用自己的声音说话,以往亦步亦趋地复制西方话语的模式既不适合中国也不利于世界。中国需要建立自己的文化自信和制度自信,中国文化和制度需要找回自己的"国性"或"国本",中国的法律和制度需要有自己的主体性。

由此我们不仅要问,什么是中国自己的东西?我们用什么来重新支撑这种主体性?已故的邓正来先生曾发出过"中国法学向何处去"的呐喊,[③]随之而来的讨论也相当激烈,但遗憾的是,学者们对于上述问题都没有给出令人信服的答案。依笔者看来,这种主体性的要素应首推亲伦传统。中国是世界上亲属关系最为发达的国家,重家的观念是中国传统文化的特有内容,重人伦、重亲情、强调孝悌、尊重长幼有序、追求亲属间的和睦互助至今仍是中国人特有的民族性格和心理习惯,由此衍生出来的众多的伦理性规范在当下中国仍然具有强大的感召力和拘束力,善良的礼序家规、家风家训仍然在公民的人格塑造以及社会治理等方面发挥着其他规范所不能替代的作用。遗憾的是从清末以来,特别是新中国以来的国家立法一直在忽视、排挤甚至打压中国文化中这些固有的内容。许多生长于民间、来源于传统的有关婚姻、家庭、亲属方面的习惯、风俗以及伦理都被当成封建主义的糟粕被废弃。近些年来随着政治型社会的解

① 梁启超:《大中华发刊词》,载《梁启超全集》第5册,北京:北京出版社2000年版,第2823—2825页。

② 梁济:《梁巨川遗书》,黄曙辉编校,上海:华东师范大学出版社2008年版,第104页。

③ 邓正来:《中国法学向何处去》,北京:商务印书馆2006年版。

构，社会自治空间的拓宽，中国传统文化和习俗正在恢复，随之和国家立法的矛盾也正在凸显，诸如关于“亲亲相隐”的回归、“孝道入法”、“平坟”事件、“孝子杀母”等问题的讨论正说明了这一点。

由此说开去，传统不是一般意义上的“过去”，而是一种“活着的过去”。它是在人类的历时性空间中保持的某种一脉相承的共同性的状态，是从古到今以至于未来都要保持下去的一种“定势”和“惯性”，因此传统是一种纵向传递。传统不是某一个人的记忆，而是群众的“集体记忆”。它是某一人群的共同的思维方式和行为轨迹，它以人们共同性的生活特征为要素，因此传统又是一种横向传递。正因为传统具有纵向传递性和横向传递性，所以文化便具有民族性和地域性的特征。“十里不同风，百里不同俗”的俗语正是对这种文化的地域性的描述。不同的地域有不同的文化，民族也正是以其为基础来划分的。①

既然法治离不开具体的人，而具体的人又无法与传统切割，因此任何国家的法治都不可能离开这个国家的传统与文化。人是生活在文化之中的，人的观念无法摆脱传统对其的影响。对此希尔斯这样定义传统：“传授给人们的任何信仰传统，总有其固有的规范因素”；“正是这种规范性的延传，将逝去的一代与活着的一代联结在社会的根本结构中。”②当一种观念在其长期的发展过程中已经成为一种人的思维方式和行为方式赖以维持的力量时，它便会以一种“习惯”的形态生存在该社会之中，成为人们潜移默化的规则。这些规则恰恰是卢梭所指的那些“不是铭刻在大理石上，也不是铭刻在铜版上，而是铭刻到公民内心里”的规则，它可以“保持一个民族的创造精神”，可以“不知不觉地以习惯的力量代替权威的力量”，所以那些成文法律“都只不过是穹窿顶上的拱梁，而唯有慢慢诞生的风尚才最后构成那个穹窿顶上的不可动摇的拱心石”。③ 立法者虽然可以自由地创造一套制度，但任何制度终归要靠人来推行和遵守，而人的主观态度则决定着规范的运行效果，因此与民众思维方式和行为方式相异

---

① 王钟翰主编：《中国民族史》，北京：中国社会科学出版社1994年版，第20页。

② [美]希尔斯：《论传统》，傅铿，吕乐译，上海：上海人民出版社2009年版，第24—25页。

③ [法]卢梭：《社会契约论》，何兆武译，北京：商务印书馆1980年版，第73、74页。

的法律规范其执行效果必然大打折扣。

中华民族是一个个性鲜明的民族，她有着悠久的历史传统，独特的民族文化，她的文化脉络从来没有被外来的力量所斩断，而她的民族个性正因其传统而取得，在其文化的传承中得到凝炼。正如当代中国党和政府所肯认的那样："五千年悠久灿烂的中华文化，为人类文明进步作出了巨大贡献，是中华民族生生不息、国脉传承的精神纽带，是中华民族面临严峻挑战以及各种复杂环境屹立不倒、经历劫难而百折不挠的力量源泉"①；"在我国五千多年文明发展历程中，各族人民紧密团结、自强不息，共同创造出源远流长、博大精深的中华文化，为中华民族发展壮大提供了强大精神力量，为人类文明进步作出了不可磨灭的重大贡献"②；"在五千多年文明发展中孕育的中华优秀传统文化，积淀着中华民族最深沉的精神追求，代表着中华民族独特的精神标识，是中华民族生生不息、发展壮大的丰厚滋养"③。正因如此，在这片土地上，面向这样的人群推行法治，如果不立足于他们的文化传统，注定难以成功。从另一个角度说，中国人有着自己的传统、有着自己独特的思维方式，因此中国应该有自己的法律和法治，中国法律和法治应该有着自己的个性。

近现代以来，法治无疑是以西方的标准来界定的，而中国法治上的特殊性在西方的话语中往往是在负面意义上被使用的，其被称为"法律东方主义"。正如一位美国学者对这种西方中心主义的观点所批判的那样："美国治理体制不仅是在民主法治这一普世价值的他者中的一种表达，而且也是它们当中的典范：一种其他国家需要效法的模式。总之，美国的政治价值具有独特的普世性。同时，在西方世界的东方主义话语看来，传统中国的法律价值本身就值得怀疑，甚至内在便是反法的(antilegal)。由此，基于这种判断进行推演，美国的法律价值具有独特的普世性，而中

① 2006年中国的第一个文化建设规划——《国家"十一五"时期文化发展规划纲要》。

② 2011年10月18日中国共产党第十七届中央委员会第六次全体会议通过的《中共中央关于深化文化体制改革的决定》。

③ 2017年1月中共中央办公厅、国务院办公厅印发的《关于实施中华优秀传统文化传承发展工程的意见》。

国的法律价值则表现出普世的独特性。”①在当今的世界，文化的民族性和区域性决定了人类现代化的模式不可能千人一面，相互雷同。虽然在全球化趋势下出现了世界一体化的趋势，但这并不能完全改变文化的地域性和特殊性的属性。对于拥有世界上最大的族群和具有最为悠久的历史传统的中国来说，它在文化上的特殊性更为明显，这更决定了它不可能完全通过移植西方经验的方式来实现自己的现代化。在法治现代化上也概莫能外。

由此看来，当初“礼法之争”中所争鸣的问题在当下的中国依然具有意义。建构理性主义和进化理性主义的争论依然存在，中国国情和世界经验之间的选择依然重要，只是当初为收回“治外法权”而引发的“国本”的问题现在变成了法律移植中中国主体性的保护问题。发展了一百多年的中国，到了今天，既分享到了西方现代化带来的好处，又品尝到了“南橘北枳”的苦果，由此，也开始觉察到了绝对建构主义的弊端。今天的中国，在世界结构当中应该如何找回自己的东西，如何在人类的共同价值下找到适合自己的社会治理模式，是需要我们特殊考虑的问题。由此我们又想起了劳乃宣先生的名言：“风俗者，法律之母也！”“法律之不能与风俗相违，非数千年来实地试验，确有成绩，不容以空言理想凭空臆断者哉。”此语虽出自一百年前，但对于中国人来讲却常读常新！

① ［美］络德睦：《法律东方主义——中国、美国与现代法》，魏磊杰译，北京：中国政法大学出版社 2016 年版，第 9 页。

第五章 “亲属相奸”条款消亡背后的思考

从某种意义上说，两性关系是人类社会最为基础的社会关系，因为只有通过性，人类的血缘关系才能生成，婚姻家庭才能确立。正是以此为基础，人类社会的各种关系才得以衍生。因此，性的秩序是人类社会秩序的基础与核心。正因如此，如何防范和惩治性犯罪是古今各个民族和社会必须面对的共同问题。乱伦（亲属相奸）是较为典型的性犯罪的形式，特别是在传统的中国社会，它往往被视为侵害社会根本利益的最为重大的犯罪之一。虽然，随着晚清修律以降的法律近代化的启动，中国法律对亲属相奸的惩罚也逐渐减轻，但是一直到新中国建立前夕，我国法律中仍保留着乱伦为罪的规定。新中国建立后，随着对国民党时期“六法全书”的废除，乱伦为罪的规定也随之退出中国的社会。由于立法的缺失，因此在当前的具体实践中，亲属相奸的情形或者被视为道德领域的行为，不适用刑法；或者被视为强奸罪，从重论处。这些做法都偏离了乱伦的性质，不利于惩罚犯罪和保护当事人的权利，从而在实践当中引发了种种问题。随着20世纪70年代末开始的改革开放政策的推行，随着市场经济的不断发展，原有的政治型社会开始解体，中国的市民社会开始形成。在这一过程中，中国的家庭伦理正在回归，社区意识和实践正在重建，中国传统文化正在复兴。与之相应，乱伦的罪性正在增强。正因如此，笔者认为，在我国刑法中恢复乱伦为罪的规定具有可行性和合理性。

一、传统法律对亲属相奸行为的惩罚

在传统的社会中，虽然不同时代、不同民族的统治者对犯罪的具体认识和惩罚会有很大的不同，但就以重刑规制乱伦这一点来讲，却具有出奇的一致性。截止到晚清法制改革以前，在传统的中国，亲属相奸一直都被统治者视为最为严重的犯罪之一。封建伦常要求亲属之间应该长幼有别，尊卑有序，所谓“非礼无以别男女、父子、兄弟之亲，婚姻疏数之教也”。[①] 为了维护家庭权力结构的稳定和血缘谱系的纯洁，历代统治者绝对禁止亲属之间的性关系，亲属相奸被认为是灭绝人伦的“禽兽行”，处罚也照比常人相奸重得多。中国古代是一个宗族宗法社会，因此以亲属关系为中心便衍生出一系列的差序格局，亲属相奸也因这种差序格局而有不同的名称，“男女不以义交谓之淫，上淫曰蒸，下淫曰报，旁淫曰通”。[②] 通常，尊卑相奸的惩罚要远重于同辈相奸，但在同一罪中，则不分尊卑长幼，法律对犯奸的双方处分完全相同。这是因为，在封建伦常看来，亲属间的性禁忌是每一家族中每一分子应尽的义务，有犯同为淫乱，不应有别。[③] 自汉代开始，法律明确规定惩罚亲属相奸，汉律规定：“立子奸母，见乃得杀之”。[④] 汉代“衡山王赐次子与王御婢奸，弃市，即奸父所幸婢也。”[⑤]汉成帝时，梁王刘立坐与姑及舅母奸，有司劾以“禽兽行”，法当死。[⑥] 随着古代中国宗法宗族社会的加深和儒家化的推进，乱伦罪在法律体系中的位置也在提升，进而被视为危害统治阶级根本利益的最为重大的犯罪之一。自南北朝时期的《北齐律》始，乱伦罪被称为“内乱”，被归入“重罪十条”当中，并强调犯此罪者“不在八议论赎之限”。从隋唐时期始，它又被归入“十恶”罪之中。唐律规定：奸小功以上亲及祖父妾，被视为“内乱”[⑦]，属于“十恶”重罪之一，“为常赦所不原”。其中奸父祖妾、伯叔母、姑、姊妹、子孙、子孙之妇、兄弟之女者处绞刑。[⑧] 这种规定一直延

---

① 《礼记·哀公问》。

② 《小尔雅·广义》。

③ 瞿同祖：《中国法律与中国社会》，北京：中国政法大学出版社 2004 年版，第 68 页。

④ 《九朝律考·汉律考三·律文考》。

⑤ 《史记》卷一一八，《衡山王传》。

⑥ 《汉书》卷四七，《梁王刘立传》。

⑦ 《唐律疏议》中对“内乱”如此解释：“《左传》云：‘女有家，男有室，无相渎。易此则乱。’若有禽兽其行，朋淫于家，紊乱礼经，故曰‘内乱’。”

⑧ 《唐律疏议·名例一》和《唐律疏议·杂律》。

续到清末。

与古代中国一样,几乎所有的古代社会都有严惩乱伦的规定。早在公元前18世纪的《汉谟拉比法典》中就有惩罚亲属相奸的规定。该法典的第154—158条都是关于惩处乱伦的规定。例如,第154条规定:"倘使自由民将一新娘许配其子,其子已与其发生关系,此后他自己奸淫之,而被破获,则应将此自由民捆缚而投之于水。"又如,第157条规定:"倘使自由民于其父死后淫其母者,则两人均处焚刑。"[①]公元前13世纪的《赫梯法典》对乱伦处罚规定得更为详细,其规定多达5条,其中包含了对多种不同亲属之间的乱伦形态的认定和处罚。[②]

西方对亲属之间的反伦理的性行为的惩罚可追溯到古希腊。据《古希腊风化史》记载:"公众总的来说都不赞成乱伦,这一点可以从许多神话故事中看出来,因为在那里乱伦被描绘为令人厌恶之事。"从欧里庇德斯所写的剧本《埃俄罗斯》中足可见一斑。该剧本叙述了这样的故事:埃俄罗斯国王有六双儿女,最大的儿子玛卡厄斯爱上了妹妹卡那凯,并迫使她屈从于他。父亲得知此事后逼女儿自杀,玛卡厄斯也为此殉情。[③] 流传至今的著名的俄狄浦斯弑父娶母、最后刺瞎双眼自我流放的悲剧就能证明这一点。[④] 在古罗马时期,法律将具有六亲等以内亲属关系的人或者具有姻亲关系的人之间发生性关系的行为定为乱伦罪。[⑤] 并据《优士丁尼新律》的规定,卑亲属与其父之继室或姘妇通奸者,将被剥夺其继承权。[⑥] 在中世纪欧洲的日耳曼法中也普遍存在禁止亲属之间结婚的规定,法兰克人的法律特别禁止叔、伯与其侄女、侄孙女之间的婚姻(同样,婶、姨也不能同侄子、侄孙子之间结婚),同时也禁止与兄弟的前妻、舅舅的前妻、姨的前夫结婚。594年,国王查得波特颁布的一项法律规定,如果与其父的妻子结婚,将被处以死刑(该法典能适用死刑的罪名并不多)。

---

① 《外国法制史资料选编》(上册),北京:北京大学出版社1982年版,第35—36页。

② 何勤华,夏菲主编:《西方刑法史》,北京:北京大学出版社2006年版,第58—59页。

③ 此处及以上参见[德]利奇德:《古希腊风化史》,杜之,常鸣译,沈阳:辽宁教育出版社2000年版,第553页。

④ 何仲生,余凤高:《弗洛伊德:文明的代价》,沈阳:辽海出版社1999年版,第95—96页。

⑤ 何勤华,夏菲主编:《西方刑法史》,北京:北京大学出版社2006年版,第118页。

⑥ 陈朝壁:《罗马法原理》,北京:法律出版社2006年版,第482页。

在勃艮第王国，法律规定，男子与法律所禁止范围内的女性亲属通奸，将向被惩女子的亲属交纳赎杀金及12索尔第的罚款，以作为他们失去她而应得的赔偿，因为依法律规定，犯通奸罪的女子丧失自由，并沦为国王的女仆。[1] 由于基督教强调禁欲主义，所以它反对一切正常婚姻以外的性行为，亲属之间的性行为自然也在教会法的反对和禁止之列。《圣经》说："人若娶他的姐妹……彼此见了下体，这是可耻的事情，他们必在本民的眼前被剪除。"若有与近亲属同房等行为，男女均应一起治死或用火烧。[2] 这样的规定一直延续到近现代欧洲。

对乱伦的惩罚对应的是对婚姻的管控，在中国古代这属于"男女大防"之列。在人类的发展史中可以看出，对乱伦的惩戒越是在传统社会就越严苛。之所以如此是因为，家庭和血缘是传统社会的主要联系纽带，在这样的生活条件下，如果允许自由婚配，婚配的对象必然难以跳出家庭和血缘的范围，而一旦如此，这将对家庭构成颠覆性冲击。下文将对其中的缘由做出详细的阐释。

二、乱伦为罪的法文化学解释

弗洛伊德认为，"恋母或恋父是人所共有的终生的深情和偏爱所在"，"俄狄浦斯"情结，即乱伦情节是人的一种自然本能。[3] 我们暂且不论这一理论的真伪，但有一点是可以肯定的：如果从纯粹的快乐主义出发，性在对象的选择上应该是完全自由的，在完全自由的状态下，是无所谓乱伦的。在初民社会，人的性行为完全受本能支配进而处于一种杂交状态，因此当时还没有乱伦的概念。由此我们这样推知：乱伦禁忌不是出于人的本能，而是一种文明进化或文化选择的结果。[4] 弗洛伊德认为，文明的进化基本上是按照两个目标进行的，即保护人类抵御自然和调节人际关

---

① 李秀清：《日耳曼法研究》，北京：商务印书馆2005年版，第204、207—208页。

②《圣经·利未记》第二十章。

③ 何仲生，余凤高编著：《弗洛伊德：文明的代价》，沈阳：辽海出版社1999年版，第95页。

④ 韦斯特马克认为，乱伦禁忌来源于人类对近亲属间性关系的本能的厌恶，笔者不同意此种观点。参见[芬]E. A. 韦斯特马克：《人类婚姻史》(第二卷)，李彬等译，北京：商务印书馆2002年版，第638页。

系。[①] 依其理论,如果人类按照这两个目标来进化,那么一个社会的构建必须借助于自身结构的维护和对外关系的交流内外两个机制来进行。如前所述,人类学的考察证明,不受监督和控制的性本能和由此产生的性嫉妒对于正在形成的社会来说无疑是最严重的威胁,文明社会的建立在相当程度上是通过压制动物式的性冲动和性本能来实现的。因此,禁止近亲属之间的乱伦就是人类文明社会缔造的关键环节,是自身结构维护机制发挥作用的体现。

如前所述,性关系是人类社会的最为基础的关系。因为,只有通过性才能衍生出婚姻关系;只有通过性,人类才能繁衍出自己的后代,进而产生血缘关系;只有以此为基础才会形成亲属关系,形成家庭、家族、部族和社会。因为人类的性行为具有种的繁衍的功能,所以由人类的性关系而发展成的婚姻关系往往被文化认同为平等的社会关系。因为一方面,种的繁衍与抚育需要两性双方通力合作才能完成,另一方面,正是因为只有通过性行为才能生育后代进而造就了"父""母"的称谓和身份,因而相对于子女来讲,他们处于同一位阶,他们之间的关系是相对平等的。以这种平等的性关系为中心,他们与其子女、子女的子女等之间就构成了不平等的辈分与亲等关系。社会文化要求长辈对晚辈应该给予必要的抚爱,晚辈对长辈应该给予必要的尊敬。又因为性行为的发生必须通过两性生殖器的媾和才能完成,而生殖器与生殖器之亲是两性亲密行为的最高和最后阶段,[②]因此性关系通常被社会文化定义为最亲密的关系。既然它是亲密关系,那么亲密的本性便倡导自由和快乐,排斥尊敬和权威;既然它是最亲密的关系,那么性关系的主体便是特定化的,社会文化不允许这种由亲密的本性所导引出的自由和快乐任意流动,即不允许性关系的主体身份随意转换。

从这个意义上说,人类性关系缔造了社会的基本位序和道德,而这些

---

① [奥]弗洛伊德:《论文明》,徐洋等译,北京:国际文化出版公司2000年版,第88页。

② 英国人类行为学家莫里斯按照亲密程度把人的求偶的过程分为"眼对身""眼对眼""话对话""手对手""臂对肩""肩对腰""嘴对嘴""手对头""手对身""嘴对乳房""手对生殖器""生殖器对生殖器"12个阶段,其中"生殖器对生殖器"是最后一个阶段,也是最亲密的阶段。参见[英]莫里斯:《亲密行为》,刘文荣译,上海:文汇出版社2002年版,第68—73页。

基本的位序和道德恰恰是社会构成的基础。然而，既然性关系能够缔造社会的基本位序和道德，那么它也能破坏社会的基本位序和道德。马林诺夫斯基对此这样表述道：“乱伦的意义就是年龄分别的颠倒、辈数的杂乱、情操的解组、任务的剧变等都在家庭正是重要的教育媒介的时候，一齐出现。在这种情形之下，是不会有社会存在的。”[①]费孝通先生的论述也颇有启示意义：“若是让性爱自由地在人间活动，尤其在有身份规定的社会结构中活动，它扰乱的力量一定很大。它可以把规定下亲疏、嫌疑、同异、是非的分别全部取消，每对男女都可能成为最亲密的关系，我们所有的就只剩下一堆构造相似、行为相近的个人集合体，而不成其为社会了，因为社会并不是个人的集合体，而是身份的结构。”[②]乱伦的破坏性就在于它颠覆了人类社会赖以存在的伦理基础。

乱伦之所以能颠覆人类社会的伦理基础，用涂尔干的理论解释，是因为在乱伦上发生着人的本能和社会文化间的激烈的冲突，——一种自由的性爱和有规则的、婚姻内的性爱的冲突。[③] 借用弗洛伊德的理论，这种冲突是性爱的快乐原则和现实原则之间，人格结构中的“本我”“自我”“超我”之间发生矛盾的表现。[④] 正像涂尔干所说的：“如果去追求一个应该报以尊敬之情的人，或者一个对你怀有尊敬之情的人，就不可能不使双方的这种情感变质或消失。一言以蔽之，就我们既定的现有观念而言，一个男人不可能使其姐妹成为妻子，而这位妻子又不失为其姐妹。”[⑤]同辈亲属之间的性关系我们尚且接受不了的话，代际之间的性关系我们就更难以接受了。原本是我们的兄弟姐妹，只因和自己的父母发生了性关系，便脱离了原先的辈分而取得了与自己父母相同的亲属等级和权威；原本是

---

① [英]马林诺夫斯基：《两性社会学》，李安宅译，上海：上海人民出版社 2003 年版，第 240 页。

② 费孝通：《乡土中国 生育制度》，北京：北京大学出版社 1998 年版，第 143 页。

③ [法]爱弥尔·涂尔干：《乱伦禁忌及其起源》，汲喆等译，上海：上海人民出版社 2003 年版，第 62—63 页。

④ [美]马尔库塞：《爱欲与文明——对弗洛伊德思想的哲学探讨》，黄勇，薛民译，上海：上海译文出版社 2005 年版，第 7—14、15—40 页。

⑤ [法]爱弥尔·涂尔干：《乱伦禁忌及其起源》，汲喆等译，上海：上海人民出版社 2003 年版，第 63—64 页。

自己的父母,只因和自己的兄弟姐妹发生了性关系便降到了和自己相同的亲属等级从而丧失了别人对其应有的敬畏。如果因此又生育了子女,子女的身份更难以确定,便又加剧了这种混乱。

如前所述,孝产生于人类独有的相对长的内时间意识中。家庭伦理源于人类生存的时间之流,这其中既有顺物理时间之流而下的慈爱之流,又有逆物理时间之流而上的孝爱之流。而亲属间的性爱则打乱了这种时间流。这使本来不具有生存时间身份的性爱也具有了某种时流性。"亲子间乱伦使性爱有了代际的亲子时间性,乃孝爱时间的癌变;而兄妹间乱伦则使其性爱有了同代内的长幼时间性,即悌爱时间的癌变。乱伦禁忌正是要剥夺掉性爱生存时间性,使之完全空间化"。[①] 也就是说,不能让性爱生存在这两种时间流中。如果它存在于这样的时间流中,原有的慈爱、孝爱、尊敬、亲情、身份就无法保存。或者说如果让性爱混入时间流中,那么它必然会和在其中生长的慈爱、孝爱等与人伦有关的价值发生冲突。

这种混乱和冲突无论对社会秩序还是对人的观念都无疑会造成巨大的冲击。这种冲击对性关系的亲密、平等、特定、有序的文化内涵构成了根本性的颠覆,维护这些文化内涵的社会规范必须对此做出反应。马林诺夫斯基曾把原始社会比作"生物工厂",把文明社会比作"文化工厂"。[②] 这就好比,谙习"生物工厂"规程的人突然闯入"文化工厂",如果不让他们的行为颠覆文化工厂的"厂规",那么就必须通过更严厉的"厂规"对之进行管束和责罚。针对这种混乱和冲突,破解的唯一方法只能是实行外婚制。

如前所述,人类的进化还要依靠对外交流机制来进行,禁止乱伦既有利于维护社会结构的稳定,又有利于增加对外交流的渠道。如前所述,法国文化人类学家列维-施特劳斯认为乱伦禁忌的形成是出于交换的原因。他认为:在原始社会中,父亲娶了女儿,哥哥娶了妹妹,这好比拥有香槟

---

① 张祥龙:《家与孝——从中西间视野看》,北京:生活·读书·新知三联书店 2017 年版,第 90—110 页。

② [英]马林诺夫斯基:《两性社会学》,李安宅译,上海:上海人民出版社 2003 年版,第 239 页。

酒的人不邀请朋友而独自享用一样；出于扩大交流的需要，父亲必须把等同于女儿的财富，哥哥必须把等同于妹妹的财富，放入一个仪式性的交换流通之中。[①] 如果某人的女儿离开所在群体与另一群体的一位男子婚配，那么他就多了一门亲戚。他和这一群体的关系和感情便会进一步改善或加深，他以及他的家族的社会交往范围便会进一步拓宽。如果他把女儿留在家里与自己或自己的亲属配对，他则无法获得新的政治或社会的裙带关系。出于自身群体结构稳定和对外合作的考虑，社会“必须找到一种离心力来克服向心倾向的方法”[②]，即必须排斥性关系向内缔结而鼓励向外发展的方法，于是，乱伦禁忌和族外婚制便产生了。

传统社会的婚姻家庭是以男子为中心建立起来的，妻子和儿女实际上是他的一种财产，因此，这种婚姻模式强调家庭权力结构的稳定和血缘谱系的纯洁，所以它极力排斥婚外性行为。农业生产和生活的特点在于面向固定的土地获取生活资料，而且以土地为中心定居生活，因此农业社会是秩序至上的社会。而家庭又是整个社会的基础，血缘和婚姻是社会联系的基本纽带，家庭的不稳会直接关系到国家的安定，身份的紊乱会搞乱基本的财产继承顺序，亲属相奸直接对婚姻稳定、家庭权力结构、尊卑秩序、血缘谱系构成严重的威胁，因此它自然被视为最为严重的罪行。

三、乱伦罪在近现代中国的命运

如前所述，在传统的中国，亲属相奸一直被视为威胁社会秩序的最为严重的罪行之一，它的这种命运直到晚清才发生了重大变化。1840 年鸦片战争以后，清朝统治者在内外压力下，逐步对原有的法律制度进行了不同程度的修改。特别是在 1900 年八国联军侵华至 1911 年清廷垮台的十年间，基于“送穷”与“退虏”目标，清政府通过借鉴西方的立法经验，自上而下地进行了一系列的立法修律活动。在这一过程中首当其冲的就是刑法的修订，而在刑法的修订中以张之洞、劳乃宣为代表的主张坚守中国传

---

① [法]乔治·巴塔耶：《色情史》，刘晖译，北京：商务印书馆 2003 年版，第 29—30 页。

② [美]怀特：《文化科学——人和文明的研究》，曹锦清等译，杭州：浙江人民出版社 1988 年版，第 302 页。

统文化的“礼教派”和以沈家本为代表的主张全面学习西方法律的“法理派”之间展开激烈的辩论和交锋，这其中“亲属相奸”是否为罪则是两派争论的焦点之一。[①]

在起草《大清新刑律》之初，沈家本等人主张对传统的亲属相奸为罪不作特别规定。他们认为，“亲属相奸，与平人无别”“犯奸之罪，与泥饮惰眠同例，非刑罚所能为力，即无刑罚制裁”“此事有关风化，当于教育上等别筹办法，不必编入刑律之中。”对此，礼教派给予了尖锐的批驳。正如当时的一位亲历者所描述的那样：“当刑法草案告成提交资政院之顷，朝野之守旧者，将法制与礼教混而为一，多不慊于新法，群起而讥议之。”[②]率先发难者为当时的军机大臣张之洞。他批驳道：“中国即制刑以明男女之别。故旧律犯奸者杖，行强者死。新律草案则亲属相奸，与平人无别。”当时对新律作出最为系统和全面批驳的人是江宁提学使劳乃宣，他批驳道：“刑法之源本乎礼教”，三纲五常“实为相传数千年之国粹，立国之大本”，旧律中凡属“亲亲也”“尊尊也”“长长也”“男女有别”等义关伦常诸条，均为“不可变革者”。由此他主张“干名犯义”“亲属相殴”“亲属相盗”“亲属相奸”等条款应“逐一修入刑律正文”。他建议在新刑律草案中应规定：“奸父祖妾、伯叔母、姑姐妹、子孙之妇、兄弟之女者，处死刑、无期徒刑。其余亲属相奸者，处一等至三等有期徒刑。”[③]面对礼教派的攻击，法理派做了必要的回应，同时也做了必要的妥协和折中。沈家本回应道：亲属相奸“此等行同禽兽，固大乖礼教，然究为个人之过恶，未害及社会，旧律重至立决，未免过严。此等事何处无之，而从无人举发，法太重也。”因此，对此等行为，依“和奸有夫之妇”条款处三等有期徒刑即可，“毋庸另立专条”。[④] 关于此处的争论，表面上是“礼教派”和“法理派”观点之争，实际上是中国传统文化和西方法治文化的博弈。在强大的传统势力面前，在“西学东渐”的历史发展趋势面前，统治者最终折中处理。即在《大清新刑

① 张晋藩：《中国近代社会与法制文明》，北京：中国政法大学出版社，第311—331页。

② 江庸：《五十年来中国之法制》，转引自黄源盛：《亲属相奸罪的历史流变及其趋向》，载《东吴法律学报》第27卷第2期。

③ 劳乃宣：《修正刑律草案说帖》，《新刑律修正案汇录》，第10—11页。

④ 沈家本：《书劳提学新刑律草案说帖后》，《寄文存》卷八，第15—16页。

律》后另附《暂行章程》，在其中单独规定了“本宗缌麻以上亲属相和奸，处二等至四等有期徒刑”，其处罚明显比之一般通奸罪要重。

此后，从《中华民国暂行新刑律》、1928年《中华民国刑法》到1935年《中华民国刑法》都保留了关于惩处血亲相奸的条款。如1935年《中华民国刑法》第230条规定的血亲相奸罪之刑罚仍远重于一般通奸罪，前者处刑5年以下，后者处刑1年以下。[①]

乱伦为罪的规定在新中国建立后随着对民国时期“六法全书”的废除而彻底消亡。无论是1949年后到1979年刑法颁布之前的刑事政策，还是1979年刑法和1997年刑法都没有具体的关于惩处乱伦的规定。在具体实践中，亲属相奸的情形或者被视为道德领域的行为，不适用刑法；或者被视为强奸罪，从重论处。例如1952年12月12日最高人民法院西南分院和西南军政委员会在给云南省人民法院的批复中指出：关于父女间发生的性行为，实质是一种强奸行为，对之应较一般的强奸行为加重处理。兄妹间发生的性行为，如是出于家长制权威，也以上述精神处理。目前在我国刑法典第236条关于强奸罪的规定中，无论是从重处罚还是处以10年以上有期徒刑、无期徒刑、死刑的法定事由中都没有涉及亲属相奸的情形。

四、对当代中国刑事立法中乱伦罪缺失的反思

在新中国刑法实践中之所以废止了乱伦为罪的规定，原因来自两个方面，其一，从社会表层上看，新中国的刑法理论与立法实践基本上是在移植和继受前苏联理论和经验的基础上建立的，[②]而在前苏联或苏俄的刑法中是没有乱伦罪的规定的。其二，从社会深层分析，之所以前苏联和新中国的立法中都缺失乱伦罪的规定，是因为这两个国家都曾长期处在一种阶级斗争哲学指导下的政治型的社会中。在政治型社会中，一切问题都被赋予了政治意义。在经济上实行计划经济，由国家垄断生产资料并控制着劳动资源和就业机会，公民必须被国家强制安放在某个单位，失

① 范忠信：《中西法文化的暗合与差异》，北京：中国政法大学出版社2001年版，第176页。
② 王立民主编：《中国法律与中国社会》，北京：北京大学出版社2006年版，第445页。

去了单位的人，就失去了生存权。在政治上强调国家的统一管理和一元化领导，强调公民的服从和奉献，倡导“舍小家，为大家”“哪里需要就往哪里去”的“螺丝钉精神”。在这种社会模式下，家庭的意义大为弱化，于是，传统的“国家—家庭—个人”的社会模式逐渐被“国家—单位—个人”的社会模式所取代。又因为在政治型的社会中，单位是国家管理公民的基层组织和传递基本政治信息和指令的基本场域，于是个人便因失去了家庭这一私密空间而完全暴露在国家的视域中。在政治型的社会中，“同志式”的政治伦理取代了“血缘式”的家庭伦理，“亲不亲阶级分”的政治原则排挤了“亲不亲血缘分”的自然原则，这样便把自然状态下关于人的“亲属”和“非亲属”的分类硬行改变为“同志”和“敌人”的分类。按照这种政治逻辑，虽有杀父之仇、夺妻之恨但因同站在了一个革命阵营中也会将仇人变为同志，而虽有养育之恩、舐犊之情、结发之义但因站在了相反的阵营中也应将彼此视为敌人。它要求人们要抛弃亲情伦理的束缚，而投身于整体的政治事业之中。因此，在政治型的社会中家庭伦理和观念极度弱化，而在家庭伦理和观念极度弱化的社会中，当然就不存在所谓的破坏家庭伦理秩序的犯罪了，因此在政治型的法律中缺失乱伦为罪的规定就不足为奇了。

一般说来，越是专制和保守的社会，对性的控制就越严格，对性就越不宽容。如前所述的几乎所有的传统社会都旗帜鲜明地重罚乱伦行为就验证了这一点。随着社会观念的进步，权利意识的增强，社会自治程度增加，法律对性的禁锢也在悄然解冻。因此，有些人认为，新中国从成立之初就废止了乱伦罪的规定，这是适应社会要求自治和自由的大的社会发展趋势的结果。如果我们认真地对现代各国立法进行考察，我们就会发现其实并非如此。在当今世界，虽然对乱伦行为的惩罚已远没有传统社会那样重，但是许多国家仍然保留着乱伦为罪的规定，即使那些社会自治化、民主化程度很高的国家也不例外。在美国，多数司法区的法律规定血亲关系间的乱伦为犯罪，也有少数州将非血亲关系，如公、婆、婿、继父、继母、继子、继女之间的乱伦规定为犯罪，其中俄克拉何马州的近亲概念最广，伊利诺伊州的近亲概念最狭。[①] 在英国，1977 年的刑法法案第 54 条规定，如果一个男子或男孩诱使一个不满 16 岁的女孩和他性交，而且他知道这女孩是他的孙女儿、女儿或姐妹，那么他可能被判处 6 个月到 2 年的拘禁。[②] 意大利刑法典第 564 条规定了乱伦罪：“与直系卑亲属、尊亲属、直系姻亲或兄弟姐妹实施乱伦行为，以致造成公共丑闻的，处以 1 年至 5 年有期徒刑；在保持乱伦关系的情况下，处以 2 年至 8 年的有期徒刑；在前两条规定的情况下，如果乱伦是在成年人与不满 18 周岁的未成年人之间形成的，对成年人的刑罚予以增加；对父母宣告处罚意味着丧失父母权。”[③]在当下德国，对乱伦行为的定罪实际是由刑法典的第 173 条规定的亲属间性交罪、第 174 条规定对被保护人的性滥用罪两个罪名具体实现的。[④] 此外瑞士刑法的第 213 条，瑞典刑法的第 6 章的第 6 条，挪威刑法的第 207、208、209 条，丹麦刑法的第 210 条，奥地利刑法的第 211 条，加拿大刑法的第 155 条都规定了乱伦罪。[⑤] 西班牙刑法和法国刑法虽然没有直接规定乱伦罪，但规定了如果强奸罪的主体是被害人的亲属应该受到从重处罚。[⑥] 据笔者的不完全统计，目前只有芬兰、俄罗斯、日本和中国等少数国家的刑法典中未见关于乱伦处罚的规定。

在日本的传统中，“亲属相奸”罪一直规定在法律中，直到明治十五年(1882 年)开始实行旧刑法，此罪才从日本刑法中完全消失。尽管如此，日本民法却规定，直系血亲或三亲等内之旁系血亲间系属禁婚范围；现实

---

① 储槐植：《美国刑法》(第三版)，北京：北京大学出版社 2005 年版，第 198 页。

② [英]史密斯、霍根：《英国刑法》，李贵方等译，北京：法律出版社 2000 年版，第 523—524 页。

③《意大利刑法典》，黄风译，北京：中国政法大学出版社 1998 年版，第 158 页。

④《德国刑法典》，徐久生，庄敬华等译，北京：中国方正出版社 2004 年版，第 90—91 页。

⑤《瑞士联邦刑法典》，徐久生，庄敬华译，北京：中国方正出版社 2004 年版，第 68 页；《瑞典刑法典》，陈琴译，北京：北京大学出版社 2005 年版，第 10 页；《挪威一般公民刑法典》，马松建译，北京：北京大学出版社 2005 年版，第 43 页；《丹麦刑法典与丹麦刑事执行法》，谢望原译，北京：北京大学出版社 2005 年版，第 57—58 页；《奥地利联邦共和国刑法典》，徐久生译，北京：中国方正出版社 2004 版，第 84 页；《加拿大刑事法典》，卞建林等译，北京：中国政法大学出版社 1999 年版，第 110 页。

⑥《西班牙刑法典》，潘灯译，北京：中国政法大学出版社 2004 年版，第 69 页；《法国新刑法典》，罗结珍译，北京：中国法制出版社 2003 年版，第 65 页。

生活中，绝大多数日本人都认为近亲相奸是一种严重违背伦理道德的行为。[①]

如前所述，《大清新刑律草案》形成之初，沈家本等人主张亲属相奸不作专条规定，而这部法典实际上是以德国、日本刑法为原型、广泛移植西方法律文明而成的。有趣的是，1871 年《德国刑法典》就有亲属相奸的专项规定，其第 173 条规定，"一、血亲之间，尊亲属与卑亲属相奸者，尊亲属处 5 年以上重惩役，卑亲属处 2 年以下轻惩役；二、姻亲之间，尊亲属与卑亲属相奸，或兄弟姊妹相奸者，处 2 年以下轻惩役"。[②] 由此看来，当时法理派的最初观点既超越了当时中国的现实，也不符合当时世界立法趋势，实在有些激进了！

即使是今天的德国仍然保留着"亲属相奸"罪。除前述的德国刑法第 173、174 条的规定外，近年来的案例也表明了禁止"亲属相奸"的立场。2008 年 2 月，德国联邦宪法法院的一个判决为世人所瞩目。案情与事实如下：

当事人甲（代称）与其同母异父的妹妹乙（代称）发生性行为。1976 年出生的甲，童年时期因父亲有酒后施暴的倾向，在三岁时就交由寄养家庭收养，与养父母共同生活。1984 年，甲的生母生下妹妹，但直到 2000 年，甲二十四岁时才与原生家庭重建联系，并得知妹妹乙存在。甲与乙团聚之后，发生感情，两人并于 2001 年至 2005 年间，陆续生下四名子女，当中两个有残疾。案件经起诉后，地方法院依据德国刑法第 173 条第 2 款的"血亲相奸罪"判处一年五个月的有期徒刑，被告不服，提起上诉，高等法院维持原判，以无理由驳回。[③]

其后，当事人再提宪法诉讼，主张该有罪判决所依据的德国刑法第 173 条第 2 款的规定违宪。德国联邦法院则基于对婚姻家庭的特殊保护、遗传优生学的考量以及维护社会中既存的乱伦禁忌等理由，主张该判

---

① 黄源盛：《亲属相奸罪的历史流变及其趋向》，载《东吴法律学报》第 27 卷第 2 期。

② 《德国刑法典》（1871 年），载《世界著名法典选编·刑法卷》，北京：中国民主法制出版社 1998 年版，第 357 页。

③ 许丝捷译：《血亲性交的可罚性（BVerfGE 120，224-Geschwisterbeischlaf）》，载《军法专刊》第 59 卷第 3 期。

决不违宪，驳回其诉讼请求。该案于 2012 年 4 月又上诉到欧洲人权法院，该法认为德国禁止血亲乱伦的法律规定并未侵犯保护家庭生活的基本权利，最终维持德国宪法法院的原判。[①] 该案说明了，即使在对人身自由充分肯认下的现代西方世界，仍然要坚守家庭伦理的底线，原则上不承认血缘亲属间的性自由，不允许性在家庭领域任意流动。

五、家庭伦理的重建与乱伦罪的复归

随着 20 世纪 70 年代末开始的改革开放政策的推行，随着市场经济的不断发展，原有的政治型社会正在解体，中国市民社会开始形成。随着国家对就业市场垄断的打破，传统的“单位人”的形象正在消解，许多传统的“单位人”又重新回归了家庭，重视和珍视家的观念开始复活。[②] 随着“政治激情”的减退，国人开始理性和审慎地对待社会生活，社区的概念和形式又被国人重新重视。随着以阶级斗争为主导的政治伦理的削弱，以血缘和亲情为主导的家庭伦理或自然伦理开始复归。中国是一个具有几千年文化传统的国度，随着政治型社会的解构，中国的传统文化开始回温，由于重亲情、重伦理是中国传统的重要部分，因此传统的家庭伦理又开始占领中国人的思维。[③] 在一个重视家庭伦理的社会中，是无论如何不能容忍乱伦的。

家庭是基于血缘、婚姻或情感而联系在一起的群体，它是人的基本生活方式，是人与人结成的最初、最简单、最直接的形式。家庭是组成社会的细胞，它和谐了，社会才能稳定，国家才能昌盛。家庭是孕育爱的最初级场域，因此在长期的家庭生活中形成的成员间的亲爱之情便是人性的典型表现。人性的逻辑发展应该是先有个人的自爱，后有家庭的亲爱，再

---

① 黄源盛：《亲属相奸罪的历史流变及其趋向》，载《东吴法律学报》第 27 卷第 2 期。

② 近年来，国人因回家过春节而造成的春运繁忙就能证明这一点。

③ 近年来，多地将“孝”列为提拔干部的重要考察项目。河南长垣县委明确提出“不孝的干部不能提拔重用”。陕西富平县要求对不孝的官员不予提拔。甘肃金昌市也将“孝”作为考量官员升迁的内容之一。山西河津市规定：“不孝顺父母不能当领导干部，在职的不能提拔重用。”北京大学明确把孝作为招生标准，其负责人表示，北大将在自主招生过程中进行监督举证，如果发现在日常生活中有不孝敬父母的学生，“一经查实，北大自主招生是不会录取的”。http：//zt.blog.sohu.com/s2009/xiaozhiguo[2011-3-21]。

有社会的友爱。也可以这样说，亲爱是友爱的基础，是自爱的升华，是具有特殊意义的人性。而乱伦行为，则破坏了这种和谐与爱。

虽然近年来我国的城市化进程不断推进，总的来说，农村和农民仍然是目前中国社会最为重要的组成部分。我国的大部分农村还处于一种熟人社会之中，家庭或家族伦理观念依然浓厚。熟人社会是一个以血缘为中心向外扩展与拟制各种关系、以身份为中心安排生产与生活秩序的社会。在这样的社会里直系血缘、旁系血缘、准血缘、拟制血缘、一般熟人关系连接有序，尊卑、长幼、贵贱、亲疏排列分明。在这样的一个关系网络中，性对象的选择空间相对狭小，动情的男女稍不注意就会踏入他们不能闯入的禁区，一旦踏入禁区，这不但对原有的男女关系是一种破坏，最为重要的是会造成相关社会结构的紊乱。生活在此中的普通民众一般很难承受由此带来的社会的失序和心理的落差，由此他们及其亲属遭到人们道德上的贬谪、舆论上的非议是理所当然的。这种“违禁”别说发生在近亲属之间，即使发生在远亲属之间给人造成的不适也相当明显。费孝通先生对此举了这样的例子：“譬如本来用长幼两辈相称的远亲，一旦结了婚，别人向他改口时，常会引起很不自然的心情。这一情形我们可能有此经验；不自然的心情就是出于社会结构中的小小紊乱。”①因此，即使在当下中国，乱伦对社会的破坏力仍然是存在的。

我国目前的婚姻法规定，直系血亲和三代以内旁系血亲不能结婚。这一规定不但具有优生学的意义，同时它也具有伦理学的意义。也就是说，从婚姻法的角度可以推之，对于近亲属之间的婚姻和性，国家是反对的，特别是不同辈分之间的婚姻和性，更在反对之列。但是如前所述，从新中国建立至今，由于受各种原因的影响，我国刑法中却一直缺少乱伦为罪的规定。因为刑法的功能是保障性的，理论上说，没有刑法不能保护的社会关系。既然从婚姻法的角度来看国家禁止近亲属之间的婚姻和性，那么情节严重的，就应该由刑法来制裁，但对此我国刑法却没有相应的规定，这不能不说是立法上的漏洞。有人说，虽然我国没有对乱伦做出直接的规定，但是在司法实践中通过强奸罪完全可以实现对犯罪人的制裁。

① 费孝通：《乡土中国 生育制度》，北京：北京大学出版社1998年版，第143页。

笔者认为，用强奸罪来代替乱伦罪是不适当的。强奸罪和乱伦罪是两个不同的罪名，两者虽然有时有交叉，但是区别还是很明显的，特别是在双方自愿基础上发生的亲属相奸的行为更是和强奸相去甚远。前者侵犯的客体是被害人的性权利和性自由，而后者侵犯的客体是社会的性秩序和善良风俗。前者属于有明显受害人的性犯罪，后者属于没有明显受害人的性犯罪，一般说来前者适用刑罚要比后者重。①

目前《中华人民共和国刑法》对性犯罪的规定相当简单粗糙，缺乏欧美刑法以及我国台湾地区普遍存在的“诱奸”“利用从属关系奸淫”的规定。② 这是强奸罪以外的一个过渡的罪名，其量刑明显低于强奸罪。由于我们的刑法典没有设置这一罪名，因而就使得对利用亲属、教养、监护等权势奸淫女性的，特别是未成年人女性的犯罪的处理变得异常困难和复杂：一律将其视为强奸，失之过重，有违刑法谦抑的原则；一律将其视为无罪，又失之过轻，不利于对被害人的保护。③

综上所述，笔者建议在目前我国刑法中应增设“乱伦罪”或“处罚亲属相奸”的规定。首先，针对基于自愿的亲属相奸的行为，设定“乱伦罪”，但一定要以“情节特别严重”或“造成特别恶劣的影响”为构成犯罪的要件，也即不具有这样情节的乱伦行为，不能适用刑法手段来处理。其次，对于亲属之间基于强迫而发生的性行为，应将其列入“强奸罪”从重处罚或“处以十年以上有期徒刑、无期徒刑、死刑”的法定情节。再次，增设“利用亲属、监护、教养、教育、抚养等形成的优势地位诱使或迫使性交罪”，使其成为强奸罪之外的过渡罪名。最后，法律应该对亲属范围作出限定，一般来讲，应该把犯罪限定在近亲属之间，应将没有血缘关系的姻亲排除在外。

---

① 李银河：《性的问题·福柯与性》，北京：文化艺术出版社2003年版，第41页。

② 《法国刑法典》第222—228条规定，有合法直系尊亲、非婚尊亲、收养尊亲或其他对受害人拥有权力的任何人实施的性侵犯罪，处七年监禁并科100000欧元罚金。《西班牙刑法典》第181条规定，罪犯明显利用自己的优势强迫他人接受自己性侵犯行为的，属于迷奸或骗奸，处1年以上3年以下有期徒刑或者18个月至24个月的罚金。我国台湾地区刑法第228条第1款规定：对于因亲属、监护、教养、教育、训练、救济、医疗、公务、业务或其他相关关系受自己监督、扶助、照顾之人，利用权势或机会为性交者，处六个月以上五年以下有期徒刑。

③ 范忠信：《中西法文化的暗合和差异》，北京：中国政法大学出版社2001年版，第169页。

第六章 “孝”的法治难题及其理论破解

近些年来随着传统文化的回归,孝道的理念又重新受到国人的重视,并且开始被应用到社会治理中。许多地方政府,建立了干部“德孝考核机制”,将孝与不孝作为干部提拔和晋升的重要标准,有些地方政府明确提出了“德孝治县”的理念,[①]甚至某地方政法机关联合发文明确表示要依法打击“忤逆不孝”的行为。[②] 对于孝道的回归,司法裁判也做出了回应。各地法院纷纷借用传统儒家的孝道理念来考量涉孝纠纷案件,引发了社会各界的广泛关注和讨论。2010 年北京东城区人民法院在审理一起民事赡养案件时,将我国传统儒家经典《孝经》的内容写入判决之中。[③] 与此同时,北京丰台区人民法院则直接把《弟子规》中的孝道观点——“亲爱我,孝何难;亲憎我,孝方贤”——作为法官寄语的一部分写入了判决书,[④]而在另一涉及家庭纠纷的案件中,法官则把“慈母手中线,游子身上衣”“孝乃大义”等词句纳入了判决。[⑤] 在法律界孝观念也引发了对传统

---

① 许祖华:《陕西富平县将孝敬父母纳入干部考察内容》,新华社 2008 年 4 月 8 日电;刘兴元:《金昌市委干部选拔任用出新招,孝敬父母关爱家庭占决定一票》,载《甘肃日报》2006 年 11 月 12 日第 001 版;陈方:《应该从“德孝治县”中想到什么》,载《人民日报》2011 年 1 月 20 日第 009 版。

② 陕西省安康市旬阳县发布了全国首例《依法打击忤逆不孝违法行为的通告》,《通告》第一部分列举了六种情形将受到依法打击整治。《陕西旬阳发布国内首例打击忤逆不孝通告》,http://www.legaldaily.com.cn/index/content/2019-07/18/content_7938648.htm。

③ 张建伟:《〈孝经〉写入判决书的法文化解读》,载《人民法院报》2010 年 7 月 23 日第 005 版。

④ 李辰:《〈弟子规〉伦理警句写入判决书》,载《人民法院报》2010 年 6 月 29 日第 003 版。

⑤《引经据典,判词现“温情”面孔》,载《法制晚报》2011 年 2 月 27 日第 A06 版。

的赡养问题的思考。有识之士认为，赡养不应该只局限于物质赡养的形式，还应该包括精神赡养。[①] 与此相应，2007 年天津和平区人民法院在判决中首先提及了精神赡养问题，在判决书中明确要求子女看望老人。[②] 与此同时，江苏海安市人民法院也将精神赡养的问题纳入判决，指出赡养父母不能仅被理解为经济上的供养，亦应包括精神上的慰藉，遂判定儿子探望母亲每周不少于两次且每次陪护时间不少于 1 小时。[③] 对此，立法界也作出了回应。2008 年《辽宁省老年人权益保障条例》规定了“赡养人应当履行对老年人的精神慰藉义务，与老年人不在一起居住的，应当经常问候、看望”。而且 2012 年新修改的《中华人民共和国老年人权益保障法》也将儿女“常回家看看”(“与老年人分开居住的赡养人，应当经常看望或者问候老人”)这样的条款明确纳入文本。正因如此，无锡市北塘区人民法院令被告人“至少每两个月到老人居住处看望问候一次”的判决被誉为“‘常回家看看’入法后的第一案”。[④]

中国是一个有着五千年传统的国度，它有自己特有的文化、民情和政治理想，因此它的现代化过程不应该是一个亦步亦趋地模仿西方的过程，所以中国的法制现代化不应该与西方具有一样的面相。因此，中国的法治建设必须正视自己的传统和民情。“孝”是中国传统文化的一部分，也是被多数中国人所禀承的道德情感和行为规范。孝文化的回归为当下的中国法治增添了个性与厚重。虽然孝道曾大兴于传统中国，但由于新中国建立以后，作为意识形态的孝道连同传统文化曾一度受到过批判，因此，重提孝道，特别是将其放在社会治理或纠纷解决层面，国人还多少有些陌生或不适应。虽然孝道依然被现代的中国人所禀承和接受，但它毕竟根生于传统农业社会，曾为专制主义服务而成为“德治”或“人治”的一

① 刘建：《精神赡养应纳入法律调整范围》，载《法制日报》2010 年 11 月 8 日第 007 版；孙瑞灼：《精神赡养比物质赡养更重要》，载《人民法院报》2010 年 11 月 27 日第 002 版。

② 江晓清、赵杰：《和平法院首次将“精神赡养”写入判决书》，载《天津日报》2007 年 12 月 21 日第 014 版。

③ 智敏：《精神赡养：道德义务还是法律责任？——全国首例法院判决支持精神赡养案引出的争议》，载《工人日报》2007 年 12 月 10 日第 5 版。

④ 王伟建：《“常回家看看”入法后首案判决——精神赡养不只是常回家》，载《人民日报》2013 年 7 月 2 日 04 版。

部分,而如今重提孝道,它能否与当今的法治模式和人权主题相契合,也不免让国人有些疑惑和担忧。在笔者看来,这种疑惑和担忧绝非没有必要。如果两者不能契合,那么,要么“孝”可能沦为某种功利主义做法的标签,要么“孝”可能重新成为人治主义的工具。其实产生这些忧虑和疑惑的真正原因在于孝道与现代法治之间构成了三大难题,这些难题不解决,“孝”的积极意义便很难发挥。既然孝是中国社会的普遍民情和不能丢弃的传统,既然中国的法治应该有它的特色和面相,那么在理论上谋求破解便是必须的。所谓“名正才能言顺”,理论上的正当性是制度安排的前提。笔者试图作这样的尝试。

一、身份型的“孝”与契约型的法的冲突

“孝”的背后所反映的是代际关系问题。现代法治对某种社会关系的调整,是从契约式的权利义务模式来切入的,对代际关系的调整也不例外。即使是西方的婚姻家庭法也规定了父母和子女相互之间的扶养义务。我国婚姻法规定得更为明确:“父母对子女有抚养教育的义务;子女对父母有赡养扶助的义务。父母不履行抚养义务时,未成年的或不能独立生活的子女,有要求父母付给抚养费的权利。子女不履行赡养义务时,无劳动能力的或生活困难的父母,有要求子女付给赡养费的权利。”现代法治是建立在人格独立与平等的基础上的,因此,即使在代际关系中,也是以父母和子女互为平等主体为出发点的。因此,父母和子女各有权利和义务。一方的权利便是另一方的义务,而另一方的义务便是一方的权利。正可谓,“没有无义务的权利,也没有无权利的义务”。而“孝”恰恰缺失的正是这种平等性内涵。

对于“孝”,《说文解字》这样解释:“孝,善事父母者”,《新华字典》解释为:“对父母尽心奉养并顺从”。由此可见,“孝”所强调的是子女对父母的付出,因此它所反映的代际关系是一种子女对父母的单向的代际关系,具体说,是一种子女为支付主体、父母为接受主体的由下向上的单向支付关系。依法律的观点,在孝的关系中,父母是纯粹的权利主体,而子女是纯粹的义务主体。儿女之所以要向父母付出,是因为“报”的观念在起作用,

即儿女要向父母报答养育之恩。“孝”字在甲骨文中似树的形状，隐含的意思就是追根。[①] 有了根才有了我们的今天，所以我们要对根报恩，而父母便是子女的根，因此子女要向父母报恩。正如《诗经》上说的“父兮生我，母兮鞠我，拊我蓄我，长我育我，顾我复我，出入腹我。欲报之德，昊天罔极。”孔子的弟子宰予嫌给死去的父母守孝三年太长了，孔子生气道：“予之不仁也！子生三年，然后免于父母之怀，夫三年之丧，天下之通丧也。予也有三年之爱于其父母乎？”（《论语·阳货》）孔子认为，当孩子出生后，至少要得到父母三年的精心照料才能存活，为报此大恩，父母去世后，人们通行的惯例就是为父母守孝三年。孔子质问道：“难道你宰予没有得到过父母三年的百般呵护吗？”子女从父母那里承传血脉和家训，子女之身，就是父母的分身，不孝顺父母就失去了自身的大根大本。

如果从法律的角度分析，对儿女来说，孝是一种义务性的规定，对父母来说，则是一种权利性的规定。儿女尽孝是因为先前父母已经为儿女履行了养育的义务，儿女尽孝就是向父母反哺。从表面上看，这完全符合现代法治的权利义务一致的模式。但是如果深入地分析，便会发现，问题没那么简单。或许“孝”的观念在产生之初因为报恩而生，但随着它成为一种文化或意识形态后，其就不单单基于报恩而存在了，而基于的是一种身份或角色。换言之，儿女之所以要尽孝，就是因为你是儿女，父母之所以能够享受这种利益，就是因为他们是父母。在早期的儒家的“五伦”（父子、君臣、夫妇、长幼、朋友）思想中，确实也曾流露出某些“契约趋向”，即孔子所说的“君君、臣臣、父父、子子”（《论语·颜渊》），孟子所说的“父子有亲、君臣有义、夫妇有别、长幼有序、朋友有义”（《孟子·滕文公上》）。具体说，“父慈”与“子孝”、“君仁”与“臣忠”等等要对应。这表明：任何一个角色都绝非居于绝对性的权利或义务的地位，而是一种对称性的关系。孔子并不认为孝就是无条件的服从。当曾子问及“敢问从父之令，可谓孝乎”这样的问题时，孔子连说两次“是何言与！”（“这是什么话”）以表示否

① 方尔加：《儒家思想讲演录》，北京：东方出版社 2007 年版，第 61 页。

定。孔子认为当父亲行不义时，儿子必须要直言敢谏，否则就是失职。[①]但随着汉代以后“三纲”（君为臣纲、父为子纲、夫为妻纲）思想的出现，父亲对儿子的绝对性地位确立起来时，“契约趋向”的色彩就不存了。[②] 此时，“孝”便成为了一种无条件的义务了。

如果把“孝”视为一种基于契约取得利益后而必须支付的对价的话，那么基于等价有偿的原则，这种对价就应该有两点要求：首先，为对价而支付的利益应该有的，即它不是无限度的，它应该以父母的付出为限。其次，父母对儿女的付出应该成为儿女支付“孝”的对价的考量因素，即它不是无条件的。儿女可以依父母曾经提供的养育行为的数量和质量来支付自己尽孝的行为，换言之，如果父母对儿女抚养的行为有多少优劣之分，那么子女对父母尽孝的行为也应该有多少优劣之分。而事实上，正因为“孝”不是基于契约而是基于身份形成的义务，因此它不可能包含这些因素。虽然在早期的儒家伦理观中有“契约趋向”，但是在诸如《论语》《孝经》《礼记》等经典著作中我们更多地看到的是“子孝”的论述和规定，关于“父慈”的论述或规定几乎没有，后来被官方所旌表和民间传颂的经典故事也都是孝亲的故事，几乎没有父慈的故事，甚至其中充斥着很多杀子孝亲的内容。[③] 这样，随着伦理纲常的意识形态化，在代际关系上当“身份取向”彻底取代了“契约趋向”时，在“孝”的系统里，权利和义务便被彻底割裂了。处于系统下级的主体永远尽的是义务，处于系统上级的主体永远享受的是权利。既然“孝”是基于身份而产生的，那么这种义务从一出生就印刻在每一个人身上了，是纯粹的、无条件的、天经地义的。它与父母先前为儿女提供的养育行为无关，因为即使父母先前的行为有瑕疵，按

① “是何言与！是何言与！昔者天子有争臣七人，虽无道，不失其天下；诸侯有争臣五人，虽无道，不失其国；大夫有争臣三人，虽无道，不失其家；士有争友，则身不离于令名；父有争子，则身不陷于不义。故当不义，则子不可以不争于父，臣不可以不争于君。故当不义，则争之。从父之令，又焉得为孝乎？”（《孝经·谏诤章》）

② 金耀基：《从传统到现代》，北京：法律出版社2010年版，第31—32页。

③ “郭巨埋儿”“摔子劝夫”“卧冰求鲤”“扼虎救父”等故事都充斥着一种“杀子”文化。参见何友晖，彭泗清，赵志裕：《世道人心——对中国人心理的探索》，北京：北京大学出版社2007年版，第14—18页；孙隆基：《中国文化的深层结构》，桂林：广西师范大学出版社2004年版，第198页。

照“孝”的理念儿女也应该“保质保量”地侍奉父母，正所谓“天下无不是的父母”。既然如此，父母对我们疼爱，我们要孝顺父母，父母对我们不好，我们还要孝顺，所谓“亲爱我，孝何难。亲憎我，孝方贤。”(《弟子规·入则孝》)父母教育我们，我们要听从，父母责打我们，我们不能反抗，所谓“大杖则走，小杖则受”，儿女无权正当防卫。父母行为正当的时候，我们要尽孝，而当父母行为不端的时候，儿女尽孝的义务依然不能免除，所谓“父子责善，贼恩之大者”(《孟子·离娄下》)；“从命不忿，微谏不倦，劳而不怨，可谓孝矣。”(《礼记·坊记》)

如前所述，现代法治对代际关系的调整是通过契约式的权利义务模式进行的，而“孝”反映的则是一种基于身份而产生的下对上的单向的义务关系。因为它更强调的是基于身份的利益的单向流动，这样就与法治中的基于平等人格而产生的利益的双向互动产生了冲突。这便为“孝道入法”制造了第一个难题。

二、“孝”的内在性与法的外部性之间的矛盾

按照现代心理学的观点，孝道是一套子女以父母为主要对象的社会态度和社会行为的组合。[①] 也就是说，“孝”是由主观方面的“孝感”和客观方面的“孝行”构成的。从孝道产生之初，中国古人就认识到了这一点，而且更强调主观方面的重要性。孔子说：“今之孝者，是谓能养。至于犬马，皆能有养；不敬，何以别乎？”可见，孔子把孝分为“养”和“敬”两部分，认为单纯外在化的“养”并不是真正的孝，而发自内心的“敬”才是真正的孝。故《孝经注疏》中说：“孝是真性，故先爱后敬也”；“爱之与敬，俱出于心”。《礼记》对孝的内涵作了概括：“孝子之养老也，乐其心，不违其志，乐其耳目，安其寝处，以其饮食忠养之，孝子之身终，终身也者，非终父母之身，终其身也。”在中国古人看来，“饮食养之”虽然重要，但尽孝的关键之处还是让父母“乐”和“安”。民间的《百孝篇》《百孝经》中更是精辟地道出了“孝”的真谛：“尽心竭力孝父母，孝道不独讲吃穿；孝道贵在心中孝，孝

① 杨国枢：《中国人孝道的概念分析》，载杨国枢主编：《中国人的心理》，南京：江苏教育出版社 2006 年版，第 38 页。

亲亲责莫回言"。"要问如何把亲孝,孝亲不止在吃穿,孝亲不叫亲生气,爱亲敬亲孝乃全。"因此,考察一个人"孝"与否,不但要观其行,还要察其心,所谓"孝子之事亲也,有三道焉:生则养,没则丧,丧毕则祭;养则观其顺也,丧则观其哀也,祭则观其敬也。"(《礼记·祭统》)只有内外统一了才为真正的孝。对此一位西方汉学家这样例证:假如奶奶的关节炎犯了,虽然你给她按摩是义不容辞的义务,但是"你在做的时候觉得懊恼、愤恨,那你就不是真的孝";"你必须想给奶奶解除痛苦,要高兴这样做,还要比跟小朋友一起玩更愿意做这个",才是真正的孝。① 由此看来,对儿女来讲,"孝"不但要求其要有外在的行为,即"养",同时要有内在的态度,即"敬";不但要为父母提供物质上的供养,同时还要提供精神上的快乐;既能"养亲",又能"安亲",并且精神上的赡养才是孝的关键。

孝的特有的精神内涵,为它介入现代法治构成了障碍。现代法律对社会关系的调整是从人的外在行为切入的。从康德以来的法学理论一般认为,社会关系由人与人之间的行为而生发,没有人们之间的交互行为,也就没有社会关系。法与道德的重要区别就在于,法仅仅调整和约束人的外在行为,而不调整和约束人的内在思想和情感。② 正因如此,富勒才将法律定义为"一套使人类行为服从于规则之治的系统"③,布莱克才提出了"法律存在于可以观察到的行为当中"的理论。④ 马克思的相关论述早已让我们耳熟能详:"对于法律来说,除了我的行为以外,我是根本不存在的,我根本不是法律的对象。我的行为就是法律在处置我时所应依据的唯一的东西,因为我的行为就是我为之要求生存权利、要求现实权利的唯一东西,而且因此我才受到现行法的支配。"⑤法律虽然也能对人的主观心理发挥影响,但是这必须要通过先作用于人的行为来完成,而不能直接调整人的思想。这或是被视为良法的必备要件和重要特征,或是被视

① [美]安乐哲:《生民之本——〈孝经〉的哲学诠释及英译》,北京:北京大学出版社 2010 年版,第 33 页。

② [美]博登海默:《法理学:法哲学与法律方法》,邓正来译,北京:中国政法大学出版社 1999 年版,第 371 页。

③ [美]富勒:《法律的道德性》,郑戈译,北京:商务印书馆 2005 年版,第 55 页。

④ D. Black, The Boundaries of Legal Sociology, *The Yale Law Journal*, vol. 81, 1972.

⑤《马克思恩格斯全集》第一卷(上),北京:人民出版社 1995 年版,第 121 页。

为现代法治的局限和弱点，[1]但无论如何，它在作为现代法律作用于社会生活的基本方式这一点上则是无可争议的。于是，“孝”的精神内涵与现代法律对社会生活的作用方式之间便构成了一对难题。具体说，法律对实现“孝”的“养亲”方面的调整是不成问题的，但在完成“孝”的“敬亲”“安亲”方面则显得力不从心。

其实，现代中国的法律中对“孝”是有规定的。只不过，在法律的文本中没有直接使用“孝”这样的概念和术语罢了，代之的是另一个法律术语——“赡养”。孝道虽然在新中国的历史上曾长期受到批判，但养老传统始终被国家所认可，即使在极左时期也不曾受到过冲击。[2] 赡养老人早在新中国成立之初就被婚姻法规定为公民的一项义务，当下的婚姻法依然延续了这样的规定，并且在刑法中还将虐待和遗弃老人规定为犯罪。由于法律只能从外在行为入手来调整社会关系，因此，“孝”在法律中必然也只能被物质上的“赡养”所替代，具有丰富内涵的“孝”便被阉割了。因为“孝”的主观方面，即子女的“敬”和父母的“安”，无法通过法律的调整来实现，所以规定到法律中的“孝”便被简单化为赡养费的支付。这样，一方面，因为法律中的“孝”缺失了“敬”的要件，或者说法律中只容纳了“孝”中“养”的要件，所以“光养不敬”的行为是无法进入法律视野的，进而也就无法让当事人承担责任。正因如此，当下的“家庭冷暴力”虽然对老人构成了严重的伤害，但是法律往往无能为力。不光如此，即使是“不养”的行为，也只有达到严重的程度，法律才能介入。而“不养”的行为由于隐蔽在家庭里、亲情中，既不易表现出充分的外观，也难以让执法者来认定，因此，法律对其虽有制裁性的规定(如刑法中关于虐待罪、遗弃罪等规定)，但在现实层面却很难发挥作用。[3] 一般来说，“敬”是“养”的动力源泉，缺

---

① [美]罗斯：《社会控制》，秦志勇等译，北京：华夏出版社1989年版，第95—97页。

② 阎云翔：《私人生活的变革：一个村庄里的爱情、家庭与亲密关系》，龚小夏译，上海：上海书店出版社2009年版，第202页。

③ 据阎云翔先生的调查：他曾经采访在当地民政部门工作过的一位干部，这位干部说，他在民政部门工作的15年里，从来没有见过一个人因为虐待父母而被逮捕过。针对这类案件，法院只能调解，调解不成，只能通过支付赡养费的方式解决。至于其他方面，如尊敬老人、与老人做感情交流、照顾老人等方面，地方行政部门和法院毫无办法。参见阎云翔：《私人生活的变革：一个村庄里的爱情、家庭与亲密关系》，龚小夏译，上海：上海书店出版社2009年版，第203页。

失了“敬”,物质赡养的质和量也必然遭到贬损和折扣。这正是当下中国特别是广大农村遭遇到的孝道危机的深层原因之一。[①] 另一方面,因为“安”无法被纳入到法律的评价标准体系中,法律很难通过具体的制度来促进“孝”中“安”的因素的实现,而对于“不需养、只要安”的情况,即老人“精神赡养”的需求很难通过法律的途径来满足。[②] 如前所述,天津等地的法院虽然在“精神赡养”纠纷上做出了司法尝试,但效果并不令人满意。正如承办该案件的一位法官所表述的那样:“即使判决赡养人每月承担探望、照料、陪护义务,但其如果不去,法官也不可能拉着他去。再说即使强拉着去了,也往往只剩形式了。”[③]

三、“孝”的差别主义与法的普遍主义之间的抵牾

传统中国社会是一个典型的宗族宗法社会,在该社会结构下,“家”“国”是一体的,“国”是放大的“家”,“家”是缩小的“国”,宗法伦理既是社会维系的纽带,也是社会治理的基本规范。[④] 孝文化正是在该种社会结构下生发出来的产物。“孝”既是家庭伦理的核心,又是社会伦理——“仁”的起点。费孝通先生用“差序格局”的概念来表述中国人的人际关系,在他看来,人伦就是“从自己推出去的和自己发生社会关系的那一群人里所发生的一轮轮波纹的差序”。就好比“石子一般投入水中,和别人

---

① 据黑龙江省人大代表翟玉和先生进行的农村养老状况的调查显示:与儿女分居的比例是45.3%,三餐不饱的占5%,93%的老人一年添置上一件新衣,小病吃不起药的占67%,大病住不起院的占86%,对父母不管不问的占30%;精神状态好的老人占8%;22%的老人把电视和聊天作为唯一的精神生活。与此形成鲜明对比的是,儿女的生活水平要比父母高几倍甚至更多。很多儿女认为:没冻着、饿着就是自己尽孝了。参见王新友:《一位人大代表的农村孝道调查》,载《人大建设》2006年第6期。复旦大学教授钱文忠先生在一次讲座中谈到:最近来自东北的四位大学生做了一个暑期调查,在山东曲阜这个孔夫子的老家竟然发现了许多“逃儿村”,在两个村庄之间出现了一个新的聚集群体,那就是被子女弃养的老人们居住在一起相互照顾。来源于钱文忠视频讲座《国学与国运》。

② 王世奇:《法律难以解决精神赡养问题》,载《人民法院报》2011年1月10日第002版;李爱荣:《从孝到养:传统法律观念的现代转变》,载《开放时代》2010年第9期。

③ 刘元旭:《回家看看有多难? 当心欲孝而亲不待》,载《新华每日电讯》2008年5月12日第004版。

④ [日]尾形勇:《中国古代的“家”与国家》,张鹤泉译,北京:中华书局2010年版,第178—200页。

所联系的社会关系，不像团体中的分子一般大家立在一个平面上的，而像水的波纹一般，一圈一圈推出去，愈推愈远，也愈推愈薄。”[①]在这个类似同心圆的结构中，处于圆心的是自己，最基础的关系是自己和父母的关系，由此所生的伦理便是“孝”。[②] 所以孟子说：“孝之至，莫大于尊亲”(《孟子·万章上》)，此外的其他的关系都是以此为基础的推演。由此看来，儒家以“孝”为中心编织了一个周延的伦理关系网络，每一个人必须在这个网络中找到自己的位置，才能获得自我认同和社会认同。

在这样的关系网络中，从其起点“孝”开始就是以“别”为核心展开的。正如孔子所说：“仁者，人也，亲亲为大”(《中庸》)，就是说，你要亲的是你自己的父母，而不是别人的父母，对待自己的父母和别人父母是应该有区别的。孟子激烈地抨击了墨子的“兼爱”思想，认为无差别地爱所有人是一种破坏伦理的“无父”之论，无异于禽兽。[③] 依儒家的伦理观，每个人以自己为基点、以“孝”为中心逐级推开都会形成自己的关系网络，网络内的人才有可能被认同，网络外的人则被视为陌路。在儒家看来，对待圈子里的人与圈子外的人就应该有差别。林语堂先生将这样的伦理圈子比作城堡：“城内是最大限度的共产主义大协作，相互帮助；对城外世界则采取一种冷酷无情、一致对抗的态度。”[④]帕森斯对此评述道：“儒家道德认可的是一个人对另一个特殊的个人的‘个别’关系，并且特别强调‘仅只’这种关系。在儒家道德系统承受和认可之下的整个中国社会结构，主要是一种‘分殊主义’(particularistic)的关系结构。”[⑤]由此看来，这个网络既是实现认同的途径也是形成认同的界限。[⑥]

“孝”的这种差别主义与现代法的普遍主义之间构成了矛盾，进而为

---

① 费孝通：《乡土中国 生育制度》，北京：北京大学出版社 1998 年版，第 27 页。

②《说文解字》解释篆体“孝”字云：“善事父母者。从老省，从子，子承老也。”孝字表述的就是老人与子女的关系。也就说，上为老、下为子，上一代与下一代融为一体，称之为孝。

③ 孟子曰：“杨氏为我，是无君也；墨世兼爱，是无父也。无父无君，是禽兽也。”(《孟子·滕文公上》)

④ 林语堂：《中国人》，上海：学林出版社 2007 年版，第 137 页。

⑤ Talcott Parsons, *The Structure of Social Action*, Glencoe: Free Press, 1937, 1949, pp. 550 - 551.

⑥ 崔大华：《儒学的一种缺弱：私德和公德》，载《文史哲》2006 年第 1 期，第 33 页。

其融入现代法治制造了又一难题。现代法学理论一般都把普遍性作为法律的基本特征之一,[①]进而认为:法律的内容具有一般性、概括性,法律不是针对某个人、某件事而立,而是针对某一类人、某一类事而立的。[②] 富勒将这种普遍性(一般性)(generality)视为法律内在道德的第一要求。[③] 马克斯·韦伯将之视为现代法律理性的重要内容。[④] 这种普遍性,首先要求法律中的规则应该通过全称性的命题来表征,由此,生活中的个性化的具有不同面相的人都被规则中的抽象化的一般意义上的人所取代。[⑤] 其次要求法律中的制度应当表现为一系列逻辑严谨的运算规则,任何进行运算的人都被要求遵循这些规则。基于这样的普遍性,法律的实践过程应该在固定的规则结构之内展开,因此,"它与数学和逻辑运算具有某种家族类似性"。具体说,法律的实践过程就如同在数学公式上运算一样,代进相同的数值得出相同的结果,代进不同的数值得出不同的结果。[⑥] 这种普遍性是现代法治中平等性原则、公平性原则的基础,是法律具有可预测性和相对确定性的前提,是法的形式合理性的重要内容。

其实,在早期的儒家思想中,信奉差别主义的孝伦理与坚持普遍主义的法之间的冲突就已暴露出来。孔子曾对"其父攘羊,而子证之"的做法表示出嘲讽,而认为"父为子隐,子为父隐,直在其中矣。"(《论语·子路》)孟子当遭遇到舜父杀人而舜应如何而为的提问时,他做出的是"窃负而逃,遵海滨而处,终身然,乐而忘天下"的回应。(《孟子·尽心上》)可见,孔子和孟子都做出了亲情高于国法的选择。因为在他们的视野里,"孝"

---

① 张文显主编:《法理学》,北京:法律出版社 1997 年版,第 57 页。

② 张文显主编:《法理学》(第三版),北京:高等教育出版社、北京大学出版社 2007 年版,第 76 页。

③ [美]富勒:《法律的道德性》,郑戈译,北京:商务印书馆 2005 年版,第 55 页。

④ [德]马克斯·韦伯:《论经济与社会中的法律》,张乃根译,北京:中国大百科全书出版社 1998 年版,第 351—357 页。

⑤ 诸如我国宪法中的一些规定:"任何组织或者个人都不得有超越宪法和法律的特权";"中华人民共和国公民在法律面前一律平等";"中华人民共和国年满十八周岁的公民,不分民族、种族、性别、职业、家庭出身、宗教信仰、教育程度、财产状况、居住期限,都有选举权和被选举权"等。这些都是通过全称命题来表征的情形。

⑥ 郑成良:《法律之内的正义——一个关于司法公正的法律实证主义解读》,北京:法律出版社 2002 年版,第 143—144 页。

是一个人乃至整个社会的根基，家庭伦理是推演公共伦理的起点，所谓“君子务本，本立而道生。孝弟也者，其为人之本与！”（《论语·学而》）社会关系不过是家庭关系推演的结果，或者说是一种拟制的家庭关系。既然如此，调整社会关系的法自然不能高于处于本源地位的“孝”。“舍法取孝”或者说“违法尽孝”是理所当然的选择。

在家庭层面生长的是私人伦理，在国家层面生长的是公共伦理。“孝”既然生长在家庭中，那么从本源上讲，它属于私人伦理或“私德”。如前所述，儒家意义上的“国”是“家”放大后的产物，那么在国家层面生长的公共伦理就是私人伦理延伸后的结果。由此看来，传统中国的公共伦理不过是以血亲为中心扩展开来的亲族关系伦理，传统中国的公共生活不过是一个以孝为核心的放大了的私人关系网。① 在这样的网络里有亲疏远近之分，有高低贵贱之别。现代法律生长在公共领域，由公共伦理来支撑，它以无差别的一般意义上的个体为调整对象，由此说“法乃公器”。这样，追求“一视同仁”的法与强调“差别对待”的“孝”之间便构成了矛盾，这种矛盾实际上是法律的公共性与孝伦理的私用性之间的矛盾，这为孝伦理进入现代法治空间制造了又一障碍和难题。

在以“孝”为中心的“差别主义”伦理观指导下的中国人，总是以某种角色进入到某种人际关系中，个人行为的选择总是伴随着伦理认同才能做出。当他进入到非伦理性或超伦理性的公共生活领域时，就会发生非伦理性关系认同的障碍，其结果必然表现为社会公德的缺失和法律意识的淡薄。孟子曾对舜以“亲之欲其贵，爱之欲其富”的原则将“不仁”的弟弟“封之有庳”的做法大加赞赏。用现代法治观点来审视，舜的行为实际是殉情枉法、任人唯亲的行为，进而破坏了法制的公平性和统一性。② 在当下的中国，如果不理清私德与公德、亲情与国法的关系，而一味地宣扬“孝”的重要作用，或者说不加改造地将中国传统中的孝文化直接运用到

---

① 尤西林：《中国人的公德与私德》，载《上海交通大学学报》（哲学社会科学版）2003 年第 6 期。

② 刘清平：《儒家的伦理和社会公德——论儒家伦理的深度悖论》，载《哲学研究》2004 年第 1 期。

现代生活中,那么只能造就越来越多的"善良违法者"。[①] 正如一位西方的汉学家所说的那样:"如果一种对从家庭中培育起来的忠诚,即使不源自强迫,并且其对公共价值也绝对必须,那么这也可能会助长形成一种对公德构成危害的偏私";儒家道德在"对家庭的合理忠诚"(a rightful loyalty to family)与"裙带关系及其特权"(nepotism and special privilege)的关系方面一直存在着争论。[②] 正因如此,面对先前所提及的,以"德孝"为标准考核干部或"德孝治县"的做法,许多学者都提出了质疑。孝是私德,法乃公器,私德不能直接推导出公德,符合私德的行为未必合法。梁启超先生说"束身寡过之士,可能是放弃社会责任之'蟊'贼"[③],借用梁先生的话说,敬顺父母的孝子倒有可能是践踏国法的罪犯。[④]

诚然,儒家学者在强调孝敬自己父母的同时,也强调孝敬别人的父母。正所谓"老吾老以及人之老"(《孟子·梁惠王上》),这经常被视为儒家思想中"博爱"精神的例证。也有学者认为现代社会保障无非就是靠别人的子女或大家的子女来养老。[⑤] 更有学者还设想将该思想作为现代社会保障法的根基,这样,一则将其视为中国传统文化对现代社会保障法体系的贡献,二则可以提高现代公民缴纳社会保障金的动力。其实,"天下之爱"仅仅是儒家的一种理想而已,是中国传统的"直觉外推"的思维方式作用下的产物,在差别主义指导下的现实的伦理社会,它几乎没有实现的可能。正如一位学者所指出的那样:"人类毕竟是处于存在着许多匮乏和自身局限的生存环境中,儒家的伦理理念和道德理想在一个人的生命中所能产生的道德力量,对于多数人众来说,在儒家社会生活中的家庭这个

---

① 杨福新,余安全:《"孝子"为尽孝救父母,犯了罪反不孝》,载《检察日报》2011 年 11 月 25 日第 04 版;《贪污 44 万计生款孝敬父母补贴家用——许昌一计生站收费员不堪煎熬自首》,载《河南法制报》2009 年 1 月 7 日第 07 版。

② David B. Wong, *Rights and Community in Confucianism*, *in Confucian Ethics*: *A Comparative Study of Self*, *Autonomy*, *and Community*, Kwong-loi Shun and David B. Wong, eds., Cambridge University Press, 2004, p. 43.

③ 《梁启超全集》(第二册),北京:北京大学出版社 1999 年版,第 661 页。

④ 江西省原副省长胡长清、安徽省阜阳原市长肖作新、四川省乐山市犍为县原县委书记田玉飞等都是"孝子",但都因为腐败而落马。参见《法治时代怎能以"孝治天下"》,http://zt.blog.sohu.com/s2009/xiaozhiguo/。

⑤ 赵晓力:《中国的家庭正走向接力模式吗?》,载《文化纵横》2011 年第 1 期,第 63 页。

伦理位置上，就消耗殆尽。在家庭这个伦理共同体内，由己身按丧服向外推展，五服九族之外，丧服尽则亲属绝，亲属绝则为路人，难以在国家、民族之外的公共生活领域中，克服非伦理认同的障碍，和作出强烈的道德表现。”①

四、“孝”的法治难题的理论破解

“孝”与法治的冲突实际上是传统社会和现代社会在意识形态上的冲突。从本源上说，“孝”是一套生发于农业文明、服务于宗法社会，旨在维护尊卑秩序的行为规范。因此，传统意义上的“孝”如果不经改造是很难和现代法治相融合的。如果忽视这一点，强行将其嵌入现代社会，由此带来的负面效应注定要多于它的正面效应。尽管如此，这并不代表孝文化中没有可供现代人享用的资源。其实，作为中国传统文化的一部分，它蕴含着丰富的能够跨越传统和现代的普适性价值和共通性资源。如果这些价值和资源能够得到合理利用，那么“孝”不但能够与现代法治共融，而且还有助于彰显中国法治自身的特色和独有的面向。而“孝”能够服务于现代社会则有赖于对上述“法治难题”的破解以及对孝文化的现代性改造。

费孝通先生把西方的代际关系总结为“接力模式”，把中国的代际关系概括为“反馈模式”。在“接力模式”下，上一代有抚育下一代的责任，而下一代却无赡养上一代的义务，一代代地向下承担责任。② 在“反馈模式”下，每一代在抚育下一代的同时，都承担着赡养上一代的义务，而在“接力模式”下，下一代没有当然回报上一代的义务，因为在他们看来，即使父母为子女先前做出牺牲，也不是子女有意要求他们这样，因此下一代不必因此而“举债”(indebted)。③ 由于受到人成长规律的限制，在生育问题上不可能通过代际间的协商方式来解决，而一旦生育完成，父母注定是付出牺牲的，而对于这样牺牲，由受益方做出必要的回报才是公平的。因

---

① 崔大华：《儒学的一种缺弱：私德和公德》，载《文史哲》2006年第1期，第34页。

② 费孝通：《家庭结构变动中的老年赡养问题：再论中国家庭结构的变动》，载《北京大学学报》(哲学社会科学版)1983年第3期，第7页。

③ Chenyang Li, Shifting Perspectives: Filial Morality Revisited, *Philosophy East and West*, Vol. 47, No. 2 (Apr., 1997), pp. 211 - 212.

此如果从契约论的角度衡量,无疑"反馈模式"更符合契约论的要求,通过出于对上代的抚养而由下代支付的"孝"无疑在大体上能与契约法上的"等价有偿"原则相契合。在东亚的一些国家和地区,包括中国大陆和台湾地区,都立法规定当父母无法维持自己的生活时,他们有从成年子女那里得到赡养和扶助的权利。中国宪法第四十九条和婚姻法第二十一条都作了这样的规定。近年来新加坡也在仿效中国大陆和台湾地区。相反,在大部分西方国家,虽然人权法规定子女有得到父母或监护人照顾的权利,但是父母却没有相应的权利。① 从这一点看,中国的法律比之西方国家的法律更能体现对等性原则。

传统意义上的"孝"所应批判的地方,并不在于儿女应该向父母尽义务,而在于这种义务不应该脱离父母对儿女的付出而存在。如果把"孝"仅视为儿女必须无条件地付出的话,那对父母来说无异于一种特权,对儿女来说则无异于一种奴役。显然,这与现代法治的理念是不兼容的。由此看来,正像以前所提及的那样,早期的儒家思想中的"孝"的观念因为更强调与"父慈"的交互性,可能会对现代社会更具有借鉴意义。由此我们认可这样的观点:"夫有物必有则。父止于慈,子止于孝,君止于仁。臣止于敬。万物庶事,莫不各有其所。得其所则安,失其所则悖。圣人所以能使万物顺治,非能为万物作则,惟止之各于其所而已。"(《近思录》卷八)也就是说君臣父子这样的社会人伦关系也应该有规则的限制,有了限制才能保障家庭与社会的和谐,否则权力的单方膨胀带来的必然是专横或腐败的后果。②

当然,对于家庭生活首先强调的是通过伦理、美德来调整和规范。如果孝道在一个国家盛行,那就不需要诉诸法律来强迫子女赡养父母,也不需要强调家庭成员之间的权利。因为权利的本质与家庭中"亲爱"与"美德"不相容。但如果孝伦理衰败了,美德被践踏了,这时法律上的父母的权利作为一种备用机制就会发挥作用。从这个意义上说,权利是作为家

---

① 陈祖为:《当代中国儒家人权观初探》,载梁涛主编:《美德与权利——跨文化视域下的儒学与人权》,北京:中国社会科学出版社 2016 年版,第 82 页。

② 单纯:《儒家思想的魅力》,北京:中国社会出版社 2011 年版,第 236 页。

庭关系破裂时解决纠纷的最后手段而存在的。[1]

“父慈”“子孝”不单单表征在行动上，更蕴含在行为者的内心中，于是情感性因素便在代际关系中占有重要的地位。因此，虽然“父慈”与“子孝”具有交互性，但是我们仍然不能将其看成一种功利主义下的纯粹意义上的经济交易，而应该在布劳（Blau）、霍曼斯（Homans）[2]等人的社会交换的意义上看待现代社会中的代际关系。在布劳那里，社会交换“是人们被期望从别人那里得到的并且一般来说确实也从别人那里得到了的回报所激励的自愿行动”；“交换的必要条件是为了继续得到所需要的服务，个体们要为他们所得到的服务履行义务”。[3] 社会交换理论强调报赏和代价，而以获得报赏为主要原则；不局限于物质上的支付，还包括精神上的满足和社会颂扬；强调交换者之间的“关系”或“过程”。[4] 由此看来，“孝”解决的则是一个在跨时交换中如何保障对价如实支付的问题。在通常的交易中，奉行的是“一手交钱、一手交货”的原则，交换者双方同时互换对价，即时交换，“人走茶凉”。而在代际关系中，按照生活的规律，上代必须先行付出，而在经历漫长的时间等待后，才可能收回回报。因此对于上代来讲，这种跨时性的交换蕴含着巨大的风险，因为它始终存在着不能收回“投资”的可能。事实上无论是作为一种观念意义上还是作为一种规范意义上的“孝”，恰恰可以作为防范这种风险的力量而存在。具体说，当享受了父母的恩惠而长大成人的儿女拒绝回报父母时，孝的观念或对其给予一定的贬谪，孝的规范或给予其一定的惩罚。当儿女超出父母的支付程度而超额对其回报时，孝的观念或对其给予一定的颂扬，孝的规范或给予其一定的激励。这样，“孝”的存在便降低了代际间的交易风险，减少了上代的顾虑，增加了“父慈”和“子孝”的动力，保障了代际间的公平，促进了

---

① 陈祖为：《当代中国儒家人权观初探》，载梁涛主编：《美德与权利——跨文化视域下的儒学与人权》，北京：中国社会科学出版社 2016 年版，第 83 页。

② Homans, G. C., *Social*, *Behavior*: *Its Elementary Forms*, New York: Harcourt, Brace, and Word, 1961.

③ [美]彼得·M. 布劳：《社会生活中的交换与权力》，李国武译，北京：商务印书馆 2008 年版，第 146—147 页。

④ 文崇一：《报恩与复仇：交换行为的分析》，载杨国枢：《中国人的心理》，南京：江苏教育出版社 2006 年版，第 289 页。

家庭的和谐。由此看来,在这个意义上的"孝"与法治主义并不矛盾。

谈及交换,就不可避免地要联系到契约。虽然代际关系不能被视为功利主义下的经济交易,但是这并不是说,孝的问题不能在契约的框架下讨论。从20世纪六七十年代开始,在西方世界,传统的契约理论正在被一种称之为"关系契约"(Relational contract)的理论所补充和校正。关系契约与传统的契约相比,它更强调契约的未来性、过程性、对由此形成的关系的维持、当事人之间的合作。[①] 由此,它具有较长的持续期、当事人的个人投入难以货币化或量化等特点。[②] 在该视角下,由劳动关系、婚姻关系而达成的契约都是典型的关系契约。关系契约理论是针对传统的契约理论中的过分的自由主义、功利主义产生的弊端而提出的,旨在增进社会实质意义上的公平与合作。[③] 代际关系持续性的特点和孝文化的弱功利性的趋向,决定了中国当代孝的问题可以放在关系契约的框架内来讨论。如果将"孝"看成关系契约中必须支付的义务的话,把"孝"视为契约一方为代际团结而肩负的社会责任的话,那么,它完全能够与现代法治实现共融。

英国法律史学家梅因在描述近现代法治社会的缔造过程时这样说道:"所有进步社会的运动,到此处为止,是一个'从身分到契约'的运动。"[④]诚然,现代法治社会是以平等为基础的契约型的社会,但是,这并不意味着在现代社会就没有差别和等级。正如昂格尔指出的,现代社会之所以自由并不在于其没有等级制度,而在于这种等级制度比较"开放"且"部分性"而已。[⑤] 现代社会追求平等、自由与独立,但这并不意味着不需要任何的尊重和敬畏。差别和等级是一个社会保持必要的尊重感和敬畏心的重要条件,而必要的尊重和敬畏又是一个社会基本秩序的保障。

---

① [美]麦克尼尔:《新社会契约论》,雷喜宁等译,北京:中国政法大学出版社2004年版,第4、10、83页。

② Ian R Macneil, Relational Contract Theory: challenges and queries, *94 Northwestern university law review* (2000), pp. 881 - 895.

③ 孙良国:《关系契约理论导论》,北京:科学出版社2008年版,第8—37页。

④ [英]梅因:《古代法》,沈景一译,北京:商务印书馆1959年版,第97页。

⑤ [美]昂格尔:《现代社会中的法律》,吴玉章等译,南京:译林出版社2001年版,第166页。

事实上，当今世界许多现代性的问题往往都是因为人类敬畏感缺失造成的。[①] 回到代际关系上，即使在追求平等的法治时代，我们就不应该对生我养我的父母有半点敬畏之感吗？我们就有理由完全与他们保持平等吗？据徐国栋教授的考察，即使在现代社会的平等化进程中，在亲子关系上从未发生过旨在实现代际之间平等的理论变革和实践转向。[②] “20 世纪的亲子关系有了偏向于子女利益的很大改变，但子女作为客体的地位并无改变，改变在于他们从可被虐待的客体变成了必须悉心呵护的客体”。[③] 由此反观成年子女与父母之间的关系，如果将“行将暮年”的父母看成社会弱者而需要保护的话，如果面对生我养我的并提前预支了自己健康与财富的父母需要保持敬畏之心的话，那么即使在相对平衡的代际关系中要求作为强者的成年子女多尽一些义务，也并不违背法治的真谛。特别是在“恩往下流”的当下中国，强调这一点更有现实意义。[④]

一般说来，当子女成熟且发达时，父母在智力和体力上已呈现出衰弱之势。此时法律如不对衰弱的父母作特殊的保护，自然是不符合人道主义要求的。从这个意义上说，即使抛开伦理的政治化成分，国家通过刑法的方式处理杀、伤尊亲属的行为，也不是没有道理。这不但在宗法伦理支配下的传统中国是这样，即使在当下法治社会也不属于例外。例如在当下我国台湾地区的刑法仍然保留着“杀害尊亲属罪”。另据黄源盛先生的考察，世界上许多国家的刑法都有对卑亲属杀尊亲属专门的成罪或加重处罚的规定。[⑤] 公序良俗是现代民法的一般原则。我国的《民法总则》第 8 条规定：“民事主体从事民事活动，不得违反法律，不得违背公序良俗。”

---

① 孔子说：“君子有三畏：畏天命，畏大人，畏圣人之言。”（《论语·季氏》）正是人类不敬畏自然，才有那么多自然灾难和环境污染；正是官员不敬畏百姓，才有诸多腐败现象。

② 徐国栋：《家庭法哲学两题》，载《法制与社会发展》2010 年第 3 期，第 50 页。

③ 徐国栋：《论民事屈从关系——以菲尔麦命题为中心》，载《中国法学》2011 年第 5 期，第 169 页。

④ 在当下的中国，父母对儿女的付出往往大大超出子女对父母的回报，社会学家称之为“恩往下流”。参见贺雪峰：《农村代际关系论：兼论代际关系的价值基础》，载《社会科学研究》2009 年第 5 期，第 85 页。

⑤ 黄源盛：《传统与当代之间的伦常条款——以“杀尊亲属罪”为例》，载《华东政法大学学报》2010 年第 4 期。

公序,即公共秩序;良俗,即善良风俗。扶助弱者、孝敬老人在中国当然属于公序良俗的范围。违背伦理的行为自然违反了公序良俗,这样的民事行为自然受到法律的否定性评价,在司法实践中这样的案件并不少见。

在现代社会,法并不是不调整家庭,一个"孝子"也不是只停留在家庭中而不进入公共领域,由此看来,"私德"的"孝"与"公器"的"法"的冲突是无法避免的。即使如此,这也并不等于说在法治的框架内就不能倡导"孝"。问题在于如何解决这种冲突,或者说,一旦发生冲突,二者如何取舍。如果我们把这种冲突看成公私之间的冲突的话,那么我们首先应该确立"公事大于私情"的原则,在公权力领域尤为如此。虽然儒家强调亲情至上,但在中国传统中也不乏"不能因公废私"的思想,诸如"不以家事辞王室,以王事辞家事"(《公羊传·哀公三年》)、"不以'亲亲'害'尊尊'"、"移孝作忠"等等。坚持这一原则,就是坚持国法高于私情的原则。孔子说,"在上不骄,高而不危,制节谨度,满而不溢"是诸侯的孝(《孝经·诸侯章》),那么在当代中国,特别是对一个领导干部来说,遵纪守法,清正廉洁,不辱父母,就是最大的孝。如果违法乱纪,锒铛入狱,身处极刑,使父母蒙羞,就是最大的不孝。诚然,"孝"是私德,当私德与国法相冲突时要舍弃私德,但这并不是说"孝"就对公德的培养没有支援作用。虽然说不能由一个人的私德直接推出他的公德,但是在家庭领域"劣迹昭昭"的人,注定不会在公德领域有突出表现。由此来说,一个在家打爹骂娘的人很难说他有爱民之心进而成为践行社会公德的典范。这样看来,某些地区把"孝"作为选拔干部的标准的做法,不是没有任何合理性,问题在于不能把它绝对化、教条化。

恩惠是特定人施与的,报偿就要针对特定人进行;情感是在长期的生活中形成的,它要在特定主体之间发生。因此,亲情源于生活的常识、常理、常情,由"孝"生发出的行为与情感可以被视为人类的本能。[①] 所以我们常常用"乌鸦反哺""羊羔跪乳"来说明人要行孝。现代法律是建立在对人性给予适度的关怀、对本能给予适度宽容的基础上的。法律不应该强

---

① 霍布斯把"感恩"视为自然法的重要内容。参见[英]霍布斯:《利维坦》,黎思复等译,北京:商务印书馆1985年版,第115页。

人所难。[①] 现代法律应该以“中人”为立场,而不能立足于“超人”。特别是面对普通民众和在私生活领域尤为如此。正是基于此,“亲亲相隐”制度在中国有2000多年的历史,在当今世界,几乎所有的民主国家的刑法都作了近亲属之间包庇免罪或轻罚的规定,[②]许多国家诉讼制度中都有关于免除近亲属出庭作证的义务或亲属拒证权的规定。[③] 现代刑法理论将这种基于善良人性和情感本能从而获得豁免或宽容的理由称之为“期待可能性”。[④] 我国现行刑法在包庇罪上没有作出近亲属的除外或减轻规定,免除近亲属出庭作证义务的规定也相当简单和粗糙。[⑤] 于是,中国人经常遭遇到亲情与国法选择的尴尬与拷问。之所以如此,我想,这不是“孝”惹的祸,病根还在法律身上。[⑥]

如前所述,“孝”是一套人的情感和行为的组合,在传统中国,为了能让“孝”得到落实,统治者综合运用了德教、礼教、法律等各种手段。德教使孝观念深入人心并形成舆论,礼教使孝伦理成为日常规范,法律让违反孝规范的人付出沉重的代价。[⑦] 所以在传统中国,“孝”是通过意识形态上高压和法律上强制来保障实行的,孝不光是私人问题,还是政治问题。违反孝的规定,就是违背了封建国家的立国之本,因此这样的行为通常是被列入“十恶罪”之列的,“为常赦所不原”。在现代社会,在道德和法律分

---

① 富勒将“不能要求不可能之事”作为法律内在道德性的重要内容。参见[美]富勒:《法律的道德性》,郑戈译,北京:商务印书馆2005年版,第83页。

② 范忠信:《中西方法文化的暗合与差异》,北京:中国政法大学出版社2001年版,第68—99页。

③ 王剑虹:《亲属拒证特权研究》,北京:法律出版社2010年版,第39—108页。

④ 刘远主编:《期待可能性》,北京:北京大学出版社2009年版,第28页。

⑤ 我国的新刑诉法只是在一审程序中规定了人民法院不能强制犯罪嫌疑人的配偶、父母、子女出庭作证(第188条),并不是完全免除了作证的义务。而且在侦查、检察环节连这样的规定都没有。

⑥ 2010年12月29日,最高人民法院在《关于处理自首和立功若干具体问题的意见》中规定:“犯罪嫌疑人被亲友采用捆绑等手段送到司法机关,或者在亲友带领侦查人员前来抓捕时无拒捕行为,并如实供认犯罪事实的,虽然不能认定为自动投案,但可以参照法律对自首的有关规定酌情从轻处罚。”

⑦ 在传统中国,对冒犯尊亲属的行为的处罚细密而详尽,甚至在父母责骂时,儿女的分辩都有可能被治罪。参见瞿同祖:《瞿同祖法学论著集》,北京:中国政法大学出版社2004年版,第25页。

离的条件下,在法律人道主义的作用下,"孝"的强制力大为削弱。对待不孝的行为,不可能再像传统社会那样通过极端的做法来处理。加之人格的日益独立,生活方式的变迁,传统道德的式微,造成了越来越多的人敢于冒犯关于孝的规范。这是中国目前孝道危机的深层原因。面对孝道的缺失,许多学者提出了"孝道入法"的主张,试图通过法律手段来解决该问题。[①] 于是"常回家看看"那样的条款开始进入立法之中。对此,有些学者则表示出了忧虑,认为法"管得了皮儿,管不了瓤","管得了君子,管不了小人",这样的规定不具有可操作性。[②] 其实,在笔者看来,即使真的如此,法律的规定也是有意义的,至少它表明了一个立场,那就是现代法治不能没有"孝"。依笔者看来,如果在此大原则下,更多地通过法律激励手段来引导孝道的回归,不是没有可能性和可操作性。当下某些地方政府或企业为干部或员工放"孝亲假"的做法就值得推广。由此说开去,"孝"是通行于整个东亚社会的价值观,东亚国家在孝亲敬老上的很多激励机制都值得我们借鉴。[③] 放眼世界,甚至许多西方国家的做法都为我们提供了新的视角。[④]

---

① 徐爱国:《孝道入法的理由》,载《法制日报》2011 年 2 月 9 日第 007 版;吴龙贵:《孝道入法:伦理道德的法律重建》,载《嘉兴日报》2008 年 6 月 5 日第 002 版。

② 罗瑞明:《"常回家看看"入法容易操作难》,载《新华每日电讯》2012 年 6 月 28 日第 003 版;葛文君等:《以法治孝面临现实尴尬》,载《乌鲁木齐晚报》2011 年 1 月 17 日第 B07 版。

③ 如日本法律规定,"所得税抵免适用于赡养 70 岁和 70 岁以上、收入低于一定水平的老年人的所有纳税人。当老年人是纳税人的父母亲或纳税人配偶的父母亲,与纳税人住在同一个家中,减免数量增加。当老年人孱弱时,照料者有资格享受额外的税赋抵免"。新加坡建屋局规定:"年轻的单身男、女不得购买组屋;如与父母同住,购买条件可以放宽;如三代同堂可优先解决住房问题。"从 1995 年 7 月开始,韩国政府对公务员实行"行孝休假日",凡公务员的父母及岳父母或公婆的生日,可准假一日为老人过生日,如不与老人居住在同一城市,还可放宽休假日。韩国法务部还颁布了民法中家族继承法修正案,规定侍奉父母的子女应比其他子女多继承 50% 的财产。2007 年 7 月韩国国会通过了《孝行奖励资助法》,主要规定对孝行进行鼓励、表彰,为民间孝行推广团体提供资助,等等。参见[澳]哈尔·肯迪格等编:《世界家庭养老探析》,刘梦等译,北京:中国劳动出版社 1996 年版,第 230 页;马志刚、刘健生:《新加坡的社会管理》,北京:群众出版社 1993 年版,第 114—115 页;余飞跃:《家庭养老的困境与出路》,载《重庆大学学报》2011 年第 5 期;韩广忠、肖群忠:《韩国孝道推广运动及其立法实践述评》,载《道德与文明》2009 年第 3 期。

④ 美国的个人所得税是以家庭为单位征收的。按照美国国税局(IRS)有关规定,在计税时,赡养老人的支出是法定的计税抵扣项目。参见《美国赡养老人者能减税 享受多种国家补贴》,载《北京晚报》2012 年 7 月 10 日。

俗话说，“心病还得心药治”，既然孝的问题的症结在于行为人的内心，因此，我们还得在思想上下功夫。即使在法治社会里，法律也绝非是调整社会关系的唯一方法和手段，政策、道德、习惯、民约、宗教等等仍然有存在的空间和价值，舆论监督、思想教育、民间调解等非法律手段可能在某些领域或某些时候比之法律手段会更有效。“精神赡养”之所以令司法机关棘手，就在于“心病”难治。既然如此，解决的策略应该以“攻心为上”。其实，通过司法手段解决当事人的“心病”对于中国法官来说并不陌生。中国司法的优势在于调解，“调解优先”是目前中国司法的基本原则，并且在基层司法中获得了广泛的应用。① “人民司法”是我们的特色，“马锡五”审判方式是我们宝贵的资源，做思想工作是我们最为擅长解决纠纷的手段之一，“晓之以理，动之以情”“将心比心”“换位思考”等等是我们解决纠纷时经常使用的方法和话语。这些有时要比那些硬邦邦的条文更有效。由此看来，面对涉“孝”纠纷和精神赡养，我们的法院不是无能为力，而是大有可为。

传统是活着的过去，是群众集体的记忆。“孝”虽然发端于传统农业社会，但是作为一种文化它仍然深深地影响着现代的中国人。几千年亲伦文化的惯性使当代的中国人至今仍然具有一种以家庭至上为特征的民族心理状态，具体表现为：对家人有着强烈的一体感、归属感、关爱感、荣辱感、责任感、安全感等态度体验，非常重视家庭的延续、和谐、团结、富足和荣誉。② 作为一种“规则之治”的法治，仍然是一种“人”对“人”的治理，它不能离开具体的人。人是生活在传统和记忆中的，“孝”作为一种长久的记忆，虽然历经国家所发动的各种批判和改造，但仍然作为一种传统伦理的核心价值观存留于人们的心中并受到主流社会的肯定。“可以想象，在中国，如果没有传统孝道思想的支持，子女赡养父母的动因将是何等的

---

① 牟岚，金晶：《一个法庭　两个法官100%的调解结案》，载《法制生活报》2011年3月28日第2版；徐文忠：《荣县调解促“三养”案零判决》，载《人民法院报》2009年9月16日第2版。

② 杨国枢：《中国人的行为和心理——本土化研究》，北京：中国人民大学出版社2004年版，第138—144页。

苍白。”[①]在一个重视亲情伦理的国度里,“孝”无论作为一种情感还是作为一种心理,都具有特殊的意义和价值。习近平同志在党的十九大报告上指出:“深入挖掘中华优秀传统文化蕴含的思想观念、人文精神、道德规范,结合时代要求继承创新,让中华文化展现出永久魅力和时代风采。”因此在当下中国,将“孝”文化有机地融入到具体的法律制度中,是探索适合中国国情的法治模式,重塑当下中国法律的主体性,避免法律移植过程中“水土不合”现象的必由之路。

① 金眉:《中国亲属法的近现代转型——从大清民律草案到〈中华人民共和国婚姻法〉》,北京:法律出版社2010年版,第109页。

第七章 法律对亲属调整的文本表达与实践运作

“亲属”既是一个主体性的概念，表征着一个人群，同时又是一个关系性的概念，表征着人与人之间的某种关系，但无论是指称人群还是指称关系，“亲属”的意义都在于与“非亲属”相区别，并在整个的社会关系中指示出其特有的内容。无论是从传统还是从现实来讲，中国都是亲属群体和关系最为发达的社会，而在近代中国的社会转型中，家庭与亲属关系却始终成为社会革命所改造的关键内容之一。因为传统中国是一个宗法宗族社会，身份关系居于统治地位，而欲迈向现代社会，必须要摧毁这样的社会结构。正如有学者所指出的那样，20 世纪以来中国的“家”先后经历了三次大冲击：20 世纪初指向家庭制度的批判、1949—1976 年间指向家庭情感的政治运动以及近 30 年指向家庭责任的经济侵蚀。[①] 而前两次冲击恰恰就是社会革命对家庭的改造。传统的宗法宗族社会孕育了发达的亲属关系，与此相应，调整亲属关系的法律也相当系统和完善。又因为在传统中国的社会结构中，“家国”一体、“忠孝”合一的宗法制度既是社会维系的纽带，又是社会治理的基本形式，因此，亲属法律不仅具有私法的功能，而且具有政治法的特性，在整个国家的政治结构中占有突出的地位。同时，由家庭中成长起来的伦理是国家法律的基础，是带有宪法性质的元规范，是立法的指导原则。由此看来，现代中国对家庭与亲属的改造不单单是私法的任务，而是整个国家的政治任务。由此说来，1950 年颁布的

① 孟宪范：《家庭：百年来的三次冲击及我们的选择》，载《清华大学学报》（哲学社会科学版）2008 年第 3 期。

婚姻法不仅仅具有私法上的意义，而是具有更重要的政治意义。因此，在现代中国的语境下探讨法律对亲属的调整问题就不应仅局限于私法领域，而应该着眼于整个国家的政治结构与法律体系。由此，笔者认为，一些学者单纯从私法领域阐释当代中国法律对亲属关系的调整并不能全面揭示亲属关系对于现代中国法治的意义，[①]同样，另一些学者仅从刑事法的角度探讨现代法律与亲属的关系问题也无法实现此目的。[②] 我们只有站在普遍主义的立场上把亲属关系当成一个法律世界中的通常的现象来考察，才能真正揭示两者之间的关系。我们的目的还不在于此，我们真实的目的则在于在亲属法律文本与实践关系的背后揭示国家对待私人生活的态度，并为其指明应有的立场。

中国的法制现代化是在过度地解构"家"的意义上进行的，由于"亲属"作为人群或关系的特殊性与国家理性的普遍性之间存在着矛盾和冲突，所以亲属关系受到了法律的排斥。这表现为立法者不再以亲属关系为中心来构建家庭制度，其也不被视为特殊的关系来看待，亲属伦理被国家伦理所排挤。这种淡化甚至排斥亲属的立法风格与亲属群体庞大、亲属关系发达、亲伦传统深厚的社会现实构成了强烈的反动，由此导致了法律文本与现实世界之间呈现出巨大的张力，进而导致了亲属司法的发达。对于这样一种张力和现实，学界在关于完善亲属立法的研究中，显然没有给予应有的关注。[③] 笔者认为，不关注于此，便无法发现当下中国亲属法的真正问题所在，进而不足以制定出符合民情的法律文

① 金眉：《中国亲属法的近现代转型——从大清民律草案到〈中华人民共和国婚姻法〉》，北京：法律出版社 2010 年版；丁慧：《试论中国亲属法哲学的发展方向》，载《法学杂志》2012 年第 7 期；蒋月：《20 世纪婚姻家庭法：从传统到现代化》，北京：中国社会科学出版社 2015 年版；马忆南：《婚姻家庭法领域的个人自由与国家干预》，载《文化纵横》2011 年第 1 期。

② 蒋海松，俞荣根：《从亲情伦理立法到亲属权利立法》，载《武汉大学学报》(人文科学版) 2009 年第 6 期；骆群：《亲亲相隐：刑事政策的人伦启示》，载《东方法学》2010 年第 3 期；王桂芳：《亲亲相隐及其在我国现代刑事法律中之活化》，载《南京师大学报》(社会科学版) 2004 年第 2 期。

③ 李洪祥：《我国亲属法应当回归未来民法典》，载《吉林大学社会科学学报》2011 年第 2 期；曹信贤：《亲属法在民法典定位中的价值取向难题之破解与对策》，载《华中科技大学学报》(人文社会科学版) 2014 年第 4 期；夏吟兰：《民法典体系下婚姻家庭法之基本架构与逻辑体例》，载《政法论坛》2014 年第 5 期。

本，于是由此引发的亲属法是独立还是归于民法的争论也变得没有实际意义。[①]

这种张力为活跃的亲属司法留下了很大空间。出于解决纠纷的需要，司法必须要考虑民众的伦理性的需求和惯常性的行为方式，必须以更贴近民众生活的方式来运作。因此，当代的中国亲属司法表现出更多的灵活性、创造性，呈现出与法律文本很大的差异性。围绕着纠纷的解决，在实用主义策略的指导下，在司法的运作过程中形成了一套相对独立的实践性规则，这套规则具有鲜明的“行动中的法律”的特征。关于司法在亲属领域的活跃和扩张，显然已经受到某些学者的关注，而相关的研究也为我们展示出了中国亲属司法运作的独特路径，[②]但是笔者仍然认为他们的研究还不足以揭示亲属法领域文本与实践之间的复杂性。这种复杂性既表现为立法与实践层面的背反，还表现为司法层面的官方解释（政策）与实践运作的矛盾。具体说，在实践中，立法文本、司法文本、实践运作之间的统一与背反的情形交替出现，文本背离现实、实践缺乏合法性的状态在每个层面普遍存在。

尽管如此，笔者仍然不同意某些学者对能动的亲属司法所持的批判主义立场，[③]而认为这种司法能动是为解决现实纠纷所必需的，是基于规范文本与社会现实之间的张力而表现出来的正常反应。正基于此，本章正是要关注这种张力，并试图展示由此衍生出的司法实践创生规则的内在逻辑和有效回应社会需求的具体路径。到此并未止步，因为这种文本表达与实践运作之间的复杂性矛盾以及活跃的司法实践足以引发我们对当下中国需要一种什么样的亲属法律的思考，特别是在当下民法典制定的背景下做这样的思考更具特殊的意义。

---

① 巫若枝：《三十年来中国婚姻法“回归民法”的反思——兼论保持与发展婚姻法独立部门法传统》，载《法制与社会发展》2009 年第 4 期；赵万一：《婚姻家庭法与民法典关系之我见——兼论婚姻家庭法在我国民法典中的实现》，载《法学杂志》2016 年第 9 期。

② 黄宗智：《过去和现在：中国民事法律实践的探索》，北京：法律出版社 2009 年版。

③ 强世功：《司法能动下的中国家庭——从最高人民法院关于〈婚姻法〉的司法解释谈起》，载《文化纵横》2011 年第 1 期；赵晓力：《中国家庭资本主义化的号角》，载《文化纵横》2011 年第 1 期。

一、现代化进程中的中国亲属法律制度的转型

传统中国是典型的宗法宗族社会,农耕文明把人们绑定在土地上,从而使血缘联系在固定的区域流动。传统的儒家文化又将每一个人塑造为血缘链条上的环节,将人生意义定位为延续祖宗之血脉,于是,婚姻、生育与血缘受到了特别的重视,这些因素促成了传统中国的亲属关系的发达。与此相应,调整亲属关系的法律也相当系统和完善。又因为在传统中国的社会结构中,"家国"一体、"忠孝"合一的宗法制度既是社会维系的纽带,又是社会治理的基本形式。因此,亲属法律不仅具有私法的功能,而且具有政治法的特性,在整个国家的政治结构中占有突出的地位。同时,由家庭中成长起来的伦理是国家法律的基础,是带有宪法性质的元规范,是立法的指导原则,所谓"礼之所去,刑之所取""出礼入刑""礼法合一",与"礼"不符的法律没有合法性基础。[①] 由此说来,从某种意义上说,传统中国的整个法律体系都是亲属法体系,亲伦性是它最明显的特征。

吉登斯说:"家庭是传统和现代性之间斗争的场所"。[②] 中国近现代以来的民主革命从某种程度上说是在否定传统的意义上进行的。由于"家国"体制中宗法制度对于政治的特殊功能,因此,传统的家庭制度与理念自然受到了革命主义的激烈批判。在革命主义的思维下,家庭制度不是简单的私人生活领域的制度,而是具有意识形态高度的根本性的制度,家庭领域的变革是社会变革的基础,只有彻底抛弃旧的家族主义传统,人才能获得真正的解放。在法律上,这种批判早在清末法制改革之时就已开始。修律中的法理派就将矛头指向中国的家庭制度,认为中国欲想步入法制现代化,就必先革除传统的家族主义。[③] 其中引发的"礼法之争",焦点都在家庭领域。以后的革新运动将这种对家族主义的批判逐渐深

① 瞿同祖:《瞿同祖法学论著集》,北京:中国政法大学出版社 2004 年版,第 412 页。

② 郑曦原,李芳惠:《通往未来之路:与吉登斯对话》,成都:四川人民出版社 2002 年版,第 147 页。

③ 杨度:《论国家主义与家族主义的区别》,载高汉成主编:《〈大清新刑律〉立法资料汇编》,北京:社会科学文献出版社 2013 年版,第 782—785 页。

化，民事、刑事领域的法律也在不断地解构旧的宗法制度。[①]

近代的革新主义者无不把矛头指向旧的家庭领域。章太炎在《驳康有为论革命书》中说："公理之未明，即以革命明之；旧俗之俱在，即以革命去之。"谭嗣同高呼"冲破伦常之网罗"，"冲决全球群教之网罗"，[②]把矛头直指一切传统伦理。新民主主义革命是更强意义上的革新运动，它更是在这种对家族主义和家庭制度全面批判的意义上进行的。在革命者看来，民主革命的根本目的就是将广大人民群众从反动、腐朽的旧制度中解放出来，而旧制度赖以维系的四种权力——政权、族权、神权、夫权无一不是以家庭制度为基础的。因此，要想改造社会，必须先改造家庭。正因如此，婚姻家庭领域的革命一直被视为中国民主革命最为重要的一部分，而这场革命则又是从否定"家"和批判亲属关系入手的。

为了实现解放的目的，人们在新文化运动中甚至提倡"兽性"，强调不惜"矫枉过正"。[③] 陈独秀说："要拥护那德先生，便不能不反对孔教、礼法、贞节、旧伦理、旧政治；要拥护那赛先生，便不得不反对旧艺术、旧宗教"[④]，甚至陈独秀和汪精卫皆说："中国人把男女防闭看得这样重，只有索性实行乱交，可以破破这固执的空气"[⑤]。鲁迅痛斥礼教纲常不外乎"吃人"。[⑥] 傅斯年把传统家庭视为"万恶之原"。[⑦] 吴虞在《说孝》一文中与鲁迅呼应说："孔二先生的孔教讲到极点就非杀人吃人不可"。[⑧]

众所周知，新民主主义革命以阶级立场下的斗争哲学为指导。而这

---

① 黄源盛：《传统与当代之间的伦常条款——以"杀尊亲属罪"为例》，载《华东政法大学学报》2010年第4期，第95—97页；谢振民编著：《中华民国立法史》（下册），北京：中国政法大学出版社2000年版，第749—758页。

② 谭嗣同：《仁学》，载《谭嗣同全集》（下册），北京：中华书局1981年版，第290页。

③ 陈来：《传统与现代——人文主义的视界》，北京：北京大学出版社2006年版，第73页。

④ 陈独秀：《〈新青年〉罪案之答辩书》，载《独秀文存》。

⑤ 陈独秀：《答人社（男女同校问题）》，载《独秀文存》。

⑥ 鲁迅在狂人日记中写道："我翻开历史一查，这历史没有年代，歪歪斜斜的每页上都写着'仁义道德'几个字。我横竖睡不着，仔细看了半夜，从字缝里看出字来，满本写着两个字是'吃人！'"《鲁迅全集》（卷一），北京：人民文学出版社1981年版，第281页。

⑦ 傅斯年：《万恶之原》，载《新潮》创刊号。

⑧ 转引自陈来：《传统与现代——人文主义的视界》，北京：北京大学出版社2006年版，第86页。

一哲学强调以阶级来划分人群，强调以革命目标来维系群体的存在，于是，阶级式的政治伦理取代了传统意义上以血缘为中心的家庭伦理，这样，传统中国以家庭或血缘来划分人群的标准便被颠覆，而亲属关系因为与这种阶级立场和革命伦理不符必然要受到革命主义的排斥，或者说，亲属关系是革命者认为不值得发展的关系。[①] 正因如此，革命主义下的立法者不允许再以“亲属”为中心来设计具体的家庭制度，他们必须要以新的标准和理念重新安排家庭制度。具体说，鉴于“作为社会经济单位和社会文化教育单位的家庭制度，在一定程度上严重地影响到了社会生产力的发展”的现实，出于“必须把男男女女尤其是妇女从旧的婚姻制度这条链锁下解放出来”的现实需要，新中国必须通过“以教育和强制相结合的武器——法律，来加速封建主义婚姻制度的没落和死亡，同时保护新的新民主主义婚姻制度的生长和发展。”[②]正是基于此，新中国的家庭立法不可能再延用传统中“亲属法”的名称，而以“婚姻法”代之。

新的政权急需通过对家庭的改造来实现全社会的革新，因此，新中国建立之初就率先颁布了婚姻法。而此时的婚姻法是在完全抛弃“旧法统”的意义上缔造的，比之以前的“亲属法”不仅是名称上的变化，更是立法理念和结构的深层变革。在革命主义指导下的婚姻法已经不是传统意义上的私法，而是具有极强政治意义的“家庭改革法”。以 1950 年的婚姻法为例，其体系是以夫妻关系为中心来建构的，子女的权利依附于离婚而设定，其他的亲属关系，诸如兄弟、姐妹、外祖孙、姻亲等关系，都被排除在法律调整之外。一位学者这样解释其中的缘由：“这样的制度设计无疑是肯定和鼓励个人切断与亲属的联系，因为革命队伍需要和赞赏的是简单的婚姻关系，父母子女关系因其附属性而被规定于离婚法条中，亲属则是革命不需要发展的社会关系，它被排除在法律调整的范围之外，如此一来，婚姻家

① 在马克思主义经典作家那里，“家庭”、“私有制”和“国家”最终都要退出历史舞台的。参见恩格斯：《家庭、私有制和国家的起源》，北京：人民出版社 1999 年版。

② 陈绍禹：《关于中华人民共和国婚姻法起草经过和起草理由的报告》，1950 年 4 月 14 日在中央人民政府委员会第七次会议上。

庭关系变得简单起来，而宗法宗族的纽带在法律上被彻底割断。”[①]

在这样的理念下婚姻法具有了“婚姻宪法”的性质，[②]它不是对人们既有行为方式的肯认，而是要对其进行改造，它把新社会的世界观、价值观融入其中，影响人们的行为，改变人们的行为方式，稳固新型社会的基础，塑造社会新人。虽然此后为了适应社会变化的需要，婚姻法历经1980年和2001年两次大的修改，但是该种立法基调没有改变，以夫妻关系为中心的设计格局并没有变化。虽然1980年以后婚姻法增加了兄弟姐妹、祖孙、外祖孙的权利义务的规定，但是，总体上说，作为亲属关系基本内容的亲属的范围、种类、亲系、亲等以及计算方法等，婚姻法都没有涉及。[③] 虽然不断有学者建议增加亲属的通则性规定，但都因官方无意改变既有的模式而夭折。[④] 因此，当下的婚姻法依然具有很强的政治性。

新社会的缔造不仅需要从意识形态上对亲属关系进行解构，因为只有解构了亲属关系才能保证人们能抛弃“小家”而融入“政治的大家”，同时新社会还需要对亲属关系的破坏性时刻保持着警醒，防止亲情上的特殊性来瓦解国家主义下的一般性和普遍性。[⑤] 欲完成这样的任务，必须

① 金眉：《中国亲属法的近现代转型——从大清民律草案到〈中华人民共和国婚姻法〉》，北京：法律出版社2010年版，第102页。

② 毛泽东主席说：婚姻法是有关一切男女利害的，其普遍性仅次于宪法的国家根本大法之一。参见陈绍禹：《关于中华人民共和国婚姻法起草经过和起草理由的报告》，1950年4月14日在中央人民政府委员会第七次会议上。

③ 金眉：《中国亲属法的近现代转型——从大清民律草案到〈中华人民共和国婚姻法〉》，北京：法律出版社2010年版，第104页。

④ 在2001年婚姻法修改之前，多数学者提议将婚姻法更名为“婚姻家庭法”，立法机关以沿袭习惯为由未采纳；专家几乎“一边倒”地呼吁增设亲属通则的规定，立法机关以此次修法旨在解决现实生活急需之问题、该任务留待未来民法典完成为由未采纳。参见蒋月：《20世纪婚姻家庭法：从传统到现代化》，北京：中国社会科学文献出版社2015年版，第386—388页。

⑤ 这种对家的警惕和瓦解在“文革”期间达到了顶峰。老鬼的自传体小说坦率真诚地描述了“文革”中自己对家庭，特别是对母亲、著名作家杨沫的造反行为：“一九六七年当王府井大街和天安门观礼台一批批判杨沫的大字报时，流言纷纷。妈妈啊！我非但没有安慰你一句，反而自己带来一帮同学抄了你的家。我恨你那温情脉脉的书，恶心八叉，使我面无光彩。我决心要和你决裂，投身世界革命。我还亲手把两个姐姐捆起来，像绑美国鬼子一样，勒得她们惨叫。姐姐的哭泣没有软化我的斗志，两只臭袜子塞进了她们的嘴。我还在墙上、门上、地上、写字台上，刷写了许多大标语：‘杨沫必须低头认罪！’……‘打倒臭文人杨沫！’我为自己把母亲践踏到脚下的革命行为激动……”老鬼：《血色黄昏》(第2版)，北京：中国工人出版社1989年版，第517页。

要借助国家的强制力，而受公法自身性质的决定，在新的社会条件下刑法必然要贯彻这样的理念。因此在这样的理念的指导下，无论是新中国成立后的刑事政策还是1979年以后的刑法典，都是以一般意义上的公民来展开和型构的。亲属没有被视为特殊的社会关系来看待，亲属间的犯罪没有被当作特殊的犯罪来处理，亲亲相隐的传统被抛弃，与国家利益相冲突的维护亲属关系的行为被视为犯罪，包庇、窝藏、伪证等犯罪没有近亲属排除的规定，乱伦、通奸等破坏家庭伦理的行为不受刑法规制，亲属之间的互相举证行为受到鼓励，对尊亲属没有任何专项的保护性规定，等等。

二、法律对亲属调整的官方表达与社会现实的冲突

从本源上讲，亲属关系既是一种最原始的人际关系，也是一种最基础的社会关系。由此说来，它具有“原创性”，即它发端于人类社会之初，起始于国家创立之前。亲属关系的意义在于亲属之间奉行一套有别于非亲属的规则。由于它的“原创性”，这套规则便具有了自发性的特征。也就是说，它的存在很大程度上不是人为设计的结果，而是在漫长的人类社会中自生自发而形成的。它更经常地表现为一种习惯或习俗，或者说，在国家立法机关尚未把亲属制度白纸黑字地写进法律文本的时候，它已经作为一种非常古老的习俗和社会经验根深蒂固地存在于人们的观念之中了。而在国家产生之后，统治者虽然理论上可以依自己的意志任意书写法律，但实际上欲使法律更有生命力和公信力，他就必须要克制这种任性，具体说要兼顾或尊重既有的习俗。因此，人类社会常规性的亲属法律无一不是建立在承认该社会既有亲属规范基础上的。亲属关系自发性的特点决定了亲属法律规范具有明显的“地方性”“民族性”，即法律对亲属的调整不可避免地要受到该民族或该地方的民俗、习惯和伦理的深刻影响。

亲属对于中国社会来说具有特殊意义。如前所述，费孝通先生用“差序格局”的概念来表述中国的人际关系，在他看来，人伦就是“从自己推出去的和自己发生社会关系的那一群人里所发生的一轮轮波纹的差序”。

在这样的格局中亲属在人际结构中处于基础性的地位。[①] 对于普通的中国人来说,“亲属”中蕴含着最为朴素的感情,编织着最为基础的人际关系,型塑着最为真实的生活场景,因此“亲伦”既是一种中华民族特有的文化心理,也构成了中国人基本的生活方式。然而,如前所述,新中国的家庭法是在家庭革命的意义上完成的,是在淡化甚至解构亲属关系的基础上进行的。革命主义的思维是建立在反传统的基础上,“既然要建立新的婚姻制度,当然同时要扫除旧的婚姻制度的各种补充品和副产品。”[②]因此,许多生长于民间、来源于传统的有关婚姻、家庭、亲属方面的习惯、风俗以及伦理都被当成封建主义的糟粕被废弃。革命主义之所以要反传统,是因为它奉行的是建构主义思维,即相信通过一种人为的主观设计,能够实现社会的至善至美。落实到家庭制度上,革命主义的家庭立法观认为只有通过一种国家的理性,通过一种制度的设计,才能将被压迫的人解放出来,使落后的人先进起来。这种家庭立法上的建构主义的进路必然要与亲属规范成长的进化主义路径发生矛盾,其结果必然是,依靠自生自发秩序而存在的有关亲属方面的民间规范在总体上遭到漠视或否定。

(一)法律与伦理的背离

建构主义的家庭立法观与传统的冲突,首先体现在对亲属伦理的漠视和否定上。因为革命主义需要发展的是一套由政治理想联系在一起的同志关系,国家主义需要发展的是一套由“原子式”个人组成的公民关系,这些关系的发展都以打破血缘联系和亲属伦理为前提。因此,如前所述,在立法者眼里,亲属关系比之其他社会关系不应该有其特殊性。所以,受这样理念的支配,从新中国成立之初一直到当下,我国法律并没有关于亲属的概念、范围、类别等系统而完备的规定。婚姻法对血缘亲属的调整主要体现在结婚的层面,具体说体现在对具有较近血缘的亲属之间通婚的禁止性规定上,而姻亲因为不涉及血缘因素所以在立法上没被提及。

这样的立法与其说是出于维护家庭伦理方面的需要,不如说是基于

---

① 费孝通:《乡土中国 生育制度》,北京:北京大学出版社 1998 年版,第 27 页。

② 陈绍禹:《关于中华人民共和国婚姻法起草经过和起草理由的报告》,1950 年 4 月 14 日在中央人民政府委员会第七次会议上。

优生优育方面的考量。1950 年婚姻法规定“其他五代以内的旁系血亲禁止通婚问题从习惯”,并在法律解释中明确允许“中表亲”可以通婚。之所以做这样的规定,虽然有尊重习惯和伦理的一面,但主要还是因为当时的立法者受条件的限制没能认识到该类婚姻在优生学上的缺陷。[①] 也正是由于后来的立法者认识到了上述婚姻的缺陷,所以在 1980 年和 2001 年的婚姻法均作了“三代以内的旁系血亲禁止结婚”的规定。正是因为这种限制性的规定主要不是出于维护亲属伦理的目的而做出的,所以它只考虑了血缘方面的因素。[②] 而家庭伦理对通婚的限制不仅体现在血缘上,还体现在代际身份、亲属类别等方面。从中国传统伦理上讲,对于宗亲属来说,无论是代际间还是同代间,即使血缘关系比较远,通常也是不允许通婚的;对于较近的代际间的姻亲,即使没有血缘关系同样也不允许通婚。

当下的婚姻法在作通婚禁止性规定时显然是没有考虑到这些因素。根据“法不禁止皆可为”的原则推理,代际间的或同代的宗亲属,只要不属于直系血亲或三代以内旁系血亲皆可以结婚,任何形式的姻亲之间的结合不受法律限制。但是现实生活中,这样的情况无论是在伦理上还是在情感上,普通民众都难以接受。这种立法不但颠覆了民国以来的将亲属中血亲、姻亲、直系、旁系、同代和代际诸情况一并调整的亲属法模式,[③] 同时也与同在东亚文化圈中的韩国、日本的亲属调整模式迥然相异,[④]甚

---

① 陈绍禹:《关于中华人民共和国婚姻法起草经过和起草理由的报告》,1950 年 4 月 14 日在中央人民政府委员会第七次会议上。

② 武新宇:《关于〈中华人民共和国婚姻法(修改草案)的说明〉》,1980 年 9 月 2 日在第五届全国人民代表大会第三次会议上。

③ 如《中华民国民法》第 983 条规定:“与下列亲属不得结婚:一、直系血亲与直系姻亲;二、旁系血亲及旁系姻亲辈分不相同者。但旁系血亲在八亲等之外,旁系姻亲在五亲等之外者不在此限。三、旁系血亲之辈分相同而在八亲等以内者,但表兄弟姊妹不在此限。”法学教材编辑部:《婚姻立法资料选编》,北京:法律出版社 1983 年版,第 120 页。

④《韩国民法典》第 809 条规定:“八寸以内的血亲禁止结婚;六寸以内的血亲的配偶、六寸以内配偶的血亲、四寸以内的血亲的配偶的姻亲或者曾经是姻亲者之间禁止结婚;六寸以内的养父母的血亲或四寸以内的养父母的姻亲之间禁止结婚。”参见姜海顺:《中韩家族法的比较研究》,北京:法律出版社 2009 年版,第 41—42 页。《日本民法典》规定:直系血亲和三亲等内的旁系血亲之间,不得结婚;直系姻亲之间不得结婚。即使婚姻关系终止后,亦同。参见陈苇主编:《外国婚姻家庭法比较研究》,北京:群众出版社 2006 年版,第 122 页。

至和当代欧洲国家的亲属法也有很大的不同。[①]

诚然，现代法治社会是以平等为基础的契约型社会，但是，这并不意味着在现代社会就没有身份。事实上，身份是一个社会保持必要的尊重感和敬畏心的重要条件，而必要的尊重和敬畏又是一个社会基本秩序的保障。现代社会的身份性主要表现在亲属领域，[②]而在代际之间的亲属关系上这种身份性则表现得更为明显。在现代社会中，婚姻关系是一种平等关系，性关系更是一种亲密关系，如果允许不同辈份的具有亲缘关系的人任意结合，平等性和亲密性必然要打破原有的身份格局，原有的尊重和敬畏必然受到冲击，进而会严重地伤害到该领域的社会秩序。[③] 诚如费孝通先生所言及的，没有了身份，社会已不成其为社会了，而沦为“一堆构造相似，行为相近的个人集合体”。[④]

亲属伦理从某种意义上说，就是由一系列亲属间的禁忌构成的，而这些禁忌往往是维护群体秩序所必须的。在传统中国家庭是父权制的，即使在当下我国的大部分地区依然奉行居所的“夫方本位制”。宗亲属居所上的同一性、族谱上的同源性要求他们在通婚上比之其他亲属要有更多的禁忌，而在亲属成为人际关系基础的熟人社会里，代际间的亲属通婚对群体的维系会产生巨大威胁，自然被伦理所不容。即使在血缘关系比较远或者根本就没有血缘关系的姻亲之间，往往在伦理上也找不到正当性。正因如此，我们往往将这些行为称之为“乱伦”。而这种在伦理上犯大忌的行为，却无论是在我国婚姻法上还是在刑法上都处于规制缺位的状态。由于法律与伦理的这种悖离而带给人们的尴尬在现实生活中并不少见。[⑤] 针对这样的行为，是依法律将之定义为追求自身幸福、行使自己权

① 法国、意大利、瑞士等国的民法典都做了姻亲之间通婚的禁止性规定。参见陈苇主编：《外国婚姻家庭法比较研究》，北京：群众出版社 2006 年版，第 96、110、117 页。

② 杨立新：《从契约到身份的回归(法学家讲演录)》，北京：法律出版社 2007 年版，第二编之“从契约到身份的回归”。

③ [法]爱弥尔·涂尔干：《乱伦禁忌及其起源》，汲喆等译，上海：上海人民出版社 2003 年版，第 62—63 页。

④ 费孝通：《乡土中国　生育制度》，北京：北京大学出版社 1998 年版，第 143 页。

⑤《59 岁公公娶 33 岁前儿媳　法律未禁止惹出伦理争议》，载《南京晨报》2005 年 8 月 2 日；《为多拿拆迁款，公公竟和儿媳结婚》，载新华网 2013 年 3 月 25 日。

利的合法举动，还是依伦理将之定义为大逆不道、有悖伦常的害理行为，着实让人们困惑。

在国家主义思维下，因为亲属关系往往被视为要排斥的人际关系，所以家庭伦理往往没有被放在优先保护的位置，相反为了保护国家利益，还要强调对该伦理的抛弃。秉承这样的思维，“大义灭亲”的话语一直左右着法律对亲属刑事调整的官方表达，传统的“亲亲相隐”的话语开始断裂，包庇、窝藏、伪证等犯罪没有亲属除外的规定，亲属拒证权不被法律所承认，为了国家利益伤害伦理的行为受到鼓励。据范忠信先生考察，在近现代几乎所有的大陆法系、英美法系、社会主义法系国家法律对“亲亲相隐”和“亲属拒证”方面都有明确的保护性规定。[①] 同时，法律缺失对尊亲属的任何专门性的保护规定。这不仅彻底颠覆了中国几千年来的亲伦传统，而与当下世界大多数国家的立法也保持着差异。据黄源盛先生的考察，法国、比利时、葡萄牙、摩洛哥、韩国、阿根廷、芬兰、意大利、罗马尼亚、西班牙、德国、日本等国家都有对卑亲属杀尊亲属专门的成罪或加重处罚的规定。我国台湾地区的刑法典对亲伦传统的维护至今还相当完备，其针对尊亲属身份犯罪的独立罪名就有七条之多。[②] 在亲属关系最为发达、亲伦传统最为厚重的国家里，漠视伦理的官方表达策略使法律文本与社会现实之间形成了巨大的背离和反动。

（二）法律对习俗的排斥

家庭法上的建构主义思维还表现在对既有习俗的否定和排斥上。如前所述，新社会的婚姻法的功能在于贯彻新的价值观，实现对家庭的改造，而要实现这样的目标就需要否定和摒弃旧的习俗，并强化国家对婚姻的管理。正是出于这样的目的，新中国的婚姻法摒弃了传统上仪式婚的习惯，而采用登记婚制度，即必须履行结婚登记手续，婚姻关系才能成立。

---

① 范忠信：《中西法文化的暗合与差异》，北京：中国政法大学出版社 2001 年版，第 98、124 页。

② 这些罪名有“诬告直系血亲尊亲属罪”，“侵害直系血亲尊亲属尸体、坟墓罪”，“杀害直系血亲尊亲属罪”，“伤害直系血亲尊亲属罪”，“施暴行于直系血亲尊亲属未成伤罪”，“遗弃直系血亲尊亲属罪”，“剥夺直系血亲尊亲属行动自由罪”。参见黄源盛：《传统与当代之间的伦常条款——以“杀尊亲属罪”为例》，载《华东政法大学学报》2010 年第 4 期，第 99、83 页。

这一制度从前苏联借鉴而来，承袭了根据地时期的传统，从 1950 年一直到当下被婚姻法贯彻始终。

然而，传统的力量是强大的。由于中国传统的婚姻形式是仪式婚，即只要举行了公开的仪式，婚姻就能得到民间的认可，在千百年的生活实践中这已经形成了习惯。而中国民间没有登记结婚的传统，这种由外部人为输入的制度在相当长的一段时间里对人们而言是陌生的，而登记的不便利性又导致了其很难成为人们的习惯。在熟人社会里，婚礼是“一种多人参与的、公共的、开放的、民众集体行动”，是“建构社会网络的重要场合”，[①]在“维持、再生产以及改造人际关系方面”“扮演了重要角色”，[②]它往往能以更公开的方式取得更强效力的公信力，所以当官方层面的登记婚和社会层面的仪式婚并行存在时，前者并没有显示出任何优势。中国的老百姓常常是既要履行登记手续，同时民间的婚礼仪式也不能省略。问题还不止于此。因为由于民间仪式婚习惯的强大，许多人更可能忽视登记婚，而不去履行官方的登记手续，进而导致大量事实婚姻的出现。而当这种事实婚姻的现象非常普遍时，原有的法律不可能不折不扣地执行下去，立法者对此也不能视而不见。正是鉴于传统力量的强大，虽然官方法律规定了登记是婚姻成立的唯一形式，但执行者从一开始就没办法通过“一刀切”的方式来执行，而不得不有条件地在司法层面承认事实婚的效力。

我们可以把这种做法看作国家对传统的一种暂时的迁就，官方的逻辑似乎是：任何新的制度的推行都需要时间，当新的制度融入人们生活中的时候，旧的东西自然会被淘汰；事实婚毕竟是一种落后的或不值得提倡的婚姻形式，两种婚姻形式并存只是权宜之计，当时机成熟时，还应该将婚姻统一在登记婚的形式上。我们从 1984 年以后司法机关对事实婚姻效力认定的逐渐严格化以至于到 1994 年民政部的《婚姻登记条例》对事实婚姻效力的绝对不承认就可以推测出这一点，而 1994 年以后国家严格地推行登记婚的做法似乎表明国家认为时机已经成熟。然而，事实证

---

① 吉国秀：《婚姻仪式变迁与社会网络重建》，北京：社会科学文献出版社 2005 年版，第 65—66 页。

② 阎云翔：《礼物的流动：一个村庄的互惠原则与社会网络》，李放春等译，上海：上海人民出版社 2000 年版，第 14 页。

明,立法者的这种认识恰恰是不成熟的。严格执行登记婚的举措又一次陷入了困境,因为不办理登记手续而公开生活在一起的现象并没有随着制度的严格化而减少,而是越发普遍,甚至在许多边远地区事实婚姻反而成了民间的一种常态化的婚姻。[①] 这样,法律和现实之间的背离,没有随着登记婚的严格推行而消弭,而是越发突出。

婚姻并不只是表明男女双方可以公开地生活在一起,它的背后还包含着许多非婚姻主体所没有的权利和义务。因此,事实婚姻所牵扯到的法律问题,并不是简单地通过不承认其效力或认定为“非法同居关系”就能解决的。如果强制推行这种简单化的方式,那必然会在很多情况下使妇女、未成年子女等弱者的利益受损。面对现实的反动,法律最终不得不又回到对事实婚的相对承认主义的立场上来。2001 年婚姻法及其最高人民法院对其所做的解释(一)中所作的“补证有效”的规定就证明了这一点。[②] 然而,问题似乎还没有被解决,因为补证有效本身就隐含着一个巨大的悖论,如果一对男女要诉诸公堂,十之八九是一方想要解除目前的关系,既然如此,他或她又怎么可能去配合另一方去补证呢?

婚约和彩礼是流行于传统中国和民间社会的重要的婚嫁习俗,但因为立法者持着一种对传统习俗的不支持甚至否定的态度,所以这两项在人们生活中极为普遍和倍受重视的婚嫁环节却在法律的正式文本中始终处于缺位的状态。因为新型的婚姻观强调的是以爱情为纽带的结合,尤

---

① 据 2001 年全国妇联就如何修改婚姻法对全国 31 个省、自治区、直辖市所作的民意抽样调查显示:在农村,未办理登记的人占成年人总数的 6.9%,占已婚者的 7.5%,15.9%的人认为结婚没有必要登记。学者的调查显示:在边远地区和少数民族地区,仍有 30%—50%的已存在的婚姻没有登记,在即将缔结的婚姻中,也有 50%的人不去登记。参见金眉:《中国亲属法的近现代转型——从大清民律草案到〈中华人民共和国婚姻法〉》,北京:法律出版社 2010 年版,第 164 页。

② 2001 年婚姻法修正案没有沿袭《婚姻登记条例》中的“不登记婚姻无效”模式,而是在第 8 条规定,“未办理结婚登记的应当补办登记”;2001 年 12 月 24 日最高人民法院《关于适用〈中华人民共和国婚姻法〉若干问题的解释(一)》第 5 条规定:1994 年 2 月 1 日民政部《婚姻登记管理条例》公布实施以前,男女双方已经符合结婚实质要件的,按事实婚姻处理;公布实施以后,男女双方符合结婚实质要件的,人民法院应当告知其在案件受理前补办结婚登记;未补办结婚登记的,按解除同居关系处理。参见金眉:《中国亲属法的近现代转型——从大清民律草案到〈中华人民共和国婚姻法〉》,北京:法律出版社 2010 年版,第 150 页。

其反对的是以功利为目的的结合，而婚约通常被视为父母包办的产物，彩礼被看作买卖婚姻的形式，两者常常连在一起，所以国家对待彩礼和婚约从整体说是反对的。这从新中国建立之初中央政府所作的一系列的官方表达中就能看出。[①] 并且，1950 年的《中央法制委员会就有关婚姻法实施的若干问题的解答》还明确指出："禁止借婚姻关系问题索取财物"，并强调对这样的行为要严惩。但彩礼毕竟是中国社会几千年来的习俗，彩礼问题的复杂性和普遍性，决定了立法者不能通过"一刀切"的方式予以彻底否认，而必须要区别各种情况来处理，最起码要把将"出于自愿赠与礼物"的情况与违法的"借婚姻关系问题索取财物"行为区别开来。

这种最为细致的区分当属 1984 年最高人民法院发布的《关于贯彻执行民事政策法律若干问题的意见》中的规定：对于借婚约之名而实行买卖婚姻所收取的财物，原则上应判令收归国库；对于以恋爱订婚之名，行诈骗钱财之实的，无论哪一方提出解约，原则上应将诈骗所得财物全部返还给受害人，对于借恋爱之名，以赠送财物手段玩弄女性的，其所交付给对方的财物应按赠与物对待，不予退还；对于以结婚为目的的赠与，价值较高的应酌情返还；对于婚约期间的一般赠与物，受赠人无返还义务。这种细致的区分技术的背后，其实折射出来的是官方矛盾的心理：既要原则上反对，又不能一律否定。

这样的一种矛盾仍然左右着 2003 年的《最高人民法院关于适用〈中华人民共和国婚姻法〉解释（二）》中的对彩礼返还的规定。该解释作出了与先前的司法解释不同的规定："当事人请求返还按照习俗给付的彩礼的，如果查明属于以下情形，人民法院应当予以支持：（一）双方未办理结婚登记手续的；（二）双方办理结婚登记手续但确未共同生活的；（三）婚前给付并导致给付人生活困难的。"这种不区分过错只要满足法定情况一律

① 新中国建立之初，时任中央人民政府司法部部长史良在回答记者提问时说："在封建社会和资本主义社会里，订婚是用来约束男女双方的一种契约行为，这种行为本质上具有商品买卖的倾向。新民主主义婚姻制度是以摆脱金钱物质的顾虑的自由恋爱，因此男女双方的爱情不是以订婚来维系的。"中央人民政府法制委员会所作《有关婚姻法实施的若干问题与解答》中指出："订婚不是结婚的必要手续，任何包办强迫的订婚，一律无效。男女自愿定婚者，听其订婚。"在传统社会订婚通常是在父母的支持下进行的，所以立法者在潜意识中将其视为了包办婚姻的形式。

返还的规定显然对于彩礼给付人更为有利。比之1984年的司法解释，这可以看成是一种对彩礼效力更强意义上的否定。其实，这种否定策略坚持的是一种基于“附条件赠与”[1]和人道主义策略的返还，即结婚的条件未成就或出现了生活上的危机就发生返还效力。从表面上看这是一种基于公平作出的规定，[2]而实际上从这样的规定背后折射出来的却是国家对支付方的同情，但这种同情常常是有悖公平原则的。

社会学家的研究表明，近30年来中国的家庭结构呈现出“父权衰落”“个人权力”张扬的特征。[3] 家庭权力格局的改变促使了彩礼的性质发生了根本性的变化。在当下中国的广大地区，彩礼很大程度上已不具有女方父母“借婚姻索取财物”的性质，男方在婚前所给付给女方的财物，往往都会以嫁妆的方式返还给新婚夫妇。正如社会学学者通过实证调查所得出的结论：当下的彩礼在现实中正发挥着资助新婚小家庭的功能，[4]是代际之间财产转移的一种形式而已。[5] “彩礼”这一称谓，由于在旧社会与买卖婚姻联在一起，因而自新中国成立一直受到意识形态批判，所以在看待这一概念时，人们常不由自主地带有感情色彩。如果从法律角度看，脱离了买卖婚姻性质的彩礼完全可以看成是婚姻契约缔结中的订金或保证金。在中国人的传统中，婚姻是人生的头等大事，对女方来说更是如此。一旦婚姻选择失败，对女方伤害往往比男方要大，哪怕只是在婚约阶段也是如此。为了保证或增加婚约的严肃性，从常理的角度讲，在婚约的缔结中，让男方支付一些订金或带有保证性质的财物都是合情合理的。另外，由男方向女方支付礼金也意味着对女方的一种尊重，对女方父母养育自

① 《杨清坚诉周宝妹、周文皮返还聘金纠纷案》，载《最高人民法院公报》2002年第3期。

② 最高人民法院的一位法官也做了这样的解释。参见刘银春：《最高人民法院副院长黄松有就〈婚姻法〉司法解释（二）的理解和适用》，载《民事审判指导与参考》2004年第1辑，北京：法律出版社2004年版，第98页。

③ 徐春莲，郑晨主编：《屋檐下的宁静变革——中国家庭30年》，广州：广东高等教育出版社2008年版，第107—114页。

④ 阎云翔：《礼物的流动——一个中国村庄中的互惠原则与社会网络》，李放春，刘瑜译，上海：上海人民出版社2000年版，第189—190页。

⑤ 王跃生：《婚事操办中的代际关系：家庭财产积累与转移——冀东农村的考察》，载《中国农村观察》2010年第3期。

己未来妻子的一种感谢，哪一个女人不喜欢重视自己以及自己家庭的男人呢？由此看来，婚前由男方支付彩礼、聘金等现象之所以能够顽强地生长于民间社会，是有它自身合理性的，而且，在当下男女性别比例严重失调的广大农村地区，彩礼现象更有其存在的合理性。只要这种形式是在自主自愿的基础上完成的，不产生过于严重的后果，国家就没有干涉的必要，而且应该承认其具有法律效力。如果承认其具有法律效力，那么当婚前发生纠纷时就不一定都产生一律返还的效果，应该是一种在区分双方过错基础上的有比例的返还。

一般说来，悔婚对于想成就婚姻的一方是有伤害的，最起码它耽误了这一方继续择偶的时间和机会，从合同法的角度说，它侵害了一方的预期利益。这其中，女方往往会受到比男方更大的伤害，因为一般情况下，女方年龄越大，择偶越难，而且在乡土社会中，舆论往往对女方更不利，其待嫁的难度也可能因此而增加。所以，目前《最高人民法院关于适用〈中华人民共和国婚姻法〉解释（二）》中的不问过错返还彩礼的规定显然没有照顾到这种情况，从某种意义上说，其合理性还不如1984年的《关于贯彻执行民事政策法律若干问题的意见》中的规定。之所以如此，究其根源还是源于规则制定者对“彩礼”的偏见，不愿意真正地把它纳入到合法的范畴内来研究。[①] 最高人民法院的这种解释使国家不自觉地站在了男方的一边，这既有悖于善良风俗和常理，又有男权主义的嫌疑。[②]

传统是斩不断的，它是“活着的过去”，是“群众集体的记忆”。当一种观念在其长期的发展过程中已经演变为一种人的思维方式和行为方式的

---

① 这种偏见在就《婚姻法的解释（二）》的相关内容所做的官方解释中已经表达出来：“我们始终认为，在社会主义条件下，男女双方结婚应当以爱情为基础，不主张也不支持结婚以给付彩礼为条件。作出上述规定，是为了解决现实生活中存在的纠纷，并防止矛盾激化，并不是鼓励和提倡给付彩礼。我们依然呼吁广大青年和他们的家长们，要大胆破除给付彩礼的旧风俗，树立社会主义男女平等的新风尚，使我们年青一代的婚姻都建立在幸福美满的爱情基础之上。”《最高人民法院副院长黄松有就〈婚姻法〉司法解释（二）答记者问》，载《民事审判指导与参考》2004年第1集，北京：法律出版社2004年版，第82页。

② 一位基层官员对这种全额返还的质疑具有代表性，他说：“将来毁约了，还百分百地都能回来，我高兴我就给你，我不高兴我到时候还能拿回来，这个地方对他（给付彩礼方）的制约就没有。”参见汤建国、高其才主编：《习惯在民事审判的运用——江苏姜堰市人民法院的实践》，北京：人民法院出版社2008年版，第100页。

时候，它便会以一种“习惯”的形态顽强地生长在人们的生活中并能潜移默化地发挥作用。正是在这个意义上，萨维尼批判那些在立法上“意欲藉由切断一切历史联系，开始一个全新生活”的想法是一种“错觉”。[①] 国家虽然可以依靠强力推行一套制度，但是由于任何制度都不可能在现实生活做到事无巨细的调整，它必然要留下一些无法顾及的真空地带或鞭长莫及的边缘区域，这样，在“传统”的思维方式和行为方式的作用下，惯常性的民间规范就会在这些地带继续发挥作用。而且，法律作为一种规范必须依靠人来推行和遵守，而人的主观态度则决定着规范的运行效果，与民众思维方式和行为方式相异的法律规范其执行效果必然大打折扣，而生长于民间的社会规范由于其有深厚民情基础，其运行效果则有可能超出国家的法律。希尔斯曾这样论及传统：恰恰是某些东西“已经存在并且‘行之有效’，人类常常有意识地尊重他们从过去所继承来的事物，并因而用以指导自己的行为”。[②] 也正因如此，当某一民间规范被大多数人所认可和践行时，与之相冲突的国家法必然要遭受到“被架空”或对其无可奈何甚至出现不得不主动取悦这些民间规范的尴尬局面。

三、“行动中的法律”：中国亲属法的司法表达与实践运作

家庭革命意义上的婚姻立法从一开始就采取了一种“宜粗不宜细”的模式，更多的是纲领性的规定，虽然后来经过两次修改但简陋粗疏的缺陷没有发生根本性的变化。[③] 虽然后来陆续出台了继承法和扶养法，但仍然承袭了婚姻法粗放型的模式，最为关键的是因为没有亲属通则性的规定，无法将这些法律有效统合甚至无法消弭整个法律体系中有关亲属规

---

① [德]萨维尼：《论立法与法学的当代使命》，许章润译，北京：中国法制出版社 2001 年版，第 83—84 页。

② [美]爱德华·希尔斯：《论传统》，傅铿，吕乐译，上海：上海世纪出版集团 2009 年版，第 20 页。

③ 杨立新：《完善我国亲属法律制度的六个基本问题》，载杨立新，刘德权主编：《亲属法新问题与新展望》，北京：人民法院出版社 2009 年版，第 4 页。

定上的冲突。[①]

亲属法律文本上的缺陷引发的是司法的活跃与扩张。在民事领域，法律规范的粗糙导致了现实中的许多亲属性质的关系和行为缺乏法律的调整，而在实际生活中，亲属关系又是最为普遍的社会关系，由此而形成的纠纷，数量多、形式杂。当这些纠纷涌入司法领域，而法律又没有明确规定，法院只能发挥其自身能动性，在国家法的基本精神下通过自己的理解处理纠纷。在刑事领域，由于法律没有把亲属当成特殊的关系对待，而在现实中这些关系恰恰又是特殊性的关系，所以法律与现实之间的冲突无法避免。又如前所述，革命性的婚姻家庭制度更多的是在反传统的意义上设计的，而渗透到人们生活中的伦理和习俗不是人为的制度能够轻易改变的。因此，这种特殊性与一般性、传统习俗和现实法律，家庭伦理与立法精神发生矛盾时，往往需要法院来协调。具体说，当悖离民情的法律不被民众接受时，往往需要法官来通过一种司法技术化解这样的隔阂。于是，在长期的司法实践中，围绕着纠纷的处理形成了一套相对独立的处理亲属问题的规则体系。这套规则体系可能是文字形式的，也可能是司法工作中约定俗成的，既可能是对成文法律的诠释，又可能是脱离原有法律的创造，总之，它具有很高程度的灵活性和适应性。因此可以这样说，在我国总体的成文法的格局中，在亲属法律的实践层面却展现出了一种更强意义上的不成文法特征。

美国的现实主义法学家将法律划分为“书本上的法律”(Law in thc book)和“行动中的法律”(Law in action)，并认为后者才是更具现实意义的法的形式。[②] 在他们看来法律就是司法的过程，[③]一种“为了维护法律

① 例如对于近亲属的范围，我国很多法律对此的规定都不统一。《最高人民法院关于贯彻执行〈民法通则〉若干问题的意见(试行)》的第 12 条规定：“民法通则中规定的近亲属，包括配偶、父母、子女、兄弟姐妹、祖父母、外祖父母、孙子女、外孙子女”，而我国刑事诉讼法第 106 条规定：近亲属是指“夫、妻、父、母、子、女、同胞兄弟姊妹”，另外继承法、收养法、法官法、检察官法中在涉及亲属的范围时也都互不统一。参见庄建波：《刑事诉讼法规定的近亲属范围应该扩大》，载《人民检察》2006 年第 8 期(下)；金眉：《中国亲属法的近现代转型——从大清民律草案到〈中华人民共和国婚姻法〉》，北京：法律出版社 2010 年版，第 75 页，注[1]。

② 沈宗灵：《现代西方法理学》，北京：北京大学出版社 1992 年版，第 276 页。

③ [美]卡多佐：《司法过程的性质》，苏力译，北京：商务印书馆 2000 年版，第 70 页。

秩序依照权威性的指示以决定各种案件和争端的过程"①,是一种"行动中的理性"。法律主要不是立法者主观设计的结果,而是法官在实践中践行的结果,在实践中为纠纷解决而形成的一个个鲜活的判例,构成了一部部"活的法律"。这本是对英美判例法传统下法律生成逻辑的描述,但是用它来描述当下中国亲属法律的生成实践也无不妥,因为"书本上的法律"的缺陷成就了"行动中的法律"的发达,由此,一种由司法创生规则的逻辑在亲属法律实践中得以生成。

(一)司法解释形成规则

这种"行动中的法律"的发达首先体现在亲属领域司法解释比法律文本更具有功能上的意义。成文法模式下司法的自身逻辑以及中国法院行政化的特点决定了它的运作特别需要一种内部性的规则来管理和统合,这种内部性的规则就是司法解释。又由于亲属关系的私人性,所以由此而引起的纠纷更多地要通过司法的途径而不是通过执法的途径解决,而要由司法解决就必然涉及一个法律适用中的解释问题,由此,比之其他领域,司法解释在亲属领域更具有重要意义。具体说,亲属领域的司法解释比法律文本往往更具有功能上的意义。新中国成立以来至今有关婚姻家庭方面的司法解释就达400多件,事实上,是它们在真正意义上发挥着指导司法实践的功能。其中,自2001年婚姻法修改后,十多年来陆续出台了三部成体系化的司法解释(下文一律简称"婚姻法解释(一)、(二)、(三)")。其条文远胜于文本,具有更强的操作性,无论在司法职业者还是民众间都有很高的关注率,以至于人们不再计较它们仅仅是最高人民法院制作的而直接将它们视为法律文本。这从《〈中华人民共和国婚姻法〉若干问题的解释(三)》高度民主化的形成过程和颁布后所引发的民众的热议就可见一斑。②

在实践中司法解释发挥着补充或校正法律文本的不足的作用。一般

① [美]罗斯科·庞德:《通过法律的社会控制》,沈宗灵译,北京:商务印书馆2010年版,第24页。

② 杜万华等:《〈关于适用婚姻法若干问题的解释(三)〉的理解与适用》,载《人民司法》2011年第17期。

说来，法律文本是由法学家制定的，宏观把握有余，微观关注却相对不足，而司法解释是由最高司法机关制定的，司法机关直接面对具体的纠纷，最为了解民众的需求，特别是，面对由家庭革命观影响而作出的过于理想化的规定，也只有通过司法解释才能让其具有可操作性。例如，对于"夫妻感情确已破裂"这样的离婚标准不通过具体的司法解释法官无法把握。[①]同时，成文法规则表述简练化的自身特点也决定了有些条文不经过具体的解释无法保证其在实践中得到准确的应用。如对"有配偶者与他人同居"的表述，如果不作专门性的解释，法官无法有效地将"同居"与重婚、一般的婚外性行为相区别。[②]

再有，司法是以解决问题为指向的，而要给百姓解决问题就不能离开他们自己的规则，不能背离民间既有的规范，因此家庭领域立法的不足便给伦理、习惯等民间规范进入司法创造了条件。如前所述，在当下中国，习惯和伦理作为一种大多数人的行为方式还在顽强地生长，而以"改造社会"为宗旨的婚姻法又不可能把它们包含在其中。法律与现实的矛盾直接阻碍着国家法的推行。事实上，面对法律与现实的冲突，司法机关总是在扮演着"协调人"的角色。如先前提及的国家通过正式法律推行登记婚制度，但当面对现实的阻力而推行乏力的时候，每每都是通过司法解释来协调由此产生的矛盾。比如，同代的宗亲属、代际间的姻亲之间的婚姻问题，这种因法律与伦理之间的背离而引发的矛盾早在 50 年代就已经彰

---

① 从 1980 年代开始，婚姻法把夫妻感情确已破裂作为离婚的标准。这一标准显然来源于恩格斯的"只有以爱情为基础的婚姻才是道德的"名言，带有明显的理想化色彩，直接导致的就是在实践中难以操作的问题。正如一位当时的最高人民法院的法官李诚所说的："在审判实践中经常遇到这样的情况，坚持离婚的一方，总是极力提出感情确已破裂，没有和好的可能；坚持不离的一方则总是说感情没有破裂或没有完全破裂，还有和好的可能，而且各自都可以举出很多事实理由作为根据。双方各持己见，公说公有理，婆说婆有理，很难下结论。"正因如此，最高人民法院 1989 年才出台了《关于人民法院审理离婚案件如何认定夫妻感情确已破裂的若干具体意见》，其中列举了 14 条准予离婚的情形。参见李诚：《对"感情确已破裂"的初步探讨》，中国婚姻家庭研究会编：《婚姻家庭文集》，北京：法律出版社 1984 年版，第 102 页。

② 婚姻法解释(一)第二条规定：这种同居是指"有配偶者与婚外异性，不以夫妻名义，持续、稳定地共同居住"。2001 年上海市高级人民法院发布的《关于在民事审判中实施〈中华人民共和国婚姻法〉的暂行意见》中进一步解释"通奸、偶发性行为及没有性关系的婚外恋、婚外情，不构成'有配偶者与他人同居'"。2001 年的《广东省高级人民法院关于审理婚姻案件若干问题指导意见》中进一步将这种同居限定为"共同生活的时间达三个月以上"。

显。司法机关既没有一味地“从习惯”，也不是严格地按婚姻自由原则来处理，而是试图通过折中的方式消弭其中的矛盾，相关的司法解释充分地体现了这种协调主义立场。①

如前所述，当下的家庭法律制度是以夫妻为主线构建的，出于贯彻男女平等精神和摆脱父权制的需要，因此从新中国成立之初在婚姻法上就建立起一种以“夫妻共同财产”为基础的家庭财产制度。由于这一制度侧重保护的是男女双方特别是女方的利益，因此对双方直系亲属的利益保护不足，在现实生活引发了很多冲突。② 正是为了缓解这样的矛盾，2003年的婚姻法解释(二)第二十二条和2011年的婚姻法解释(三)的第七条对父母给子女购买不动产产权归属问题分别作出了“当事人结婚前，父母为双方购置房屋出资的，该出资应当认定为对自己子女的个人赠与，但父母明确表示赠与双方的除外”和“婚后由一方父母出资为子女购买的不动产，产权登记在出资人子女名下的，可按照婚姻法第十八条第三项的规定，视为只对自己子女一方的赠与，该不动产应认定为夫妻一方的个人财产。由双方父母出资购买的不动产，产权登记在一方子女名下的，该不动产可认定为双方按照各自父母的出资份额按份共有，但当事人另有约定的除外”的解释。这样解释不是一味地坚持婚姻法中夫妻共同财产制的原则，而是兼顾到了中国人固有的习惯和既有的民间伦理。按照中国人的习惯，购置房产是他们传给子女的家产，是完成文化传统赋予他们传给子女成家立业的家庭义务。一般而言，当父母倾其所有为其购房时，他们晚年面临的经济压力都非常大，往往需要子女的赡养。如果将该房屋作为夫妻共同财产，当婚姻关系无法存续时子女配偶就有权分割房屋产权，

---

① 1953年6月3日《中央人民政府司法部关于堂兄妹结婚问题的批复》(司普字第9/728号复山东省乳山县人民法院)中说：“为照顾实际困难，同意你们既不予登记，但也不禁止的意见。为了避免群众反对，在可能条件下，可劝其异地而居。”1953年7月14日《最高人民法院中南分院函复湖北、江西省人民法院关于“公公与儿媳”“继母与儿子”等可否结婚问题》【(53)法行字第487号】中说：“认为婚姻法对于这些人之间虽无禁止结婚的明文规定，为了照顾群众影响，以及防止群众思想不通，因而引起意外事件的发生，最好尽量说服他们不结婚，但双方态度异常坚决，经说服无效时，为免发生意外，当地政府也可斟酌具体情况适当处理(如劝令他们迁居等)。”

② 最高人民法院民一庭：《夫妻一方父母以子女名义购置房屋，应认定赠与的是房屋还是购房款》，载《民事审判指导与参考》第44辑，北京：法律出版社2011年版，第185—189页。

从购房父母的角度看，就意味着他们积攒下来的家产被“外人”分割了，而这个外人却不一定有赡养他们的义务。可见，该司法解释体现了我国传统的“家产观”并尊重了中国人的民间习俗。①

对伦理习俗的兼顾还体现在刑法对亲属关系调整的司法运作上。虽然革命主义指导下的刑法缺失了把亲属间的犯罪视为特殊行为的文本表达，但是现实生活中亲属之间的朴素情感以及平息社会矛盾的社会需求又促使着司法不能将其完全按照一般人的犯罪来对待。纵然司法不能为其创设特殊的罪名，但在既有的罪名下可以在量刑上发挥自己的自由裁量。于是，基于现实的需要，在关乎亲属间的犯罪问题上当下的司法实践表现出了一种与文本不同的处理理念和方式。司法主管机关下发的“发生在亲属之间的诸如盗窃、敲诈勒索、诈骗等案件如能获得亲属的谅解可以不按犯罪来处理，认定为犯罪的，应当酌情从宽处理”的解释就是明证。②

（二）司法实践创生规则

法律文本是用文字表达的，源于人为的主观建构，然而人的理性是不及的，语言的表现力也是有限的，因此，这些局限性决定了普遍性、抽象性的规则无法涵盖丰富多彩、变动不居的现实生活。其实，司法解释也属于成文规范和文本表达，它同样存在上述局限。法律文本的局限可以通过司法解释来克服，但司法解释的局限注定无法再通过无限解释下去的方式来解决。受私法自治性质的决定，在文本层面法律对亲属的调整更多的是一种柔性的、或然性的规定，加之亲属领域蕴含了丰富的情感因素，这决定了在该领域的法律调整更多地需要通过当事人自主协商的方式来实现，也正因如此，在我国，调解是家事案件处理的必经程序。由此可见，

---

① 任强：《遭遇法治社会的中国文化传统——在道德、法治与自治的罅隙求生存》，载《学习与探索》2015 年第 9 期。

② 发生在亲属之间的诸如盗窃、敲诈勒索诈骗等案件如能获得亲属的谅解可以不按犯罪来处理，认定为犯罪的，应当酌情从宽处理。参见最高人民法院、最高人民检察院联合作出的《关于办理敲诈勒索刑事案件适用法律若干问题的解释》第 6 条，《关于办理盗窃刑事案件适用法律若干问题的解释》第 8 条；《关于办理诈骗刑事案件具体应用法律若干问题的解释》第 4 条；最高人民法院的《人民法院量刑指导意见(试行)》等。

婚姻家庭法的文本和亲属纠纷的性质留给了司法更多的自由裁量的空间，也就是说，如果能够促成双方的合意，法官被允许使用更灵活或更具有创造性的方式来处理案件。特别是在近年来家事司法改革的趋势下，家事案件辅导干预、家事调查、婚姻冷静期、诉前调解、案后回访等制度在司法实践中得以创生。[①] 这些机制为司法在规范文本表达之下通过实践创造规则提供了条件和空间。[②]

这种由实践创生规则的形式，首先表现在案例指导制度之中。虽然我国原则上不承认判例的法源地位，但是来源于司法实践的指导性案例、公报案例、典型性案例经过最高司法机关发布以后，事实上对案件的审理发挥着示范作用和拘束力。在实践中参照指导性案例审理案件已经列入正式的程序规则，[③]参照其他案例业已成为约定俗成的内部规则。因此，指导性案例、公报案例中的"裁判理由"和典型案例中的"典型意义"实际上发挥着裁判规则的作用。[④]

---

① 孙航：《为社会建设奠基　为幸福生活护航——人民法院家事审判方式和工作机制改革综述》，载《人民法院报》2018 年 7 月 20 日第 1 版。

② 在家事司法领域许多具有首创意义的制度正在试行。河南某地法院率先实行"冬眠离婚制度"，即在离婚案件中，暂不判离婚，但在法官主持下达成一种承诺，承诺夫妻双方互不履行夫妻义务，让双方体验离婚后生活场景，3—5 月后再行决定是否离婚。四川、山东等地法院率先试行"离婚冷静期"制度，即夫妻离婚时，被强制要求双方暂时分开，等考虑清楚后再行决定，此期间，可能安排双方进行婚恋辅导以挽救婚姻。四川另一法院尝试以主考官出题，原、被告答题的"离婚考卷"的方式考察是双方否达到离婚标准。广州中级人民法院正在尝试，在离婚分割夫妻共同财产时，若男方婚内与他人同居的基本证据成立，法院即对过错方少分或不分财产，同时支持妇女提出的精神损害赔偿请求的做法；有些地方法院目前从当地妇联、街道办事处和社区推荐的心理专家、妇联干部、社区工作者、机关干部、人民调解员中，选聘家事调查员，对家事案件中的特定事项的有关事实进行调查，收集家事案件事实的相关信息和资料，并向法院提出调查报告或者陈述调查意见，从而保证法官对家事案件作出妥当处理。参见张锡磊：《法院尝试冬眠离婚，要求五个月内不履行夫妻义务》，载《郑州晚报》2005 年 8 月 29 日；伊一芳：《"离婚冷静期"彰显法治柔情》，载《人民法院报》2017 年 11 月 8 日第 2 版；徐冰琪：《婚姻家庭"考卷"传递司法温情》，载《人民法院报》2017 年 9 月 26 日第 2 版；《广州中院探索多项家事审判改革制度——男方婚内与他人同居将少分或不分财产》，http：//gd. legaldaily. com. cn/content/2017-08/24/content_7293634. htm，2017 年 12 月 20 日访问；胡夏冰：《积极推进建立家事调查员制度》，载《人民法院报》2017 年 3 月 21 日第 2 版。

③ 最高人民法院 2010 年发布的《关于案例指导工作的规定》第七条规定："最高人民法院发布的指导性案例，各级人民法院审判类似案例时应当参照。"

④ 最高人民法院 2015 年 12 月 4 日公布了 49 个婚姻家庭纠纷方面的典型案例 http：//www. court. gov. cn/zixun-xiangqing—16211. html，2016 年 7 月 14 日访问。

其二，表现为司法实践以更贴近生活的方式矫正法律文本和司法解释的不足。法律与司法的区分是文本与实践的区分，而在司法中官方解释与实践运作的区分又是一种更微观的文本与实践的区分。法律运作的逻辑在于由众多经验归纳出一般性的规则，再利用这样的规则去处理多元的个案。中国家庭法文本的缺陷以及亲属领域的特殊性决定了规则和现实之间存在巨大的张力。基层司法的指向是实用主义的，即所有工作要围绕着更好地解决纠纷展开。因此针对规则与现实的矛盾，基层法官“不得不将这些就制定法的规则上看非常齐整但实际处理起来极其复杂的问题尽可能地以某种并不一定符合法律规则和法官的角色但能够‘化解纠纷’的方式解决”。① 家事纠纷因为其中夹杂着复杂的情感问题，对它的处理通常还要考虑未来的指向性，②因此它的司法实用主义倾向更为明显。如针对婚姻法解释(二)中有关彩礼的规定与现实的冲突的问题，出于缓和矛盾的考虑，实践中很少有法官机械地适用一律返还的规则，而是在以解决纠纷的目标下，在兼顾当地风俗的基础上通过有比例返还的方式来处理。③

布迪厄认为：惯习是行动者进行实践活动的机构和个体化表现之间存在着媒介，它不等同于被动的“习惯”和“民俗”，它是一定场域中的主观构成物，“它来自于社会制度，又寄居在身体之中”。④ 伦理对人的影响是潜移默化的，法官也生活在一个情理的世界中，他不但不能逃避来自它们的约束，而且常常对它们还有着切实的感受，所以除了有利于解决纠纷的外在动因外，对伦理的发自内心的认可也支持着法官在法律的真空地带

---

① 苏力：《送法下乡——中国基层司法制度研究》，北京：中国政法大学出版社2000年版，第189页。

② 王道强：《家事纠纷区别于普通民事纠纷之特质分析》，载《人民法院报》2016年1月27日第7版。

③ 通过笔者较为广泛的调研，因为该规则与风俗习惯和民间常理相违背，几乎没有法官不折不扣地适用一律返还的规定，甚至某些地方法院还将有比例的返还上升为通行的审判规范。参见张宽明：《57件彩礼案零上诉——姜堰法院引入善良风俗处理彩礼返还纠纷调查》，载《人民法院报》2007年4月15日第4版。

④ [法]皮埃尔·布迪厄：《实践与反思：反思社会学导引》，北京：中央编译出版社1998年版，第134页。

适用这些民间规范。他们通常以善良风俗的原则、目的性解释的方法以及生活经验法则应用的形式将伦理、人情融进司法进而弥补文本的不足。如前所述,因为我国婚姻法是以夫妻为主线设定具体制度的,所以仅规定了离婚后父或母有探望子女的权利。虽然没有规定祖父母和外祖父母享有探视权,但在中国人的生活中"隔辈人"更亲,祖父母或外祖父母探望孙子女或外孙子女是人之常情,特别是在当下中国因计划生育而形成的"4+2+1"的家庭格局下,更凸显了该权利的价值。在实践中正是通过这种情理法融合的技术,以扩大解释的方法,将其纳入到了探视权的适用范围。① 按照这样技术路线,代孕母亲对代孕子女的探视权也在实践中获得了承认和保护。② 而在最近的一起"冷冻胚胎案"的继承纠纷中,法院依然以保护当事人权利为目的、通过扩大解释的方法、辅之以伦理性的说服技术,进而突破了继承客体必须是财产的限制从而实现了对失独家庭的权利保护。③ 在另一起杀害亲属的刑事案件中,正是基于法官认为当事人的行径是对伦常的严重践踏,才没有沿袭通常性的司法解释中的亲属间犯罪从轻、减轻的基调来裁判。④

进入21世纪之后,现实主义的司法理念得到了进一步的确认。无论是"调判结合,案结事了"的方针还是"法律效果与社会效果相统一"的宗旨,无疑对亲属领域的司法都是最适合的。为了弥补文本表达的不足,进而更好地处理纠纷,伴随着传统文化的复归,法院对于习惯等民间社会规

---

① 最高人民法院民一庭:《抚养孙子女、外孙子女的祖父母、外祖父母主张探望孙子女、外孙子女的,人民法院应当予以支持》,载《民事审判指导与参考》2011年第2辑,北京:人民法院出版社2011年版,第95—98页。1998年山东省首例祖父母探望孙子女案,参见张迎秀:《简析离婚父母的探望权》,载《政法论丛》2002年第5期。吴晓锋、战海峰:《全国首例跨国隔代探望权案一审宣判》,载《法制日报》2016年9月21日第8版。

② 周冕:《姚某与覃某探视权纠纷案》,载《人民法院案例选》,北京:人民法院出版社2012年版,第89—94页。

③ 二审法院法官表示:"情感方面,白发人送黑发人,乃人生至悲之事,更何况暮年遽丧独子、独女。而沈杰、刘曦遗留下来的胚胎,则成为双方家族血脉的唯一载体,承载着哀思寄托、精神慰藉、情感抚慰等人格利益。胚胎由双方父母监管和处置,既合乎人伦,亦可适度减轻其丧子失女之痛楚"。参见孟亚生:《冷冻胚胎,亲人能否继承?》,载《检察日报》2014年9月24日第5版。

④《弑亲凶手李磊被判死刑》,载《人民法院报》2010年10月16日第3版。

范的态度发生了明显的转变，开始以更加积极的姿态寻求与民间社会规范的协调。这些民间的社会规范大多是与婚姻家庭有关的。各级地方法院开启了灵活多样且极具务实性的尝试。这体现在，或努力营造一种乡土化的调解环境，尽可能用道德、风俗和舆论等老百姓乐于接受并深信不疑的本土观念来解决问题；或倚重土生土长的法官，积极寻求通过地方性知识和当地的风俗习惯解决矛盾；或对民间习俗进行系统收集，形成文字材料，便于司法适用；或在裁判文书中附加“法官后语”，将法官对本案的道德或情理方面的判断、意见、感想抒发出来，以教育当事人或弥补判决的缺憾；[①]或利用文化上的巨大感召作用，消弥亲属之间的裂痕，通过家风家训、亲情伦理教育和感化当事人，增加司法的人性化、柔性化和人性化。[②] 这些来自地方法院的经验也获得了最高司法机关的首肯和认可。[③]

其三，表现为司法实践以更灵活的方式不断地回应新的社会需求。美国法律现实主义法学家们认为：“法律的目的在于回应更多的社会需求”；“司法判决应该是一种由社会决定的产品（a product of social determinants）”[④]；“法律的终极原因是社会福利。未达到其目标的规

① 范愉：《民间社会规范在基层司法中的应用》，载《山东大学学报》（哲学社会科学版）2008年第1期。也可详见陆通：《营造乡土化的调解环境———淄川法院杨寨法庭多调少判落实处》，载《人民法院报》2005年1月29日；郝利利，汪放：《走近乡土法官——重庆农村人民法庭调解工作调查》，载《人民法院报》2005年4月19日；张宽明等：《姜堰运用善良风俗化解民间纠纷》，载《人民法院报》2007年3月20日；李辰：《〈弟子规〉伦理警句写入判决书》，载《人民法院报》2010年6月29日；等等。

② 秦峰：《家事纠纷案件，应该这样审理》，载《陕西日报》2017年4月24日第13版；杨委峰等：《用“心”审判唤亲情“归港”》，载《人民法院报》2016年8月18日第1版；周凌云等：《江山家事审判的“柔性之美”》，载《人民法院报》2017年2月20日第5版；周瑞平：《消融家事纠纷的雨山实践》，载《人民法院报》2017年8月21日第5版；等等。

③ 时任最高人民法院副院长的曹建明同志指出：“一些法院将民间的善良风俗引入裁判过程，这是对司法视野下民俗习惯应用的积极探索，是对提高司法公信、促进社会和谐的有益尝试。同时，它对法官适用法律的能力提出了更高的要求，法官将善良的民俗习惯引入审判实践，是建立在法官对法律全面、系统、准确理解的基础上，是通过适用善良的民俗习惯弥补法律出现的空白和不足。”曹建明：《和谐司法视野下民俗习惯的运用》，载《人民法院报》2007年8月30日第5版。

④ Brian Leiter. *American Legal Realism*. Martin P. Golding and William A. Edmundson (Edited). *The Blackwell Guide to the Philosophy of Law and Legal Theory*. 2005 by Blackwell Publishing Lt . p. 56.

则不可能永久地证明其存在是合理的”[①]。在他们看来,“好的法律应该提供的不只是形式正义”,它还“应该有助于界定公共利益并致力于实现实体正义”。这样的法也正是诺内特和塞尔兹尼克意义上的“回应型法”,而法的这种对社会需求的回应则需要法官抛弃机械的法条主义,“探究规则和政策的内含的价值”[②],从而构建出一种“行动中的法律”。这种“回应型法”已生动地体现在当下中国的亲属与婚姻家庭的司法实践中。

成文规则追求稳定性和权威性的要求导致了它在回应社会现实上存在着很大的滞后性,解决纠纷的本质决定了法院在遇到新生事物时又不能以无规可循为由拒绝受理。这种情况下,为了完成解决纠纷的任务,法官只能本着公平的原则,依据常识、常理、常情来处理。这种对社会现实的回应一方面表现为一些生发于婚姻家庭领域的新兴诉求在司法领域得到确认和保护,如在关于因性器官的损害而产生的夫妻的“性福权”[③]、因“儿女不常回家看看”而引发的“精神赡养权”[④]、因亲人的亡故而没有获得告知而产生的“悼念权”或“祭奠权”[⑤]、因一方不忠致使另一方抚养了别人的孩子而受到侵害的“配偶权”或“男性生育权”[⑥],等等。另一方面表现为一些新的行为和现象受到法律的认可和支持,如为约束夫妻双方

① [美]卡多佐:《司法过程的性质》,苏力译,北京:商务印书馆 1998 年版,第 39 页。

② [美]诺内特,塞尔兹尼克:《转变中的法律与社会:迈向回应型法》,张志铭译,北京:中国政法大学出版社 2004 年版,第 82、87 页。

③ 曹峰峻:《我国首例“性权利”官司审理始末》,载《法治与社会》2003 年第 8 期;郭敬波:《“性福权”损害赔偿的性质——杨胜夫诉朱兰芳、胡爱龙、安邦财产保险股份有限公司宁波分公司人身损害赔偿纠纷案》,载《人民法院案例选》2010 年第 1 辑,北京:中国法制出版社 2010 年版,第 107—115 页。

④ 2007 年天津和平区人民法院在判决中首先涉及精神赡养问题,在判决书中明确要求子女看望老人。参见江晓清、赵杰:《和平法院首次将“精神赡养”写入判决书》,载《天津日报》2007 年 12 月 21 日第 14 版。

⑤《未通知近亲属擅自火化死者构成侵权》,载《人民法院报》2007 年 1 月 15 日第 6 版;《我省首例祭奠权案在田区法院宣判》,载《淮南日报》2006 年 8 月 3 日第 2 版;《父亲墓碑上没有我,女儿索要“祭奠权”》,载《人民法院报》2010 年 2 月 1 日第 3 版;肖明等:《贺甲祭奠权纠纷案》,《人民法院案例选》2013 年第 4 辑,第 109—113 页。

⑥ 姜玉梅:《为男性生育权讨回个说法》,载《法治时代》2003 年第 8 期;杨立新:《抚养多年竟不是亲生子,“父亲”索要精神损害赔偿》,载《检察日报》2004 年 8 月 9 日。

性行为而订立的“忠诚协议”，[①]为确保同居义务的履行而形成的“空床费”，[②]因为子女离婚父母索要的“带孙费”，[③]为保证一方正常生活的需要在夫妻关系存续状态下进行的“共同财产支配权”的分割，[④]夫妻一方“工龄买断款”的权属确认，[⑤]非婚同居者所订立的同居契约，[⑥]等等。这些新的诉求和行为方式都是或首先是以司法裁判的方式来确认的。当这些具有典型意义的裁判凭借其特有的示范效应而被同行认可和参考时，其实它已经衍生为一种实践性的规则。当这种实践性的规则具有更大的普遍性时，它通常会以法律文本或司法文本的形式确定下来。

四、当下中国法律对亲属调整的应然面相和现实出路

在当下中国，亲属法律缺乏统一的规范形式，而散居于婚姻法、继承法、收养法、老年人权益保护法、妇女权益保护法以及刑法和刑事诉讼法等法律文件中，使得我国现阶段法律对亲属关系的调整呈现出“碎片化”的状态。而恰恰正是这种“碎片化”的状态，既导致了某些领域的“无法可依”的局面，又造成了某些领域相互冲突的情况。国家主义下的婚姻法对伦理的疏漏和民情的背离，引发了法律与现实之间的紧张关系，最终造就了司法实用主义运动的兴起。虽然司法在补充、校正法律文本的不足与回应社会各种新兴诉求中，塑造了“行动中的法律”，但是这种来自实践的回应毕竟是有限的。同是官方表达，司法文本自然要和高级别的立法文

---

① 高魁等：《夫妻忠诚协议的效力问题——王志勇诉赵淑玲离婚案》，载《人民法院案例选》2009 年第 11 期，第 73—83 页；徐小飞：《夫妻忠诚协议有效吗》，载《人民法院报》2013 年 7 月 2 日第 2 版。

② 最高人民法院民一庭：《如何处理夫妻双方在婚姻关系存续期间签订的涉及财产问题的协议》，载《民事审判指导与参考》2008 年第 2 辑，北京：法律出版社 2008 年版，第 65—68 页。

③ 杨涛：《索要带孙费具有破冰意义》，载《法制日报》2015 年 10 月 19 日第 7 版；《老人状告儿媳索要“带孙费”法院判合法》，https://new.qq.com/cmsn/20151018/20151018004761，2018 年 10 月 26 日访问。

④ 程新文，吴晓芳：《当前婚姻家庭案件中的若干新情况、新问题》，载《民事审判指导与参考》2007 年第 2 辑，北京：法律出版社 2007 年版，第 80 页。

⑤ 吴春岐，姜志强主编：《新编婚姻家庭纠纷处理——法律依据与案例评析》，北京：法律出版社 2013 年版，第 108 页。

⑥ 马忆南：《婚姻家庭法领域的个人自由与国家干预》，载《文化纵横》2011 年第 1 期。

本保持一致,因此立法者思维上的局限也常常会带到司法解释中来。《婚姻法解释(二)》中彩礼问题上表现出的国家主义思维就说明了这一点。况且,这种来自于多元主体的实践表达之间不可避免地要产生各种冲突。同时,在我国这样一个不承认判例法源地位的国家里,这种"行动中的法律"只能在幕后发挥作用,最大限度仅为一种非正式的制度,因此具有很大的不稳定性和不确定性。① 特别是当法官突破规范文本作出裁判时,这种不稳定和不确定就更为突出。②

欲改变法律与现实的紧张状态,制定统一的亲属法典势在必行。而从当下的形势看,最务实的策略便是将其纳入正在起草的民法典之中。③如前所述,目前的婚姻法不是在亲属的意义上设计制度的,因此,就它目前的体例和调整模式来讲,无法适应中国当下对亲属关系细腻化调整的需要。对婚姻家庭领域的立法而言,不应是简单地将"婚姻法"更名为"亲属法"的问题,也不是把原有的婚姻法、继承法、扶养法等条文简单地归入民法典的问题,而应该真正地立足于亲属关系,在理念与制度设计方面做根本性的调整和修订。具体而言,应该在亲属的种类、亲等、亲系、亲属身份权、亲属法律行为等诸方面做出详尽的规定,并从根本上改变其原有的公法色彩,进而恢复其私法的属性。亲属法典(篇)的完备化不仅是民事司法的需要,同时,统一的亲属制度和概念也为刑法、刑事司法以及其他部门法及其相关司法提供标准,而这样能发挥统领全局作用的亲属法典(编)才是真正意义上的"家庭宪法"。

中国的现代化是在林毓生先生所言及的"整体性反传统主义"的意义上进行的。④ 然而衍生成人的生活方式和思维方式的传统并非人力就能

① 比如,对于夫妻之间的忠诚协议,由于没有明确的规定,所以在司法界意见并不统一,最高人民法院对此也保持沉默。参见赵蕾:《夫妻"忠诚协议",难倒最高法院》,载《南方周末》2010年9月23日第A05版。

② 据笔者调研,在彩礼案件中虽然绝大多数法官都没有完全按照《婚姻法解释(二)》的规定全部返还,而是依据过错程度有比例地返还,但是很多法官也都表示,如果真的遇到刁顽的当事人,即使自己有过错,非抓住这一条不放,要女方全部返还彩礼,法官也没有办法。

③《中国民法典草案建议稿出炉　婚姻法或被亲属法替代》,载《法制晚报》2014年4月1日。

④ 林毓生:《中国传统的创造性转化》,北京:生活·读书·新知三联书店1988年版,第150页。

革除的，因此，在社会变迁中常常发生着一种“钟摆”效应，即“以革除‘陋俗’为借口，凭借自我反思性的锐意而在社会中发动一场革命，革命的结果就是在意识形态上以新的风尚来取缔旧的陋俗。而当这种新的风尚因为其激进而流露出弊端的时候，所谓旧的习俗又会逐渐恢复起来，最终使旧的风俗和习惯重新获得合法性地位，新的风尚边缘化而成为守旧力量。”[①]随着20世纪70年代末改革开放政策的推行，原有的政治型社会正在解构，家庭的观念又开始受到重视，许多传统家庭伦理又开始复兴，许多民间的习俗和习惯又开始受到尊重。比如，近些年来随着传统文化的回归，孝道的理念又重新受到国人的重视，并且开始应用到社会治理中。[②] 又如，我国南方地区宗族的开始重建和祭祀传统正在复兴，修家谱、修祖坟、建祠堂、行祖祭等活动重新出现。[③] 传统伦理和习俗的回归为我国现代亲属法制的改革既带来机遇又带来挑战。这促使立法者必须要正视立法中的传统和现代、国家与民间的关系问题。萨维尼说得好：“婚姻只有一半属于法律问题，另一半属于行为方式”[④]，而亲属问题更是如此，当多数人共同恪守某些行为方式的时候，立法者就不能对这样的行为方式无动于衷，行为方式的问题不是简单地通过宣布其为陋俗就能解决。以婚礼、葬礼为例，新中国成立以后国家通过各种方式倡导“移风易俗”，反对婚礼、葬礼“大操大办”，[⑤]但这些礼仪作为一种习俗因其特有的社会功能依然顽强地生活在民间社会。正如一位社会学的学者研究表明的，在一个乡村社会中，葬礼是“一个社会资源动员的过程”，是一个人“获得认可，展示能力和品行的有效途径”，对于加强亲属间的交流，深化乡亲

① 赵旭东：《权力与公正——乡土社会的纠纷解决与权威多元》，天津：天津古籍出版社2003年版，第107页。

② 刘兴元：《金昌市委干部选拔任用出新招，孝敬父母关爱家庭占决定一票》，载《甘肃日报》2006年11月12日第1版；陈方：《应该从“德孝治县”中想到什么》，载《人民日报》2011年1月20日第9版。

③ 麻国庆：《永远的家——传统惯性与社会的结合》，北京：北京大学出版社2009年版，第121—165页。

④ ［德］萨维尼：《论立法与法学的当代使命》，许章润译，北京：中国法制出版社2001年版，第36页。

⑤ 1991年5月8日《民政部关于加强民政系统社会治安综合治理工作的通知》；1997年3月5日民政部印发的《关于加强民政系统社会主义精神文明建设的意见》的通知。

共同体的凝聚具有特殊的意义。[①] 因此，这种来自社会内部的合理性是其即使遭到国家反对也能维持下去的基本动力。

萨维尼说：“在代际与时代之间，可以想象，既非绝对的终结，亦非绝对的开始，而仅仅是连续不断的发展。”[②]社会现象的存在与否不取决于立法者的主观态度，而最终要取决于它所赖以生存的土壤和文化。任何社会的延续都必须依靠婚姻和生育，亲属间的特殊情感以及维系亲属关系存在的伦理很大程度上源于人的本能，不是通过人为干预就能改变的。传统的惯性、安土重迁的生活习惯、重视家庭和亲情的文化都注定了现代中国亲属关系仍然很发达，而革命激情的消退和世俗性的回归，又助长了这些关系的成长。因此，在以法治为主题的现代社会，国家不应该对如此庞大的社会关系置之不理。

诚然，当下中国日益发展壮大的现实要求她要建立自己的文化自信和制度自信，即中国的法律和制度需要有自己的主体性。目前学界对这种西方话语的中国式表达的立法也多有批评，但无论是学界还是实务界在关于如何建构这种法律主体性上都没有给出任何令人满意的答案。正如前所述，我们认为，这种主体性的要素应首推亲伦传统。中国是世界上亲属关系最为发达的国家，重家的观念是中国传统文化的特有内容，由此衍生出来的众多的伦理性规范在当下中国仍然具有强大的认同感和拘束力。善良的礼序家规，家风家训仍然在公民的人格塑造以及社会治理等方面发挥着其他规范所不能替代的作用。[③] 笔者认为，将亲伦传统有机

---

① 刘中一：《村庄里的中国——一个华北乡村的婚姻、家庭、生育与性》，太原：山西人民出版社 2009 年版，第 105—109 页。

② [德]萨维尼：《论立法与法学的当代使命》，许章润译，北京：中国法制出版社 2001 年版，第 84 页。

③ 改革开放以来的中国乡镇企业和私营企业大多由家庭发展而来。当家庭经营规模扩大时，求助于本家族及亲属的力量就是很自然的事情。据有关研究表明，创办企业时的启动资金其来源除自己的存款外，首要的部分来源于亲朋（包括父母、亲戚和朋友），至于管理人员进入企业的渠道，在 1440 名被调查私营企业家中，57.7%的人有血亲亲属在自己的企业中做管理人员，41%的人有姻亲亲属在自己的企业中从事管理工作，同时 38.5%的人所拥有的企业中的管理人员是由自己的亲属朋友介绍来的。从雇工进入企业的首要渠道来看，来自劳务市场的不及一半（47.1%），另外一半的人是亲戚、朋友和邻居（47.7%）。参见黄平：《未完成的叙说》，成都：四川人民出版社 1997 年版，第 53—54 页。改革开放之初，外商直接投资的大部分都是华（转下页）

地融入当下中国的立法之中是建构这种主体性的必由之路。[①]

对于当下在民法典制定中的急功近利的情况，秋风先生批评说：即使到了制定民法典的合适时机，也应该如晚清或民国时期那样先做一个基础性工作：展开大规模的民事行为习惯调查。“至少法学家、立法者应当了解，各地国民是如何生活的，这对于法律制定具有重要参考价值。更一般地说，民事习惯调查可以让法律起草者们对国民的生活有直观把握，掌握民情、民风、民气。这些或许用语言难以清晰表达的东西，但弥漫于法律构思之全过程，而对法条有导范作用。”[①]应该说，在当下中国，民间的习惯性规则绝大部分都存留在婚姻家庭领域。无论是出于建构中国法律主体性的考虑，还是出于让所制定的法律规范更具有可操作性的考虑，在当下民法典的亲属法部分制定中都不能无视那些民间规则的存在。只有实现现代法和亲伦传统、国家法与民间规则的有机融合才是消弭法律与现实、文本与实践紧张关系的根本途径，这也是中国亲属立法成功的关键所在。

当我们每每对当下孝道的缺失、亲情的淡漠大为感慨的时候，很少有人从法律的角度思考其中的原因，其实，当下的中国法律没有给它们留下一点空间。由此看来，中国法律主体性的建构不但需要民事意义上的亲属法还需要亲伦传统在现代刑事制度、诉讼制度中的创造性转化，需要从整个法律体系中改变既有的“大义灭亲”的立场和模式。[②] 因此从这个意义上说，中国古代的容隐制度在现代立法中应该被有选择地继受。具体说，为庇护亲属而藏匿人犯及湮灭证据不罚、放纵或便利亲属脱逃减轻处

(接上页)人资本，深圳、珠海、厦门、汕头四个经济特区其实都是侨乡，海外华人愿意到中国投资其中一个很重要的因素就是中国“重家”的传统。参见甘阳：《通三统》，北京：生活·读书·新知三联书店2014年版，第43—44页。

① 秋风：《中国法律人普遍没文化，没能力制定民法典》，http://www.aisixiang.com/data/90720.html。

② 2010年12月29日最高人民法院下发《关于处理自首和立功若干具体问题的意见》中规定：“犯罪嫌疑人被亲友采用捆绑等手段送到司法机关，或者在亲友带领侦查人员前来抓捕时无拒捕行为，并如实供认犯罪事实的，虽然不能认定为自动投案，但可以参照法律对自首的有关规定酌情从轻处罚。”河北省高级人民法院通过《〈人民法院量刑指导意见(试行)〉实施细则》，其中规定：“被告人亲属举报被告人犯罪，提供被告人隐匿地点或带领司法人员抓获被告人，以及有其他协助司法机关侦破案件、抓获被告人情形的，可以酌情减少被告人基准刑的20%以下。”

罚、为亲属利益而伪证及诬告免刑、为亲属顶替自首或顶替受刑不罚、为亲属销赃匿赃得免罚、有权拒绝证明亲属有罪或有责等制度应该被确立。另外，亲属间的犯罪不仅在司法上需要特殊性的处理，在立法上也需要做特殊性的规定。例如发生在亲属之间的强奸，特别是尊亲属利用其优势地位对卑亲属的强奸行为应该列为法定的从重处罚情节。严重的伤害家庭伦理的行为应当纳入到刑法的调整。① 这些内容之所以应该被当代中国所继受不单单因为它们是符合传统的，更因为它们是符合人性的。

诚然，司法机关的实践理性在当下中国法律对亲属关系的调整中发挥着很大的作用，但是我们必须看到的是，立法主导思想和文本上的局限严重地削弱了这种能动司法的合法性。为此它也受到一些学者的诟病，认为司法的扩张侵害到了现有的法制体系。② 不突破现有的法律文本，就不足以满足解决纠纷的需要，而欲完成解决纠纷的任务，却要承担“越权”甚至破坏法制体系的风险。当下中国的亲属司法似乎走进了一个二律背反的怪圈之中。其实，在当下的世界，不但在英美法系国家的司法表现出极强的能动性，即使在大陆法系国家，“解法典化”趋势也正在兴起，即大量的单行法和旨在实现个案正义的司法判例正在冲击和解构着传统的民法典，以至于很多国家的民法典被“缩减为一个令人厌倦而且毫无用处的橱窗。”③

虽然当下中国亲属司法的扩张部分源于亲属法律规范的粗疏，但笔者认为，即使当亲属法的法典化工程完工后，这样的局面虽然有所缓解，但不可能消失，甚至在一段相当长时间后也可能表现出“解法典化”的现象，并且，法典规定得越细化，这种现象便会越突出。这是成文法自身局限造成的。正因如此，笔者认为，解决亲属领域法律与现实冲突，不是要

---

① 一般说来刑法是一切正常社会关系的最后保障。既然我国目前的婚姻法规定直系血亲和三代以内旁系血亲禁止结婚，那么情节严重的，就应该由刑法来制裁，但对此我国刑法却没有相应的规定。参见李拥军：《亲属相奸何以为罪——乱伦罪回归中国刑法的深层思考》，载《兰州大学学报》(社会科学版)2012 年第 6 期。

② 强世功：《司法能动下的中国家庭——从最高法院关于〈婚姻法〉的司法解释谈起》，载《文化纵横》2011 年第 1 期。

③ [意]纳塔利诺·伊尔蒂：《解法典化的时代》，薛军译，载徐国栋主编：《罗马法与现代民法》(第四卷)，北京：中国人民大学出版社 2004 年版，第 80—107 页。

一味地依靠细化亲属法的规定的方式来解决，而是更多地要在转换亲属法的理念，促进立法与传统、民情的有机融合上下功夫。亲属法典（篇）的制定和完善不是要把司法塑造成“自动售货机”，而是要为司法提供标准和指导，因此，亲属法的系统化运动的最终目的不是要扼杀司法的灵活性和社会生活的回应性，而是要实现法律与实践的良性互动。

完善亲属立法的同时，亲属司法也需要系统化。对于此，更为关键的是应该做好三项工作：其一，及时总结实践经验，把共识性的东西以司法解释的方式确定下来，为亲属法典（篇）的更新提供规范素材；其二，在目前条件下，一定程度地发挥判例法的功能，从务实的角度讲，在当下中国应该大力推进案例指导制度，扩大公报案例、典型性案例的示范功能；其三，加强法官队伍的法律方法和裁判说理方面的训练，尤其要加强目的性解释、扩大性解释、类比推理、法律论证等方面的技能，使司法在技术上有规可循。

第八章　亲属豁免权的中国面相

2010 年河北省高级人民法院出台的《人民法院量刑指导意见（试行）实施细则》（以下简称《实施细则》）中规定："被告人亲属举报被告人犯罪，提供被告人隐匿地点或带领司法人员抓获被告人，以及有其他协助司法机关侦破案件、抓获被告人情形的，可以酌情减少被告人基准刑的 20% 以下。"该规定一出，舆论一片批评之声，多数舆论认为这种鼓励"大义灭亲"式的司法政策是一种违背人性、破坏信任机制的举动。[①] 而在 2011 年刑诉法修改期间，对于草案的亮点之一——"不强制近亲属出庭作证"的新规定，舆论则普遍为之叫好，或认为此乃中国古代"亲亲相隐"理念的回归，或认为是颠覆"大义灭亲"的时代进步，[②]甚至还有人认为一种新的权利形态——亲属作证豁免权由此而确立。[③] 在这两次方向截然不同的舆论背后，其实透视出了民众共同的立场，即民众更希望国家应给予亲情更多的宽容。由此，我们会进一步引申出这样一个问题，即在现代社会中法律应该如何对待亲情的问题。法律是调整人的行为的规范，而现实中

---

① 《荒唐：河北规定亲属大义灭亲被告可减刑》，载《新京报》2010 年 10 月 2 日 A02 版；《河北规定亲属"大义灭亲"被告可减刑引争议》，载《中国广播网》2010 年 10 月 4 日；《亲属"大义灭亲"，罪犯减刑？——河北省高院一则"酌情减刑"条文引争议》，载《文汇报》2010 年 10 月 12 日第 3 版。

② 刘栋：《不强制近亲属出庭指证透出法治文明进步——"大义灭亲"理念将被颠覆》，载《文汇报》2011 年 8 月 26 日第 8 版；《刑诉法大修颠覆大义灭亲　满文军可拒证老婆吸毒?》，载《北京晚报》2011 年 8 月 31 日。

③ 李克杰：《"近亲属可拒绝作证"——让法律更人性化》，载《检察日报》2011 年 8 月 24 日第 6 版。

的人又是情感的动物，任何人都逃避不了亲情，因此，法律在其运作中必然要遭遇到与亲情的协调问题。

面对亲情，中国自古就有“亲亲相隐”和“大义灭亲”两种理念，它们虽然立场迥异，但与中国人的道德传统却都不相排斥。道德主义虽然并不是现代法律所要唯一坚持的立场，但是，如果某些法律漠视甚至悖离基本的社会道德，那么它的合法性就有可能受到质疑，“恶法非法”的原则可能会激励人们反抗这样的法律。由此看来，法律对“亲亲相隐”和“大义灭亲”两种立场的选择问题并不是一个无关痛痒的问题，而是一个值得让立法者深思甚至着实让其头疼的问题。因为，立法者必须要面对二者选其一的纠结，且任何一种立场的抛弃都可能遭遇法律的道德性危机，在这其中法的某些价值有可能受到不同程度的贬损。该问题的难度还不限于此。当下的中国正处于改革和发展的关键时期，而建设法治的战略又促使国家往往把立法作为重建利益格局的惯常性举措。然而，对于中国这样一个在法律现代化过程中处于后发展阶段的国家来说，由于新旧体制、新旧利益、传统和现代观念的交融与碰撞，使得某些立法常常变得异常艰难和复杂。换言之，某些立法过程，其实往往就是一场各种力量之间的艰难的博弈过程。也正因如此，法律对“亲亲相隐”和“大义灭亲”立场的选择问题才变得更加复杂，因为在这场博弈中立法者需要在更多的问题上作价值取舍和立场选择。具体说，在功利主义的驱动下，国家和民众具有不同的利益诉求进而持有不同的立场。国家出于秩序和效率的考量，更倾向于让民众“大义灭亲”，而民众更愿意从自由或权利的角度出发，希望国家能让其“亲亲相隐”，此间立法者应该如何取舍？面对传统的国家职权主义的压力和当下民众对权利日益高涨的需求，面对依赖“大义灭亲”法制而形成的分属于不同实体的部门利益和民众基于善良人性而亟待国家给予亲情“松绑”的欲求之间的冲突，在此消彼长的利益格局的重整中，立法者应该如何权衡？从文化传统上讲，“亲亲相隐”有其历史根基，从革命传统的角度看，“大义灭亲”有其合法性，在传统文化复归和法律的政治性日益弱化的现代社会，在处理亲情的问题上立法者的立场应该如何选择？再进一步说，“亲亲相隐”和“大义灭亲”的选择与权衡过程实际上是一个在立法或司法场域中展开的，来回往复于官方与民间、传统与现代之间的，权力与权利、权力与权力的博弈过程。在这一过程中，我们能够看到国家的职权主义思维在松动，一种新兴的权利——亲属豁免权开始萌发并在立法中启动，但同时我们还会看到，由于这种博弈的复杂性，该种权利在确立的过程中遭遇到了不同寻常的经历并呈现出了中国独有的面相。

一、“大义灭亲”与“亲亲相隐”：国家话语与民间话语的博弈

在福柯的理论里，权力不仅仅是与法律和国家机器相联系的东西，权力来自各方，无处不在，话语也构成一种权力。[①] 借用福柯的理论，“亲亲相隐”和“大义灭亲”两种话语在当下中国社会正进行着一场权力博弈。

提及“亲亲相隐”，中国人并不陌生。传统中国是一个宗法伦理社会，亲情是维系该社会的最为重要的纽带，因此，国家往往把维护亲情视为法律所要保护的一种更高的价值。正因如此，在中国，“亲亲相隐”一直以官方话语的形式出现。这表现在，一方面，在主流的意识形态上，统治者一直倡导亲属之间的相隐。孔孟对此的表述应该最具有说服力。孔子曾有“父为子隐，子为父隐，直在其中矣”的论断，[②]孟子为被亲情与国法所困扰的舜设计了“窃负而逃，遵海滨而处”的方案。[③] 另一方面，在法律实践上，国家一直把“亲亲相隐”视为民众的一项义务，并且“相隐”的范围逐渐扩大，到了唐朝甚至发展成为“同居者相为隐”。与此相适应，法律还规定了强制亲属拒证制度，如《大明律》卷首就规定：“弟不证兄、妻不证夫、奴婢不证主”。自晚清以来，随着法制近代化的推进，原有的体现中华法系特征的内容几乎都被废弃，但“亲亲相隐”的制度与理念经过必要的改造后却被保留了下来。据范忠信先生考察，从大清新刑律到民国刑法先后保留了为庇护亲属而藏匿人犯及湮灭证据不罚、放纵或便利亲属脱逃减轻处罚、为亲属利益而伪证及诬告免刑、为亲属顶替自首或顶替受刑不

---

① [法]福柯：《性经验史》，佘碧平译，上海：上海人民出版社2002年版，第63、75页。

②《论语·子路》。

③《孟子·尽心上》。

罚、为亲属销赃匿赃得免罚、有权拒绝证明亲属有罪、对尊亲属不得提起自诉等规定。[①]

随着新中国的建立，有关“亲亲相隐”的官方话语开始中断，这直接表现为“亲亲相隐”制度连同旧法统一并被废除。从表面上看，这种话语的中断是出于新政权与旧制度决裂的需要。其实，在这背后更有深层的原因。首先，“阶级斗争理论”在其中发挥了重要作用。从新民主主义革命以来，中国革命始终受着一种“阶级斗争理论”的指导。这种理论是建立在一定程度地否定家庭和传统的基础上的，它从阶级的立场出发，试图以一种“同志式”的政治伦理取代以血缘和婚姻为纽带的家庭伦理。这样，往往政治伦理当中的“大义”要高于家庭伦理中的“亲情”，当两者发生冲突的时候，一个合格的革命者自然应该“大义灭亲”。同时，受这种理论的指导，犯罪通常被认为是“孤立的个人反对统治关系的斗争”，[②]是阶级斗争不可调和的产物。[③] 这样，违法犯罪分子往往被视为反动阶级的一部分，因此配合国家缉拿犯罪便被视为国家赋予每个公民的一项重要的政治任务，是每一个革命者必须坚持的“大义”。这种对“大义”的坚持，即使遇到亲情，也没有例外。再进一步说，受“阶级斗争理论”的影响，在现实生活中，政治伦理把自然状态下关于人的“亲属”和“非亲属”的分类硬行改变为“同志”和“敌人”的分类。按照这种政治逻辑，虽有杀父之仇但因站在了同一个革命阵营也会因仇人变为同志，而虽有养育之恩、结发之义，但因站在了相反的阵营中也应彼此视为敌人。于是，一旦有人犯了罪，那么他便异化为了人民的反面，他和亲属之间的关系也毫无例外地演变成了敌我关系。因此，即使面对亲属的犯罪，任何人都没有理由不揭发犯罪，不配合国家惩罚犯罪。如果对此消极懈怠，甚至为犯罪者提供便利，便是一种政治上的“资敌”行为，自然应该受到法律的严惩。

其次，革命主义的“人性观”也是促成“亲亲相隐”传统中断的又一要因。由于机械地套用马克思的“人的本质不是单个人所固有的抽象物，在

---

① 范忠信：《中西法律传统中的亲亲相隐》，载《中国社会科学》1997 年第 3 期。

② 《马克思恩格斯全集》第 3 卷，北京：人民出版社 1960 年版，第 379 页。

③ 高铭暄主编：《中国刑法学》，北京：中国人民大学出版社 1989 年版，第 25 页。

其现实性上，它是一切社会关系的总和”[①]的表述，所以革命主义的“人性观”往往认为，人性并不是与生俱来且一成不变的东西，而是具体社会关系的产物；在阶级社会中，人性的问题就是阶级性的问题。即不能脱离阶级来空谈人性。因此，亲情不是人性中所固有的内容，它应该服从于阶级性。阶级社会是一个非血缘和非亲缘的联合体，它由阶级内统一的政治伦理来调整。而家庭则以私人层面的亲情伦理来维系，这与具有相对普遍性的政治伦理相差甚远，一个合格的革命者要勇于走出自己的家庭，摆脱亲情伦理的束缚，特别是，当亲情和阶级性发生冲突的时候，他必须能够以阶级情感战胜狭隘的亲情。当政治伦理以法律的形式来表征的时候，亲情与阶级性的冲突便直接表现为亲情伦理和法律规范的冲突。于是，当亲人违法，每一个革命者（或公民）不但不能包庇，相反，应该勇敢地予以检举和揭发。

在这种“阶级斗争理论”和革命主义的“人性观”的指导下，家庭和亲情观念受到了批判，“亲亲相隐”的官方话语地位遭到了颠覆，取而代之的当然是一种“大义灭亲”式的话语表达形式。该种话语深刻地影响着改革开放以前的新中国的立法和司法，这表现为：“大义灭亲”的行为常常被当作正义之举而得到官方话语的支持和表彰。具体言之，这种官方话语往往通过三种方式来表达：其一，以典型案例的形式给予个案性的表彰；[②]其二，以文件、社论以及领导人的讲话的方式进行普遍性的肯定；[③]其三，

---

① 《马克思恩格斯选集》，北京：人民出版社 1995 年版，第 56 页。

② 温义权：《杨桂馨检举父亲》，载《生活知识》1951 年 5 月 11 日；《北京大学学生展开坦白检举运动不少学生检举了自己亲属的违法行为》，载《人民日报》1952 年 2 月 4 日；《许东才站稳人民立场检举奸商父亲》，载《人民日报》1952 年 2 月 6 日；《严相珍检举了特务丈夫》，载《东北日报》1951 年 5 月 14 日；《青年教师刘元龙大义灭亲，积极检举揭发反革命父亲》，载《江苏教育》1955 年第 22 期；等等。

③ “人民群众也更敢于起来同反革命作斗争。例如检举反革命的事件空前增多，有的妻子检举反革命的丈夫，有的儿子控诉罪大恶极的父亲，因为这种所谓父亲，不仅迫害人民，而且百般地迫害他自己的儿子。”参见《首都各界人民代表扩大联席会议上北京公安局罗瑞卿兼局长的报告》，载《人民日报》1951 年 5 月 22 日。“不少地方还出现了子女检举特务父亲等等动人事迹。”参见《放手发动群众控诉与检举反革命分子》，载《人民日报》1951 年 5 月 21 日。“还出现了弟弟、妹妹检举当特务的哥哥；女儿控告反革命的爸爸等许多范例。”参见《深入发动群众，控诉反革命罪行，检举反革命分子》，载《东北日报》1951 年 5 月 5 日。

以司法解释的形式予以明确的支持。[①] 又由于出于反对父权、夫权、家长权的革命需要，国家尤其鼓励和支持卑幼对尊长的“大义灭亲”，于是在那些年代里，儿女揭发父亲、妻子揭发丈夫、弟妹揭发兄长的“宁可使一家哭不要千家哭”的“许多范例”和“动人事迹”不断涌现，[②]在官方话语中“大义灭亲”“勇于揭发”“大胆检举”等词语高频出现。[③] 这种话语随着极左思潮的泛滥在“文革”中达到了顶峰。[④]

在当下的中国，虽然阶级学说和革命哲学的影响正在逐渐地弱化，法律也正在渐进地去政治化，但依据历史的惯性，“大义灭亲”式的话语仍然顽强地保留在当下的中国法律制度中。在法律的去政治化的过程中，国家主义的立场悄然地代替了阶级主义的立场而重新成为支持“大义灭亲”话语方式存在的理由和土壤。也就是说，配合国家缉拿自己的亲属，对公民来说虽已不是一项政治任务，但仍然是一项应尽的国家义务，“亲亲相隐”的行为虽不能定义为政治上的“资敌”行为，但仍然属于帮助犯罪分子的违法行为。正因如此，1979 年刑法的第 162 条、172 条以及 1997 年刑法的第 305 条、306 条、310 条都规定了知悉犯罪嫌疑人情况的任何人，包括亲属在内，都不能作伪证，不能实施窝赃、包庇行为，否则构成犯罪；1979 年以及 1996 年的刑诉法都规定了“凡是知道案件情况的人都有作证的义务”，近亲属并不能除外，当下的刑诉法又延续了这样的规定。

所谓国家主义立场，就是一种在多元利益格局中优先满足国家利益的立场。其逻辑是，人是社会动物，必须要在国家这样的政治体中生活，国家作为自足自洽的存在，国家利益、意志以及目的相较个人抑或非国家性组织，被视作更高级的“善”，呈现出毋庸置疑的优越性。[⑤] 而个人或非

---

① 1964 年 12 月 2 日《最高人民法院关于反革命分子的子女要求与父母脱离亲属关系问题的复函》中表述道：“反革命分子的子女要求与父母脱离亲属关系是一个很复杂的政治问题……我们认为对待这个问题的处理应从积极方面鼓励他们的进步要求。”

② 孙邦逸：《我如何从“大义救亲”到“大义灭亲”的?》，载《新闻日报》1951 年 5 月 10 日。

③ 胡毓秀：《家庭妇女王佩芳坚决地检举了特务丈夫》，载《解放日报》1951 年 5 月 9 日。

④《大义灭亲不止是文革之痛》，载《新华网》2013 年 8 月 9 日。

⑤ 张志铭：《转型中国的法律体系建构》，载《中国法学》2009 年第 2 期。

国家性组织则有义务保证国家的这种优越性。"大义灭亲"式的话语表达方式其实就鲜明地体现了这种国家主义立场,制度的设立完全以有利于侦破案件、打击犯罪、惩罚犯罪为宗旨,以维护整体的社会秩序为前提和目标。为达到这一目的,要动员起一切力量和资源,利用一切可以利用的手段,与违法犯罪分子作斗争,个人应该服从这样的目标。所以,在改革开放以后的很长一段时间里,官方的教材和学者的理论仍然在诠释着这样的思想:"在我们的国家里,国家和人民的利益高于一切,侵害国家和人民利益的行为,每个知晓的公民都有检举、揭发和作证的义务,不管和被告人有什么关系,也不管情况是怎样获得的。我们提倡'大义灭亲'的精神,知情不举或者有意藏匿罪证,是违法行为。"[①]"我们社会主义法律是人民群众意志的集中体现,是人民民主权利的保证。为了维护社会主义法律尊严,应该大力提倡'大义灭亲'精神,而对'父子相隐'这一封建糟粕及其余毒,必须加以彻底的批判和摒弃。"[②]这种以国家主义面貌出现的"大义灭亲"法制模式虽然失去了以往的政治性,且增加了更多的程序性和确定性,但由国家主义的本质所决定,其对伦理亲情的不宽容并不比阶级主义条件下逊色,甚至在特殊条件下,在某些领域还有所加强。例如,1982 年全国人大常委会所颁布的《关于严惩严重破坏经济的罪犯的决定》的第 1 条第 4 项就规定,对犯罪人员和犯罪事实知情的直接主管人员或者仅有的知情的工作人员不依法报案的,应比照刑法第 188 条规定的徇私舞弊罪处罚。在这里,"知情不举"都有可能构成犯罪。

伴随着政治型社会的解构,人性的理念与家庭的观念开始回归,人权与法治的观念逐渐获得推进,在这一过程中,"大义灭亲"式的法制模式逐渐受到民众的质疑和批判,法律对亲属应给予必要的宽容的诉求开始生长,这些批判和诉求由弱变强逐渐形成一股不可小视的民间话语。早在 1996 年刑诉法修订、1997 年刑法修订之时,包括刘仁文在内的一些学者

① 张子陪,陈光中等:《刑事证据理论》,北京:群众出版社 1982 年版,第 210 页。

② 俞荣根:《儒家法思想通论》,南宁:广西人民出版社 1992 年版,第 277 页。

就曾呼吁给予亲属刑事豁免权，[①]2003年由汤维建等学者起草的《民事证据法》建议稿中明确地设计了亲属以及有特定职业的人员可以拒绝作证的内容，[②]2007年一位全国人大代表向全国人大常委会办公厅提交了《关于尽快恢复亲属容隐制的建议》。[③] 而2010年河北省高院出台相关《实施细则》后，"几乎一边倒"的批评之声则充分地反映出民间对"大义灭亲"立法的反感、对法律能够宽容亲情的期盼。最近，网络有关"大义灭亲"的民意调查也显示：高达55.4%的人表示反对，仅有26.2%的人表示支持。[④]

学界是民间话语的主要阵地。学者们在对"大义灭亲"的批判上表示出了高度的一致性。这种批判通常以一种"自然法"的方式进行，即学者们认为，在现有的法律秩序之上还有更高的具有自然正义性质的价值需要保护，而"大义灭亲"则破坏了这些价值。其一，从人性的角度，认为追求"大义灭亲"违背人性；其二，从信任的角度，认为追求"大义灭亲"是对人类社会赖以维系的信任关系的破坏；其三，从家庭伦理的角度，认为追求"大义灭亲"不利于家庭关系的维系。在学者们的预设中，良法是应该照顾这些价值的。于是，他们普遍运用"父子之亲，夫妇之道，天性也"这样的词句来论证"大义灭亲"的反人性和"亲亲相隐"的合理性；[⑤]他们经常借助贝卡利亚、孟德斯鸠等启蒙思想家，富勒、罗尔斯等新自然法主义者的观点来说明法律应该宽容亲情和人性。[⑥] 从西方的学术传统来讲，

---

① 黄秀丽等：《量刑的抉择："大义灭亲"还是"亲亲相隐"》，载《南方周末》2010年10月14日第A04版。

②《我国首部证据法即将呈报全国人大　证人可拒绝作证》，载《新快报》2003年1月20日。

③《郭齐勇谈刑诉法大修：为何大义灭亲让位亲亲相隐》，载《中国新闻网》2012年5月17日。

④ 张倩：《亲人犯罪家人可以包庇》，载《青年周末》2010年10月21日。

⑤ 这是汉宣帝诏书中的一句话，几乎所有的有关批判"大义灭亲"和倡导"亲亲相隐"的文章都使用了这句话。

⑥ 张本顺：《"安提戈涅之怨"与中国亲属拒证权的缺失》，载《法制与社会发展》2008年第3期；骆群：《亲亲相隐：刑事政策的人伦启示》，载《东方法学》2010年第3期；谢佑平，陈莹：《"亲亲相隐"与亲属间窝藏、包庇类犯罪的豁免》，载《河北法学》2011年第12期；郭齐勇：《"亲亲相隐""容隐制"及其对当今法治的启迪——在北京大学的演讲》，载《社会科学论坛》2007年第8期(上)；黄春燕：《中国法治语境下亲亲相隐如何可能》，载《政法论丛》2011年第6期；等等。

这样的论证可以说成是一种“自然法”式的论证，但从中国文化传统来看，该种论证也可以被表述为一种“道器二分”式的论证，正所谓“理也者，行而上之道也，生物之本也；气也者，行而下之器也，生物之具也。”[①]其论证逻辑是，在器物制度之上还应该有更需要保护的“道”，而“道”则是这个社会赖以存系的基础。人性、信任、伦理无疑就是这样的“道”，如果现行的实证法以违背这些“道”的形式来运作，它给该社会带来的后果无疑是颠覆性的。其实，无论是哪种论证，都秉承着一种批判性的思维，其终极目的在于从权利的立场出发来反对法律在亲情问题上的职权主义思维，呼吁国家在亲情和国法的选择问题上给予民众更多的自主以保护必要的人性与伦理价值。

既然“大义灭亲”型法制的始作俑者是“革命政治”，那么，它的反对者便更愿意从“极左”的历史中取材，进而通过一种借古喻今的方式来实现对它的批判，而这种批判通常以“现身说法”“时空倒叙”“典型事例提取”等方式展开：“我亲眼目睹了父子之间的残害、夫妻相互的揭发、兄弟间的反目、学生对师长的蹂躏，真是令人辛酸，那一幕残酷的镜头至今还在我脑海存留着，不时浮现在眼帘。那就是孟子所谓的‘人相食’的悲剧啊！”“私人领域之中最为密切的关系，如家庭之父子、兄弟、夫妇等亲情，继而朋友、师生等情谊如都遭到破坏，彼此落井下石，揭发出卖，甚至私底下的言行也成为判为犯罪的证据，那只能是‘文革’中出现的惨状。”[②]“亲属作证义务在我国历史和现代世界法治国家的实践中都找不到例证，完全是‘文革’极左思潮的产物。……鼓励人们要勇于‘斗私批修’，与一切‘地、富、反、坏、右’分子划清界限，作坚决斗争。故而，子女揭发父母，夫妻互相揭发检举的情况比比皆是。”[③]“1957 年的反右斗争中，为了证明自己的亲人、朋友、老师有罪，多少人效仿舒芜，‘大义灭亲’，把平时交往中最隐

---

① 《朱文公文集·答黄道夫》。

② 郭齐勇：《“亲亲相隐”“容隐制”及其对当今法治的启迪——在北京大学的演讲》，载《社会科学论坛》2007 年第 8 期(上)。

③ 梁玉霞：《传承与移植的失却——对我国亲属作证义务的反思》，载《中外法学》1997 年第 4 期。

秘的东西揭露出来?”[①]在这里,批评者运用的是一种历史主义的修辞手法,其目的在于反思当下,他们以隐喻的方式把批判的矛头指向了当下的“大义灭亲”式的政治。随着中国政治型社会的逐渐消解,人性观念的逐渐回归,越来越多的人开始思考“大义灭亲”式政治与法制自身的问题,“亲亲相隐”回归现代法治的呼声也越来越高。[②]

学界对“大义灭亲”式法制的批判不是源于形而上的玄思,而是有着深厚的社会基础作为支撑的。现实中,法律对人性的拷问、民众在情法选择上的无奈都不同程度地支持着学界的这种批判。一位来自刑侦一线的警官颇有感触:“公安机关在调查取证时,亲属大都采取两种态度:不支持或坚决反对,即从心里抵触。”据武汉市公安局1997年对连续三年所抓获的越狱犯的调查显示:81.5%的逃犯都被窝藏过。一位母亲因藏匿自己的犯罪儿子被捕入狱,在狱中,当记者采访到她时,她还这样说:“我能藏一天算一天,尽一尽母亲的心。”[③]一位帮助其养女逃跑而获罪的养父当接受记者采访时,仍然坦然回答:“凭良心来说,就是到了今天,叫我去把女儿带过去报案,投案自首的话,那也不太可能。”[④]一位举报女儿窝藏毒品的父亲,得知女儿、侄儿被判刑后,“急白了头,常常呆坐在女儿的房里独自垂泪,甚至一度后悔自己的举报”;[⑤]更有甚者,一位哥哥举报了弟弟杀人后,不堪忍受来自各方的压力,最终上吊自杀。[⑥] 民众无奈的背后实际映射出的是“大义灭亲”立法对人性的反动。正因如此,对此类行为官方与民间的评价大相径庭。早在20世纪80年代,蒋佩玲因资助犯罪逃亡的未婚夫,虽受法律的处罚,但在民间却赢得了“娶妻要娶蒋佩玲”的

---

① 吴丹红:《特免权制度研究》,北京:北京大学出版社2008年版,第46页。

② 朱柳笛:《一名红卫兵的忏悔:永不饶恕自己“弑母”》,载《新京报》2013年8月7日第A24版。

③ 李秀平主持:《法也容情——现行法律可否“亲亲相隐”研讨会》,载《法律与生活》2001年10月下半期。

④ 刘斌:《“亲亲相隐”与“大义灭亲”》,载《社会科学论坛》2008年第9期(上)。

⑤ 蔡小莉:《父亲举报女儿藏毒　送女归案后急白了头》,载《成都商报》2012年6月21日第33版。

⑥《哥哥举报弟弟杀人埋尸　因不堪内心压力上吊自杀》,载《成都晚报》2006年9月7日。

好名声;[①]而满文军在涉毒案中"大义灭亲",其妻被判刑,虽然他的行为在法律上无可厚非,但在公众眼里却变成了没有担当的人,"好丈夫"的形象荡然无存。[②] 由此看来,随着理性与人性的回归,当下中国的"大义灭亲"法制正在遭遇着前所未有的合法性危机。因此说,河北省高院的《实施细则》如此遭人反感便不足为奇了。针对民众的普遍批评之声,一位学者曾这样评价道:"舆论热潮的背后,实际上是公民高涨的权利意识和落后的法治理念之间冲突。"[③]

民间话语的背后暗示着一种新的权利形态——亲属豁免权正在萌发和涌动,它的力量来自于民众自身,来自于人性的回归,来自于对"大义灭亲"法制弊端的理性认知。然而,它的力量目前还不能从根本上颠覆"大义灭亲"的法制模式,因为该模式为国家带来的利益,特别是由此而形成的部门利益,使得立法者不愿也不能甚至不敢完全抛弃这一传统。但民间话语的成长和壮大,对官方无疑也构成了一定的压力。欲使立法和司法具有生命力或减少不必要的阻力,立法者就不能完全忽视这些舆论和话语,至少"群众路线"仍然是当下中国必须贯彻的路线。于是,立法者再不敢"冒天下之大不韪"直接做出强迫人们"大义灭亲"的立法,而是在保留既有立法的前提下试图通过一种奖励"大义灭亲"的方式来平衡民间和官方的矛盾与分歧。比如,2010 年最高人民法院、最高人民检察院、公安部、国家安全部和司法部联合发布的《关于办理死刑案件审查判断证据若干问题的规定》就将"被告人的近亲属是否协助抓获被告人"视为对被告人从轻量刑的情节。前述的河北省高院的相关规定也是应这样思想出台的。然而,批评之声似乎并未因此而减弱,由河北高院的司法决策而引发的热议就是明证。显然,在民间的舆论和国家的法制传统之间,立法者处于一种两难的境地。为了顺应民众的需求,传统的法制模式必须要有所突破,立法者把这个突破口首先选在了亲属作证领域。但面对坚固的传

---

① 《娶妻要娶蒋佩玲,交友要交徐根宝》,http://bbs.tianya.cn/post-law-37947-1.shtml。

② 张倩:《亲人犯罪家人可以包庇》,载《青年周末》2010 年 10 月 21 日。

③ 黄秀丽等:《量刑的抉择:"大义灭亲"还是"亲亲相隐"》,载《南方周末》2010 年 10 月 14 日第 A04 版。

统，立法者又不敢跑得太远，同时它又要兼顾其他部门的利益。正像最高立法机关自己所表述的那样，要“坚持从我国具体国情出发，循序渐进地推进我国刑事诉讼制度的完善”“既要与时俱进，又不超越现阶段的实际”。[①] 正是由于立法者需要顾及的内容、需要平衡的利益太多，所以原本要做的“突破”其实并未“突破”，盛赞下的“亮点”其实并不是“亮点”，于是亲属作证豁免权便具有了中国特有的面相。

二、亲属作证豁免权的中国面相：部门权力博弈下的“亲亲相隐”立法

我国2012年新修改的刑诉法第188条第1款规定：“经人民法院通知，证人没有正当理由不出庭作证的，人民法院可以强制其到庭，但是被告人的配偶、父母、子女除外。”该规定早在刑诉法修正案草案阶段就颇受舆论好评，曾被誉为刑诉法修改的一大亮点，被视为立法上从“大义灭亲”向“亲亲相隐”过渡的开始，甚至有人认为中国由此确立了“亲属作证豁免权”。如果我们深入研究，其实该规定具有非常大的局限性，远没有达到舆论寄予的期望。首先，该条款只是规定了不强制近亲属“出庭作证”，并不是说近亲属可以不作证，只是不能强制其出庭而已，被告人的近亲属在不出庭的情况下，还可以通过书面、录音、录像等方式作证，因此，近亲属作证的义务仍然存在。其次，这样的规定仅适用于一审的法庭审判阶段，并没有贯穿刑事诉讼的全过程，对查明案件至关重要的侦查或审查起诉阶段却没有相应的规定。对于该规定的局限性，一位学者的论述颇为深刻：“不得强制被告人亲属出庭作证，首先不意味着亲属没有作证的资格，其次不意味着没有作证的义务，再次不意味着侦诉人员不能强制（非暴力）取证，最后不意味着控方不能向法庭提交被告人亲属在庭前、庭外的证据。这样一来，其实际结果就完全走向了立法本意的反面。”由此他断言“该条款与亲亲相隐毫无关系”，他甚至督促某刊物尽快刊发他的观点，

① 王兆国：《关于〈中华人民共和国刑事诉讼法修正案〉的说明——2012年3月8日在第十一届全国人民代表大会第五次会议上》，载《人民日报》2012年3月9日第3版。

以正视听。[①] 我国资深的刑诉法专家陈光中先生面对媒体也承认:"该规定没有达到否定大义灭亲的程度"[②];这样的规定"与国际通行的亲属拒绝作证权相距甚远,颇有'犹抱琵琶半遮面'之感"[③]。由此看来,该规定并没有确立真正的亲属作证豁免权,最大限度只能说是确立了"亲属出庭作证豁免权"[④],或者说是一种"不完整意义上的亲属作证豁免权"。

这种"不完整意义上的亲属作证豁免权"的局限性还不仅如此。当下中国的刑事司法中实际上奉行着一种被陈瑞华教授所定义的"以案卷笔录为中心"的裁判模式,即法官普遍通过阅读检察机关移送的案卷笔录来展开庭前准备活动,对于证人证言、被害人陈述、被告人供述等言辞证据,普遍通过宣读案卷笔录的方式进行法庭调查,普遍通过援引侦查人员所制作的案卷笔录来作出裁决。[⑤] 既然审判并不非得依赖证人出庭,证人出庭作证便成了刑事诉讼中无足轻重的环节。据学者的实证调查显示,我国目前刑事诉讼中的证人出庭率不足1%。[⑥] 既然证人出庭的意义如此之小,那么亲属证人出庭的意义又能有多大呢?既然需要亲属证人出庭的情况凤毛麟角,既然法院完全可以在亲属不出庭的情况下完成审判,新刑诉法的这样的规定到底能有多大的意义呢?其实,在笔者看来,这是一个"名""实"分离的举动,其符号意义远远大于其实际意义。

其实,在中国的刑事司法中,真正需要证人出场作证的并不在审判环节而在侦查环节,因为发现犯罪的任务主要由侦查机关来完成的。如果真从关怀人性、保护人权、维护信任关系的角度出发,在这一环节设立亲属作证豁免制度是最有意义的。但是真要如此,就必须要面对公安和检察两大部门,而它们的强势地位决定了在这一环节设置该制度其难度要比在审判环节大得多。我国宪法规定,公检法三机关分工负责、互相监

---

① 洪道德:《无关"亲亲相隐"》,载《法律与生活》2011年9月下半期。

② 陈宝成:《亲属不出庭作证　并未颠覆"大义灭亲"》,载《南方都市报》2011年8月31日第A16版。

③ 陈光中:《刑诉法修改中的几个重点问题》,载《人民法院报》2011年8月24日第6版。

④ 陈瑞华,黄永,褚福民:《法律程序改革突破与限度——2012年刑事诉讼法修改述评》,北京:中国法制出版社2012年版,第80页。

⑤ 陈瑞华:《刑事诉讼的中国模式》(第2版),北京:法律出版社2010年版,第161页。

⑥ 吴丹红:《司法场景中的证人作证》,载《国家检察官学院学报》2006年第3期。

督、互相制约，理论上三者形成了一种平权型分工合作关系，但是在实际的权力架构中，三者的权重指数并不相当。公安机关，由于其在维护社会治安和社会稳定中的特殊职能，无论是在政治地位、人员的数量还是在实际管理能力等方面都占有绝对的优势。检察机关是我国宪法规定的专门的公权力监督机关，公安、法院也在其监督之下。相比较而言，法院既没有公安机关那样的“实力”，又没有检察机关那样的“权力”，反而成了刑事诉讼权力架构中的“弱势群体”。如果将亲属作证豁免运用到侦查阶段，势必会增加侦破案件的成本，会冲击到公安机关和检察机关既有的权力，它们自然不会坐视自己的利益受到克减，当它们凭借自己的“实力”和“权力”进行抗争时，必然会给立法者造成相当大的压力。其实，在此次刑诉法修改之初，立法专家们也原本设想在刑事诉讼全程设立这样的规定，并且已经将此写入了征求意见稿中，但在正式的文本中，却“最终退回去了”[①]。刑诉法现在的规定实际上是立法者对亲属作证豁免权的一种“打折”式的处理，之所以出现这样的结果，其原因就在于公安和检察机关的抵触。[②]

这种“打折式”立法的背后折射出来的是立法者在权力博弈中的纠结和无奈。对人性给予必要尊重、不强人所难，是现代立法的宗旨，它既是衡量一部法律先进与否的重要标志，也是该法律能否得到民众认同的关键。随着中国法治化进程的推进，这样的观念也正逐渐深入到立法者的内心。舆论对“大义灭亲”式法制模式的反感，也促使立法者要对传统的“所有人都有作证的义务”模式做出突破。于是立法者便有了开启亲属作证豁免权的动议。众所周知，任何改革都是一次利益的调整，突破传统必然要触犯到某些部门的利益，亲属作证豁免自然也不例外。当某些部门的利益受到挑战时，这些部门便会向立法者施加压力，特别是当强势部门

① 陈宝成：《亲属不出庭作证　并未颠覆“大义灭亲”》，载《南方都市报》2011 年 8 月 31 日第 A16 版。

② 据直接参与了本次刑诉法修改的立法专家黄太云同志介绍：此次刑事诉讼法修改，有的意见提出应当在草案中规定近亲属的拒证权，但侦查机关对此建议大多不赞成，认为在不少案件中正需要犯罪嫌疑人的近亲属作证，尤其在办理贿赂案件中，往往只有近亲属知道犯罪情况，规定近亲属的拒证权不利于打击犯罪。参见黄太云：《刑事诉讼法修改释义》，载《人民检察》2012 年第 8 期。

向其施压时,立法者便不能不考虑它们的意见。[①] 于是在强势部门利益面前,该项立法不得不绕过公安机关,也不得不绕过检察机关。审判阶段是刑事诉讼的终极环节,如果再绕过法院,亲属作证豁免权的立法设想便彻底流产了。但如果单单不放过法院,难道法院的利益就应该“牺牲”吗?法院虽然在刑事诉讼权力架构中属于“弱势群体”,但对于立法者来说,它并不弱势,它的利益和意见都不是无足轻重的。在权力博弈中,让某部门接受某制度的前提是该制度必须不能使其利益受损,而法院之所以能接受这一制度,正是基于这样的理由。

从理论上说,公检法三机关的关系是一种分工负责、互相监督、互相合作的关系,而事实上,由于出于惩罚犯罪的共同需要,它们之间形成了一个利益共同体,因此,在它们之间合作多于监督。由此,中国当下现实中的刑事诉讼结构是一种公检法三位一体、前后递进、接力互补的“线型”结构,刑事诉讼过程是一种侦查、起诉、审判依次“流水作业”式的过程。[②]由于刑事诉讼的主要目的在于发现犯罪事实,所以诉讼过程的重心在审前而不是在审判。因此,在这样的结构中,“法院只是我国公检法三机关联合惩罚犯罪流水线上的最后一个‘操作员’,法院的刑事审判活动并非完全站在中立的立场上对追诉机关的刑事指控进行独立的审查和裁判,而是在惩罚犯罪问题上起到查漏补缺的作用,以及通过形式上的法庭审判应景般对追诉机关的刑事指控进行最终的权威认定,从而在程序上完成惩罚犯罪的最后一道手续。”[③]这样,出于完成“最后一道工序”而进行的审判,法院在证据上更依赖于侦查机关所取得的笔录,更信赖于公诉机关的意见。正因如此,一般情况下,刑事审判是不需要证人出庭的,或者说证人即使出庭了,在既有的诉讼结构下,通常也不会改变法官的“内心

① 沉默权至今仍没有写入刑诉法便是最能说明该问题的例证。据一位参与刑诉法修改讨论的人士回忆:公安机关对沉默权一直明确反对,他们的理由是干警的素质没那么高。“再说了,他们就急了,常常为此争得面红耳赤。如果再揪住这个话题不放,他们干脆就派司局长甚至处长来参会,明摆着不想和你们玩了。”参见姚冬琴:《刑诉法大修内幕:四位亲历者讲述修法10年博弈》,载《中国经济周刊》2012年第12期。

② 陈瑞华:《从“流水作业”走向“以裁判为中心”——对中国刑事司法改革的一种思考》,载《法学》2000年第3期。

③ 王超:《论法院难以排除非法证据的深层次困境》,载《社会科学》2013年第7期。

确信”。当由公检法三家共同构建起来的堡垒趋向于坚不可摧时，证人出庭的价值便被消解了；当证人出庭的价值被消解时，规定不强迫证人出庭还能有多大的意义呢？不仅如此，刑诉法第188条中规定的只是“不强迫到庭”，并不是可以拒绝作证，如果法院认为有必要让亲属作证的，它依然可以在庭下完成。并且，立法者并没有像其他条款那样使用“近亲属”的概念，而是有意将之限缩为“配偶、父母、子女”。[①] 这或许是立法者出于减少来自法院的压力而作的策略性的处理，但事实是，法院的利益不但没有受损，反而灵活性增加了。正因如此，对于这样的规定，法院并没有像公、检两大机关那样表现出明显的抵触。其实，法院也不会把这“不疼不痒”的规定当回事，在随后的最高人民法院关于适用刑诉法的解释中对其不作任何解释性的规定就能看出这一点。[②]

这样看来，该项规定并不能发挥出关怀人性、保护人权、维护信任关系的意义，换言之，刑事被告及其亲属并不能从中受益，相反，这种不完全意义上的所谓的“亲属作证豁免”，在公检法三机关“共谋”的情况下，不但不能充当保护当事人的手段，反而可能成为危害当事人的机制。正因为该规定在侦查阶段没有亲属作证豁免的限制，侦查机关完全可以强迫亲属做出不利于犯罪嫌疑人的证词。到了审判阶段，当其亲属愿意走上法庭推翻先前的不实之词或公开其中被强迫的缘由时，而公诉方和审判机关则可能出于维护“共同利益”的考虑，限制证人出庭，于是这一条款便很可能成为它们不让证人出庭的借口，这样，司法机关便会以落实亲属作证豁免权的名义来剥夺被告人的质证权。[③]

陈光中先生说得好：“刑诉法的修改是一次部门权力与权力之间的博

① 刑诉法第106条对“近亲属”做了界定，指夫、妻、父、母、子、女、同胞兄弟姊妹，而第188条所指称的主体显然比之狭窄。

② 2013年1月1日起施行的《最高人民法院关于适用〈中华人民共和国刑事诉讼法〉的解释》共有548条，几乎对刑诉法中的所有条款都作了解释，但对于被立法者视为本次修改“亮点”的第188条第1款这样的规定却没有做任何解释，此中真意，颇值玩味。

③ 李奋飞：《从“亲属出庭作证豁免”说开去》，载《法制日报》2012年3月14日第10版；叶青，王晓华：《刑事诉讼法修正案（草案）述评》，载《上海大学学报》2012年第1期。

弈。"[①]这一点生动地体现在了当下亲属作证豁免权的立法中。经过这种权力的博弈，经过这种立法的"打折"，中国式的"亲属作证豁免权"几乎成了一个不伦不类的"怪物"，或者说成了一个名实不符的"形象工程"。在笔者看来，从"亲属作证豁免权"轰轰烈烈地提出，到舆论热热闹闹地评价，到不声不响地"抽调"，再到尴尬地收场，并不是偶然的，在这背后，有一种更深层的力量在发挥着作用，这种力量我们必须要到文化的层面来寻找。

三、"亲亲相隐"的复兴与迟滞：来自文化传统的动力与阻力

"亲亲相隐"思潮的兴起既有现实中的需求，又有文化上的动因。近年来，传统文化的复归助推了这样的思潮与话语。众所周知，传统中国的法治资源是不足的，于是才有了自晚清法制改革以来的法制现代化运动，正因如此，现代中国的法律和法学从某种程度上说是在"仿制"西方的意义上建立的。换言之，中国的法制现代化从某种意义上说其实是一个"西化"的过程。面对由西方话语主导的中国法制现代化，其实国人心中存有一种"不得不"的苦痛和"欲迎还拒"心态，[②]其根源在于国人对待西方文化持有一种既"离不开"又不愿表示出"过分亲近"、既钦佩又不愿"放下架子""吃饱了还要骂厨子"般的心态。因为两千多年来的中华文化曾称雄于世界，蛮、夷、戎、狄都依赖于中华文化的滋养，一旦这个位子被别人抢占，国人的失落感和不情愿便会滋生。正是基于这种失落感和不情愿，中国人更愿意从传统中寻找现代性的根据，更愿意把某些现代性的东西表述成"古之就有"的东西。这种心态比较典型地体现在"亲亲相隐"的思潮的复兴中。

亲属间的容隐源于善良的人性和本能，而对这些人性和本能的宽容与尊重是良法必备的品格，[③]因此，容隐制度并不是中国传统社会的特有产物，而是跨越时空的在人类历史上的普遍存在的现象。法史学界的研

---

① 姚冬琴：《刑诉法大修内幕：四位亲历者讲述修法 10 年博弈》，载《中国经济周刊》2012 年第 12 期。

② 金耀基：《从传统到现代》，北京：法律出版社 2010 年版，第 133—134 页。

③ 富勒把"不强人所难"称为法律的内在道德性。参见[美]富勒：《法律的道德性》，郑戈译，北京：商务印书馆 2005 年版，第 83 页。

究证实了这一点。据范忠信先生的考察，容隐制度不仅仅存在于中华法系，在西方，早在古希腊、古罗马时期该制度就已存在，在近现代大陆法系、英美法系、社会主义法系国家对之都有明确的法律规定。“亲亲相为隐制度和现象，不是某一个国家和民族文化传统中的特有现象，也不是某一个历史阶段的特有现象，也不跟特定的社会制度共存亡。”“不同的时代、不同民族和不同地域的法律文化，虽外观千姿百态，但他们在某些根本的问题上常有着根本的共性：通过法定的庄严制度规范保障自己的社会不断‘文化’——向‘文’（文明、人道）而‘化’（进化）。容隐制度也正是这种共性的典型体现之一。”[①]既然是“共性”，既然不为我国传统所独有，那么在当下我国的立法中无论是开启亲属包庇伪证的除罪化工程还是确立亲属作证豁免权制度，在其合法性以及动力来源上是表述为“继承传统”还是“移植外法”，都是无所谓的。但是，中国学者在阐释这一问题的时候，更多地则是先从中国古代的“亲亲相隐”入手，然后才联系国外的亲属豁免权的相关规定。这一点在关于刑诉法第188条的讨论中体现得非常明显，为了表征其合理性，学者和媒体更愿意把它与中国古代的“亲亲相隐”连在一起。[②]

其实，如果真的要在中国建立亲属豁免权制度，借鉴西方国家的经验要远比参考中国的传统务实得多。因为传统中的“亲亲相隐”毕竟建立在宗法宗族社会之上，它首先是为维护尊卑等级秩序而服务的，其中即使有尊重人的本能、关怀人性的性质，但其最终也要服从这一目的。正因如此，传统法律要求中国人必须“亲亲相隐”，即“亲亲相隐”是人的义务而不是人的权利，不容隐反而是犯罪，特别是在当卑亲属遇到尊亲属犯罪时，就更需如此。[③] 正所谓“事亲有隐而无犯，左右就养无方”[④]。而现代西方

---

① 范忠信：《中西法文化的暗合与差异》，北京：中国政法大学出版社2001年版，第98、124页。

② 缪军：《近亲属不必出庭作证：“亲亲相隐”理念的回归》，载《检察日报》2012年5月18日第3版；彭瑶：《“亲亲相隐”人性的尊重——对〈刑事诉讼法〉“近亲属出庭作证豁免”的思考》，载《农民日报》2012年3月22日第8版；邢朝国，郭星华：《从摒弃到尊重：现代法治建设与传统文化》，载《中国人民大学学报》2012年第4期；等等。

③ 在传统中国，在容隐上卑亲属比之尊亲属亲属有更强的义务。参见瞿同祖：《瞿同祖法学论文集》，北京：中国政法大学出版社2004年版，第74页。

④《礼记·檀弓》。

国家的相关规定是直接建立在人道、人权的基础上的，不揭发指证亲属是个人的权利，因为它源于人性，发乎本能，因而应得到法律的宽容。在全球化时代，显然这样的立法精神更适合于现代中国。但是，由于国人普遍存在着上面所提及的文化上的“不情愿”的心理，所以要在“继承”和“移植”两种表述来做选择时，他们更倾向于“继承”的表述，或先表述为“继承”，然后才表述为“移植”。在政治制度、生活方式、价值理念等方面都与传统社会存在着众多“质”的差异的现代社会，在充斥着大量的由西方传来的技术与理念的法制现代化进程中，偶然间把一个制度确立的根据表述成来自于传统，其实就连表述者也不自信，但他们往往会通过该制度来源于传统而西方现代国家也有类似规定的方式来证明继承传统的正当性。① 正是由于表述者更愿意、更急于从传统中汲取亲属豁免权制度的正当性的证据，因而他们常常将“亲亲相隐”的传统从先秦一直贯穿到民国，而忽视了此间在近代中国所发生的质的变化，即从清末法制改革以后的“亲亲相隐”已从人的义务变成了人的权利了。② 也因如此，他们还忽视了两者在容隐限制方面的差异：中国古代更强调保护国家利益和意识形态，因此“十恶”之罪不在容隐之列，而在近现代西方，由于法律政治性的弱化和强调个人权利的保护，各国纷纷取消了“国事重罪不得隐”的规定。③

近年来，随着儒学在世界范围内的兴起，中国传统文化中的合理内涵普遍受到重视，这足以让国人为之自豪。然而，在其发源地——中国，对传统文化的研究和发展却相当落后，因为在“革命主义”思潮下，它曾长期

---

① 郭齐勇：《“亲亲相隐”“容隐制”及其对当今法治的启迪——在北京大学的演讲》，载《社会科学论坛》2007 年第 8 期(上)；俞荣根，蒋海松：《亲属权利的法律之痛——兼论“亲亲相隐”的现代转化》，载《现代法学》2009 年第 3 期；等等。

② 张本顺：《“安提戈涅之怨”与中国亲属拒证权的缺失》，载《法制与社会发展》2008 年第 3 期；肖敏：《亲亲相隐制度的解读与重构——和谐社会为背景的思考》，载《河南大学学报》(社会科学版)2007 年第 5 期；骆群：《亲亲相隐：刑事政策的人伦启示》，载《东方法学》2010 年第 3 期；等等。

③ 《意大利刑法典》(1930 年)，黄风译，北京：中国政法大学出版社 1998 年版，第 95 页，第 307 条；《德国刑法典》(2002 年)，徐久生，庄敬华译，北京：中国方正出版社 2004 年版，第 79 页，第 139 条；等等。

被当成反动和落后的东西来批判。[1] 经过几十年和平稳定的发展，在世界范围内，中国的经济实力和政治地位显著增强。然而，作为一个大国，不光要有经济实力和政治实力，还要有文化实力。在世界结构中，一个国家独立的话语权需要它自身的文化体系和魅力来支持。显然，通过以往的亦步亦趋地“仿制”西方话语的方式是无法完成这一任务的。由此，国家开始把目标锁定到传统文化上。于是，传统文化的复兴获得了官方的鼓励和支持，它的发展也已经纳入到国家战略之中，[2]并被视为实现文化上的自觉、自信和自强的必须依赖的力量和途径。[3] 于是，当亲属豁免权以一种“亲亲相隐”的传统话语的方式来表述的时候，既满足了国人文化上的虚荣，同时也契合了国家意识形态上的需要，这无疑降低了来自民众和官方的拒斥程度，提高了民众的可接受性和政治上的安全性。

然而，来自传统文化的不仅有动力，还有阻力。“大义灭亲”法制模式的形成，虽然现代“革命哲学”“人性观”起了主要作用，但来自传统的“结果主义”思维对其的影响也不能小视。所谓“结果主义”就是一种只注重结果而不管过程的价值观，认为只有结果才是有意义的、有价值的，而过程本身是没有意义、没有价值的，为追求某种固定的结果，可以牺牲程序，可以不拘泥形式。这是小农社会滋生出来的一种实用主义的价值观。该思维典型地体现在古代的战争中。《孙子兵法》中说：“兵者，诡道也。故能而示之不能，用而示之不用，近而示之远，远而示之近。利而诱之，乱而取之，实而备之，强而避之，怒而挠之，卑而骄之，佚而劳之，亲而离之，攻其无备，出其不意。此兵家之胜，不可先传也。”也就是说，打仗是不讲规则的，只要能赢得胜利，各种手段都可以用，所谓“兵不厌诈”。而在战争中，因讲究规则吃了败仗的宋襄公历来都是被人们的嘲笑的对象。司法

---

① 陈来：《传统与现代——人文主义的视野》，北京：北京大学出版社 2006 年，第 73—76 页。

② 2006 年中国的第一个文化建设规划《国家“十一五”时期文化发展规划纲要》以及 2011 年中国共产党第十七届中央委员会第六次全体会议通过《中共中央关于深化文化体制改革的决定》都对传统文化在中华民族发展中的地位和作用作了高度评价。

③ 云杉：《文化自觉　文化自信　文化自强——对繁荣发展中国特色社会主义文化的思考》，载《红旗文稿》2010 年第 15、16、17 期。

犹如战争。[①] 这正如中国古代的一位讼师所说的:“凡构讼之事,与行兵无异,我若决告,彼示以不告之形,使不防备,我若不告,则虚张以必告之状,使之畏法。所谓用而计之不用,能而示之不能,虚实实虚诡道也。”[②]战争的目的在于赢得胜利,赢得胜利的关键在于消灭敌人;而司法的目的在于正确裁判,正确裁判的关键则在于发现真实。于是,只要能发现事实,什么手段都可以用,什么样的技术都不排斥。于是,在中国古代司法中,法官“诈供”“骗供”“诱供”屡见不鲜,刑讯逼供更是司空见惯,并且这些往往被视为“妙判”的技巧来宣扬。[③] 这样的“结果主义”思维仍为现代司法所秉承。在这样的思维下,法律事实与客观真实、“法律之内的正义”与“法律之外的正义”发生了混淆,[④]司法的“过程性”“形式性”的价值受到了排斥,“司法是一个在满足程序性要件的基础上得出结论的过程”的观念不能确立。[⑤] 相反,发现真实成为了裁判案件的终极目标或唯一宗旨,一切司法活动都要以此为中心展开,一切有碍事实发现的环节都应被排除,一切与之冲突的价值都应该被抛弃。所以,凡是知道案件情况的人都应该出来作证,凡是能够证明案件事实的手段都可以采用。既然如此,即使是亲属知道案件事实,也不能知情不举,更不能包庇窝藏。刑诉法中关于“凡是知道案件情况的人都有作证的义务”的规定,其实就是该思维在现代司法中的体现。在这样的思维和理念下,在实践中司法机关不但把亲属的证言当成重要的证据,而且期待亲属能够做出或提供不利于当事人的证言或其他证据,因为在他们看来背离常理和常情的证据更有证明力。[⑥]

---

① 美国现实主义法学家弗兰克称“诉讼就是战斗”,“是模拟战争”。参见[美]弗兰克:《初审法院——美国司法中的神话与现实》,赵承寿译,北京:中国政法大学出版社 2007 年版,第 6、9 页。

② [明]竹林浪叟辑:《新锲萧曹遗笔》卷一《法家管见》。

③ 郭建:《獬豸的投影——中国的法文化》,上海:上海三联书店 2006 年版,第 198—205 页。

④ 郑成良:《法律之内的正义》,北京:法律出版社 2002 年,第 92 页。

⑤ 季卫东:《法律程序的意义》(增订本),北京:中国法制出版社 2012 年版,第 21 页。

⑥ 最高人民法院在 1998 年发布的《关于民事经济审判方式改革问题的若干规定》(第 77 条)指出:“证人提供的对与其有亲属关系或者其他密切关系的一方当事人有利的证言,其证明力低于其它证人证言。”由此推出,亲属对当事人不利的证言才更有证明力。参见吴丹红:《特免权制度研究》,北京:北京大学出版社 2008 年版,第 43 页。

正是在这样的思维下，在司法过程中，亲属提供的证据，特别是不利于当事人的证据不但不受限制，相反，让亲属提供线索或配合还成为侦查机关破案经常依赖的手段。所以，在官方话语中这样的叙事屡见不鲜："在确定抓捕对象后，办案民警从该逃犯亲属入手，最终锁定其母亲住在安肃镇复兴西路一小区内，随后立即组织警力在小区外围进行布控。经过两天两夜艰苦蹲守，于 11 月 17 日下午在小区内将在逃犯马某抓获。"[①]"'爸爸，我是梅梅。你出来吧，我们好想再见你一次……爸爸……你快出来吧……'昨日，汉阴"7・16"特大杀人案犯罪嫌疑人邱兴华的儿女，在安康警方的陪护下爬上一道道山梁，试图用他们的深情感化藏在深山的父亲早日归案。"[②]在这样的思维下，如何从犯罪嫌疑人的亲属处获取证据甚至成为了司法人员必备的侦查技能："应当利用'实则虚之，虚则实之，虚实相应'的方法尽可能多地从犯罪嫌疑人家属处获取案件信息和犯罪嫌疑人个人信息"[③]；"在犯罪嫌疑人家属态度不端的情况下，晓以利害，一语中的，促其如实作证；然后扩大战果，作为询问犯罪嫌疑人的'炮弹'，从而各个击破，彻底查明案情"[④]。正因为司法机关秉持着这样的思维并在工作中内化为一种习惯，所以当亲属作证豁免问题在刑诉法修改阶段一经提出便遭到侦查机关的反对就不足为奇了。

由此看来，传统文化带给亲属豁免权的既有"利"的一面又有"弊"的一面。传统文化的复兴为"亲亲相隐"的回归提供了合理性和动力之源，由此"大义灭亲"法制的坚冰开始松动，亲属豁免权首先在作证领域启动，但来自传统的思维方式又为悖离规律的司法运作提供了理由，进而为真正的亲属作证豁免权设置了种种障碍，致使该制度的原初功能不能实现。刑诉法第 188 条的规定实际上是两种文化权力博弈的结果，在这种文化的博弈中亲属作证豁免权便具有了中国独有的面相。

---

① 《剑胆琴心　永不言弃——徐水县公安局崔庄刑警队运用信息化战法侦破案件侧记》，载《保定公安网》2011 年 12 月 23 日。

② 安亢：《爸爸，你快出来吧！》，载《华商报》2006 年 8 月 8 日。

③ 蒋宝荣：《反贪侦查中开展犯罪嫌疑人家属工作浅谈》，载《中国检察官》2013 年第 1 期。

④ 王树德：《询问经济犯罪嫌疑人家属"五策"》，载《检察实践》1999 年第 4 期。

四、亲属豁免权在当代中国的命运和出路

民众的需求虽然是一项权利生长的主导因素，但是国家对此需求的承认则是它成为有保障的、可操作的一项制度化诉求的核心要素；既然权利是一种诉求，那么权利成长就有赖于人们的意识，而一个国家的社会文化对这种意识的养成具有至关重要的作用。所以民众、国家、文化传统是影响当下中国权利生长的三大要素。拉德布鲁赫曾经言及一种立法上的“目的转换”现象，即“一种法律设置伊始的目的早已迷失，不可追寻，但它却向着截然相反的方向发展出公理的效果，以此作为其继续存在且言之成理的目的。”[①]其实，在刑诉法第188条上就发生了这样一种“目的转换”。当一项常规性的立法在中国不能不启动，而这种立法又有可能触及传统的利益时，那么该立法中的制度便会以一种“目的转换”的形式表现出来，即在该制度上发生一种功能异化，异化后的制度虽有其名，但已无其实。这种“目的转换”其实就是费孝通先生所说的中国文化中的“名实分离”的问题：“对不能反对而又不切实用的教条或命令只有加以歪曲，只留一个面子。面子是表面的无违。”[②]这种“名实分离”和“目的转换”就生动地体现在了刑诉法第188条的亲属作证豁免权的立法之中了。在民众需求面前，立法者有意要启动此立法，在顽固的部门利益面前，在坚硬的传统司法观念面前，立法者又必须作出妥协，妥协后的立法只给亲属作证豁免权留下来一张“面子”，这样，中国面相下的“亲属出庭作证豁免权”已与民众所期待意义上的“亲属作证豁免权”大相径庭。对于这样的一种落差，国家常常会以“立法要与中国具体国情相适应”来诠释。[③]

亲属豁免权在当下中国的刑事诉讼领域刚一尝试便遭到了“目的转换”的命运，这一转换使该制度的原初功能几乎消耗殆尽。尽管如此，在笔者看来，我们仍然要理性地看待这一现象。新刑诉法第188条对所规定的“亲属出庭作证豁免权”虽然有很大的局限性，但是它至少表明立法

---

① [德]拉德布鲁赫：《法学导论》，米健译，北京：中国大百科全书出版社1997年版，第113页。

② 费孝通：《乡土中国　生育制度》，北京：北京大学出版社1998年版，第80页。

③ 王兆国：《关于〈中华人民共和国刑事诉讼法修正案〉的说明——2012年3月8日在第十一届全国人民代表大会第五次会议上》，载《人民日报》2012年3月9日第3版。

者开始关注亲属关系在司法中的特殊性问题，至少表明立法者开始意识到在司法中在发现犯罪事实之外还有其他价值需要保护。这些关注和意识在极左的“革命法制”下是不可能有的，从根本上说，这是当代中国权利观念和法治意识发展到一定程度后才衍生出来的。对善良人性的尊重是世界立法的潮流，因此亲属豁免权在世界上几乎所有的国家都获得了法律上的认可。在经济、法律一体化的全球化时代，中国并不能长期站在这一潮流之外。另外，中国是一个最重亲情伦理的国度，亲属关系在中国最为发达，亲伦传统深厚而浓重并在当代中国开始复兴，这些都会成为推动亲属豁免权制度得以确立的重要动力。我们从先前的民间舆论对河北省高院的《实施细则》的激烈的批评和刑诉法草案的不成熟的褒扬就看到了这一点。由此，我们对亲属豁免权在中国的前途仍持乐观的态度。如前所述，权利的成长不仅需要民众权利意识的增长，还有赖于国家不断地“松绑”和“放权”。国家对“大义灭亲”从“强迫”到“鼓励”（河北省高院的规定）再到“有限度的限制”（刑诉法第 188 条）的过程实际是一个在法律上对亲属不断地“松绑”和“放权”的过程，正是有了这一过程，亲属豁免权才可以萌芽和继续成长。如卡尔·波普所说的，人的认识是一个不断试错和证伪的过程，由此我们也可以把刑诉法第 188 条的规定视为对亲属豁免权的一次“试错性”经验，[①]在从“大义灭亲”到“亲亲相隐”的过程中，只有伴随着一次次的试错和证伪，最终真正意义上的亲属豁免权才能被确立。卡尔·波普还指出，社会的发展应该依靠一种“零碎工程”[②]，即在不断的“可错性”的试验中一点一滴地循序渐进。由此而言，制度的确立也应如此，也需要一个不断完善的“零碎工程”，由此看来，当下的亲属作证豁免权的尝试即使是不成功的，也是有意义的。也可以这样说，对于中国这样的一个后法律发展国家，在犬牙交错的利益格局中，立法的试错代价是不可避免的。此中，由一场场复杂的博弈而带给立法者的纠结和无奈，我们应给予必要的理解和宽容。

① 张桂林：《西方政治哲学——从古希腊到当代》，北京：中国政法大学出版社 1999 年版，第 293 页。

② [英]卡尔·波普：《历史主义贫困论》，何林，赵平等译，北京：中国社会科学出版社 1998 年版，第 57 页。

亲属豁免权制度在中国确立最大的障碍莫过于司法机关的抵触。无论是对亲属间的包庇、窝赃的免罚还是不强迫亲属作证都无疑给司法机关的工作增加了难度，为其权力的行使构成了实质性的限制。这种抵触表面上是源于部门利益，而从更深层次上看则源于以发现事实为终极目的的结果主义思维。因此，亲属豁免权制度真正确立有赖于司法机关思维方式的转换和对司法性质的重新认识。司法机关必须树立"诉讼活动并不仅仅是一个以发现事实真相为目的的认识活动而更是一个包含着一系列诉讼价值的实现和选择的过程"的理念。[①] 在这样的理念下，发现事实只是司法活动中的一种价值，当它与人权、人性、人际间的基本信任等价值相冲突的时候，其要为这些价值的实现让路。只有在这种理念下，亲属的某些行为在司法上才能被宽容和允许，亲属豁免权才有确立的可能。令人欣慰的是，近年来传统的司法观念也在松动，司法话语从"不冤枉一个好人，也决不放过一个坏人"到"宁可放纵一个坏人，但绝不冤枉一个好人"的悄然变化就足见一斑。[②] 这种观念上的变化为亲属豁免权的成长带来了福音。

其实，在中国传统中不光有"亲亲相隐"文化，同时它也不排斥"大义灭亲"。两者虽然对待亲属的态度截然相反，但是它们与传统道德并不冲突，因为中国古人是把它们放在不同的领域针对不同的主体来提倡的。对普通百姓在私人关系中强调"亲亲相隐"，对政府官员在公共领域强调"大义灭亲"，正所谓"门内之治恩掩义，门外之治义断恩"。[③] 在中国古人看来，普通百姓是"小人"，也就是一般人，他生活在私人领域，逃避不了私情的困囿，家庭伦理的效力自然高于国法，因此，他应该"亲亲相隐"；而官员是"大人"，他生活在公共领域，道德水平应该比普通百姓高，国法和政治伦理的效力要高于私情，因此，他必须"大义灭亲"。正因如此，"石碏杀子"与"包公铡侄"并没有因为其"灭亲"而受到人们的贬低，反而因为其维护"大义"而受到人们的颂扬。由此看来，对一个人来说，法律要求他在私

① 陈瑞华：《从认识论走向价值论——证据法理论基础的反思与重构》，载《法学》2001 年第 1 期。

② 沈德咏：《我们应当如何防范冤假错案》，载《人民法院报》2013 年 5 月 6 日第 2 版。

③《礼记・丧服四制》。

人领域必须“容隐”，在公共领域则必须“灭亲”。难怪，当孟子遭遇到舜父杀人而舜应如何而为的提问时，他做出的是“窃负而逃，遵海滨而处，终身然，乐而忘天下”的回应。[①] 也就是说，舜如作为国君反而没有权利容隐其父，他若要如此，就必须放弃天子之位，以平民的身份为之，这才符合道德和法律的要求。从这一点看，中国古人相当睿智。他成功地解决了“亲亲相隐”和“大义灭亲”的冲突问题。这样的思想对现代中国颇有借鉴价值。当今时代我们所反对的“大义灭亲”并不是反对在国家公职人员的执法和司法中的“大义灭亲”，这种“大义灭亲”是秉公执法、不徇私情的表现，是应受法律和道德鼓励和表扬的，我们所反对的是在私人领域出于促进司法效率的考虑国家强迫公民而为的“大义灭亲”。由此看来，亲属豁免权可以在普通人之间行使，但在涉及执法或司法的国家公职人员时就应当受到阻却。[②]

既然司法是一个价值选择的过程，那么当有更高的价值需要保护的时候，亲属豁免权所蕴含的价值也应该为之让步，比如在重大的涉及恐怖主义、公共安全方面犯罪中，亲属豁免权就应该受到限制。我们虽然反对以中国国情为借口保护落后的立法，但并不是说当下的立法就无须考虑中国的具体国情。从刑诉法的修改可以看出，立法在中国其实就是一个权力博弈的过程，在这一过程中既有斗争又有妥协。[③] 近些年来民众的意愿和话语也以权利的形式参与了这场博弈，这本身就意味了一种进步。其实，民主决策的过程本身就是一个相互妥协的过程，当下中国的立法，特别是要突破传统利益格局的立法更是如此，只有善于妥协才能化解更多的阻力。因此，我们应当理性地看待立法者在亲属豁免权上的妥协。也就是说，在当下中国，亲属豁免权在适用上有可能会遭遇到比之其他国家更多的限制。据正义网所公布的贪官档案里的数据，亲属共同受贿的

① 《孟子·尽心上》。

② 李伟迪：《免除亲属作证义务，但国家工作人员除外》，载《检察日报》2011 年 10 月 12 日第 3 版。

③ 《刑诉法修改：权力与权利的博弈》，载《南方人物周刊》2011 年第 31 期。

比例已经达到了81%,[①]在这种权力腐败之风日益严重的形势下,在职务犯罪中亲属豁免权适用就应该受到限制。

鉴于中国的具体国情,在亲属豁免权制度的确立和完善上也可以尝试走一条"先外围、再中心"的路线。由于民事诉讼领域所涉及的部门利益远没有刑事诉讼领域复杂,因此,其中的亲属作证豁免权所遇到的阻力相对较小,所以立法者可以在民诉法中先作完整意义上亲属作证豁免权的尝试,为刑事领域的作证豁免权积累经验,待经验成熟后,在刑事诉讼领域完全推开。总之,笔者认为,亲属豁免权立法在中国应该走一条循序渐进、有限推进、不断完善、成熟推广的路径,这是在当前条件下最可行也是最现实的一条路径。

① 于杰:《检察官透露受贿案八成涉亲属多为群体型犯罪》,载《京华时报》2011年6月25日第3版。

第九章　家事司法的中国模式

在当下司法体制改革的大背景下，新一轮家事审判改革也获得了启动和推进。自 2016 年 5 月，最高人民法院召开家事审判方式和工作机制改革试点工作视频会议以来，各地法院积极争取地方党委和政府的支持，在转变审判理念、强化机构人员配置、加强建章立制、创新工作机制、提升物质保障等方面取得了明显的进展。据官媒报道：试点法院不断完善家事审判多元化纠纷解决机制，探索建立家事案件心理测评干预、情况调查、婚姻冷静期、案后回访等制度，推动建立反家庭暴力整体防治网络，成效良好，获得社会各界广泛好评。[①] 这次改革无论从顶层设计还是从基层实践确实创生了一套别开生面的技术，且极具系统化。笔者认为，这套技术的开发和运用并不是偶然的，而是有着深刻的社会原因的。当下中国正遭遇着严重的家庭危机，且该危机足以威胁到社会的稳定，这次家事审判改革可以看成是国家为克服这种家庭危机所做出的司法应对。由于当下的改革所要服务的是社会稳定这一大目标，所以司法本身就成为了社会治理的重要组成部分。如果运用福柯的理论来分析，以此目的出场的司法并不纯粹是一套裁判技术，而是一套治理技术。因为作为社会治理意义上的司法不会满足于一判了之，所以它必然呈现出一套有别于既有司法的运作轨迹。笔者认为，只有在社会治理的视野下来审视这场改革才能真正把握住其中的逻辑。因为家事审判改革刚刚启动和推进，所

① 王春霞：《近 90％试点法院已成立专门家事审判机构——专访最高人民法院民一庭负责人》，载《中国妇女报》2017 年 3 月 9 日第 A03 版。

以我们还不能对其成功与否作以评价。但是，我们想揭示的是，由于是“家事的”和“中国的”，也就决定了当下的家事司法必然要做一种特殊性的路径选择。只有是特殊的才有可能是对症的，因此我们说，家事审判应该有其特殊性，中国的家事审判更应该有其特性。

一、家事司法的“政治动力学”

无论在传统还是在当下，“家”对于中国社会都具有特殊的意义。发端于农业文明的传统中国，家庭既是人们最为重要的活动场所，也是国家实行社会治理的基层单位。在传统中国，家庭被视为社会的初级政治场域，被视为一个造就合格政治人的地方，因为在家国一体逻辑下统治者认为，只有良好的家庭才能塑造出“健全的人性”“合格的君子”以及维系社群生活需要的“仁德”和“礼仪”，[①]只有“为人孝悌”，才“鲜有犯上作乱”。[②]在中国文化中家被视为社会的细胞，是国家稳定的基础。中国人信奉的是“家和万事兴”。正因如此，在当下中国社会治理中，家庭依然被赋予了十分重要的意义。官方的表达也证明了这一逻辑：“家庭是社会的基本细胞，是人生的第一所学校。不论时代发生多大变化，不论生活格局发生多大变化，我们都要重视家庭建设，注重家庭、注重家教、注重家风，紧密结合培育和弘扬社会主义核心价值观，发扬光大中华民族传统家庭美德，促进家庭和睦，促进亲人相亲相爱，促进下一代健康成长，促进老年人老有所养，使千千万万个家庭成为国家发展、民族进步、社会和谐的重要基点。”[③]也正基于此，家庭美德建设在党的十九大报告中被提升到“公民道德工程建设”的高度。[④] 由此说来，家庭对于中国不单单具有社会意义，更具有政治意义。然而，恰恰是在当下的中国具有特殊意义的家庭却正在遭遇着前所未有的危机。

---

① [美]安乐哲：《生民之本——孝经的哲学诠释及英译》，何金俐译，北京：北京大学出版社2010年版，第53—56页。

② 《论语·学而》中说：“其为人也孝弟，而好犯上者，鲜矣；不好犯上，而好作乱者，未之有也。”

③ 习近平同志在2015年春节团拜会上的讲话。

④ 习近平：《决胜全面建成小康社会，夺取新时代中国特色社会主义伟大胜利——在中国共产党第十九次全国代表大会上的报告》，北京：人民出版社2017年版，第43页。

家庭危机首先表现在孝道缺失上。在传统中国养老的问题上，是通过孝文化指引下的家庭来完成的，但是随着近代民主革命对“家”的解构，“孝”曾经在相当长的一段时间内被当成封建糟粕来丢弃。加之，在当代商品大潮下，功利主义的入侵，使家庭伦理极度弱化与式微。[①] 当下中国已经进入老龄化社会，空巢老人群体异常庞大。据 2013 年国务院发布的《关于加快发展养老服务业的若干意见》，截至 2012 年底，中国 60 周岁以上老年人口已达 1.94 亿，2020 年将达到 2.43 亿，2025 年将可能突破 3 亿。在这类老龄化群体中，空巢老人群体数量大约占到一半左右。[②] 这意味着，养老是当下中国相当重要的社会问题。限于经济原因，中国的养老还无法主要通过社会保障的方式而更多地还要借助家庭的方式来完成，而缺失了孝道保障的家庭，必然会引发激烈的代际冲突。大量的社会调查表明中国的家庭养老状况令人堪忧。[③] 伴随着老龄化社会的到来和孝道的缺失，老人自杀现象日趋成为普遍化的社会问题。[④]

家庭危机的另一重要表现是离婚率的逐年攀高。据民政部公布的《2015 年社会服务发展统计公报》显示，2015 年，中国依法办理离婚手续的共有 384.1 万对，粗离婚率为 2.8‰。据媒体报道，从 2002 年开始，中国的离婚率就一路走高。2002 年，中国粗离婚率仅有 0.90‰，2003 年达到 1.05‰，而到

---

① 如有学者所指出的那样，20 世纪以来的中国的“家”先后经历了三次大冲击：20 世纪初指向家庭制度的批判、1949—1976 年间指向家庭情感政治运动以及近 30 年指向家庭责任的经济侵蚀。参见孟宪范：《家庭：百年来的三次冲击及我们的选择》，载《清华大学学报》（哲学社会科学版）2008 年第 3 期。

② 李志强：《孝道危机时代下空巢老人权益的法律保护》，载《河北学刊》2015 年第 1 期。

③ 如前所述，2005 年 10 月至 12 月，黑龙江省人大代表翟玉和率 7 人普查组自费普查全国农村孝道现状。通过对 31 省区市 46 县 72 村 10401 人的调查，结果显示：53% 的儿女对父母感情麻木。农村的老人们普遍缺衣少食，贫病交加，苦熬残年。调查组总结“吃得最差的是老人，穿得最破的是老人，住得最小的是老人。”参见：《一位人大代表的乡村孝道调查》，载《文摘周报》2006 年 3 月 10 日第 8 版。

④ 据一位学者的田野调查显示，自 1980 年以来，农村老年人自杀死亡数占在全人群自杀死亡数中的比例是最高的。导致自杀最主要的两大直接原因是生存困难和摆脱疾病痛苦。究其最终原因还是赡养问题，甚至有农村老人称：“喝农药上吊投河比亲儿子可靠。”参见刘燕舞：《农村家庭养老之殇——农村老年人自杀的视角》，载《武汉大学学报》（人文科学版）2016 年第 4 期；毛建国：《农村老人自杀为何出现“逆袭”》，载《中国青年报》2014 年 7 月 31 日第 2 版。

2010年则突破2‰。2015年我国粗离婚率已是2002年的3倍多。[①] 另有报道，仅在2011年到2014年区间，我国大陆的离婚率便上升了27%。[②]

家庭危机直接导致了人民法院的婚姻家庭抚养继承纠纷等家事案件持续上升，成为民事审判的第一大类案件，占全部民事案件的三分之一左右，其中离婚案件占比很高。2014年审结一审家事案件161.9万件，离婚案件130.7万件；2015年审结一审家事案件173.3万件，离婚案件139.1万件；2016年审结家事案件175.2万件，离婚案件139.7万件。如果将民政部门的登记离婚数量与法院离婚案件数量相加，全国每年的离婚当事人的数量多达近1000万人，因离婚涉及的未成年、近亲属等人员数量多达5000万人。如将历年的数值累加，因离婚导致家庭破裂和家庭危机所涉相关人员数量十分巨大。伴随着离婚和离婚纠纷数量的不断增长，家庭破裂和家庭危机导致大量社会问题产生，如未成年人的教育与抚养、妇女权益维护、老年人赡养等社会问题频发。这必然对社会的经济、政治、文化、社会管理等方面都会带来程度不同的影响和冲击。[③] 如高离婚率带来的是低生育率，[④]而低生育又会降低离婚的成本，提高离婚率，从而导致恶性循环，而低生育率必然会加剧人口老龄化现象，引发种种社会问题。[⑤] 又如，在农村地区，离婚后女孩不要孩子单身去城区打工，一些男孩则自暴自弃，把年幼的孩子扔给父母，自己根本不养，四处闲逛，这

① 舒心萍：《离婚率逐年攀升值得警惕》，载《青岛日报》2016年7月30日第7版。

② 贾丽玮：《树立青年正确婚恋观　需加强社会引导》，载《中国产经新闻》2017年4月27日第3版。

③ 以上参见杜万华：《大力推进家事审判方式和工作机制改革试点》，载《人民法院报》2017年5月3日第5版。

④《外媒称中国发起“反离婚”攻势：高离婚率拉低生育率》，http://www.chinanews.com/sh/2018/08-15/8600010.shtml，2019年3月2日访问。

⑤ 国家统计局今年初公布，2017年中国大陆全年出生人口1723万，比上一年减少了63万。2018年上半年的新生儿人数同比下降了约15%～20%。这意味着，2018年的出生人口比2017年还将有较大幅度的下降。更糟的是，按照2010年的普查数据，未来十年内我国的生育旺盛期妇女将减少约40%。在未来二三年内，随着我国第三次人口高峰期的育龄妇女逐渐退出育龄期，以及全面二孩政策实施导致的生育堆积效应释放结束，我国的人口出生率必然面临断崖式下跌。参见刘志彪，张晔：《提高生育率：新时代中国人口发展的新任务》，载《新华日报》2018年8月14日第13版。

样既加重了父母的负担，又增加了社会不稳定因素。[①] 再如，许多报复社会的恶性案件，直接的原因则是婚姻失败转嫁对社会的不满，有的甚至还给法官造成严重人身伤害。近年来，全国发生的一些报复甚至杀害法官的事件往往和婚姻纠纷案件有关。[②]

司法的功能在于解决社会纠纷，而纠纷解决的程度直接关系到社会的稳定，而维护社会的稳定则是当前中国最大的政治，当下中国遭遇到的家庭危机正在侵蚀着社会的稳定。因此，作为国家政权机器重要组成部分的法院当然要担当这样的政治使命。由此说来，当下的家事审判改革正是法院为应对目前的家庭危机而启动的，具体说就是“为了积极应对家事案件数量逐年上升、类型趋于复杂多样、矛盾化解难度加大等现实情况所带来的一系列负面影响，充分发挥家事审判职能作用，妥善化解家事矛盾”而启动的。[③] 于是，当下的家事审判改革从一开始便呈现出“政治动力学”的面相。

既然当下的家事审判是基于维护社会稳定的目的而启动的，那么它就不能限制在旧有的“司法是裁判权”的教条之中，就不能只追求一判了之，而是要研究家事审判的特点，摸索出一套确实能够化解家庭危机最终能够实现社会稳定的策略。欲如此，就必须在司法的理念和运作方式上实现根本性的转变，具体如最高人民法院所强调的，要“将案件审判由侧重财产权益保护转变为全面关注当事人身份利益、人格利益、情感利益和财产权益，推动家事审判更加专业化、人性化。要充分发挥家事审判的诊断、修复和治疗作用，实现家事审判司法功能与社会功能的有机结合，实

① 陈忠权：《农村青年高离婚率值得关注》，载《天津日报》2018 年 11 月 16 日第 15 版。

② “湖南永州法院枪杀案”“马彩云法官被害案”“退休法官傅明生遇害案”等案件发生的起因都是源于犯罪人认为法官在家事案件中处理得不公。参见《22 年前判决引发的退休法官被害案》，载《新京报》2017 年 2 月 16 日第 A10 版；秦峰：《家事纠纷案件，应该这样审理》，载《陕西日报》2017 年 4 月 24 日第 13 版。《省内一法院员工遇袭，男子持刀伤人后投江自杀》，http://www.sohu.com/a/331303560_394951，2019 年 8 月 4 日访问。

③ 杜万华：《大力推进家事审判方式和工作机制改革试点》，载《人民法院报》2017 年 5 月 3 日第 5 版。

现对尚未破裂的婚姻和问题家庭的救治，促进家庭和睦，培育良好家风。”①“要从机械遵循辩论主义和处分原则的财产纠纷审判思路，转变为强化法官的职权探知、自由裁量和对当事人处分权的适当干预”；“要从单纯强调审限内结案，转变为适当放宽婚姻家庭案件的审限限制，为彻底化解家庭纠纷和修复家庭成员心理创伤提供条件。”②要从法院一家负责，一判了之转变到“建立司法机关、行政机关和社会力量相结合的家事纠纷综合协调解决机制，完善多元化纠纷解决机制，形成有效社会合力，切实妥善化解家事纠纷。”③

家是孕育情感的地方，其矛盾具有内部性，其情感具有可沟通性，其纠纷具有可修复性。既然如此，当下司法只有紧扣家事纠纷的这些特点，才能完成化解家庭危机进而实现社会稳定的政治任务。显然目前中国法院所做的司法调整是基于这样的目的做出的。如此说来，基于这样的目的来运作的司法，已经不仅仅是一种审判，而是一种社会服务，一套作用于心灵和情感的技术，一套福柯意义上的社会治理术，一部由“家”到“国”的“家庭政治学”。

二、致力于情感修复和心灵征服技术的司法

如前所述，家庭的纠纷具有可修复性的特点，而化解纠纷、修复关系的关键在于抓住“心”，锁定“情”，从心里放下包袱，解开疙瘩。如当初诸葛亮平定南中之时，擒住孟获不是目的，而收复叛臣的心才是目的，由此才有“七擒孟获”的故事。同理，不是只追求“一判了之”或履行了规定性的程序而是强调要从终极上解决矛盾、彻底化解家庭危机的司法也要走“攻心为上”的路径。于是，按照这一初衷来设计的家事审判必然呈现出一条不同于既有司法的技术路线。

---

① 罗书臻：《周强在家事审判方式和工作机制改革联席会议第一次全体会议上强调　深化家事审判方式和工作机制改革　促进家庭文明建设》，载《人民法院报》2017 年 7 月 20 日第 1 版。

② 杜万华：《大力推进家事审判方式和工作机制改革试点》，载《人民法院报》2017 年 5 月 3 日第 5 版。

③ 宁杰：《周强主持最高人民法院专题会议强调　积极推进家事审判方式改革》，载《人民法院报》2016 年 4 月 6 日第 1 版。

既有的刑事司法强调的是当事人身体的到场，针对的是对刑事被告行为的处罚。虽然认定犯罪需要主观心理要件，但是只有通过被告人的身体及其所在的空间展示出来的主观心理才具有意义，因此刑事司法是外观主义的。[①] 一般的民事司法奉行的是罗马法以来的“无损害即无赔偿”的传统信条，贯彻的是物质性的经济补偿原则，因此，它既是外观主义的，又是功利主义的。与之不同，新型的家事审判规划与践行的则是一条“思想化”的路线，它作用的不仅仅是当事人的身体，更是他们的内心，它追求的不仅仅是功利性的权益分配，更是内心的接受与情感上的弥合，实现的不仅仅是“案结”，更是“事了”“人和”，具体说，它要设计出一套情感修复与心灵征服技术来作用于当事人的内心，以求得在与家庭危机斗争中实现完胜。作用于人的内心比之作用于人的身体难度大得多，因此以“攻心”为旨归的司法需要的是一整套技术，具体说需要一个由“场景营造”“情绪舒缓”“心理疏导”“亲情感化”等机制组成的技术系统。正是这套心理技术的应用使得当下的家事审判具有了不同于传统司法的面相。

所谓“场景营造”指的是通过重塑法庭场景以达至影响当事人内心的技术。解决家庭纠纷应该在“家”里进行，因此，传统的对抗制法庭必须要改造。审判台被圆桌所取代，原告、被告席被男方席、女方席所取代，上对下的“问案”变成了面对面的协商，审判庭变成了“调解区”“会客厅”。屋里“摆放着沙发、茶几”，铺设着“暖色调的条纹地毯”，装饰着“盆景”“绿色植物”，墙上悬挂着写有“家风故事”的贴画和饱含“家文化”韵味的牌匾，甚至门都换成了“厚厚的乌漆木门扇”，“仿石料的门框配有传统砖雕门头”。[②] 这是一种仿“家”的塑造模式，各种符号表达出来的是“家”的韵

---

① 正因如此传统的刑法学教材经常引用马克思这样的表述来说明行为对犯罪构成的重要意义：“对于法律来说，除了我的行为以外，我是根本不存在的，我根本不是法律的对象。”参见高铭暄主编：《新编中国刑法学》（上册），北京：中国人民大学出版社 1998 年版，第 108 页；马克昌：《犯罪通论》，武汉：武汉大学出版社 1991 年版，第 158 页。

② 马超，王志堂：《“亲情弥合八步法”挽救濒危家庭——家事审判改革“临汾模式”调查》，载《法制日报》2017 年 9 月 16 日第 3 版；王文博等：《“圆桌式”座谈“拉家常”审判——孝义市人民法院探索出“家事审判”新路子》；费文彬：《打造家事审判改革的“柳州模式”》，载《人民法院报》2018 年 9 月 13 日第 5 版；季张颖：《法庭搬进“石库门”“屋里厢”断家事》，载《上海法治报》2017 年 7 月 11 日第 A02 版；等等。

味。在这样的环境中上演的仪式展示出来必然不是对抗、竞争、强制与服从，而是沟通、协商、理解与和谐。社会学理论认为“符号表达的编码能够让人们在每一代乃至每一天对社会进行再创造”[①]；“参与仪式之中带来心理上的刺激，一种情绪上的激发；通过这些感觉，仪式构建我们现实感和我们对周围世界的理解”[②]。司法者之所以要营造这样场景，其目的就是实现“情感上再创造”，即要通过符号、仪式心理刺激功能以实现软化对立情绪，凸显家庭亲情，拉近彼此距离的效果。[③]

“情绪舒缓”是指一套平抑、和缓人情绪的机制和技术。离婚案件往往因情绪而起，情绪所至，常常是“干柴烈火”“感情用事”“剑拔弩张”“一怒之下”，恨不得“一离了之”。情绪是毁灭家庭的恶魔。司法要防止轻率离婚，就必须在缓解情绪上作文章。基层法院的智慧是无穷的，缓解情绪的方法也是多样的。

法院通过“填表格”的方式缓解情绪。“塘下法庭决定出具一份《子女抚养量化赋分表》，由分数决定孩子的最终归属……赋分评定和调查报告出来后，经办法官在做赋分评定说明时，双方都渐渐意识到离婚对孩子带来的各种弊端。最终，双方调解和好”；通过“填写家事案件婚姻情感调查表”，以让双方“静下心来想一想”，以找回被“忽视了的对方的优点”与“在生活上的闪光之处。”[④]法院通过“做试题”的方式缓解情绪。“陈兰芝法官递给她一套‘宁陵县人民法院诉前夫妻情感测试’题。这套测试题共30题，全部为选择题，每道题分别设置了不同的分值”[⑤]；“老婆到法院告我要求离婚后，法官让我们分别填了一份‘婚姻自问’，让我和老婆把恋爱

---

① [美]迈克尔·休斯，卡洛琳·克雷勒：《社会学导论》，周杨等译，上海：上海社会科学院出版社2011年版，第46页。

② [美]大卫·科泽：《仪式、政治与权力》，王海洲译，南京：江苏人民出版社2015年版，第13—14页。

③ 来自基层法院的院长的表述道出了其中的目的：“通过环境布设的改变，给当事人营造一个宽容、缓和的环境，减少离婚双方的对抗性，让当事人在情感上更易接受，有利于矛盾纠纷的解决。”闫峰：《司法温情守护家的温馨——吉林省吉林市两级法院家事审判改革调查》，载《人民法院报》2018年10月11日第5版。

④ 郑春笋等：《宁津　情感修复助家事纠纷“软着陆”》，载《人民法院报》2016年11月6日第5版。

⑤ 任胜利：《家事法庭“巧断家务事”》，载《人民日报》2017年6月28日第18版。

结婚以及深刻经历都回忆了一遍”；[①]“创新推出的《离婚前23问》，每一对来到家事法庭办理离婚手续的夫妇都会各自完成这样一份问卷调查，问卷内容包括家庭基本信息、原生家庭状态、家庭生活点滴、个人对婚姻态度、个人行为方式等方面”[②]；“通过让原、被告夫妻做题考试并相互改卷，可以对夫妻感情做一个考察”，“离婚诉讼的双方往往是因生活中鸡毛蒜皮的小事引发‘情绪性’离婚，而作答‘离婚考卷’可以让他们冷静下来、直面婚姻、坦露心声，回忆夫妻生活的点点滴滴，从相识、相爱、相知、相许去感悟夫妻感情的来之不易”[③]。法院通过“订计划”来缓解情绪。“推行《修复感情、挽救婚姻计划书》，给当事人设定时间进度”，“法院依职权审查当事人提交的计划书，并根据具体情况决定最长不超6个月的感情修复时间。”[④]法院通过“看视频”来缓解情绪。具体通过“看电影、造氛围、品香茗、忆往事”的“温情四部曲”，[⑤]消除当事人之间的对立情绪；“离婚双方当事人看完结婚时的录像，原告孙某由惊讶变成沉默，眼里闪烁着泪花。”[⑥]其中，设置“离婚冷静期”则是各地法院为缓解情绪而采取的最为常规的做法。这是一种以“时间换情感”的策略。“设置冷静期，让双方静静地想一想，动之以情，晓之以理，最终实现复合的目的。”[⑦]“引入婚姻冷静期制度，法院并不是消极不作为，而是主动了解情况，对于无原则性矛盾的夫妻双方，以告知书的方式要求夫妻双方在一定期限内进行冷静缓和”。[⑧]

“心理疏导”是指对行为、情绪异常者从心理上进行疏通、引导、校正、

---

① 马利民：《记者探访　彭州法院如何让家事审判有温度》，载《法制日报》2017年12月4日第5版。

② 吴狄姗：《“爱的审判”让家更美好》，载《广元日报》2018年1月8日第A04版。

③ 徐冰琪：《婚姻家庭“考卷”传递司法温情》，载《人民法院报》2017年9月26日第2版。

④ 姚建等：《山东武城家事审判试用挽救婚姻计划书》，载《中国妇女报》2016年6月24日第A04版。

⑤ 田珊檑：《试点法院“晒”家事审判改革“成绩单”》，载《中国妇女报》2017年12月27日。

⑥ 郑红军：《家事危机的“修复医院”——山东武城法院家事审判改革探访》，载《人民法院报》2016年5月7日第4版。

⑦ 秦峰：《家事纠纷案件，应该这样审理》，载《陕西日报》2017年4月24日第13版。

⑧ 闫峰：《司法温情守护家的温馨——吉林省吉林市两级法院家事审判改革调查》，载《人民法院报》2018年10月11日第5版。

辅导的机制。它是情感修复与心灵征服技术中的核心内容，正因如此，它已经作为常规性的技术纳入到官方制定的准家事司法程序中。最高人民法院规定：“一方当事人同意离婚，对方当事人不同意离婚并且情绪激动的”，“探望权纠纷、监护权纠纷以及其他有关亲子关系纠纷的案件中，当事人情绪波动较大的”，“存在家庭暴力行为，对当事人身心健康造成较大影响的”，“案件所涉及的未成年人情绪波动较大或者有反常行为”的，人民法院可视情况引入心理疏导机制。[①] 因为心理疏导既是一项全新的工作，又是一项专业性很强的工作，因此法院需要配置沙盘分析室、单面镜观察室、心理辅导室等物质支撑，需要诸如“房树人心理测试”这样的科学方法的辅助，[②]需要接受大专院校的心理研究机构的专门的培训，需要引入专业性的心理技术人员的支持。[③] 这表明，法院不仅仅要成为审判机关，还要成为心理咨询机关，它不光要打造审判团队，还要打造心理咨询团队。[④] 中医讲，一切疾病源于气血不畅，毒素不排，因此，中医治病关键在于疏通身体上“瘀堵”，而家庭纠纷的根源也皆在于情感上的“瘀堵”，“心理疏导”的技术就是要打通情感上的“瘀堵”，纠正心理上的极端，[⑤]解开当事人的心结，[⑥]“扭开这个案件的‘气门芯’，慢慢释放了当事人的怨气怒气等负面情绪”[⑦]。这是从根本上解决心理问题之术。

所谓“真情感化”是指用真实的情感去感动当事人以求其心理彻底发

---

① 《最高人民法院关于进一步深化家事审判方式和工作机制改革的意见（试行）》（法发〔2018〕12号）的第四部分（第28—34条）对“心理疏导”做了专门的规定。

② 周瑞平：《消融家事纠纷的雨山实践》，载《人民法院报》2017年8月21日第5版。

③ 王宇：《家事改革试点收获诸多创新做法》，载《法制日报》2018年5月25日第3版。

④ 实践中法院通过鼓励法官取得“国家心理咨询师”的执业资格和聘请专业心理咨询师参与家事调查、家事调解的方式打造心理咨询团队。田庚等：《淮安　家事审判攻“心”　86个心理咨询师》，载《人民法院报》2018年11月19日第8版；孙乃清等：《高港法院“内外兼修”促家事审判改革》，载《江苏法制报》2017年6月9日第1版；兆军等：《家事审判　盐城样本的精准解析》，载《人民法院报》2017年5月15日第5版。

⑤ 李梦扬：《家事审判“案结事不了”群众更满意》，载《河南法制报》2017年12月19日第6版。

⑥ 《柔性司法滋润千万家——浦北县法院创新家事少年审判模式纪事》，载《广西法治日报》2018年9月6日第A04版。

⑦ 王春楠：《让家事案件不再“一判了之”——柳城法院家事少年审判改革见闻》，载《广西日报》2018年7月4日第11版。

生变化的技术。司法欲在人的心灵深处发挥作用，必须实现法官和当事人之间情感上的沟通与互动，而这种沟通与互动的有效性则取决于情感的“真诚性”“接受性”与“共享性”。[①] “真诚性”要求法官要用“心”对待家事纠纷，[②]要以“对待当事人要真心，了解案情要耐心，调查取证要细心，化解矛盾要恒心，解决疑难案件要决心”那样的“五心工作法”来开展工作，[③]“接受性”与“共享性”强调的是双方信息的对接和情感的共鸣，这需要构建法官与当事人的平等地位，需要“拉家常式”的沟通，[④]需要构建起“一家人”“手足情”那样的氛围，[⑤]需要法官和当事人之间“交心”，“以心换心”，用“同理心”去理解当事人，以“换位思考”去说服当事人，[⑥]以“将心比心”来感化当事人。这样，遵循了“真诚性”“接受性”与“共享性”原则的情感交流便会发生诺尔曼·丹森意义上的“绕结交叉”现象：“使两个情感经验领域交织成由两个处于情感过程中的具体主体组成的统一的、不可分割的综合体。”[⑦]当法官和当事人在情感上归属于一个综合体时，任何思想上的坚冰都将被融化。

三、服务于“自我技术”的司法

既然家事审判的目标不是简单地追求对案件的裁判，而是要从根本上消除矛盾从而实现社会的稳定，那么，此时的审判已经不是单纯的司法活动，而是一种社会治理术。福柯笔下所谓的“治理术”由“权力技术”与“自我技术”构成。“权力技术”在于“决定个体的行为，并使他们屈从于某

① 郭景萍：《情感的互动特质：交换、沟通与平等》，载《江汉论坛》2007 年第 9 期。

② 杨委峰等：《用“心”审判唤亲情“归港”——河南省宁陵县法院家事法庭工作纪实》，载《人民法院报》2016 年 8 月 18 日第 1 版。

③ 黄保山等：《案结　事了　人和——咸阳法院探索“四化”家事审判方式纪事》，载《西部法制报》2017 年 4 月 13 日第 1 版。

④ 王文博等：《“圆桌式”座谈　“拉家常”审判——孝义市人民法院探索出“家事审判”新路子》，载《山西法制报》2017 年 12 月 20 日第 4 版。

⑤ 赤兔：《家事审判＝温度＋温情》，载《山西日报》2018 年 10 月 19 日第 5 版。

⑥ 王东莉：《怀着一颗“同理心”去裁断家长里短》，载《人民法院报》2015 年 11 月 24 日第 5 版。

⑦ [美]诺尔曼·丹森：《情感论》，魏中军等译，沈阳：辽宁人民出版社 1988 年版，第 203 页。

种特定的目的或支配权”从而“使主体客体化”，而“自我技术”则在于“使个体能够通过自己的力量，或者他人的帮助，进行一系列对他们自身的身体及灵魂、思想、行为、存在方式的操控，以此达成自我的转变，以求获得某种幸福、纯洁、智慧、完美或不朽的状态。”[①]社会治理的目标在于重建和谐的秩序，而和谐显然不能靠强力的“压服”和身体上的“屈服”，而应该靠心灵上的“征服”和发自内心的“信服”，由此看来，作为社会治理术的家事司法所包含的技术显然更多的不是带有支配性的“权力技术”，而是在别人帮助下实现自我转变的“自我技术”。正因为它更多的是一种“自我技术”，因此它不是完全去情感的、被动性的、独白式的，而是情法交融的、服务式的、恢复性的、社会联动型的。

近代法治主义认为，法律和情感是相分离的，法律是一种被亚翁所定义的“免除一切情欲的理智”。[②] 韦伯笔下的法理型统治的基础是人们接受一套不以个人感情为转移的原则。所以，法官需要的是“能够按照理性实践而形成并检验的标准”，一个良好的判决需要“把案件中所有的问题都建立在理性之上，建立在其普遍性和中立性超越案件涉及的任何即时后果的理性之上”。[③] 因此，司法提供的是一个运算公式，“使法律制度可以像技术性的理性的机器那样运行”。当事人如同一个个符号，带进相同的数值得出相同的结果，带进不同的数值得出不同的结果，从而使法律后果具有确定性。[④] 然而，建立在纯粹理性基础上的司法只能做到依程序裁判，显然无法实现社会治理的功能。属于社会治理范畴的，致力于“自我技术”的司法必然不能是去情感的。它应该如前所述的作为一种情感修复和心灵征服技术而被运用，它旨在作用于当事人内心，帮助其“自我转变”，以求彻底修复断裂的关系。在这样的技术框架下，法官不仅仅要

---

① [法]福柯：《自我技术：福柯文选Ⅲ》，汪民安编，北京：北京大学出版社 2016 年版，第 54 页。

② [古希腊]亚里士多德：《政治学》，吴寿彭译，北京：商务印书馆 1997 年版，第 169 页。

③ [美]玛莎·努斯鲍姆：《诗性正义：文学想象与公共生活》，丁晓东译，北京：北京大学出版社 2010 年版，第 128 页。

④ [德]马克斯·韦伯：《论经济与社会中的法律》，张乃根译，北京：中国大百科全书出版社 1998 年版，第 227 页。

做裁判官，还要做教员，法院不仅仅是一个裁判厅，更是一个大学校。[①]它要求法官把庭审当作“课堂”，[②]摆事实，讲道理，传经送道、以求达至“办理一个案、教育一大片”的效果。[③] 在这样的技术框架下，法官不仅仅要做裁决者，还要做医生，[④]法院不仅仅是一个区分对错的地方，还是一个医治疾病的医院。[⑤] 它要求法官给扭曲的家庭“把脉”“疗伤”“祛痛”“除病”，[⑥]以恢复家庭肌体的健康。俗话说：“医者父母心。”法官需要“怀着一颗‘父母心’‘慈悲心’，成为治疗社会关系症结的‘名医’”[⑦]，“用法理与真情治家庭的病，解社会的忧”[⑧]；中医讲，“痛则不通，通则不痛”，法官只有打通当事人心灵上的“任督二脉”，解开心理上疙瘩，帮助他们彻底放下思想上的包袱，才能真正地消除威胁家庭安全的病症，从而恢复社会的和谐。

司法审判求的是“平”，而社会治理求的是“和”，达至了“平”未必实现了“和”。因此，作为社会治理手段的司法不能完全坚持“被动性”的原则，

---

① “卫庭长不光判案子，还给俺们讲道理，让俺想明白了好多。”参见杨委峰等：《用“心”审判唤亲情“归港”——河南省宁陵县法院家事法庭工作纪实》，载《人民法院报》2016 年 8 月 18 日第 1 版；“法官用壮语给我们上课，还编成山歌传唱，让我们轻松学到知识。”村民黄某说。“幸福家庭课”是该庭探索家事审判改革的一个创新举措，通过开设“幸福家庭课”，努力创建“无诉村屯”，以点带面，带动全县家庭文明建设。参见黄微微等：《以“和”为上，用司法柔情弥合感伤的亲情——宁明法院家事少年审判庭工作纪实》，载《广西法治日报》2018 年 9 月 7 日第 B04 版；等等。

② 刘鸣梅等：《家事审判“五课堂”——简阳市法院家事审判工作纪实》，载《四川法制报》2017 年 12 月 22 日第 6 版。

③ 黄保山等：《案结　事了　人和——咸阳法院探索“四化”家事审判方式纪事》，载《西部法制报》2017 年 4 月 13 日第 1 版。

④ 覃柳苏等：《柳州　做问诊家事纠纷的专业“医生”》，载《人民法院报》2017 年 12 月 24 日第 8 版；

⑤ 郑红军：《家事危机的“修复医院”——山东武城法院家事审判改革探访》，载《人民法院报》2016 年 5 月 7 日第 4 版。

⑥ 刘白露：《疗伤与祛痛：北京家事审判的变革之道》，载《人民法院报》2017 年 5 月 22 日第 5 版；王蓓：《家事调查员：专业“把脉”消除“病变”》，载《中国妇女报》2016 年 12 月 23 日第 A04 版。

⑦ 王文博等：《“圆桌式”座谈“拉家常”审判——孝义市人民法院探索出“家事审判”新路子》，载《山西法制报》2017 年 12 月 20 日第 4 版。

⑧ 刘吟秋：《张爽 · 向日葵 · 有温度的家事法官》，载《人民法院报》2018 年 1 月 29 日第 5 版。

仅仅追求“不告不理”，视野不能只局限于庭上，仅追求“一判了之”，而应该是主动的、延展性的、服务型的、微观化的。既然如此，这就需要法官从审判台前、法院院内走出来，以服务的心态在台下、幕后做细致的工作，需要以审判为中心做前后延展，即既要做到诉前调解，又要做到案后回访；[①]既然“自我技术”是帮助性的，那么它就是有选择的，需要法官具体问题具体分析，而不能“一刀切”式地呆板地处理问题，应该对特殊的纠纷设计特殊方案，急人之所需，解人之所难。于是，法官就要做这样的工作：“与小琴的丈夫谈心，帮他联系了一份工作”；“在全市发起爱心捐款活动，为小琴的儿子募集治病的善款；当得知小琴一家碍于面子没有申请低保时，又与其耐心沟通，联系社区，为小琴一家开通绿色通道办理了低保”；[②]就有了这样的场景：“在调解妻子诉讼罹患脑梗下肢瘫痪丈夫的离婚案时，曲沃县法官巨燕亭以情动人，身背瘫痪男当事人上台阶”；[③]就需要这样的心态：“法庭的工作，充满酸甜苦辣咸。在这工作，内心必须强大，得禁得住‘敲’”；[④]就要实现这样的转变：“针对年龄大行动不便的当事人、路途遥远交通不便的当事人及其他正当理由无法到庭的当事人，依法依规利用巡回审判车深入基层开展庭审活动，实现从‘坐堂办案’到‘上门服务’的新型家事审理新模式”[⑤]。由此看来，社会治理的视野中，司法治下的人不再是高度同质化的符号，而是具体的、实实在在的人，是一个个鲜活的、富有情感的、充满个性的个体。为了和谐的目标，司法要帮助其实现思想上的升华和自身的完满。这既是一种司法，也是一种政治，一种福柯意义上的关注个体生存状况的“生命政治学”。[⑥]

社会治理意义上的司法的延展性不仅表现在以审判为中心做前后延展，还表现在以法院为中心的社会联动。司法的主要功能是裁判，不是管理。因此，其在社会治理方面的功能毕竟是有限的。所以，彻底克服家庭

① 秦峰：《家事纠纷案件，应该这样审理》，载《陕西日报》2017 年 4 月 24 日第 13 版。

② 贾雪梅等：《家事法官“管闲事”助破碎家庭团圆》，载《长江日报》2017 年 9 月 4 日第 12 版。

③ 赤兔：《家事审判＝温度＋温情》，载《山西日报》2018 年 10 月 19 日第 5 版。

④ 王伟健：《基层法庭庭长的酸甜苦辣》，载《人民日报》2018 年 9 月 19 日第 18 版。

⑤ 张海龙：《积极探索家事审判新模式》，载《人民法院报》2018 年 9 月 18 日第 2 版。

⑥ 汪民安：《从国家理性到生命政治：福柯论治理术》，载汪民安主编：《福柯在中国》，开封：河南大学出版社 2016 年版，第 49 页。

危机从而实现社会稳定这样大的任务，很难由法院一家来完成，必须由社会各部门通力合作，群策群力，共同完成。具体说，需要建立一种由司法、妇联、民政、文教、街道等部门合作的“联合化解工作机制”“家庭危机救助机制”，[①]需要通过家事调解员、家事调查员、情感观察员、心理疏导员、人民陪审员等方式吸收社会贤达或专业人士参与到司法之中，[②]需要发挥“老党员”“老干部”“老模范”“老教师”“老娘舅”等人员威望高、影响力强的优势，[③]引入群众评议机制，会同“两代表一委员”工作室、各级人民调解组织，形成“百姓说事、群众说理、法官说法”工作合力，形成多元化的纠纷解决机制。[④] 这是一种发挥集体力量帮助家庭克服危机的机制，是一种通过多元手段匡正有害于家庭和谐行为与思想的“自我技术”，其终极目标是社会的稳定与安全。为了这一目标，司法不能仅仅满足于停留在以审判为中心前后延展而形成的线性结构中，还应该活跃在“多重权力作用叠加生成的一种复杂的权力力量线建构起来的治安场”中。[⑤] 这意味着先前的直线型的独白式的司法权力应该被微观的、多元的、对具体的鲜活个体发生作用的、权力的“微观管道”和“网状组织”所取代。[⑥]

四、作为一种“仿古”技术的司法

当下的家事审判改革所践行的技术路线与其说是一种创新，不如说是一种“复古”。传统是一种“活着的过去”。它是在人类的历时性空间中保持的某种一脉相承的共同性的状态，是从古到今以至于未来都要保持下去的一种“定势”和“惯性”。中国是亲属关系最发达的民族；家文化是

---

① 张海龙：《积极探索家事审判新模式》，载《人民法院报》2018 年 9 月 18 日第 2 版。

② 周瑞平：《消融家事纠纷的雨山实践》，载《人民法院报》2017 年 8 月 21 日第 5 版。

③ 孙乃清等：《高港法院“内外兼修”促家事审判改革》，载《江苏法制报》2017 年 6 月 9 日第 1 版。

④ 张宽明：《家事审判需要“大合唱”》，载《人民法院报》2017 年 9 月 9 日第 5 版；孙乃清等：《高港法院“内外兼修”促家事审判改革》，载《江苏法制报》2017 年 6 月 9 日第 1 版。

⑤ 张一兵：《回到福柯——暴力性秩序与生命治安的语境构建》，上海：上海人民出版社 2016 年版，第 482 页。

⑥ [法]福柯：《权力的眼睛——福柯访谈录》，严峰译，上海：上海人民出版社 1997 年版，第 231—232 页。

中华文化的核心内容;重家庭、重人伦、重亲情至今仍是中国人特有的民族性格和心理习惯。从某种意义上说,中华文化是由家庭来写就的。当下的家事司法路径不可能超越这种强大的"定势"和"惯性"。传统中国人的思维是"复古性"的,无论是"郁郁乎文哉!吾从周"的孔子,还是"三代"才是人类黄金时代的儒家历史思维,[①]还是强调祖宗血脉的文化传承,都证明了这一点。正源于此,每每发展遭遇到困境时,中国人惯常性的思维常常要折向传统,面向传统"寻方问计"。因为在他们看来,传统中承载着丰富的资源,且它被认为是确保改革举措不脱离中国实际的必要要素。肇始于20世纪90年代初的以形式主义为核心的家事司法路线,事实证明并不成功。离婚率增高、家庭伦理缺失、道德水平下降、弱势群体保护失范等问题愈加突出。各种事实似乎表明,形式主义的司法路线无力担当起维护社会稳定、实现社会和谐这一重大任务。于是,在这样的社会背景下所启动的司法改革,自然容易走上一条"仿古"式的道路。

将司法纳入到社会治理的范畴,这对于中国人并不陌生。在儒家的视野中,司法的目的就是消灭诉讼,因为争讼本身就对社会稳定构成了威胁。[②] 正因如此,"息讼""无讼"一直是传统儒家士人心中理想社会的重要标准以及政府考核官员政绩的重要指标。[③] 东汉著名循吏吴佑为"胶东相"时,"民有争讼者,必先闭阁自责,然后断讼,以道譬之,或亲到闾里重相和解。"[④]西汉人韩廷寿"为东郡太守,以德为治,三年之间,令行禁止,断狱大减,为天下最",遇有诉讼,他就"闭阖思过",致使两造"深自责让",郡内"二十四县莫复以辞讼自言者"。[⑤] 西汉循吏黄霸任颍川太守时,八年未发生过大案,监狱都长了草,他因此被朝廷征召,当了宰相。[⑥]传统中国主流思想一直把道德教化视为社会治理的重要手段,认为心理上的征服与道德上的提升才是平息矛盾的根本。[⑦] 在传统中国的家国一

① 黄俊杰:《儒家思想与中国历史思维》,台北:台大出版中心2015年版,第123页。

② 子曰:"听讼,吾犹人也,必也使无讼乎。"(《论语·颜渊》)

③ 范忠信等:《情理法与中国人》,北京:北京大学出版社2011年版,第213页。

④《后汉书·吴祐传》。

⑤《汉书·韩延寿传》。

⑥ 郭建:《中国法文化漫笔》,上海:东方出版中心1999年版,第59页。

⑦ 子曰:"道之以政,齐之以刑,民免而无耻;道之以德,齐之以礼,有耻且格。"(《论语·为政》)

体的理念下，国不过是一个放大的家而已，既然如此，更多的矛盾都是家庭内部矛盾，都应该通过调解的方式来解决。正因如此，传统中国的司法呈现出来的是一种滋贺秀三先生所指称的“教谕式调解”的样态。[①]“理想的官员，尤其是郡县一级常常更多的被视为调停者，而非法官，因为他在这些情况下的任务是消除或减少两个或更多争端家庭的冲突，而非费尽心思确定手头的争端孰对孰错。”[②]因此，在这样的司法中，调停者关注得更多的不是当事人的权利和义务，而是社会的整体和谐，[③]对于案件的解决更重要的技术不是证据运用技术，而是心理说服和情感修复技术。因此，我们说，如前所述的当下作为情感修复和心灵征服技术和致力于通过他人的帮助而实现“自我转变”的司法路径并不是十足的创新，而是一种自觉与不自觉中的“仿古”。

随着国家实力的增强，中国需要在世界结构中谋求自身的话语权，而一个国家独立的话语权需要它自身的文化体系和魅力来支持。显然，通过以往的亦步亦趋地“仿制”西方话语的方式是无法完成这一任务的。于是，传统文化责无旁贷地要承担起这样的使命。[④]“文化是一个国家、一个民族的灵魂。文化兴国运兴，文化强民族强。没有高度的文化自信，没有文化的繁荣兴盛，就没有中华民族伟大复兴”，“深入挖掘中华优秀传统文化蕴含的思想观念、人文精神、道德规范，结合时代要求继承创新，让中华文化展现出永久魅力和时代风采。”[⑤]当传统文化被党和政府提升到这

① [日]滋贺秀三：《清代诉讼制度之民事法源的概括性考察——情理法》，载滋贺秀三等：《明清时期的民事审判与民间契约》，北京：法律出版社 1998 年版，第 21 页。

② [美]安乐哲：《生民之本——〈孝经的哲学诠释及英译〉》，何金俐译，北京：北京大学出版社 2010 年版，第 35 页。

③ 这一点从著名的海瑞定理中可见一斑：“窃谓凡讼之可疑者，与其屈兄，宁屈其弟；与其屈叔伯，宁屈其侄；与其屈贫民，宁屈富民；与其屈愚直，宁屈刁顽。事在争产业，与其屈小民，宁屈乡宦，以救弊也。事在争言貌，与其屈乡宦，宁屈小民，以存体也。”参见黄仁宇：《万历十五年》，北京：生活·读书·新知三联书店 1997 年版，第 139、156 页。

④ 2017 年 1 月中共中央办公厅、国务院办公厅印发的《关于实施中华优秀传统文化传承发展工程的意见》中提出：深入阐发文化精髓，着力构建有中国底蕴、中国特色的思想体系、学术体系和话语体系。

⑤ 习近平：《决胜全面建成小康社会，夺取新时代中国特色社会主义伟大胜利——在中国共产党第十九次全国代表大会上的报告》，北京：人民出版社 2017 年版，第 40—41、42 页。

样的高度时，它的复兴与推进便具有了政治意义。传统中国是典型的宗法宗族社会，所以依托于此的传统文化从某种意义上说就是以“家”为中心构建的，又因为“重家”的观念依然稳固地占据着中国人的精神世界，所以传统文化对当代法治的功用在家事司法领域会表现得尤为显著。政治上的动力、传统的延续性以及家事审判自身的需求，促进了传统文化在家事司法中的应用，以至于传统文化助力纠纷解决已经成为了当下家事审判改革的重要内容和亮点。

于是，《儒家经典引用要旨》开始成为了法官办理案件常规性的启示；[①]“父慈子孝、兄友弟恭、夫妇和顺、邻里敦睦”“夫妇者，何谓也？夫者，扶也，以道扶接也；妇者，服也，以礼屈服”“君子之道，造端乎夫妇；及其至也，察乎天地”等词句开始出现在法庭的语言中；[②]“父母在，不远游，游必有方”“孝子之事亲也，居则致其敬，养则致其乐，病则致其忧，丧则致其哀，祭则致其严”“不孝有三，无后为大，舜不告而娶，为无后也”“兄道友，弟道恭，兄弟睦，孝在中”等词句开始出现判词或法官寄语中；[③]家风家训的故事被作为法官教谕当事人的重要手段，[④]“己所不欲，勿施于人”原则下的“换位思考”成为了调判案件的重要方法。[⑤] 这样，司法便更有了文化的厚度、道德的深度、亲情关怀的温度。

中国近现代的民主革命所形成的新传统是对旧传统的继承性发展。在旧传统的视野中国家范围内的矛盾都可以被看成是家庭内部矛盾，那么，在新传统中社会范围内的矛盾也都可以被视为“人民内部矛盾”，既然如此，调解依然要在纠纷解决中扮演重要的角色。与强调“修心”和“教化”的旧传统相应，新传统一直强调“思想政治工作”的功用，以至于它被

---

① 李光明：《传统文化让家事审判有了温度》，载《法制日报》2017 年 5 月 31 日第 3 版。

② 王文鑫：《“亲和睦诚”巧解千千结——福建泉州鲤城区法院家事审判工作纪实》，载《人民法院报》2018 年 10 月 18 日第 4 版；赵正辉等：《司法之手修复破碎亲情——锡山法院创新家事纠纷调解方法纪实》，载《江苏法制报》2011 年 7 月 7 日第 1 版。

③ “郑某 1 诉郑某 2 等继承纠纷案”【(2017)粤 0105 民初 9013 号】；“许某某诉丁某甲等赡养纠纷案”【(2016)陕 0124 民初 1802 号】；“许某诉徐某婚约财产纠纷案”【(2017)浙 0825 民初 4080 号】；“刘某 1 刘某甲诉刘某 2 刘某乙等法定继承纠纷案”【(2016)豫 0203 民初 855 号】；等等。

④ 刘民：《闵子骞“孝文化思想”与家事审判》，载《人民法院报》2018 年 8 月 17 日第 7 版。

⑤ 吴显敏：《用亲情打开亲情的死结》，载《人民法院报》2017 年 5 月 14 日第 7 版。

视为“经济工作和其他一切工作的生命线”[①]，是党领导人民进行革命和建设克敌制胜的法宝。又由于受中国革命的人民性的决定，“群众路线”在实践中被广泛应用，被视为基本的工作方法，是我们处理好各项工作、解决一切困难的重要保障。[②] 这些因素的结合创生了中国政法传统中的最为重要的形式——“马锡五审判方式”。“马锡五审判方式”的精髓就在于“就地审判，不拘形式，深入调查研究，联系群众，解决问题”，最主要的工作方式就是“审判与调解相结合”；[③]这些因素的结合创生了社会治理中最为重要的典范——“枫桥经验”。“枫桥经验”的精髓是，“依靠群众”，采取“评审和说理”的方法，就地化解矛盾。[④] 这些经验一直被视为我们革命传统中的宝贵财富。面对日趋严重的家庭危机和司法困境，改革者往往会认为这些问题的出现恰恰是先前的司法丢掉了这些传统的结果，因而只有充分地继承这些遗产才能走出困境。[⑤] 由此看来，当下的家事审判改革中所践行的“思想化”的路线以及呈现出来的“服务型”“社会联动型”的模式，是一种回归革命传统的产物。这也是一种“仿古”。于是，在家事司法中我们看到“百姓评理团”[⑥]“家事调查员”“‘法理情’女子会”[⑦]“‘老娘舅’协会”[⑧]“劝、批、谈、教相结合”[⑨]等形式就不足为奇了。

---

① 1981 年 6 月 27 日中共十一届六中全会通过的《中国共产党中央委员会关于建国以来党的若干历史问题的决议》。

② 毛泽东同志指出：“在我们党的一切实际工作中，凡属于正确的领导必须是从群众中来到群众中去。”“从群众中集中起来又到群众中坚持下去，形成正确的领导意见，这是基本的领导方法。”《毛泽东选集》第三卷 1991 年版，第 899、900 页。

③ 张希坡：《马锡五与马锡五审判方式》，北京：法律出版社 2013 年版，第 188、192 页。

④ 杨明伟：《“枫桥经验”：毛泽东、习近平跨世纪的共同关注》，载《党史博览》2018 年第 11 期。

⑤ 宁杰：《弘扬人民司法传统　深入推进司法改革　为经济社会发展营造良好法治环境》，载《人民法院报》2016 年 8 月 27 日第 1 版；殷华：《坚持创新发展新时代“枫桥经验”为建设更高水平的平安中国提供有力司法服务和保障》，载《人民法院报》2018 年 11 月 29 日第 1 版。

⑥ 刘白露：《疗伤与祛痛：北京家事审判的变革之道》，载《人民法院报》2017 年 5 月 22 日第 5 版。

⑦ 田珊檑：《试点法院“晒”家事审判改革“成绩单”》，载《中国妇女报》2017 年 12 月 27 日第 B01 版。

⑧《嘉兴南湖　家事审判巧解“千千结》，载《人民法院报》2017 年 9 月 2 日第 6 版。

⑨ 宋佳佳：《家事审判改革巧断“家务事”——浔阳区国家级家事审判改革试点初见成效》，载《九江日报》2018 年 1 月 2 日第 1 版。

由此看来，当下的家事审判改革是在承继新旧传统的意义上展开的，是在“推动中华优秀传统文化创造性转化、创新性发展，继承革命文化，发展社会主义先进文化”[①]的意义上来构筑自己的模式的，是在“通三统”的意义上获得自身的完善的。[②]

五、对当下中国家事司法改革路径的评析与思考

韦伯将人类社会的法律分为四个理想形态：形式-非理性、实质-非理性、实质-理性、形式-理性。他以理性化为线索，将西方法律史描述为一部理性程度不断增加的历史。在他的视野下，现代法律应该是理性程度最高的形式-理性法。[③] 如果依据韦伯的标准来衡量，当下中国所进行的家事审判改革所呈现出来的司法模式显然是不符合形式-理性法的要求的，因为在韦伯笔下它应该具备这样的特征：“任何具体的法律判决是把一条抽象的法规‘应用’到一个具体的‘事实’之上；对于任何具体的事实的判决，都必须是运用法律逻辑的手段，从现行的抽象的法规所得出来的”。在韦伯的眼中，中国古代的法律恰恰是典型的实质-非理性，因为它“重视具体案例的实质的公道与正义，忽略实定法的形式理性与拘束性，容易流于‘卡迪审判’式的自由裁量”。[④] 如果依这样的标准，当下的家事司法模式无疑又是实质-非理性的。由此说来，当下的家事审判改革是一场逆现代法律发展方向的降理性化的运动。

尽管如此，笔者恰恰并不认为该种方向的改革是反规律的，反而认为这正是其合理性的精髓所在。之所以如此，是因为家事案件具有特殊性，家事案件之所以特殊，是因为家是个特殊的地方。家是个“求同”的地方，既然如此，就不能太“较真儿”；家是一个讲身份的地方，既然如此，人与人之间就不能追求绝对的平等；家是一个讲情感的地方，既然如此，利益就

① 习近平：《决胜全面建成小康社会，夺取新时代中国特色社会主义伟大胜利——在中国共产党第十九次全国代表大会上的报告》，北京：人民出版社2017年版，第23页。

② 甘阳先生提出孔夫子传统、毛泽东传统、邓小平传统是同一个中华文明连续统。参见甘阳：《通三统》，北京：生活·读书·新知三联书店2014年版，第5页。

③ 张玲玉：《韦伯“卡迪司法”论断辨正》，载《环球法律评论》2012年第3期。

④ 林端：《韦伯论中国传统法律：韦伯比较社会学的批判》，北京：中国政法大学出版社2014年版，第11、27页。

往往不是第一位的；家是一个讲伦理的地方，既然如此，法律就不是唯一的评判依据。正因如此，在家事案件中往往严格地区分对错与胜负，清晰地认定权利和义务，仅仅追求依法裁判，一判了之，并不能真正地解决纠纷，而需要更多的心理技术、情感手段、调解方法，所以纯粹去情感的理性主义的技术路线并不能满足家事司法的内在要求。也正基于这样的原因，即使在当今的西方世界离婚纠纷也是调解方法使用最多的领域。①

之所以如此，还因为中国的家事案件有其特殊性。首先，"家"是中国人最为重要的生活方式，是"中国文化特强的个性之一种表现"。② 重家的观念是中国传统文化的特有内容，重人伦、重亲情、强调孝悌伦理至今仍是中国人特有的民族性格和心理习惯，由此衍生出来的众多的伦理性规范在当下中国仍然具有强大的认同感和拘束力。其次，中国人的生活方式是如许烺光先生所定义的"情景主义"的。受"情景中心"支配的中国人，比之受"个人中心"支配的西方人在社会和心理方面更依赖他人，更需要"与四周的人相互依存"，"他的欢乐与忧伤'更需要'与他人共同分享"。③ 因此，在"情景主义"下家庭矛盾更容易调和，其解决更需要的不是"只坚持某人有权利"的单方性机制，而是一种"既能让冲突双方完全满意又能让其都'保全面子'"的双边性机制。④ 最为重要的是，由于"家"对于中国人及其社会的重要性，所以任何时代的国家都要将其视为特殊的领域来对待，将该领域的矛盾视为关乎社会稳定的大事，因此，处理该领域的纠纷便具有了浓重的社会治理的色彩。所以，中国的家事司法自然不可能也不应该与西方司法具有相同的面相。所以，在当下中国的司法现代化的进程中，在家事领域仿效西方走一条纯粹形式主义的技术路线注定是不可取的。

由此说来，从"家庭的""中国的"立场出发，那么当代的家事司法确实

---

① Roo, Annir De and Rob Jagtenberg, Mediation in the Netherland: Past Present Future, *Electronic Journal of Comparative Law* 6.4 (dec) 2002, pp. 135 - 136.

② 梁漱溟：《中国文化要义》，上海：上海人民出版社 2005 年版，第 35 页。

③ 许烺光：《中国人与美国人》，徐德隆译，台北：南天书局有限公司 2002 年版，第 13 页。

④ David B. Wong, *Rights and Community in Confucianism*, in *Confucian Ethics: A Comparative Study of Self, Autonomy, and Community*, Kwong-loi Shun and David B. Wong, eds., Cambridge University Press, 2004, p. 45.

应该少关注一些“形式”与“理性”而应该多关注一些“实质”和“情感”。因此，如果在排除虚假宣传的意义上，当下家事审判改革中所践行的致力于情感主义、服务于“自我技术”、具有“仿古”成分的司法路线不妨是一条务实主义的路线。如果这些措施能够真正地得到落实，较之形式主义的司法应该说会收到更好的效果。在这里，笔者无意纠缠于“理性的”与“情感的”、“形式的”与“实质的”、“现代的”与“传统的”、“中国的”与“西方的”孰优孰劣的问题，而强调的是“找对了病症下的药才是最好的药”，“用对了地方的技术才是最好的技术”的问题。不可否认，理性主义是现代司法的基石，当下中国的司法必须要向职业化、国际化、正规化方向发展。韦伯所定义的法律的理想形态从宏观脉络上并没有错，但是，笔者想强调的是，任何改革都需要找对病症，对症下药。如果无视该领域的特殊性，盲目地信奉普遍性的原理，完全以普遍性代替特殊性，就会出现南橘北枳的现象。由此说来，如果我们承认中国的家事纠纷有其特殊性的话，那么它就真的需要从实践主义出发提炼一套务实的司法技术。由此，我们引申出一个更深层的问题。当下的司法改革如果真的能够取得成效，那么一定是建立在区别主义基础上的，而目前在员额制上的“一刀切”式的改革思路是有问题的。[①]

比之形式主义的司法，实质主义路线下的社会治理意义上的司法需要做更多的工作，需要法官具有更高的技能，因为“一判了之”是容易的，而实现“案结、事了、人和”是困难的。所以，当下中国家事司法模式要取得预期效果是有条件的。

其一，必须要突破目前司法中普遍存在的“案多人少”的瓶颈，即要适当增加家事司法的办案力量。主动的、延展性的、服务型的、微观化的新型司法工作方式必须依托于充足的人力资源才能发挥作用，而当下所进行的司法改革恰恰走了一条缩减员额法官数量的路线。因此，这就导致了许多法院遭遇到了法官被压缩了而助理又配不上的尴尬局面。在这种情况下，家事司法的许多非强制性的工作有可能被闲置或流于形式。

其二，法官的业务素质必须跟进。在该技术路线下，不但要求法官要

① 李拥军：《司法改革中的体制性冲突及其解决路径》，载《法商研究》2017年第2期。

通晓法律,还要求他要掌握地方性知识,不但要有专业技能,同时更为关键的,还要具备“技艺理性”(Artificial reasoning)。[①] 这种理性是在长期地学习、训练、试错、总结中,在理论与实践、知识与经验不断地来回往复中,潜移默化形成的。它不是一种单纯的知识性的存在,而更多的是一种经验性的存在。在家事司法中这是一种能使情、理、法相融合的能力,是一种说服人心灵的能力,是一种使法律效果和社会效果相调和的能力。一般说来,这种理性和能力是与年龄和经验成正比的。但是,在当下司法改革中,在法官员额有限的情况下,更多地将原有的年龄大的法官排除在员额之外的做法无异于丢掉了最好的办案资源。

其三,法官的职业伦理必须提升。面对这种耗费时间的服务型司法,法官的工作动力很大程度上取决于其对工作的情感和用心程度,即法官的职业伦理决定着其工作质量的高低,而法官的职业伦理则是与其得到的社会保障能力直接相关的。也就是说,当法官待遇低下,社会保障能力弱化,其对所从事的职业不具有幸福感、荣誉感时,其职业伦理水平必然会受到影响。就从目前司法改革的实践来看,法官的薪酬和职业保障水平显然不能支持高水平的职业伦理。如果承认家事司法具有特殊性进而需要更高的职业伦理,那么其职业保障能力就需要更高的水平。显然,目前还没有做到。

特殊化的司法路径选择需要特殊性的条件来保障。如果制度的设计不能得到具体条件的支撑,那么不但该制度无法落实,反而会给虚假宣传提供了条件。当下的司法改革已经进入了“全面深化司法体制综合配套改革”阶段,[②]因此,就家事审判改革来说,完善上述条件应该是今后改革的重点。

---

① 源于柯克大法官与詹姆士一世的“法律乃是一门艺术,一个人只有经过长期的学习和实践才能获得对它的认知”的对话。[美]爱德华·S.考文:《美国宪法的高级法背景》,强世功译,北京:生活·读书·新知三联书店1996年版,第34—35页。

② 孙航:《高举新时代改革开放旗帜　深化人民法院司法体制综合配套改革》,载《人民法院报》2018年11月17日第1版。

第十章 “家”视野下的中国法治的主体性

随着国家的发展与壮大，中国人的自主性意识逐渐增强。不能以复制西方的模式而需要以自己的模式来实现中国的现代化，似乎已经成为了国人的共识。正是出于这种自主性发展的需要，当下中国在政治层面提出了建立“四个自信”的要求，决心为解决人类问题贡献“中国智慧和中国方案”。[①] 在学术界，大约在十年前，邓正来先生的“中国法学向何处去”的呐喊，可以说比较早地开启了中国法治理论与实践方面的主体性的话题，他认为中国的法学研究不能缺失“中国法律理想图景”。[②] 近年来，针对中国法律理论与实践中的“西方法学在中国”“西方话语的中国表达”之类现状的批判更加激烈，[③]官方与学界也在将构建中国的“法治话语权”作为中国法治建设的重要目标。[④]

诚然，当下的中国需要属于自己的法治，需要建构出自己的“制度自信”，然而，如何构建这样的法治，如何实现这样的“制度自信”，根植于中国的国情和民情的法治具有什么样的面相，关于这样的问题无论是从官方还是从学界都没有给出具体的答案。笔者认为，一国的法治必须依托

---

① 习近平：《决胜全面建成小康社会　夺取新时代中国特色社会主义伟大胜利——在中国共产党第十九次全国代表大会上的报告》，北京：人民出版社2017年版，第10、19页。

② 邓正来：《中国法学向何处去——建构“中国法律理想图景”时代的论纲》，北京：商务印书馆2006年版。

③ 徐爱国：《论中国法理学的“死亡”》，载《中国法律评论》2016年第2期；季卫东，舒国滢等：《中国需要什么样的法理学》，载《中国法律评论》2016年第3期；陈金钊：《中国法理学研究中的“身份”焦虑》，载《华东政法大学学报》2014年第4期；等等。

④ 张文显：《法治与国家治理现代化》，载《中国法学》2014年第4期。

于具体的人，而人是生活于具体的历史传统和现实生活结构之中的，因此中国的法治必须要面向中国人的文化传统与具体生活实践。“家”是中国人最为重要的生活方式，“家”文化是中华文化的特有内容与核心成分，如梁漱溟先生所说，家乃“中国文化特强的个性之一种表现”。[①] 西方文明源于宗教，中国文化源于家庭。东西方文化差异的节点就在于家庭。西方法治文明抹不掉宗教的印记，[②]而中国的法治建设也不能无视“家”文化与实践，因此探索属于中国的法治之路不能离开“家”，“家”应该成为构建中国法治主体性的重要资源。

“家”的文化与实践直接影响到了中国人的生活方式与思维方式的轨迹。具体说，“家”的生活方式孕育出了中国人特有的权利观念，对中国法律的运作方式构成了重要的影响。更为重要的是，“家”的思维方式的扩展，使中国人视野中的社会、国家、世界、自然都有了“家”的意义。在“家”的视域下的个人已不是纯粹意义上的独立个体，而是一种“关系性的自我”，是一种责任性的存在，他与共同体的关系呈现出的是一种关系性的平衡。因此，“家”对中国法治的影响是基础性的、本源性的，所以目前将家庭局限在某一部门法领域的研究并不能担负起全面而深刻地揭示出“家”对于中国法治的深层价值的任务。[③] 由此说来，“家”不仅仅是一种社会现象，它还是一种哲学立场，是一种有别于西方个人主义立场上的思维存在，在这种哲学立场和思维存在关照下的法治必然会呈现出与西方法治不同的面相。如果不能揭示这一点，即使是在一般意义上研究家庭与法律的关系也不能更多地为构建属于中国自己的法治做出实质性的贡献。[④] 本章正是出于构建中国自己法治的考量，从“家”对于型

---

① 梁漱溟：《中国文化要义》，上海：上海人民出版社 2005 年版，第 35 页。

② 何勤华主编：《外国法制史》，北京：法律出版社 2003 年版，第 106—109 页。

③ 金眉：《中国亲属法的近现代转型——从大清民律草案到〈中华人民共和国婚姻法〉》，北京：法律出版社 2010 年版；丁慧：《试论中国亲属法哲学的发展方向》，载《法学杂志》2012 年第 7 期；蒋月：《20 世纪婚姻家庭法：从传统到现代化》，北京：中国社会科学出版社 2015 年版；马忆南：《婚姻家庭法领域的个人自由与国家干预》，载《文化纵横》2011 年第 1 期；等等。

④ 张龑：《论我国法律体系中的家与个体自由原则》，载《中外法学》2013 年第 4 期；张龑：《何为我们看重的生活意义——家作为法学的一个基本范畴》；载《清华法学》2016 年第 1 期；方乐：《法律实践如何面对“家庭”》，载《法制与社会发展》2011 年第 4 期；等等。

塑中国社会的基础性作用入手，揭示出由“家”所型构起来的中国社会对法律运作构成的实质性的影响，挖掘“家”的思维模式对于构建现代法治的可能性功用，从而试图为构建中国法治的主体性做出实质性的贡献。

一、“家”型塑下的中国人权利观念的特殊性

梁漱溟先生说：中国人过家庭生活，西方人过集团生活，“二者之间颇不相容”。[①] 因此，西方人对家缺乏中国人那样的依恋之情。[②] 在基督教的语境下，西方人有两位父亲，一位是生父，另一位是圣父。作为圣父的上帝比生父重要得多。生父对子女的权限和责任是有限的，子女也就无需只倚重于生父。父母在子女达至成年之后也就完成了监管使命，认为这时应该由上帝替他们照管子女。[③] “上帝的这种介入，使得一切西方父子间的亲密，绝对不允许超过两人对圣父的分别效忠。人的死后存在，与子女后代没什么关系，只能靠上帝对其个人灵魂的拯救超度。”[④]中国人的以家庭为主体的生活方式与西方人的个人主义下的生活方式有着本质的区别。在西方个人主义下的生活方式中，家庭是一个更为松散的联合体，亲属关系并没有更多的特殊性，在代际关系上奉行的是一种费孝通先生说的“接力模式”，即儿女一旦长大成人就与父母分开，独立生活，并没有“反馈模式”下的中国人的那种对父母的赡养和扶助义务。[⑤] 在中国，家庭生活模式衍生出发达的亲属关系。“一个完全没有亲属的人会很难生存，即便是维持基本的生存，用儒家的话说，也几乎不可能成为一个

---

① 梁漱溟：《中国文化要义》，上海：上海人民出版社 2003 年版，第 88 页。

② 正如耶稣说：“假如任何人到我这里来，而不憎恶他的父母、妻子、儿女、兄弟和姊妹，甚至一己的生命，他就不能做我的门徒。”（《路加福音》，第 14 章，第 26 段）“我来并不是使世界安宁的，而是使他纷扰的。因为我来了，将使儿子与他的父亲不和，女儿与他的母亲不和，媳妇与他的婆婆不和。”“凡为我的名撇下房屋，或是兄弟、姐妹、父母、妻子、儿女、土地的人，将要得到百倍的报偿，他们要承受一个永恒的生命。”（《马太福音》，第 19 章，第 27 段起）

③ 伊涛：《家庭伦理的儒学内涵与权利的备选位置》，载《法制与社会发展》2013 年第 4 期。

④ 笑思：《家哲学——西方人的盲点》，北京：商务印书馆 2010 年版，第 9 页。

⑤ 费孝通：《家庭结构变动中的老年赡养问题：再论中国家庭结构的变动》，载《北京大学学报》（哲学社会科学版）1983 年第 3 期，第 7 页。

健全的人”。[①] 所以，亲属在社会生活中扮演着特殊的角色，进而亲属关系也是一种特殊的社会关系。亲属关系中运行的是一种如前述的“差序格局”，所以，在亲属关系中，关系越近，权利意识就会越淡，因为在亲近的关系中很难提及权利，它们更多是通过伦理、美德、亲情来维系。这样，因为“家”的缘故，在权利意识与实践方面中国人与西方人有着相当大的差别。

（一）个人隐私权

西方人视每个人都是一个独立的个体，所以人与人之间都有清晰的权利边界，因此个人隐私方面的权利意识非常发达，即使在家庭生活中也不例外。而在中国，家庭关系往往是最为亲密的关系，特别是在代际关系中，父母将子女视为自己生命的延伸，他们对子女的关爱往往会延伸到子女生活的方方面面。子女也常常将父母视为最值得信赖的人，许多心中的秘密愿意和自己父母表白。在兄弟姐妹之间因为是同根同源，情感上的亲近性使他们利益愿意共享，困难愿意共担。所以，在家庭成员之间隐私权方面的意识远没有西方人发达。美籍华裔学者许烺光教授对中国人与美国人之间的家庭隐私权方面的差异做了这样的描述：“美国人在屋内注重个人隐私权。因此，不仅房内厕所有门。父母在子女的房间不可乱动，子女在父母的管辖范围内也不可随心所欲。在某些美国式家庭中，这种个人隐私的尊重，有时延伸到夫妇之间，而丈夫与太太为此必须分房而睡。在中国家庭中，隐私权的尊重除了非夫妻关系的异性之间外，可以说绝无仅有。在家里，父母不但可以任意翻动子女的物品，而子女也可以随意使用父母的东西。”[②]

特别在代际关系中，西方人和中国人更表现出很大的不同。西方人的代际关系是断裂的。上一代对儿童教育的方式，也是在为将来这个断裂铺路。西方人从小就训练孩子独立生活的能力，往往以对待成年人的态度对待儿童，以便塑造人格平等。他们不把儿女当成私产，而是将其看作上帝暂时的托管，在他们的意识中这种关系终究是要断裂的。因此，这

---

① ［美］安乐哲：《生民之本——孝经的哲学诠释及英译》，何金俐译，北京：北京大学出版社2010年版，第30页。

② 许烺光：《中国人与美国人》，徐隆德译，台北：南天书局有限公司2002年版，第84页。

就造就了代际不亲的状况，进而导致整个社会人情水平的低落。[①] 在中国社会，代际关系远比西方人和谐亲密。这表现为父母更多要对儿女尽到教育、管理和照顾的义务，儿女要对父母尽赡养义务。在中国人的意识中，不论多大，在父母面前永远都是孩子。[②] “养不教，父之过”，家长有责任将孩子培养成有用之才。出于教育、管理的需要，父母常常要积极地参与到子女的一些个人的事务中，要掌握他们的一些信息，有时甚至要帮助他们决策。另一方面，在养儿防老、堂前尽孝的观念下，老年父母生活上更多地要倚重儿女，要依靠和儿女的交流来得到情感上的慰藉，儿女也只有更多了解父母的信息才能做到使其“心安”“心顺”，进而做到真正的“孝”。因此，从这个角度讲，对于大多数中国人来说，无论是儿女对父母还是父母对儿女都没有更多的隐私权。

（二）家庭财产处置权

在家产制上，中国人历来坚持“诸子均分”的原则。对于家产的分配，中国人往往通过“分家”的形式而更多的不是通过继承特别是遗嘱继承的方式来完成。西方继承制是建立在个人财产制的基础上的，在西方继承法中，不可想象在死者生前提出分割财产的请求，因为死者的财产是个人财产。同时，遗嘱优先原则也意味着死者对财产的处分是自由的，除了“特留份”制度的限制外，不受家庭成员意志的制约。[③] 传统中国人的分家是建立在家产制基础上的，一般都是父母在世时进行的。父母为了防止老年时儿子出现赡养纠纷，往往会提前对家产进行分配，并对老人的家产份额予以规定。家产的分配坚持的是平均主义的原则。平均分配家产往往被视为父母对儿女的义务，儿女则将其视为自己应得的权利。父母并不能依据自己的意愿推行不均等的分家模式。虽然随着现代“少子化”现象的出现以及现代男女平等观念的深入，传统的“传男不传女”家产分配原则基本被打破，女儿也更多地参与了家庭财产的分配，同时也承担起

---

① 孙隆基：《中国文化的深层结构》，桂林：广西师范大学出版社 2004 年版，第 196 页。

② 正因如此有学者描述这种现象为“成人儿童化的倾向”。参见孙隆基：《中国文化的深层结构》，桂林：广西师范大学出版社 2004 年版，第 208 页。

③ 俞江：《继承领域内冲突格局的形成——近代中国的分家习惯与继承法移植》，载《中国社会科学》2005 年第 5 期。

赡养父母的义务，但是父母要向儿女平均分配财产并不许赠与没有血缘关系的外人，仍然是绝大多数中国人一种根深蒂固的心理习惯。这是因为，在中国人看来，父母都不是纯粹的家产所有权人，家产是共有的，父母只是家产的管理者而已，其管理行为不能损害家产的完整性。①

即使不在家产制下，或者说财产就是父母的财产，即使当事人就是通过继承的方式来取得父母的财产，在特有的传统思维下，中国人也往往把平均取得父母财产视为自己天经地义的权利。如果父母不坚持这样的原则，则往往被视为违背常理的行为。在赡养和债务上也是如此，“养儿防老”“父债子还”的传统，也使儿女要平均承担赡养父母以及父母所负的债务。这点与西方个人主义下父母可以凭借自己的意志自由地分配财产、债务而与儿女无关的传统有很大的不同。费孝通先生说，美国父母对孩子的爱也是有条件的，父母之爱不是孩子的权利，而是一种胜利品，也需要竞争才能获得。② 即每个孩子都不能将从父母那里获得利益视为理所当然，父母也不会对自己自由地处置财产而视为对某些儿女的亏欠。许烺光先生描述得更为深刻：“中国人讲究相互依存的人生观与美国的所谓自力更生，独立精神正好相反。我们在前面提过中国儿子必须扶养父母，中国父母也有义务带大儿子。这种相互依存的社会合约，是终生不能改变的。外国遗嘱的法律观念对中国人来说是陌生的，因为中国人的资产和负债，不管在生前或死后，一定是由儿子们平均分配的。”③

（三）婚姻建议权

在西方，儿女成人后，父母不再负照顾、抚养之义务，婚姻完全是个人的私事，父母通常不会干预儿女的婚姻，事实上即使当事人婚姻失败，这对其父母及其亲属也不会造成太大的影响。因此，西方的家庭法奉行绝对婚姻自由的原则。而在中国则不然，婚姻无论在传统还是现代都是中国人人生中的头等大事。对于家庭来说，婚姻意味着一个没有血缘关系的外人要加入其中。基于血缘关系的亲密性源于人的生物性本能，而没

---

① 林辉煌：《家产制与中国家庭法律的社会适应——一种“实践的法律社会学”分析》，载《法制与社会发展》2012 年第 4 期。

② 费孝通：《美国人的性格》，武汉：华中师范大学出版社 2013 年版，第 15 页。

③ 许烺光：《中国人与美国人》，徐隆德译，台北：南天书局有限公司 2002 年版，第 126 页。

有血缘关系的人之间的亲密则是有条件的,它要受双方的性格、兴趣、经历、知识等方面的影响。因此,通常某一陌生人的进入对该家庭会产生实质的影响,所以,家庭成员的婚姻并不像西方人那样完全是个人的私事,而是一个关系到家庭和睦幸福的"公事"。家庭成员因为血缘和情感联系在一起,一个人婚姻上的瑕疵,必然会牵连到其他成员的生活。基于此,在中国人看来,家庭成员,特别是父母,有责任为儿女的婚姻把好关,即拥有家庭成员婚姻的建议权。在当下中国社会,一般来说,如果通过相亲的方式结合的,父母和亲属往往要陪同,并有发表建议的权利,其建议通常都会对婚姻成就与否起到决定性的作用。如果通过自由恋爱的方式结合的男女,一般也要征求亲属特别是父母的意见,其父母对此也有表达自己看法的权利。基于一种亲属间的信任关系,这些意见通常也会给当事人的决策施加重要影响。正因如此,我们说,来源于西方的现代家庭法中的绝对婚姻自由的原则既不符合我们的民情,实践中也得不到真正的落实。从另一个角度讲,无论是婚礼举办、婚房的购买还是婚后出现经济上的困难都需要父母或其他亲属的帮助,[①]也就是说,父母或其他亲属要对其作实际的付出,要履行作为亲属应该负有的伦理上的义务。既然如此,这说明婚姻对于中国人来说绝对不是男女个人的私事。既然婚姻的成就在物质上得需要父母或其他亲属的帮助,而单单在择偶上却完全凭借当事人自己的意志来决定,这显然是不公平的,也是不符合权利义务对等性原则的。

(四)医疗决策权[②]

在西方的个人主义的生活方式下,在医疗决策上奉行自主性的原则,即以自我决定为导向。西方主流的价值观认为,每个人都有权对于自己

---

① 据社会学家的研究:尽管解放以来中国农村出现剧烈的制度变革和社会转型,男女婚姻自主基本实现,但父母仍主要负责为儿子准备所需的物质条件。儿子花费常常是父母积攒多年的,是家庭支出的最主要项目,这实际成为亲子代际财产转移的途径。对父母来说,只有为儿子完成婚事,才算尽到了养育子女的全部义务和责任。婚姻基本支出有三大项:准备新房、支付彩礼和婚礼花费。参见王跃生:《婚事操办中的代际关系》,载《中国农村观察》,2010 第 3 期。

② 此部分参见范瑞平:《当代儒家生命伦理学》,北京:北京大学出版社 2011 年版,第 3—81 页。

的身体和其他方面作出决定。自主性原则支持的最重要的价值乃是个人的独立。尽管一个人是处于临床环境下的病人,自主性的原则依然对他重要。他不能依赖于别人作出医疗决定。相反,家庭和医生有责任尊重和提高他的自主性,让他们最大限度地实行自我控制、自我决定。而在中国式的家庭主义的生活方式下,家庭是一个互相依赖,彼此共存的实体,因此某一个成员的生老病死是家庭中的大事,不是某个人的私事。病人首先是一个家庭成员,一个需要特殊照顾的家庭成员。作为家庭中的一员,他就不应该独立地处理自己健康的问题。因为他作为病人需要其他家庭成员来照顾,同时其他家庭成员遭遇疾病,他也会同样照顾他们。与西方相比,中国人的医疗决策显然是家庭主义的。这主要体现在:

1. 医疗决策不是病人作为个人独立的判断,而是全家作为一个整体所做出的决定。在实践中往往每个家庭都自然地会出一位家庭成员作为代表在医生和病人之间起协调作用,并代表全家与医生协商或在决策上签字。在中国人眼里,由家属代表病人与医生合作来对付疾病是十分合理的方式。让一个受苦的病人自己签字以接受手术是难以让人接受的。中国的病人通常也不想参与医疗过程,这主要是因为他们对自己亲人给予了绝对的信任,他们相信家人会为自己妥善处理好这些事情,不必由自己直接面对医生来处理这些事情。因此,在西方由病人来签署的手术同意书在中国却常常由家属来完成。

2. 遇到严重的疾病时,中国家庭通常会对病人隐瞒真相。他们认为把不好的消息直接告诉病人是缺乏同情心的表现,而且会担心这些信息会给病人增加心理负担。从古代开始,中国的医生遵循着这样的一个实践规则:不把致命的诊断直接告诉病人,而是告诉病人的家属。如果一个医生直接告诉病人绝症诊断,将被认为是鲁莽和僭越的。如果家属认为把真相告诉给病人是合适的,那么也应该由家属而不是医生去告诉病人。这种对信息的截留和遮蔽,是基于病人利益最大化的原则而作出的,即使后来病人知道真实情况,通常也不会认为是对自己知情权的侵犯,病人家属也不会对病人有所歉疚。①

---

① 以上参见范瑞平:《当代儒家生命伦理学》,北京:北京大学出版社 2011 年版,第 3—81 页。

（五）夫妻财产权

在古代中国，婚姻的意义和功能被界定为"合二姓之好，上以事宗庙，而下以继后世"。这里的"合"可谓道出了中国婚姻的本质。在古代中国，夫妻分别被赋予阴阳的属性，由阴阳主从而达致和谐的理念则构成了婚姻制度的内在本质。正如《易传》中所说的："乾道成男，坤道成女。乾知大始，坤作成物。天地氤氲，万物化醇。男女构精，万物化生。"虽然阴阳具有不同的属性，而且具有主从关系，但是在婚姻中并不是强调某一因素的"一家独大"，而是强调"独阳不成，独阴不成"，即夫离不开妻，妻离不开夫，夫妻彼此共生，相互依存，强调家庭的和谐是双方共同努力的结果。家在中国古代基本上是一个共同劳动、共同生活、相对固定的群体，它实际上是一个血缘和姻缘的共同体，其存在除依赖共有的生活资料外，还要依靠共同的意志、意识和家庭的荣誉感。这种共同的意识既表现在父子一体、兄弟一体上，也表现在夫妻一体上。①

新中国的婚姻法坚持了传统上的夫妻一体主义。1950 年的婚姻法中使用的是"家庭财产"的概念，其第 10 条规定："夫妻双方对于家庭财产有平等的所有权与处理权。"1980 年婚姻法提出了"夫妻共同财产"的概念，其第 13 条规定："夫妻在婚姻关系存续期间所得的财产，归夫妻共同所有，双方另有约定的除外。"第 14 条规定"夫妻有互相扶养的义务"。新中国婚姻法的立法思想强调男女的结合要以感情为基础，现有的婚姻法离婚的标准以感情是否破裂为标准。强调情感上结合，是一种更为高级的结合形式，既然两人情投意合，自然在财产上更是不能过分地区分彼此，因此，无论是从古代传统还是从革命传统来说，夫妻财产坚持的都是共有制的形式。从 2001 年以来，我国婚姻法在保留了原有的夫妻共同财产制的基础上，还明确规定了夫妻约定财产制，但由于这一制度纯粹由西方舶来，以个人主义为基础，与我国传统不相吻合，因此，推行起来十分乏力。在把婚姻定义为"合两姓之好"的中国人看来，婚姻还未成就就先把财产划分得一清二楚，这是不能接受的。西方权利概念的本质是一套区

① 金眉：《中国亲属法的现代转型》，北京：法律出版社 2010 年版，第 1、8、12 页。

分“你的”“我的”这样的观念。[①] 在大多数中国人看来，结婚就意味着两家人并成一家人，两人应该心往一处想、劲往一处使，既然是一家人，在财产的权属上就应该模糊处理，不宜过分区分“你的”“我的”，过分区分权属是有伤感情的。即使对于“生命诚可贵，爱情价更高”的现代派年轻人来讲，这些做法也是和心中高尚的爱情属性不相符的。因此，婚前就对财产进行约定甚至进行权属登记整体来说是不符合中国的民情的。[②] 也正因如此，婚姻法解释三第 8 条第 1 款所作的“婚后由一方父母出资购买的不动产，产权登记在出资人子女名下的，可视为对自己子女一方的赠与，应认定该不动产为夫妻一方的个人财产”的规定遭到了舆论的普遍批判。归根结底是因为它不符合中国人夫妻一体主义思维。正如一位学者所评价的：这种做法使婚姻法“从人身关系法过渡到投资促进法”，吹响了迈向“中国家庭资本主义化的号角”。[③]

（六）作为备用机制的权利

应该说权利的观念与家庭生活的本质是不符的。家庭的和谐需要每个成员扮演好自己的角色，承担起自己的责任，因此，家庭中人的状态更应该是义务性的，过分地强调权利必然会疏离情感、弱化关系，使人更加原子化，进而威胁到家庭共同体的存续。正如一位美国的汉学家所说的：“如果我必须为弟弟的教育提供种种帮助，那么我最好是出于爱，礼仪和传统习俗，以及维护不可或缺的家庭利益的综合考虑。于此相反，如果我通过诉诸弟弟的权利，或通过暗中衡量自己与弟弟的权利来表明自己行为的正当性，我便在自己的思考中至少加入了两种不受欢迎的因素。首先，我已经开始根据家庭个体成员的私利来考虑自己的决定。其次，我也涉及我或其他人有法律约束，甚至是强迫的道德要求。一旦道德考量成

---

① ［德］康德：《法的形而上学原理——权利的科学》，沈叔平译，北京：商务印书馆 1991 年版，第 54—57 页。

② 婚姻法学者的调研显示：被调研的 76 个案件中，实行夫妻共同财产制的占绝对多数，共有 74 个，占被调查案件总数的 97.4%。仅有两个实行分别财产制，这也是在夫妻关系产生裂痕，双方处于分居或半分居状态时才由原来的共同财产制转为分别财产制。参见巫昌祯主编：《婚姻法执行状况调查》，北京：中央文献出版社 2004 年版，第 49 页。

③ 赵晓力：《中国家庭资本主义化的号角》，载《文化纵横》2011 年第 1 期。

为这种冲突性问题的回应时，弟弟与我便不再处于真正的兄弟关系之中，并且反过来还威胁到家庭成员与整个家族之间的关系。”[①]

由此看来，维系家庭生活和亲属关系的第一规范或机制是伦理、情感、美德与道义。亲人们之间的互帮互助是出于伦理上的义务，是基于亲缘的情感，是源于“父慈子孝”“兄友弟恭”式的美德，是基于“亲亲为大”方面的道义。当亲人落难，你却袖手旁观，你本身在伦理和道义上是失职的，招来的是无情无义的评价和道德上的指责。因此，以自我为中心的权利与和谐的家庭生活原则上是冲突的。正是基于此，孟子才痛斥“拔一毛以利天下而不为”的个人主义者杨朱为禽兽。[②]

诚然，权利观念与家庭生活和谐的本质是不符的，但并不是说权利对于家庭生活是无用的。如果我们的家庭关系破裂或恶化了，我们用什么机制来做补救呢？比如，一个丈夫长期在外面包养情人，妻子多次通过夫妻情感的方式进行感化和道德伦理的方式予以规劝，但最终无果，此时妻子该如何处理呢？我们认为，这个妻子有必要以权利为武器来维护自己的利益和家庭的安全。正如美国学者 Waldron 认为的：从功能的角度，刚性的权利和义务不是构成婚姻生活所必需的；它们只有在当情感不能被保证的这种不幸的情况下爱的维系机制才能转入法律上的权利和责任。[③] 陈祖为先生以儒家主义的视角肯定了权利对于婚姻生活的必要性：“如果丈夫对妻子的爱已经逝去，并且在很多方面伤害了她的利益，那么妻子诉诸正式的、法律上的权利来保护自己的权益就是可欲的，甚至是非常必要的。”[④]因此，从这个意义上说，权利是一种在美德、伦理失效或人际关系破裂时其作用才被突显出来的机制，是一种只能作为解决纠纷最后的手段而存在的机制，是一种情感、美德、伦理等首选机制失效以后

---

① [美]史田丹：《作为“后备机制”的儒家权利》，梁涛等译，载梁涛主编：《美德与权利——跨文化视域下的儒学与人权》，北京：中国社会科学出版社 2016 年版，第 88 页。

② 孟子曰：“杨氏为我，是无君也；墨世兼爱，是无父也。无父无君，是禽兽也。”（《孟子·滕文公上》）

③ Jeremy Waldron, *Liberal Rghts: Collected Papers* 1981 – 1991, Cambridge University Press, 1993, p. 376.

④ Joseph Chan, *Confucian Perfectionism: A Political Philosophy for Modern Times*, Princeton University Press, 2014, p. 124.

的备用机制。[①] 由此看来，对于习惯于家庭生活的中国人来说，权利的行使是有条件的，是一种在迫不得已的情况下才适用的机制。如果一个人在日常的家庭生活中和一般的亲属领域表现出过多权利意识，必然遭到伦理上的指责和舆论上的贬谪。因此，在西方个人主义世界观下形成的成熟的权利理论以及“为权利而斗争”的观念与实践与中国人的生活方式并不相符。

二、重“家”的生活实践对中国法律运作方式的影响

“家”的维系依赖于一套以“同”“别”“情”“止”为特征的机制和属性，正是这套机制和属性型塑着“家”作为人群和生活方式的主体性。法律对家庭的调整也正是通过对这些机制和属性发生影响来完成的，或者说，家庭的法律意义也正是通过这些机制和属性来实现的。由于家庭在中国人的生活实践中占有重要地位，亲属关系在整个社会关系中具有明显的普遍性和特殊性，因此，家庭的这些机制和属性便会深刻地影响着当代中国法律对社会关系的调整，从而使中国当下的法律呈现出自身的特殊性。换言之，法律欲具有生命力就必须贴近人的生活，而贴近人的生活在中国语境下就是要对中国人的家庭生活实践给予充分的关照，从这个意义上说，当下中国法律的生命力取决于它对中国人家庭生活方式的关照程度。因此，当下中国的法律欲实现与人的生活方式的自洽，就必须按照中国社会自身的逻辑来运作，若依此运作，那么它必然呈现出自身独有的面貌。因此，可以这样说，能否与“家”相适应也是检验当下中国法律合法性与否的重要标准。

（一）“同”的机制

成员利益上具有共同性是任何一个人的集合能够存在和延续的基础，而家庭中的姻缘、血缘的纽带，以及家庭成员的近距离的接触和长时间的生活又增加了该集合的亲密性，从而使家庭在对外交往中在利益与情感方面呈现出其他形式的集合所不具备的一致性。法律若要承认“家”

---

① 陈祖为：《当代中国儒家人权观初探》，宁宁译，载梁涛主编：《美德与权利——跨文化视域下的儒学与人权》，北京：中国社会科学出版社 2016 年版，第 83、81 页。

这种集合或生活方式的合法性，就要承认这种共同性。

法律对这种共同性的承认首先表现为将“家”视为独立的主体。家庭是人类历史上最早的团体。在人类的早期社会普遍存在着注重血缘和地缘的倾向，因此，将家庭视为独立的主体是东西方法律的共同特征。在几乎整个罗马法史上，家庭都在社会交往中扮演着重要的主体角色。其中的“家父”对外是家庭的法定代表人，对内拥有全部家产所有权和对家子的人身支配权。[①] 在日耳曼法中，家庭仍然是一个被家长权统合起来的一个实体，家属全部位于家长权之下。家长对外代表家庭负责对外事务，对内行使夫权、亲权、监护权、保护权等权利。[②] 这一点中西方大体相同。中国古代通常是以家庭为单位承担法律责任，这在法律上称为“户”。家长为户主。中国古代的赋税是以“户”为单位征收的，因此称“户赋”“户调”，[③]中国古代专门负责民政工作的部门称为“户部”，调整民事关系的法律称为“户律”，家庭没有男性继承人的情况被称为“户绝”。古代法律还把家庭视为犯罪的主体，如秦律规定了“匿户罪”[④]，即对逃避“户赋”治罪。又如唐律规定，以家庭形式犯罪的，以家长为首犯。[⑤] 尽管如此，由于古代中国是典型的农耕社会，以血缘为主导的宗法制占有统治地位，而在西方由于商品经济的早熟以及频仍的战争导致其家庭的规模无法与古代中国相比及，因此，家庭对于法律的意义西方远逊于中国。[⑥] 正因如此，随着个人主义观念的兴起，在西方家庭的社会功能逐渐萎缩，家庭的法律主体地位趋于解体，家庭成员对外的权利义务已由个人承担而非家

① [意]彼得罗·彭梵得：《罗马法教科书》，黄风译，北京：中国政法大学出版社2005年版，第114—115页。

② 李秀清：《日耳曼法研究》，北京：商务印书馆2005年版，第181—182、224页。

③《汉书·昭帝纪》记载，武帝时，每户每年要交纳户赋二百钱。《三国志·魏志·武帝纪》记载，建安九年曹操颁布《抑兼并令》，规定“其收田租亩升，户出绢二匹，绵二斤而已，他不得擅兴发。”参见宁清同：《家庭的民事主体地位》，载《现代法学》2004年第6期。

④《睡虎地秦墓竹简·法律答问》曰：“匿户弗徭、使，弗令出户赋之谓也。”

⑤《唐律疏议·名例律》中规定：“诸共犯，以造意为首，随从减一等。若家人共犯，止坐尊长；侵损于人者，以凡人首从论。”

⑥ 俞金尧：《欧洲历史上家庭概念的演变及其特征》，载《世界历史》2004年第4期；汪兵：《诸子均分与遗产继承——中西古代家产继承制起源与性质比较》，载《天津师范大学学报》2005年第6期。

庭和家长承受，其中最为典型的是近代各国的主要民法典都不再将“家”列为法律主体。①

中国法律现代化虽然是在整体上通过移植西方的方式来完成的，但是由于“家”依然在中国人的生活中占有重要地位，所以法律不能完全无视“家”的存在，而是要给其留下一席之地，其中典型地表现为民国时期的民法典仍然专章规定了“家”。② 虽然在近现代的民主革命中“家”被视为革命的对象，然而“家”的生活方式是无法通过革命的方式来去除的。虽然当下中国的《民法总则》并没有赋予“家”的主体性地位，但这并不代表其不是法律主体。只要在现实生活中以“户”为计算单位的传统没有绝迹，以家庭作为对外交往主体的形式还依然存在，法律就不可能无视这样的实践。事实上，当下中国法律对“农户”“个体工商户”“农村承包经营户”以及以家庭为征税对象的规定就说明了这一点。③ 无论是个体工商户还是承包经营户，还是农户，它们参加民事活动都是以“户”，即家庭的名义进行的，既不同于公民，也不同于法人，实际上是一种特殊的法律关系主体。④ 改革开放以来中国的许多民营企业源于家庭经营，企业的运营模式也是家庭式的。⑤ 即使在当下，许多企业虽然具有公司法人的外观，但由于它的运营模式完全是家庭式的，并存在于熟人社会之中，资金多来源于亲朋的借贷，因此，事实上它们还是以家庭为单位承担经济责任，无法完全按照法律上的有限责任的形式来运作。这也给当下中国的完全取材西方版本的公司法提出了挑战，如何设计出适合中国实际情况

---

① 朱庆育：《民法总论》，北京：北京大学出版社 2013 年版，第 463 页。

②《中华民国民法典》第 1123 条规定：“称家者，谓以永久共同生活为目的而同居之亲属团体”；第 1123 条规定：“家置家长。同家之人除家长外，均为家属”；第 1125 条规定：“家务由家长管理。但家长得以家务一部，委托家属处理”。

③《上海市开展对部分个人住房征收房产税试点的暂行办法》(2011 年 1 月 28 日)中规定征税对象为“本市居民家庭在本市新购且属于该居民家庭第二套及以上的住房和非本市居民家庭在本市新购的住房”。

④《土地管理法》第 62 条，《农村土地承包法》第 15 条、47 条、48 条，《民法总则》第 54—56 条。参见朱庆育：《民法总论》，北京：北京大学出版社 2013 年版，第 463 页；郝铁川：《中华法系研究》，上海：复旦大学出版社 1997 年版，第 241 页。

⑤ 费孝通等：《农村振兴和小城镇问题》，南京：江苏人民出版社 1991 年版，第 7 页；麻国庆：《永远的家——传统惯性和社会的结合》，北京：北京大学出版社 2009 年版，第 302—303 页。

的公司制度是当下中国立法所需要考虑的问题。[①] 家庭作为最基本的社会单位，是经济行为、社会行为的基本主体，因此，对家庭行为的调节是税收政策关注的基本点。因此，选择以家庭为纳税单位有助于确保纳税人生活福利均等。特别是在中国这样一个强调家庭在社会生活中占有重要地位的国度更具有现实意义，因此目前的新的个人所得税法把家庭开支作为扣除对象的做法是符合我国国情的。[②]

其次，与将家庭作为一个独立主体相对应的是法律对于家庭财产的承认。家庭的维系需要一定的财产作为支撑，而这些财产又是确保其成为一个独立实体的保障。家庭财产对外表现为一个独立的产权，对内表现为家庭成员对财产的共有。如前所述，西方的个人主义传统以及早熟的商品经济，导致了"家"的实践并不发达，从而孕育出较为深厚的个人所有权观念，而在此基础上产生的遗嘱继承制度，又加速了家产制的瓦解，从而使西方社会在很早时候就形成了较为发达的个体化的产权制度。[③] 如前所述，与西方相反，中国传统的家族主义强调的是家庭成员间同居共财，因此孕育出了发达的家产制。即使在现代中国，因为家庭依然在人们的生活中扮演着重要的角色，所以家产制也并没有消失。如农户的宅基地、家庭承包经营的农地及其收益、个体工商户的财产及其收益、夫妻的共同财产，还有我国台湾地区的祭祀公业，[④]等等。正如有学者研究表明的，因为中国社会的特殊性，即使在当下的城市化过程中，处于转型农村

---

① 美国学者络德睦认为，近代中国公司是一种"宗族-公司"的形式，亲属法发挥了某种公司法的功能，中国的公司和公司法有自身的价值，不能以美国的公司法临摹中国的公司法。参见[美]络德睦：《法律东方主义——中国、美国与现代法》，魏磊杰译，北京：中国政法大学出版社2016年版，第24页。

②《中华人民共和国个人所得税法》第六条中关于纳税扣除这样规定："本条第一款第一项规定的专项扣除，包括居民个人按照国家规定的范围和标准缴纳的基本养老保险、基本医疗保险、失业保险等社会保险费和住房公积金等；专项附加扣除，包括子女教育、继续教育、大病医疗、住房贷款利息或者住房租金、赡养老人等支出，具体范围、标准和实施步骤由国务院确定，并报全国人民代表大会常务委员会备案。"

③ 汪兵：《诸子均分与遗产继承——中西古代家产继承制起源与性质比较》，载《天津师范大学学报》2005年第6期。

④ 郭秀裕：《祭祀公业条例第五条规定之继承问题探讨——其他相关议题》，载《土地问题研究季刊》2011年10卷第3期。

社会的家庭经济模式对家产制仍然具有内在需求。家里留有土地同时又到城市务工的“半工半农”经济模式依然维系着家产制，从而使农民在市场经济中能够做到“进可攻、退可守”。[①] 正因为中国社会依然存在着这样的家产制的实践，所以这就为立法者提出了新的要求，即要求他们不能完全按照个人产权的路径来设计当下中国的法律制度。

再次，法律对家的“同”的机制的认可还表现在法律对亲属间利益的互通性、行为的可互代性及其行为效果的同效性的承认上。“家”中的“同”表现为成员间血缘上的相似性、情感上的亲密性、利益上的共同性以及信用机制上的稳定性。既然国家保护家庭，那么就要承认“家”的属性，承认成员间为基于这些属性而为的行为效力；既然国家承认家庭是一个统一的人的集合，那么它就得接受成员间为实现这种整体性而作的努力。因此，“同”的机制获得法律的承认就表现为：法律承认或允许亲属间从事代理行为，或在特定条件下将亲属与当事人视为同一主体，或规定某些效力的取得须以亲属关系为前提。这是法律对亲属最为普遍的一种规定，法律文本中经常使用的“某某人及其近亲属”的规定即属于该种情况。具体说，如法律规定法定代理人、监护人首先应由当事人的近亲属担任；[②]某些事项的举报、辩护、申请、接受等可以由近亲属代理或由亲属所为，这些事项与当事人自为具有同等效力；[③]家庭成员因家庭事务而与第三人为一定行为，其效力及于其他成员；[④]某些效力的发生取决于家庭关

---

① 林辉煌：《家产制与中国家庭法律的社会适应——一种“实践的法律社会学”分析》，载《法制与社会发展》2012 年第 4 期。

② 《中华人民共和国民法总则》第 28 条规定：“无民事行为能力或者限制民事行为能力的成年人，由下列有监护能力的人按顺序担任监护人：(一)配偶；(二)父母、子女；(三)其他近亲属；(四)其他愿意担任监护人的个人或者组织，但是须经被监护人住所地的居民委员会、村民委员会或者民政部门同意。”第 42 条第 1 款：“失踪人的财产由其配偶、成年子女、父母或者其他愿意担任财产代管人的人代管。”

③ 2010 年 12 月 29 日最高人民法院下发的《关于处理自首和立功若干具体问题的意见》中规定：“犯罪嫌疑人被亲友采用捆绑等手段送到司法机关，或者在亲友带领侦查人员前来抓捕时无拒捕行为，并如实供认犯罪事实的，虽然不能认定为自动投案，但可以参照法律对自首的有关规定酌情从轻处理。”《中华人民共和国民事诉讼法》第 85 条中规定：送达诉讼文书，应当直接送交受送达人。受送达人是公民的，本人不在交他的同住成年家属签收。等等。

④ 如家庭法上日常家事代理权。如《瑞士民法典》166 条规定：“配偶双方中任何一方，于共同生活期间，代表婚姻共同生活处理家庭日常事务。”

系的存在，如依据血统主义取得国籍；[①]某些利益的取得基于亲属上的逻辑关系，如民法上的财产继承关系的发生；[②]等等。由于家庭与亲属关系在中国人生活中占有重要地位，所以亲属间利益的互通性、行为的互代性以及行为效力上同效性的实践就非常发达。前述的亲属代理病人医疗决策的实践就说明这一点。[③] 因此，与社会之间的自洽性的要求促使法律对这些生活实践必须给予必要的回应，于是便造就了中国法律的特殊性。在刑事诉讼中辩护人的选择上，世界各国或地区几乎均规定只有律师方可担任辩护人，而我国法律则明确赋予了被追诉者家庭成员辩护人资格，即家庭成员有权作为辩护人为被追诉者辩护并享有诸多辩护权利。[④] 这一制度选择正说明了家庭对法律决策的影响。从一个角度说，丰富的家庭生活实践也为当下中国法律提出了新的要求和挑战，即谨防这种“同”机制对公共领域的入侵，即法律禁止具有亲属身份的人介入某些领域从而最大限度地防止出现以公谋私的可能。因此，当下中国法律必须对公权力的行使中有关亲属回避的情况、[⑤]在公权力行使者为亲属牟利的禁止性规定或其亲属的从业禁止方面给予特殊的重视。[⑥]

---

① 如依据血统主义而取得国籍，即以一定的亲属关系作为取得一国国籍的前提条件。如我国国籍法规定。父母双方或一方是中国公民，本人出生在中国或外国，即具有中国国籍。但父母双方或一方为中国公民，本人在外国出生，且出生时就具有外国国籍的，不具有中国国籍。父母无国籍或国籍不明，定居在中国的，本人出生在中国，就具有中国国籍。如与中国有一定亲属关系的外国人、无国籍人可以申请加入中国国籍。

② 世界各国民法都是依据一定的亲属关系来确定法定继承人的范围和顺序。

③ 范瑞平：《当代儒家生命伦理学》，北京：北京大学出版社 2011 年版，第 62 页。

④ 肖仕卫：《刑事诉讼法如何面对家庭》，载《清华法学》2015 年第 2 期。

⑤ 这些规定散见于当下我国的刑事诉讼法、民事诉讼法、仲裁法、劳动争议调解仲裁法、农村土地承包经营纠纷调解仲裁法、海关法、证券法、人民警察法、治安处罚法、公务员法、道路交通安全法、现役军官法、行政监察法、商标法实施条例、事业单位人事管理条例、税收征收管理法实施细则、专利法实施细则等关于回避的规定中。

⑥ 2006 年 1 月 18 日通过的国务院的《娱乐场所工作条例》第 4 条第 2 款规定：“与文化主管部门、公安部门的工作人员有夫妻关系、直系血亲关系、三代以内旁系血亲关系以及近姻亲关系的亲属，不得开办娱乐场所，不得参与或者变相参与娱乐场所的经营活动”；2013 年 3 月 20 日通过的《国务院工作细则》第 54 条规定：“国务院组成人员要廉洁从政，严格执行领导干部重大事项报告制度，不得利用职权和职务影响为本人或特定关系人谋取不正当利益；不得违反规定干预或插手市场经济活动；加强对亲属和身边工作人员的教育和约束，决不允许搞特权”；等等。

（二）“别”的机制

从某种意义上说，家庭成员之间在利益与情感上的共同性反映出的是他们与非家庭成员之间在利益和情感上的差异性。亲属的意义是与非亲属相区别而存在的，正是亲属之间存在有别于普通人的权利和义务，亲属这个称谓或者这种关系才有其现实意义，法律才可能对其作专门的调整。从这个角度说，家庭关系的价值在于亲属之间奉行一套有别于非亲属的规则。首先，这种“别”的机制作用于法律就表现为法律承认亲属之间具有一些特殊的权利义务，诸如发生在亲属之间的抚养、扶养、赡养、监护、教育等义务，发生在亲属之间的配偶权、亲权、继承权、先买权、名誉权、生育权、祭奠权、日常家事代理权等权利。这些权利和义务源于习惯和伦理，当它们与国家的基本秩序不相冲突时，往往都能得到法律的认可。一般说来，亲属关系越发达，其在社会关系中越重要，这种“别”的机制和属性就表现得越明显，发生在亲属之间的权利和义务就越丰富。发达的亲属关系及其生活实践理应催生出发达的亲属法律，然而，如前所述，由于近现代的革命思维将家庭视为革命的对象，将亲属视为不值得发展的社会关系，所以就造成了长期以来中国亲属法律的简单、粗糙的现实。随着中国传统政治型社会的解构、家庭观念的复归、传统文化的复兴，重塑中国当代亲属法规范就显得越发重要和必要。

（三）“情”的机制

家庭是孕育情感的场所。家庭成员间的亲情既源于生物的本能又来自共同生活的实践。生物学家汉密尔顿于20世纪60年代提出了亲缘选择理论，认为有亲缘关系的个体间更倾向于存在利他行为，而且这种倾向随着亲缘关系的接近而加强。[①] 生物学家理查德·道金斯提出“自私的基因”的理论，认为维护自身基因繁衍是生物进化的根本动力，多数物种往往为了自己的基因而宁愿牺牲自身的利益。[②] 他们都认为这类利他行为的产生源于一种生物学上的本能，其目的是让共同的基因顺利安全地

① 刘鹤玲：《亲缘选择理论：生物有机体的亲缘利他行为及其基因机制》，载《华中师范大学学报》（自然科学版）2008年第1期。

② ［英］理查德·道金斯：《自私的基因》，卢允中、张岱云译，北京：科学出版社1981年版，第5、8—9页以下。

传递，从而能有效地避免资源过度的消耗和种群内竞争的压力，有利于种族的繁荣和进化，[①]而共同生活的实践又使这种利他与互助本能提升为更高级的“爱”与“情”。这种情爱是维系家庭的核心纽带，是家庭伦理的核心内容，所以《礼记·中庸》中说“仁者人也，亲亲为大”。这种情爱生于天性，源于自发，如果无害于他人和社会，就应该得到法律的尊重。从某种程度上说，对这种善良的本能和情感的尊重是一个法律具有正当性的基础。正因如此，霍布斯将感恩视为自然法的重要内容，[②]富勒把“不强人所难”视为法律的一种内在道德性。[③] 基于对这种情感和本能的认可，现代法律赋予亲属一定的特殊性的权利，如刑诉法中所规定的被采取强制措施后和被执行死刑后亲属知情权以及被追诉者与家庭成员之间的会见权。[④] 出于尊重这种本能和情感的需要，甚至对于某些有害于整体利益的行为也给与必要的宽容。例如，世界多数国家刑法对近亲属之间包庇、窝赃免罪或轻罚的规定，[⑤]以及多数国家诉讼制度中都有免除近亲属出庭作证的义务或赋予亲属拒证权、豁免权的规定。[⑥] 中华传统孕育的是亲情文化和重家的观念，强调的是家庭成员的一体感、归属感、关爱感、荣誉感、责任感、安全感，[⑦]认为亲情是具有本真意义上的人性，是最值得珍重和保护的。[⑧] 从这个意义上说，“亲属”之所以称为“亲属”就是因为他们是由亲情联系起来的群体。正是出于要维护亲情的需要，在传统中国，“亲亲相隐”一直是法律所要保护的基本原则。然而这种需要我们坚守的传统却在现代国家主义的刑法观冲击下发生了断裂，被一种“大义灭

---

① 王剑虹：《亲属拒证权研究》，北京：法律出版社2010年版，第158—160页。

② [英]霍布斯：《利维坦》，黎思复等译，北京：商务印书馆1997年版，第115页。

③ [美]富勒：《法律的道德性》，郑戈译，北京：商务印书馆2005年版，第83页。

④ 肖仕卫：《刑事诉讼法如何对待家庭》，载《清华法学》2015年第2期。

⑤ 范忠信：《中西方法文化的暗合与差异》，北京：中国政法大学出版社2001年版，第68—99页。

⑥ 王剑虹：《亲属拒证特权研究》，北京：法律出版社2010年版，第39—108页。

⑦ 杨国枢、黄国光、杨中芳：《华人本土心理学》(上)，重庆：重庆大学出版社2008年版，第249—255页。

⑧ 孔子的“父为子隐，子为父隐，直在其中矣”的论断，其中的“直”就是“人性的本真”的意思；汉宣帝颁布的允许“亲亲相隐”诏书中“父子之亲，夫妇之道，天性也”的表述，其中的“天性”也是此意。参见《论语·子路》、《汉书·宣帝纪》。

亲”式的刑法观所取代。当下中国刑法的第305条、306条、310条仍然规定知悉犯罪嫌疑人情况的任何人，包括亲属在内，都不能作伪证，不能实施窝赃、包庇行为，否则构成犯罪；刑事诉讼法第60条规定了“凡是知道案件情况的人都有作证的义务”，近亲属并不能除外。这些规定是与当下中国传统和民情不相符的。

亲情给法律的纠纷解决机制会带来实质的影响。因为感情具有能够沟通和交流的特点，这使得更多的矛盾都不具有对抗性，所以发生在家庭内的纠纷往往都可以通过协商调解的方式来解决。由于亲情的存在，亲属间的某些伤害行为，更容易获得被害人的谅解，从而在一定程度上降低犯罪的恶性程度，因此亲情往往成为司法量刑需要考虑的情节。中国人“重家”的实践与重视亲情的观念，使得协商和解的机制获得了广泛的应用。这表现在家事司法中调解是法定的必经程序，发生在亲属间的犯罪最大限度地通过无罪化或轻刑化的方式处理。[①] 也正因为中国人重视亲情，需要亲情，所以如前所述的精神赡养才在当下中国成为重要的社会问题和法律问题。

（四）“止”的机制

“止”的机制表现为家的功能对某些性关系的禁止和排斥。从某种意义上说，人类的最基本的秩序是性秩序。人类基本的身份制度和家庭伦理都是由性秩序衍生的。由此说，性的任意流动必然对人类的基本身份制度构成颠覆性的冲击。[②] 因此，从这个意义上说，家庭是对人类性资源的一种制度性安排，用费孝通先生的话说，“婚姻是社会为性筑下的防疫圈”。[③] 没有这种关于性的制度性安排，家庭就无法维系。因此，人类很早就开始外婚制的实践，即性关系只能在夫妻之间进行，而绝对禁止其他

---

① 发生在亲属之间的诸如盗窃、敲诈勒索诈骗等案件如能获得亲属的谅解可以不按犯罪来处理，认定为犯罪的，应当酌情从宽处理。参见最高人民法院、最高人民检察院联合作出的《关于办理敲诈勒索刑事案件适用法律若干问题的解释》第6条；《关于办理盗窃刑事案件适用法律若干问题的解释》第8条；《关于办理诈骗刑事案件具体应用法律若干问题的解释》(法释〔2011〕7号)第4条；最高人民法院的《人民法院量刑指导意见(试行)》等。

② [法]爱弥尔·涂尔干：《乱伦禁忌及其起源》，汲喆等译，上海：上海人民出版社2003年版，第62—63页。

③ 费孝通：《乡土中国　生育制度》，北京：北京大学出版社1998年版，第141页。

家庭成员之间存在性关系。在中西方的传统中，亲属之间的性行为都被视为严重的罪行，在中国古代被称之为“内乱”，被列入“十恶罪”中。现在仍然有许多国家刑法保留着乱伦为罪的规定。因为家庭在中国人生活中占有重要地位，所以伦理依然是当下中国人重要精神纽带，然而在革命主义法律观下，乱伦罪却退出了刑法舞台。虽然婚姻法有“三代以内的旁系血亲禁止结婚”的规定，但这种规定是建立在优生学上的，不是依据家庭伦理为基础的。因为从中国传统伦理上讲，对于宗亲属来说，无论是代际间还是同代间，即使血缘关系比较远，通常也是不允许通婚的；对于较近的代际间的姻亲，即使没有血缘关系同样也不允许通婚。当下中国法律对家庭伦理的忽视，显然是与当下中国人的生活实践相脱离的。

三、“家”的思维对现代法治的可能性贡献

“家”的生活方式不但影响着中国人的实践，同时影响着中国人的思维。“家”作为一种价值在中国数千年的生活实践中逐渐成为日常生活的基本思维方式，而“拟家式”的类推方法是这种思维方式的核心。[①] 在这样的思维下，“家”的逻辑得以在更大的范围内展开，从而使整个中国社会的运作都难以逃脱“家”的范畴。正是由于“家”的思维深刻地影响了中国社会，从而使其呈现出众多不同于西方社会的特征，因而这就决定了中国的法治必然不能完全按照西方的逻辑进行。“家”的思维蕴含的是沟通、互助、合作的理念，否定的是个人主义的单方性原则，因此，它不但与现代法治不相悖，反而能够成为支援当代中国法治建设的重要资源。诚然，中国的当代法治的基调是民主、自由、权利，但是在中国特殊的生活方式和文化背景下，它不能缺失“家”这样的参照系，否则，中国的法治将失去了生活的根基。

（一）责任意识下的关系性平衡

传统中国的社会关系是以家庭为基础的，儒家所讲的五种社会关系，即“五伦”：“父子有亲，君臣有义，夫妇有别，长幼有序，朋友有信”，其中父子、兄弟、夫妻关系都属于家庭关系范畴，而君臣和朋友虽属于社会关系

---

① 张龑：《论我国法律体系中的家与个体自由原则》，载《中外法学》2013 年第 4 期。

范畴，但是君臣可以类比于父子，朋友可以类比于兄弟，所以“国”可以看成是“家”的放大，家庭伦理可以类比于政治伦理。[①] 因此，“家”是型构社会的基础，“家”的思维统合着整个社会。既然家庭生活对于中国人来说依然还很重要，那么“家”的思维也就不可能中断。

家庭中所造就的人是一种“关系性的自我(relational sevels)”。即每个人都生活在关系中，在其中都扮演着不同的角色，是父母、儿女、兄弟、姊妹、夫妻等等。家庭无法“拼凑出一个纯然自主个体自我的人”。他们只能是“角色人(role-bearers)而非权利人(rights-bearers)”；“他们的自由并非在独立(bing independent)的意义上，因为他们的生活无法避免与许多其他人的生活密切交织着。他们也并非自主，因为他们所做或能做的事情极少与其他人的生活没有关系。”[②]不同的角色意味着不同义务和责任。因为每个人只有扮演好每个人的角色，履行好自己的义务和责任，这个共同体才能维系，所以从事家庭生活的人是以义务为本位的。正如梁漱溟先生所言的：“故伦理关系始于家庭，而不止于家庭。亲切相关之情，发乎天伦骨肉；乃至一切相与之人，随其相与之深浅久暂，莫不自然有其情。因情而有义。父义当慈，子义当孝。兄之义友，弟之义恭。夫妇，朋友，乃至一切相与之人，随其亲疏厚薄，莫不自然互有应尽之义。伦理关系，即情谊关系，亦即相互间底一种义务关系。”[③]

“伦理关系始于家庭，而不止于家庭”这一论述可谓道出了“家”的思维在型构中国社会中的作用。由家庭中的“关系性的自我”出发，当这种关系突破家庭的限制而移至社会之中，中国人也仍然不是西方意义上纯粹的独立之个体，而是关系中的个体。对于“关系性的自我”来说，关照关系的平衡是他处事行为的基点，即要强调“己欲立而立人，己欲达而达人”，“己所不欲，勿施于人”。这样，才能维护好既有的关系，每个人也只有在良好的关系中才能发展。这种人的生存状态与《共产党宣言》中所言

① 单纯：《儒家思想的魅力》，北京：中国社会出版社 2011 年版，第 234 页。

② [美]安乐哲：《生民之本——孝经的哲学诠释及英译》，何金俐译，北京：北京大学出版社 2010 年版，第 32 页。

③ 梁漱溟：《中国文化的命运》，北京：中信出版集团 2016 年版，第 146 页。

及的“每个人的自由发展是一切人的自由发展的条件”的状态不谋而合。[①] 因此,中国人的权利意识是在关系中存在的,强调义务与权利的不可分离性,“为人臣止于敬”,“为人臣止于孝”,“为人父止于慈”,强调尽了义务之后才谈得到权利。

中国人的这种关系性的存在还体现在儒家核心概念“仁”上。“仁”的起点始于家庭,所谓“仁,亲也,从人从二”[②],即只有在多人的家庭关系中才能找到“仁”;所谓“仁”就是爱亲人,即“仁者爱人”[③]。在家庭生活中“仁”体现在成员之间的关爱与互助,追求的是共同体的平衡。如果将“家”的概念放大出去,“仁”也不仅仅局限于亲属之间,而是成为调整社会关系的普遍性规则。“仁者爱人”,所要追求的是“爱人者,人恒爱之;敬人者,人恒敬之”的效果,[④]强调的是人际关系的平衡。这一原则在家庭层面表现为“孝”,在国家层面表现为“忠”,在天下层面表现为“义”。在“家”的思维下,人起始于家,然后历经社会、国家和天下才能成为一个完整的人。“孝”生长在家庭的层面,在家尽孝是为走入社会、服务国家、治理天下做准备。如果培育个体的场所从“家”放大到“国”,其伦理规则当从“孝”升华为“忠”;如果从“国”放大到“天下”,其伦理规则又从“忠”升华为“义”。因此说“忠”是对国家的“孝”,而“义”是对天下的“孝”。[⑤] 因此从这角度说,“孝”不过是“忠”“义”的变体而已。它不仅仅是停留在家庭层面的规范,更是运行于社会层面的普世性的规范。这正如《孝经》中所说:“君子之教以孝也,非家至而日见之也。教以孝,所以敬天下为人父者也。教以悌,所以敬天下之为人兄者也。教以臣,所以敬天下之为人君者也。”它从家庭出发,推广至国家、天下以及整个自然,使整个共同体为一家,所谓“亲亲而仁民,仁民而爱物”[⑥]。“孝”“忠”“义”与“仁”又是相通的,不只是单方向付出,而是相互间以互逆为取向的关系上的平衡,是父慈子孝、

① 《马克思恩格斯选集》第1卷,北京:人民出版社1995年版,第294页。
② 许慎:《说文·人部》。
③ 《论语·雍也》中说:“夫仁者,己欲立而立人,己欲达而达人。”
④ 《孟子·离娄下》。
⑤ 单纯:《儒家思想的魅力》,北京:中国社会出版社2011年版,第237页。
⑥ 《孟子·尽心上》。

君仁臣忠、兄友弟恭上的平衡，即只有父慈才能要求子孝，只有君仁才能要求臣忠。

由此看来，在“家”的思维下，个人不是原子，而是社会关系连续体中的关联性存在一方。因此，这种关系性的存在，不是以“权利之心与对象结成关系，而是以责任之心与对象结成关系。个人与他方构成关系时，不是以自我为中心，而是以自我为出发点，以对方为重，个人的利益要服从责任的要求。”①因此，“仁”中所蕴含的平衡是一种责任意识下的平衡，是一种关联着德行的平衡。关系中的个体以承担对他人的责任为前提，“孝”强调对家庭的责任，“信”强调对朋友的责任，“忠”强调的是对国家的责任，“义”强调的是对天下的责任。如前所述，“仁”强调的是主体之前的交互性，那么，在这种责任的交互性中，关系也仍然会呈现出契约性的特征。正如前述汉学家所描述的：“我们年轻的时候是父母绝对的受惠者，当他们年老体弱的时候，我们又成为他们的施惠者。在我们的朋友和邻居需要我们的时候，我们是他们的施惠者，但当我们需要他们的时候，我们又成为受惠者。”②每个人都是米德意义上的“主我”和“客我”的统一。有机体对其他人的态度做出的反应构成了“主我”，其他人对有机体的态度构成了“客我”。因此，权利形成的过程恰恰是“主我”和“客我”的融合过程，即个体的要求和他人的承认相统一的过程。③ 我拥有权利并不意味仅仅我拥有权利，还意味着“你和所有其他人拥有和我一样的权利，以及我有同样的责任来尊重你的权利，正如你也不得不尊重我的权利一样。”④人与国家、人与自然的关系也都如此。所以我们说，“家”思维下的个体是一种权利和责任的统一，构成了互负责任的平等。

---

① 陈来：《中华文明的核心价值——国学流变与传统价值观》，北京：生活·读书·新知三联书店2016年版，第52页。

② [美]安乐哲：《生民之本——孝经的哲学诠释及英译》，何金俐译，北京：北京大学出版社2010年版，第64页。

③ [美]乔治·H.米德：《心灵、自我与社会》，赵月瑟译，上海：上海译文出版社1992年版，第154—155页。

④ [美]贝思·J.辛格：《实用主义、权利和民主》，王守昌等译，上海：上海译文出版社2001，第149—150页。

（二）“家”的思维下的国家、世界与自然

在中国人的传统思维中，社会、国家、天下都是“家”的延伸。那么在“家”的思维下应当培养起来的是一种责任意识，而不是绝对的个人主义。正如杜维明先生所说：虽然权利意识对于培养人的自主性、独立性和个人尊严是非常重要的，但是过分强调自由，强调只有权利而无义务、责任的观念，肯定是不利于社会团结和人类繁荣的；“没有责任的权利可能导致的是一种自我放纵，即一种以牺牲和谐社会关系为代价的自我中心主义”；“权利话语蕴涵着承认所有人类伙伴的相互联系。这种承认则意味着对那些无力保护自己权利的人们的责任感。那些出于自利动机，只具有无责任的权利观念的人们很容易转向自我主义”。[①] 因此，由家庭中衍生出来的责任意识以及对待社会共同体如家一样的思维，对人类法治具有特殊的意义。

“修身、齐家、治国、平天下”这是中国古人在“家”的思维下的行为逻辑。当家被推演开去时，家庭中的责任感衍生出对社会、国家、世界、自然的责任感。无论是孟子的“君子自任以天下为重”，还是顾炎武的“天下兴亡，匹夫有责”；无论是范仲淹的“先天下之忧而忧，后天下之乐而乐”，还是林则徐的“苟利国家生死以，岂因祸福避趋之”等等都体现了这种责任意识，这种责任意识正是中华民族历尽磨难、屹立不倒的精神之源。同时，“家”的思维也型塑着国家的理念与实践。国家有义务保护自己公民的权利与自由，每个家庭成员都有从国家那里取得应有福利的权利，都有获得充分发展的自由。若不如此，国家就没尽到它的责任，扮演好自己的角色，应该承当失职的责任。

“家”的思维跨越国别，形成的便是“天下”的思想。如赵汀阳先生所说，中国哲学中的“天下”，不仅是一个地域的概念，更是一个价值体系，还是一种世界制度。[②] 它是“国家”之上的更大的一个概念，是一种把国看成家庭成员的一种世界制度，是一种以家庭和谐为旨归的一套价值体系。

---

① [美]杜维明：《儒家传统与文明对话》，彭国翔编译，石家庄：河北人民出版社 2008 年版，第 124 页。

② 赵汀阳：《天下体系——世界制度哲学导论》，北京：中国人民大学出版社 2011 年版，第 30 页。

在“天下”的体系中，每个国家都是与家庭成员一样依然是一种“关系性的自我”，强调的是关系性的平衡和互惠。杜维明先生说：“互惠性的原则可以使我们在真正的伙伴关系中对待他者。只有在谈话伙伴达到相互理解和赏识的情况下，我们才可以采取积极行动把他们带到一个互利互惠的共同事业中来。”[①]“天下”是“家”的延伸，它强调以“家”的思维来看待国家关系，要通过“义”来规范国家之间的关系；它强调“送往迎来，嘉善而矜不能，所以柔远人也。继绝世，举废国，治乱持危，朝聘以时，厚往以薄来，所以怀诸侯也”。[②] 意思是说，国与国交往中，应该扶危济困，不能以大欺小，应该通过自身的德行来感化“远人”，吸引他们来归服。它强调以“以德服人”的道义，否定“兵戎相见”的霸道，倡导“远人不服，则修文德以来之”的王道。[③] 总之，在“天下”的概念下就是要以“家”的思维处理国际关系，就是要不示强，不排外，与邻为善，协和万邦，维护世界大家庭的和谐。中国一直以来坚持的和平外交政策其实就是对中国传统天下思想的继承。

由“家”的思维向外延展，整个自然是一个大家庭。作为“关系性的自我”的人，与每个自然体之间应该是一种互惠合作的关系；作为类存在的人，应该是自然的一部分，而按照自然规律来从事生活实践应该是人常规化的行为规则。中国传统的“天人合一”的思想正是在这样的逻辑下形成的，所谓“人在天底下，天在人心中”；“人与天地万物为一体”。既然“仁”是一种关系上的平衡，那么人与自然关系上的“仁”，表现为一种人对自然的“孝”。张载在著名的《西铭》中宣称：天地是我们的父母，人类只有在天地之间才能确定它的位置。所有的人都是兄弟姐妹，万事万物都是我们的伙伴。[④] 杜维明先生认为，这是通过“孝”来整合天人关系，“作为宇宙的孝子，人类有义务和责任为宇宙的秩序保驾护航”。[⑤] 这是一种人对

---

① [美]杜维明：《儒家传统与文明对话》，彭国翔编译，石家庄：河北人民出版社2006年版，第113页。

② 《礼记·中庸》。

③ 《论语·季氏》。

④ 原文为：“乾称父，坤称母；予兹藐焉，乃混然中处。故天地之塞，吾其体；天地之帅，吾其性。民，吾同胞；物，吾与也。”

⑤ [美]杜维明：《儒家传统与文明对话》，彭国翔编译，石家庄：河北人民出版社2006年版，第197页。

自然的责任意识,这是一种“泛爱万物”“民胞物与”“天下为公”“万物一体”“天人合一”的意识。[①] 它是一种对西方主客二元理论的突破,它是对近现代人类中心主义的校正。通过“家”的思维来思考人与自然的关系为现代环境法治的建构提供了新的视角和资源。

四、“家”意义上的当代中国法治的建构路径

对于中国人来说,“家”是一种传统。在以宗法宗族为基本特征的传统中国,“家”既是人们生活的基本方式,也是国家对社会进行管理的基本形式。亲缘关系是传统中国最为基本的社会关系,是构建其他社会关系的元关系,是设计社会制度的基础。正因如此,汉学家布迪和莫里斯在研究传统中国的法律时指出:“任何严肃的对中国社会的研究都应当从家庭开始,或者以家庭终结。中国的家庭制度一直是社会稳定、历史连续和个人安全的根源。”[②]对于中国人来说,“家”又是一种现实。虽然近现代的民主革命将矛头指向家庭,家庭观念因此受到激烈的批判,虽然当代商品大潮下经济理性对家庭的侵蚀,使家庭伦理受到了巨大的冲击,[③]但是重家的观念与“家”的思维方式并没有淡出中国人的精神世界,作为人的一种重要的生活方式与活动场域,“家”的机制仍然发挥着重要的作用。[④]社会学家的研究证明了这一点。

如前所述,东西文化的节点正是家庭,以“无家”为核心的宗教文化塑

---

① 单纯:《儒家思想的魅力》,北京:中国社会科学出版社 2011 年版,第 127 页。

② [美]D·布迪、C·莫里斯:《中华帝国的法律》,朱勇译,南京:江苏人民出版社 2004 年版,第 137 页。

③ 孟宪范:《家庭:百年来的三次冲击及我们的选择》,载《清华大学学报》(哲学社会科学版)2008 年第 3 期。

④ 社会学家的研究表明:中国城市居民和家庭普遍在重视发展密切的亲属关系方面延续了中国传统,亲属关系并不像经典现代化理论所预示的那样趋于“消失”,亲属间的亲密情感和密切的互动、互助行为相当活跃;以传统宗法制度为基础的父系亲属圈家庭关系有所削弱,个体家庭成员与姻亲关系家庭之间的交往明显增强;孝顺父母的观念在当下社会仍然获得高度认同。参见唐灿、陈午晴:《中国城市家庭的亲属关系——基于五城市家庭结构与家庭关系调查》,载《江苏社会科学》2012 年第 2 期;王跃生:《个体家庭、网络家庭和亲属圈家庭分析——历史与现实相结合的视角》,载《开放时代》2010 年第 4 期;刘汶蓉:《当代家庭代际支持观念与群体差异——兼论反馈模式的文化基础变迁》,载《当代青年研究》2013 年第 3 期。

造了西方世界，而对于中国这样总体没有宗教所维系的世界就必须要通过家文化来支撑。借用余英时先生的理论，正是由于有了“家”，中国才可以不须像西方人那样只有通过造物主的救赎进而完成“外在超越”才能实现自身的完满，而是将自己投身于家庭进而延之于社会从而完成“内在超越”就能实现自身的完满。[①] 由此说来，家庭文化以及由此生发出来的亲情伦理与道德精神的意义系统，不仅是传统中国人生存哲学的基础，也是当下中国人精神世界的基石。[②] 它是中华民族生生不息的精神力量，是中华文化主体性的核心要素。法治是面向具体的人的治理，而人是生活在文化传统之中的，是受具体的生活条件所支配的。既然“家”型塑着中国人的思维，深度地参与了中国人的生活，全面地影响着中国的社会，因此，面向中国建设法治就不能无视“家”的存在。

“家”的机制与理念强调的是成员间的亲密与互助，强调的是美德、情感。情感要求的是彼此间的沟通与合作，要排斥个人主义的“独往独行”。美德强调的是彼此的付出与奉献，要排斥个人主义的“一味索取”。因此，在家庭生活中，在个人隐私、家庭财产、婚姻自由等方面必然不会表现更多的权利意识，相反为了维系家庭的需要更多的是要强调彼此的责任。既然家文化不仅限于家庭，它还型塑着整个中国社会，那么在“家”的视野下，中国人的权利形态就有其特殊性。首先，权利必然要和责任相连，是作为“尽职尽责”的条件而存在的。其次，权利是作为美德和情感机制失效、伦理和责任规范缺位的条件下作为补救机制来发挥作用的。因为在“家”的视野下，共同体的安全与和谐是每个成员所要重点考虑的问题，所以中国人的权利必然表现得没有西方人那样充分。这并不是说“家”视野下的中国人不重视权利，也不是说公共利益永远要高于个人权利，而是强调不能脱离责任来谈权利，要强调美德和权利的兼容性，不提倡权利在任何场域下都具有优先性，强调个人与共同体、自我与社会之间的平衡。

如前所述，家庭是孕育情感的地方，而情感的特点在于能够交流和沟

① 余英时：《中国思想传统的现代诠释》，南京：江苏人民出版社 2004 年版，第 8 页。亦可参见[美]狄百瑞：《亚洲价值与人权——儒家社群主义的视角》，尹钛译，北京：社会科学文献出版社 2012 年版，第 24 页。

② 方乐：《法律实践如何面对家庭》，载《法制与社会发展》2011 年第 4 期。

通，因此，家庭中的矛盾最适合也最有可能通过调解与和解的方式来解决。如果用“家”的机制统合社会，那么社会中更多的矛盾都如家庭内部矛盾一样不具有对抗性，都可以通过和解与调解的方式解决。“家”思维排斥的是“对抗”的理念，不神话“为权利而斗争”这样的信条，而是强调更多的矛盾都是人民内部矛盾，强调这些矛盾更应该通过沟通、协商的方式来处理。“家”思维追求的是共同体的和谐，而追求和谐则要包容多元性的意见，需要的不是“只坚持某人有权利”的单方性机制，而是需要一种“既能让冲突双方完全满意又能让其都‘保全面子’”的双边性机制。① 这必然是一种以调解和协商为主要手段的机制。它的优势在于：“冲突双方都保存了面子，充分参与了整个过程，并达成了终局性的解决方案。这个过程通常比正式的方法更快捷和更方便，它允许更适合特定情境的正义，并恢复了社会和谐，冲突的双方也都感到他们各自得到了想得到的东西。”②

既然“家”深度地参与了中国人的生活，既然家是通过“同”“别”“情”“止”四种机制来作用社会生活的，那么中国人比之西方人在家庭领域必然表现出更多的“同”，更显著的“别”，更深厚的“情”，更严格的“止”。具体说，在中国人的生活世界中，家庭作为一个独立主体参与经济生活的情况会更加普遍，会更多地存在亲属间发生同效行为的情况；亲属间会更多地生发着有别于一般人的特殊性的权利和义务；家庭会有更多神圣感，家庭成员间会蕴含着更多的情感，这些情感更具有交流和沟通的可能性；家庭中会有更严格的性禁忌，善良风俗会发生着更为重要的作用。在“家国一体”的文化模式和社会结构下，受“家”思维的影响，中国社会会呈现出更多特殊性。具体说：中华民族更具有也更需要更多的“同”；中国社会因庞大的亲属关系会出现更多的“别”；中华民族是一个最具有人情味的民族，同时中国人对自己民族具有特殊的情感，因此它孕育着更多的

① David B. Wong, *Rights and Community in Confucianism*, in *Confucian Ethics: A Comparative Study of Self, Autonomy, and Community*, Kwong-loi Shun and David B. Wong, eds., Cambridge University Press, 2004, p. 45.

② R. P. Peerenboom, *What's Wrong with Chinese Rights?: Toward a Theory of Rights with Chinese Characteristics*, 6 Harvard Human Rights, 1993, p. 55.

“情”；中国民间社会离不开伦理风俗来维系；因此它需要更多的“止”。如果我们要承认“家”文化是中国人的安身立命之本或者欲将其塑造为中国人的精神支柱，如果我们承认“家”的生活方式已经嵌入中国人的生活而不能剥离，那么，我们就需要用制度来加以巩固与引导。既然面向中国建设法治不能无视“家”，那么这些内容也的确为当代中国法治增加了特殊性。

近代中国的现代化是在学习西方的道路上启动和推进的，而“家”恰恰被视为了旧制度与旧文化的一部分而受到批判，以至于传统家庭被视为“万恶之原”，伦理纲常被斥为“吃人”。在民主革命的过程中，家庭也被视为解构或改造的对象，革命者只有勇于冲破私人的“小家”而融入革命的“大家”才能谋求自身的解放，而革命的方向也是让中国从传统的家族主义的羁绊中脱离出来而迈向新型的国家主义。[①] 与此相应，在这一过程中启动的中国法制现代化基本上是在“无家”或者“灭家”的基调下进行的，具体言之：在新中国以降的历程中，许多破坏家庭的行为被法律所默许和鼓励，许多维护家庭的行为被法律所禁止或制裁，于是，乱伦、通奸等传统破坏家庭伦理的犯罪被作无罪化处理，亲亲相隐的传统被抛弃，亲属间的包庇、窝藏、伪证被视为犯罪，亲属之间的互相揭发、举证受到鼓励，亲属不再被视为特殊的社会关系来看待，亲属间的纠纷不被当作特殊的矛盾来处理，对尊亲属没有了特殊性的保护。

家庭是孕育美德的场所，缺失“家”的法制现代化带给当下中国注定是道德与情感上的困境；家文化是传统中国人的生存哲学和精神基础，而消解了“家”以后的中国注定呈现出来的是信仰上的危机。“家长形象坍塌了，家所包含的价值不断流失。当个体自由逐渐登堂入室，却又难以独当建构秩序的大任，由于未能自觉地去处理二者之间的关系，我们的生活世界越发空虚与堕落”。[②] 更为关键的是，无家以后原子式的人并不能守护住法治的根基，而“家”是承载私人利益的空间和集合，消解了“家”就等

① 陈绍禹：《关于中华人民共和国婚姻法起草经过和起草理由的报告》，1950 年 4 月 14 日在中央人民政府委员会第七次会议上。

② 张龑：《论我国法律体系中的家与个体自由原则》，载《中外法学》2013 年第 4 期。

于消解了抵御公共暴力的一道屏障。这种“使国民直接于国家”而形成的“直达个体心灵”的国家主义，[①]最终会摧毁个人权利赖以存在的基础。笔者认为，“家”是当代中国与国家相对意义上的“社会”的重要组成部分，唯有兴家庭，才能扩大法治的社会之基，而唯有在充分地关照“家”的意义上进行法治建设，才是摆脱上述困境与危机的必由之路。欲兴家庭就需要全面放开人口生育政策，通过具体的制度来支持家庭建设，而欲行法治，就需要将“家”的理念、思维、机制有机地融入到具体的制度建设中，使其成为中国法治的精神之维。“家”意义上的当代中国法治应该呈现出以下特征：

第一，“家”意义上的法治重视协商、教育功能的发挥。在一个“家”意义上的社会，更多的人都是“家里人”，更多的人际关系都是亲属关系，更多的矛盾都是家庭内部矛盾。既然如此，没有什么关系不能修复，没有什么矛盾不能解决，纠纷应该尽量通过民主协商的方式进行。因此，“家”意义上的法治反对通过“敌我”的标准来划分人群，通过“对抗”的方式来解决纠纷，主张在秩序的范围内，在“关系”的视角下，在制度的框架下，在相互协商的意义上，和平地解决纷争；主张通过教育、沟通、感化的方式解决问题，反对重典治国，主张刑法的谦抑化和人道化，强调德治与法治的有机统一，使人们成为社会治理的主体，而不单是被治理的对象。

第二，“家”意义上的法治不是要复原专制意义上的“家”，恢复家长制，重新启动礼教纲常，它所要恢复的是被激进主义、建构主义人为破坏掉了的“家”。它主张在进化主义的路径下培育起发端于民间的“自然之家”，抛弃改造“家”的国家主义观念，承认“家”中的自生自发秩序的合理性，重视善良风俗、家庭伦理在社会治理中的作用，在充分关照中国的传统与民情的基础上构建家庭法，努力使源于人为设计的“外部规则”服从于源于自生自发秩序的“内部规则”，[②]力图通过“家”来培育亲情、人性，进而培养出公民对社会的责任感、对国家和民族的情感，对人类共同体的

---

① 梁治平：《礼教与法律——法律移植时代的文化冲突》，上海：上海书店出版社 2013 年版，第 142 页。

② 邓正来：《法律和立法的二元观——哈耶克法律理论的研究》，载《中外法学》2002 年第 1 期。

家园感,培植法治之善的根基。

第三,“家”意义上的法治不仅仅是在制度上做一些保护家庭的制度设计,更重要的是将“家”的思维和机制作为当下中国法治建设中的重要参考系。传统社会关于家的制度是建立在农业文明、宗法社会之上的,而当下的中国显然已经不具有这样的社会条件,所以无原则地恢复传统带给现代社会的注定是戕害。传统是割不断的,任何民族都不可能逃避传统的浸染,所以现代法治不可能无视传统。因此,如果在参考系的意义上运用传统,则带给现代法治必将是更多的助益。从这个意义上说,现代法治不能缺失“家”的机制和思维。具体说,它需要“家”的机制和思维为它注入更多的“情”、更多的“和”,从而使其具有更强的可接受性和更广泛的社会基础。

第四,“家”意义上的法治对“家”的机制的应用是有条件的。具体说,法律应该对发生在民间或者私人领域的对家庭中的“情”“同”“别”的机制给予必要的尊重,即应该弘扬家庭中的亲情,提倡亲属间的互助,对亲属间特殊性的权利和义务给予必要的承认,但是法律必须要警惕这些机制对公共领域的染指,即在公权力的行使上要防控任人唯亲、徇情枉法、亲亲相护、因私废公,因为“如果一种对从家庭中培育起来的忠诚,即使不源自强迫,并且其对公共价值也绝对必须,那么这也可能会助长形成一种对公德构成危害的偏私”;“对家庭的合理忠诚”(a rightful loyalty to family)与“裙带关系及其特权”(nepotism and special privilege)也可能是一步之遥。[①] 法律在私人领域对家的机制的尊重源于对人性的关怀,而在公共领域要防范对“家”机制的扩张出于对社会总体公平保障的考量。

第五,“家”意义上的法治充分发挥“情”的功能。在家国情怀下,中华民族是重感情、讲情理、民情深厚的民族,中国的法治强调“情”“理”“法”的充分融合,强调“法律效果与社会效果的有机统一”,强调法治不仅具有形式主义的侧面,更具有实质主义的侧面,强调对案件的处理不但要合法

---

① David B. Wong, *Rights and Community in Confucianism*, in *Confucian Ethics: A Comparative Study of Self, Autonomy, and Community*, Kwong-loi Shun and David B. Wong, eds., Cambridge University Press, 2004, p. 43.

律,还要合情理,法律不但要有权威,也要有温情,法律不但要求“真”还要求“善”。其逻辑是社会治理如家庭治理一样,让“情”容于法之中,使法律的应用合情理、讲道理,有弹性、有韧性、有质感。

第六,“家”意义上的法治不是临摹西方版本意义上的法治。现代化的过程不是在也不应该仅在西方模式下进行,而是或应该呈现出一种“多元现代性”(multi-modernities)和“全球地方化”(glocalization)的趋势,[①] 即在现代化的总的趋势下,更多的政治实体保持民族和地方的特征。“家”意义上的法治正是这种性质的法治,它在“家”的视野下构建出了中国法治的主体性。它将中国传统中的发端于家中的“仁”“天下”“天人合一”“中庸和合”“义利之辩”“家国一体”等思想与理念运用到现代的社会治理中,经过创造性转化、创新性发展,指导制度的形成,在关系的视角下,突出责任意识,平衡个人与国家、人类与自然、中国与世界的关系,构建国家法治、国际法治与生态法治,构建人类命运共同体,为人类现代法治贡献中国智慧和中国方案。

---

① Roland Robertson, *European Glocalization in Global Context*, First published 2014 by PALGRAVE MACMILLAN, pp. 18 - 19.

参考文献

一、中文著作

[1] 张文显:《法哲学范畴研究》(修订版)[M],北京:中国政法大学出版社 2001 年版。

[2] 苏力:《制度是如何形成的》[M],广州:中山大学出版社 1999 年版。

[3] 苏力:《大国宪制》[M],北京:北京大学出版社 2018 年版。

[4] 黄源盛:《中国法史导论》[M],桂林:广西师范大学出版社 2014 年版。

[5] 黄源盛:《晚清民国刑法春秋》[M],台北:台湾梨斋社有限公司 2018 年版。

[6] 黄源盛:《民初大理院與裁判》[M],台北:台湾元照出版有限公司 2011 年版。

[7] 黄宗智:《经验与理论:中国社会、经济与法律的实践历史研究》[M],北京:中国人民大学出版社 2008 年版

[8] 黄宗智:《过去和现在:中国民事法律实践的探索》[M],北京:法律出版社 2009 年版。

[9] 吴飞:《人伦的“解体”——形质论传统中的家国焦虑》[M],北京:生活·读书·新知三联书店 2017 年版。

[10] 张祥龙:《家与孝——从中西间视野看》[M],北京:生活·读书·新知三联书店 2017 年版。

[11] 余英时:《中国思想传统的现代诠释》[M],南京:江苏人民出版社 2004 年版。

[12] 余英时:《士与中国文化》[M],上海:上海人民出版社 2003 年版。

[13] 潘绥铭:《性的社会史》[M],开封:河南人民出版社 1998 年版。

[14] 陈苇主编:《外国婚姻家庭法比较研究》[M],北京:群众出版社 2006 年版。

[15] 于静:《比较家庭法》[M],北京:人民出版社 2006 年版。

[16] 桑本谦:《私人之间的监控与惩罚》[M],济南:山东人民出版社 2005 年版。

[17] 周枏:《罗马法原论》[M],北京:商务印书馆 1994 年版。

[18] 范忠信:《中西法文化的暗合与差异》[M],北京:中国政法大学出版社 2001 年版。

[19] 范忠信等:《情理法与中国人》[M],北京:北京大学出版社 2011 年版。
[20] 张中秋:《中西法律文化比较研究》[M],南京:南京大学出版社 1999 年版。
[21] 徐忠明:《情感、循吏与明清时期的司法实践》[M],上海:上海三联书店 2009 年版。
[22] 徐忠明:《明镜高悬:中国法律文化的多维关照》[M],桂林:广西师范大学出版社 2014 年版。
[23] 何勤华,夏菲主编:《西方刑法史》[M],北京:北京大学出版社 2006 年版。
[24] 李秀清:《日耳曼法研究》[M],北京:商务印书馆 2005 年版。
[25] 翟学伟:《中国人的关系原理——时空秩序、生活欲念及其流变》[M],北京:北京大学出版社 2011 年版。
[26] 费孝通:《乡土中国　生育制度》[M],北京:北京大学出版社 1998 年版。
[27] 杨立新:《人身权法论》[M],北京:中国检察出版社 1996 年版。
[28] 姚辉:《民法的精神》[M],北京:法律出版社 1999 年版。
[29] 史尚宽:《亲属法论》[M],北京:中国政法大学出版社 2000 年版。
[30] 王洪:《婚姻家庭法》[M],北京:法律出版社 2003 年版。
[31] 王丽萍:《婚姻家庭法律制度研究》[M],济南:山东人民出版社 2004 年版。
[32] 萧功秦:《儒家文化的困境——近代士大夫与中西文化碰撞》[M],桂林:广西师范大学出版社 2006 年版。
[33] 金耀基:《从传统到现代》(两卷)[M],北京:法律出版社 2010 年版。
[34] 金耀基:《中国现代化的终极愿景》[M],上海:上海人民出版社 2013 年版。
[35] 秦晖:《传统十论》[M],上海:复旦大学出版社 2013 年版。
[36] 姚中秋(秋风):《重新发现儒家》[M],长沙:湖南人民出版社 2012 年版。
[37] 姚中秋(秋风):《儒家式的现代秩序》[M],桂林:广西师范大学出版社 2013 年版。
[38] 郝铁川:《中华法系研究》[M],上海:复旦大学出版社 1997 年版。
[39] 麻国庆:《永远的家——传统惯性和社会的结合》[M],北京:北京大学出版社 2009 年版。
[40] 李震山:《多元、宽容与人权保障——以宪法未列举权之保障为中心》[M],台北:元照出版公司 2007 年版。
[41] 刘引玲:《亲属身份权与救济权制度研究》[M],北京:中国检察出版社 2011 年版。
[42] 余延满:《亲属法原论》[M],北京:法律出版社 2007 年版。
[43] 辜正坤:《中西文化比较导论》[M],北京:北京大学出版社 2007 年版。
[44] 陈炎:《多维视野中的儒家文化》[M],北京:中国人民大学出版社 1997 年版。
[45] 吕妙芬:《孝治天下——〈孝经〉与近世中国的政治与文化》[M],台北:联经出版事业股份有限公司 2011 年版。

[46] 郭建:《中国法文化漫谈》[M],上海:东方出版中心 1999 年版。
[47] 陈顾远:《中国法制史》[M],北京:商务印书馆 1934 年版。
[48] 金眉:《中国亲属法的近现代转型》[M],北京:法律出版社 2010 年版。
[49] 梁漱溟:《中国文化要义》[M],上海:上海人民出版社 2003 年版。
[50] 曾宪义,马小红:《礼与法:中国传统法律文化总论》[M],北京:中国人民大学出版社 2012 年版。
[51] 韩秀桃:《司法独立与近代中国》[M],北京:清华大学出版社 2003 年版。
[52] 瞿同祖:《瞿同祖法学论著集》[M],北京:中国政法大学出版社 2004 年版。
[53] 故宫博物院明清档案部编:《清末筹备立宪档案史料》[M],北京:中华书局 1979 年版。
[54] 孙隆基:《中国文化的深层结构》[M],桂林:广西师范大学出版社 2004 年版。
[55] 怀效锋主编:《清末法制变革史料》[M],北京:中国政法大学出版社 2010 年版。
[56] 高汉成主编:《〈大清新刑律〉立法资料汇编》[M],北京:社会科学文献出版社 2013 年版。
[57] 孙正聿:《哲学通论》[M],沈阳:辽宁人民出版社 1998 年版。
[58] 李贵连:《沈家本评传》[M],南京:南京大学出版社 2011 年版。
[59] 徐纪霖:《家国天下——现代中国个人、国家与世界认同》[M],上海:上海人民出版社 2016 年版。
[60] 钱乘旦,陈晓律:《英国文化模式溯源》[M],上海:上海社会科学院出版社、成都:四川人民出版社 2003 年版。
[61] 从日云:《在上帝与凯撒之间》[M],上海:上海三联书店 2003 年版。
[62] 沈家本:《寄簃文存》[M],北京:商务印书馆 2015 年版。
[63] 蔡枢衡:《中国法理自觉的发展》[M],北京:清华大学出版社 2005 年版。
[64] 朱勇:《中国法律的艰难历程》[M],哈尔滨:黑龙江人民出版社 2002 年版。
[65] 高汉成:《签注视野下的大清刑律草案研究》[M],北京:中国社会科学出版社 2007 年版。
[66] 封丽霞:《法典编纂论——一个比较法的视角》[M],北京:清华大学出版社 2002 年版。
[67] 王伯琦:《近代法律思潮与中国固有文化》[M],北京:清华大学出版社 2005 年版。
[68] 李泽厚:《实用理性与乐感文化》[M],北京:生活·读书·新知三联书店 2005 年版。
[69] 梁治平:《清代习惯法:社会与国家》[M],北京:中国政法大学出版社 1999 年版。
[70] 梁治平:《礼教与法律——法律移植时代的文化冲突》[M],上海:上海书店出

版社 2013 年版。

[71] 邓正来:《中国法学向何处去》[M],北京:商务印书馆 2006 年版。

[72] 瞿同祖:《中国法律与中国社会》[M],北京:中国政法大学出版社 2004 年版。

[73] 陈朝壁:《罗马法原理》[M],北京:法律出版社 2006 年版。

[74] 张晋藩:《中国近代社会与法制文明》[M],北京:中国政法大学出版社 2003 年版。

[75] 王立民主编:《中国法律与中国社会》[M],北京:北京大学出版社 2006 年版。

[76] 李银河:《两性关系》[M],上海:华东师范大学出版社 2005 年版。

[77] 李银河:《性的问题·福柯与性》[M],北京:文化艺术出版社 2003 年版。

[78] 方尔加:《儒家思想讲演录》[M],北京:东方出版社 2007 年版。

[79] 林语堂:《中国人》[M],上海:学林出版社 2007 年版。

[80] 郑成良:《法律之内的正义——一个关于司法公正的法律实证主义解读》[M],北京:法律出版社 2002 年版。

[81] 梁涛主编:《美德与权利——跨文化视域下的儒学与人权》[M],北京:中国社会科学出版社 2016 年版。

[82] 单纯:《儒家思想的魅力》[M],北京:中国社会出版社 2011 年版。

[83] 孙良国:《关系契约理论导论》[M],北京:科学出版社 2008 年版。

[84] 王剑虹:《亲属拒证特权研究》[M],北京:法律出版社 2010 年版。

[85] 刘远主编:《期待可能性》[M],北京:北京大学出版社 2009 年版。

[86] 杨国枢:《中国人的行为和心理——本土化研究》[M],北京:中国人民大学出版社 2004 年版。

[87] 蒋月:《20 世纪婚姻家庭法:从传统到现代化》[M],北京:中国社会科学出版社 2015 年版。

[88] 黄宗智:《过去和现在:中国民事法律实践的探索》[M],北京:法律出版社 2009 年版。

[89] 陈来:《传统与现代——人文主义的视界》[M],北京:北京大学出版社 2006 年版。

[90] 吉国秀:《婚姻仪式变迁与社会网络重建》[M],北京:中国社会科学文献出版社 2005 年版。

[91] 阎云翔:《礼物的流动:一个村庄的互惠原则与社会网络》[M],李放春等译,上海:上海人民出版社 2000 年版。

[92] 杨立新,刘德权主编:《亲属法新问题与新展望》[M],北京:人民法院出版社 2009 年版。

[93] 沈宗灵:《现代西方法理学》[M],北京:北京大学出版社 1992 年版。

[94] 林毓生:《中国传统的创造性转化》[M],北京:生活·读书·新知三联书店 1988 年版。

[95] 赵旭东:《权力与公正——乡土社会的纠纷解决与权威多元》[M],天津:天津古籍出版社2003年版。

[96] 赵林:《基督教与西方文化》[M],北京:商务印书馆2013年版。

[97] 吴丹红:《特免权制度研究》[M],北京:北京大学出版社2008年版。

[98] 陈瑞华:《刑事诉讼的中国模式》(第2版)[M],北京:法律出版社2010年版。

[99] 季卫东:《法律程序的意义》(增订本)[M],北京:中国法制出版社2012年版。

[100] 张桂林:《西方政治哲学——从古希腊到当代》[M],北京:中国政法大学出版社1999年版。

[101] 黄俊杰:《儒家思想与中国历史思维》[M],台北:台大出版中心2015年版。

[102] 黄仁宇:《万历十五年》[M],北京:生活·读书·新知三联书店1997年版。

[103] 张希坡:《马锡五与马锡五审判方式》[M],北京:法律出版社2013年版。

[104] 汤建国、高其才主编:《习惯在民事审判中运用》[M],北京:人民法院出版社2008年版。

[105] 贾焕银:《民间规范的司法运用》[M],北京:中国政法大学出版社2010年版。

[106] 甘阳:《通三统》[M],北京:生活·读书·新知三联书店2014年版。

[107] 林端:《韦伯论中国传统法律:韦伯比较社会学的批判》[M],北京:中国政法大学出版社2014年版。

[108] 许烺光:《中国人与美国人》[M],徐德隆译,台北:南天书局有限公司2002年版。

[109] 笑思:《家哲学——西方人的盲点》[M],北京:商务印书馆2010年版。

[110] 范瑞平:《当代儒家生命伦理学》[M],北京:北京大学出版社2011年版。

[111] 陈来:《中华文明的核心价值——国学流变与传统价值观》[M],北京:生活·读书·新知三联书店2016年版。

[112] 赵汀阳:《天下体系——世界制度哲学导论》[M],北京:中国人民大学出版社2011年版。

[113] 文崇 ,萧新煌主编:《中国人的观念与行为》[M],北京:中国人民大学出版社2013年版。

[114] 何友晖等:《世道人心——对中国人心理的探索》[M],北京:北京大学出版社2007年年版。

二、中文译著:

[1] [英]哈耶克:《自由秩序原理》[M],邓正来译,北京:生活·读书·新知三联书店1997年版。

[2] [美]麦特·肯德雷:《美德的起源——人类本能与协作的进化》[M],刘珩译,北京:中央编译出版社2004年版。

[3] [英]霭理士:《性心理学》[M],潘光旦译注,北京:生活·读书·新知三联书店1987年版。

[4] [美]马尔科姆·波茨,[澳]罗杰·肖特:《自亚当和夏娃以来——人类性行为的进化》[M],张敦福译,北京:商务印书馆2006年版。
[5] [芬]E. A. 韦斯特马克:《人类婚姻史》(1—3卷)[M],李彬等译,北京:商务印书馆2002年版。
[6] [德]康德:《法的形而上学原理》[M],沈叔平译,北京:商务印书馆1991年版。
[7] [英]达尔文:《人类的由来及性选择》[M],叶笃庄,杨习之译,北京:北京大学出版社2009年版。
[8] [美]波斯纳:《性与理性》[M],苏力译,北京:中国政法大学出版社2002年版。
[9] [美]理查德·道金斯:《自私的基因》[M],卢允中等译,北京:科学出版社1981年版。
[10] [美]爱德华·O·威尔逊:《人类的本性》[M],甘华鸣译,福州:福建人民出版社1988年版。
[11] [法]乔治·巴塔耶:《色情史》[M],刘晖译,北京:商务印书馆2003年版。
[12] [美]E·A·霍贝尔:《初民社会的法律》[M],周勇译,北京:中国社会科学出版社1993年版。
[13] [美]贝思·J·辛格:《实用主义、权利和民主》[M],王守昌等译,上海:上海译文出版社2001年版。
[14] [奥]弗洛伊德:《论文明》[M],徐洋等译,北京:国际文化出版公司2000年版。
[15] [英]马林诺夫斯基:《两性社会学》[M],李安宅译,上海:上海人民出版社2003年版。
[16] [法]托克维尔:《论美国的民主》[M],董国良译,北京:商务印书馆1988年版。
[17] [美]安·格伦顿:《权利话语:穷途末路的政治言辞》[M],周威译,北京:北京大学出版社2006年版。
[18] [法]卢梭:《社会契约论》[M],何兆武译,北京:商务印书馆1980年版。
[19] [英]哈耶克:《个人主义与经济秩序》,邓正来译[M],北京:生活·读书·新知三联书店2003年版。
[20] [苏]谢苗诺夫:《婚姻和家庭的起源》[M],北京:中国社会科学出版社1983年版。
[21] [美]卡尔·A. 魏特夫:《东方专制主义——对于极权力量的比较研究》[M],徐式谷等译,北京:中国社会科学出版社1989年版。
[22] [意]彼得罗·彭梵得:《罗马法教科书》[M],黄风译,北京:中国政法大学出版社2005年版。
[23] [美]安乐哲:《生民之本——〈孝经的哲学诠释及英译〉》[M],何金俐译,北京:北京大学出版社2010年版。
[24] [法]勒内·达维德:《当代主要法律体系》[M],漆竹生译,上海:上海译文出版社1984年版。

[25] [美]梅利曼：《大陆法系》[M]，顾培东等译，北京：法律出版社 2004 年版。
[26] [德]萨维尼：《论立法与法学的当代使命》[M]，许章润译，北京：中国法制出版社 2001 年版。
[27] [日]穗积陈重：《法典论》[M]，樊树勋，李求轶译，北京：商务印书馆 2014 年版。
[28] [英]梅因：《古代法》[M]，沈景一译，北京：商务印书馆 1959 年版。
[29] [美]希尔斯：《论传统》[M]，傅铿，吕乐译，上海：上海人民出版社 2009 年版。
[30] [美]络德睦：《法律东方主义——中国、美国与现代法》[M]，魏磊杰译，北京：中国政法大学出版社 2016 年版。
[31] [法]爱弥尔·涂尔干：《乱伦禁忌及其起源》[M]，汲喆等译，上海：上海人民出版社 2003 年版。
[32] [美]怀特：《文化科学——人和文明的研究》[M]，曹锦清等译，杭州：浙江人民出版社 1988 年版。
[33] [美]博登海默：《法理学：法哲学与法律方法》[M]，邓正来译，北京：中国政法大学出版社 1999 年版。
[34] [美]富勒：《法律的道德性》[M]，郑戈译，北京：商务印书馆 2005 年版。
[35] [美]罗斯：《社会控制》[M]，秦志勇等译，北京：华夏出版社 1989 年版。
[36] [日]尾形勇：《中国古代的“家”与国家》[M]，张鹤泉译，北京：中华书局 2010 年版。
[37] [德]马克斯·韦伯：《论经济与社会中的法律》[M]，张乃根译，北京：中国大百科全书出版社 1998 年版。
[38] [美]彼得·M. 布劳：《社会生活中的交换与权力》[M]，李国武译，北京：商务印书馆 2008 年版。
[39] [美]麦克尼尔：《新社会契约论》[M]，雷喜宁等译，北京：中国政法大学出版社 2004 年版。
[40] [美]昂格尔：《现代社会中的法律》[M]，吴玉章等译，南京：译林出版社 2001 年版。
[41] [澳]哈尔·肯迪格等编：《世界家庭养老探析》[M]，刘梦等译，北京：中国劳动出版社 1996 年版。
[42] [德]恩格斯：《家庭、私有制和国家的起源》[M]，北京：人民出版社 1999 年版。
[43] [德]萨维尼：《论立法与法学的当代使命》[M]，许章润译，北京：中国法制出版社 2001 年版。
[44] [美]卡多佐：《司法过程的性质》[M]，苏力译，北京：商务印书馆 2000 年版。
[45] [美]罗斯科·庞德：《通过法律的社会控制》[M]，沈宗灵译，北京：商务印书馆 2010 年版。
[46] [法]皮埃尔·布迪厄：《实践与反思：反思社会学导引》[M]，北京：中央编译

出版社 1998 年版。
[47] [美]诺内特、塞尔兹尼克:《转变中的法律与社会:迈向回应型法》[M],张志铭译,北京:中国政法大学出版社 2004 年版。
[48] [法]福柯:《性经验史》[M],佘碧平译,上海:上海人民出版社 2002 年版。
[49] [法]福柯:《权力的眼睛——福柯访谈录》[M],严峰译,上海:上海人民出版社 1997 年版。
[50] [法]福柯:《自我技术:福柯文选Ⅲ》[M],汪民安编,北京:北京大学出版社 2016 年版。
[51] [德]拉德布鲁赫:《法学导论》[M],米健译,北京:中国大百科全书出版社 1997 年版。
[52] [英]卡尔·波普:《历史主义贫困论》[M],何林,赵平等译,北京:中国社会科学出版社 1998 年版。
[53] [美]迈克尔·休斯,卡洛琳·克雷勒:《社会学导论》[M],周杨等译,上海:上海社会科学院出版社 2011 年版。
[54] [美]大卫·科泽:《仪式、政治与权力》[M],王海洲译,南京:江苏人民出版社 2015 年版。
[55] [美]诺尔曼·丹森:《情感论》[M],魏中军等译,沈阳:辽宁人民出版社 1988 年版。
[56] [古希腊]亚里士多德:《政治学》[M],吴寿彭译,北京:商务印书馆 1997 年版。
[57] [美]玛莎·努斯鲍姆:《诗性正义:文学想象与公共生活》[M],丁晓东译,北京:北京大学出版社 2010 年版。
[58] [美]爱德华·S. 考文:《美国宪法的高级法背景》[M],强世功译,北京:生活·读书·新知三联书店 1996 年版。
[59] [美]乔治·H. 米德:《心灵、自我与社会》[M],赵月瑟译,上海:上海译文出版社 1992 年版。
[60] [美]杜维明:《儒家传统与文明对话》[M],彭国翔编译,石家庄:河北人民出版社 2008 年版。
[61] [美]D·布迪、C·莫里斯:《中华帝国的法律》[M],朱勇译,南京:江苏人民出版社 2004 年版。
[62] [美]狄百瑞:《亚洲价值与人权——儒家社群主义的视角》[M],尹钛译,北京:社会科学文献出版社 2012 年版。
[63] [美]伯尔曼:《法律与革命》[M],贺卫方等译,北京:中国大百科全书出版社 1993 年版。
[64] [美]伯尔曼:《法律与宗教》[M],梁治平译,北京:中国政法大学出版社 2003 年版。
[65] [美]伯尔曼:《法律与革命——新教改革对西方法律传统的影响》(第二卷)

[M],袁瑜琤、苗文龙译,北京:法律出版社 2008 年版。
[66] [美]杜赞奇:《全球现代性的危机——亚洲传统和可持续的未来》[M],黄彦杰译,北京:商务印书馆 2017 年版。
[67] [法]安德烈·比尔基艾等主编:《家庭史》(1—3 卷)[M],袁树仁等译,北京:生活·读书·新知三联书店 1998 年版。
[68] [英]德斯蒙德·莫里斯:《裸猿》[M],刘文荣译,上海:文汇出版社 2003 年版。
[69] [英]莫里斯:《人这种动物》[M],杨丽琼译,北京:华龄出版社 2002 年版。
[70] [英]莫里斯:《亲密行为》[M],刘文荣译,上海:文汇出版社 2002 年版。

三、中文期刊

[1] 张文显:《法理:法理学的中心主题和法学的共同关注》,载《清华法学》[J],2017 年第 4 期。
[2] 张文显:《法治与国家治理现代化》,载《中国法学》[J],2014 年第 4 期。
[3] 徐国栋:《家庭法哲学两题》,载《法制与社会发展》[J],2010 年第 3 期。
[4] 赵晓力:《中国家庭资本主义的号角》,载《文化纵横》[J],2011 年第 1 期。
[5] 强士功:《司法能动下的中国家庭——从最高法院关于〈婚姻法〉的司法解释谈起》,载《文化纵横》[J],2011 年第 1 期。
[6] 李拥军,桑本谦:《婚姻的起源与婚姻形态的演变——一个突破功能主义的理论解释》,载《山东大学学报》(哲学社会科学版)[J],2010 年第 6 期。
[7] 桑本谦:《强奸何以为罪》,载《法律科学》[J],2003 年第 3 期。
[8] 桑本谦:《配偶权:一种"夫对妻、妻对夫"的权利?——从发生学视角对婚姻制度和配偶权的重新解读"》,载《山东大学学报》(哲学社会科学版)[J],2006 年第 1 期。
[9] 张中秋:《中国封建社会奸罪述论》,载《南京大学学报》[J],1987 年第 3 期。
[10] 孟宪范:《家庭:百年来的三次冲击及我们的选择》,载《清华大学学报》(哲学社会科学版)[J],2008 年第 3 期。
[11] 宁清同:《家庭的民事主体地位》,载《现代法学》[J],2004 年第 6 期。
[12] 黄源盛:《传统与当代之间的伦常条款——以"杀尊亲属罪"为例》,载《华东政法大学学报》[J],2010 年第 4 期。
[13] 邓正来:《法律和立法的二元观——哈耶克法律理论的研究》,载《中外法学》[J],2002 年第 1 期。
[14] 黄源盛:《亲属相奸罪的历史流变及其趋向》,载《东吴法律学报》[J],第 27 卷第 2 期。
[15] 李爱荣:《从孝到养:传统法律观念的现代转变》,载《开放时代》[J],2010 年第 9 期。
[16] 崔大华:《儒学的一种缺弱:私德和公德》,载《文史哲》[J],2006 年第 1 期。

[17] 尤西林：《中国人的公德与私德》，载《上海交通大学学报》（哲学社会科学版）[J]，2003 年第 6 期。
[18] 赵晓力：《中国的家庭正走向接力模式吗？》，载《文化纵横》[J]，2011 年第 1 期。
[19] 费孝通：《家庭结构变动中的老年赡养问题：再论中国家庭结构的变动》，载《北京大学学报》（哲学社会科学版）[J]，1983 年第 3 期。
[20] 郑玉双：《孝道与法治的司法调和》，载《清华法学》[J]，2019 年第 4 期。
[21] 朱晓峰：《孝道理念与民法典编纂》，载《法律科学》[J]，2019 年第 1 期。
[22] 贺雪峰：《农村代际关系论：兼论代际关系的价值基础》，载《社会科学研究》[J]，2009 年第 5 期。
[23] 余飞跃：《家庭养老的困境与出路》，载《重庆大学学报》[J]，2011 年第 5 期。
[24] 韩广忠，肖群忠：《韩国孝道推广运动及其立法实践述评》，载《道德与文明》[J]，2009 年第 3 期。
[25] 丁慧：《试论中国亲属法哲学的发展方向》，载《法学杂志》[J]，2012 年第 7 期。
[26] 马忆南：《婚姻家庭法领域的个人自由与国家干预》，载《文化纵横》[J]，2011 年第 1 期。
[27] 蒋海松，俞荣根：《从亲情伦理立法到亲属权利立法》，载《武汉大学学报》（人文科学版）[J]，2009 年第 6 期。
[28] 骆群：《亲亲相隐：刑事政策的人伦启示》，载《东方法学》[J]，2010 年第 3 期。
[29] 王桂芳：《亲亲相隐及其在我国现代刑事法律中之活化》，载《南京师大学报》（社会科学版）[J]，2004 年第 2 期。
[30] 李洪祥：《我国亲属法应当回归未来民法典》，载《吉林大学社会科学学报》[J]，2011 年第 2 期。
[31] 曹信贤：《亲属法在民法典定位中的价值取向难题之破解与对策》，载《华中科技大学学报》（人文社会科学版）[J]，2014 年第 4 期。
[32] 夏吟兰：《民法典体系下婚姻家庭法之基本架构与逻辑体例》，载《政法论坛》[J]，2014 年第 5 期。
[33] 巫若枝：《三十年来中国婚姻法"回归民法"的反思——兼论保持与发展婚姻法独立部门法传统》，载《法制与社会发展》[J]，2009 年第 4 期。
[34] 赵万一：《婚姻家庭法与民法典关系之我见——兼论婚姻家庭法在我国民法典中的实现》，载《法学杂志》[J]，2016 年第 9 期。
[35] 强世功：《司法能动下的中国家庭——从最高法院关于〈婚姻法〉的司法解释谈起》，载《文化纵横》[J]，2011 年第 1 期。
[36] 王跃生：《婚事操办中的代际关系：家庭财产积累与转移——冀东农村的考察》，载《中国农村观察》[J]，2010 年第 3 期。
[37] 任强：《遭遇法治社会的中国文化传统——在道德、法治与自治的罅隙求生存》，载《学习与探索》[J]，2015 年第 9 期。

[38] 张迎秀:《简析离婚父母的探望权》,载《政法论丛》[J],2002 年第 5 期。
[39] 范愉:《民间社会规范在基层司法中的应用》,载《山东大学学报》(哲学社会科学版)[J],2008 年第 1 期。
[40] 王硕:《“报者,天下之利也”——论内嵌于传统伦理秩序的报机制》,载《现代哲学》[J],2011 年第 3 期。
[41] 范忠信:《中西法律传统中的亲亲相隐》,载《中国社会科学》[J],1997 年第 3 期。
[42] 张志铭:《转型中国的法律体系建构》,载《中国法学》[J],2009 年第 2 期。
[43] 张本顺:《“安提戈涅之怨”与中国亲属拒证权的缺失》,载《法制与社会发展》[J],2008 年第 3 期。
[44] 骆群:《亲亲相隐:刑事政策的人伦启示》,载《东方法学》[J],2010 年第 3 期。
[45] 谢佑平,陈莹:《“亲亲相隐”与亲属间窝藏、包庇类犯罪的豁免》,载《河北法学》[J],2011 年第 12 期。
[46] 郭齐勇:《“亲亲相隐”“容隐制”及其对当今法治的启迪——在北京大学的演讲》,载《社会科学论坛》[J],2007 年第 8 期。
[47] 黄春燕:《中国法治语境下亲亲相隐如何可能》,载《政法论丛》[J],2011 年第 6 期。
[48] 梁玉霞:《传承与移植的失却——对我国亲属作证义务的反思》,载《中外法学》[J],1997 年第 4 期。
[49] 刘斌:《“亲亲相隐”与“大义灭亲”》,载《社会科学论坛》[J],2008 年第 9 期。
[50] 吴丹红:《司法场景中的证人作证》,载《国家检察官学院学报》[J],2006 年第 3 期。
[51] 陈瑞华:《从“流水作业”走向“以裁判为中心”——对中国刑事司法改革的一种思考》,载《法学》[J],2000 年第 3 期。
[52] 王超:《论法院难以排除非法证据的深层次困境》[J],载《社会科学》[J],2013 年第 7 期。
[53] 叶青,王晓华:《刑事诉讼法修正案(草案)述评》,载《上海大学学报》[J],2012 年第 1 期。
[54] 邢朝国,郭星华:《从摒弃到尊重:现代法治建设与传统文化》,载《中国人民大学学报》[J],2012 年第 4 期。
[55] 俞荣根,蒋海松:《亲属权利的法律之痛——兼论“亲亲相隐”的现代转化》,载《现代法学》[J],2009 年第 3 期。
[56] 肖敏:《亲亲相隐制度的解读与重构——和谐社会为背景的思考》,载《河南大学学报》(社会科学版)[J],2007 年第 5 期。
[57] 陈瑞华:《从认识论走向价值论——证据法理论基础的反思与重构》,载《法学》[J],2001 年第 1 期。

[58] 李志强:《孝道危机时代下空巢老人权益的法律保护》,载《河北学刊》[J],2015年第1期。

[59] 刘燕舞:《农村家庭养老之殇——农村老年人自杀的视角》,载《武汉大学学报》(人文科学版)[J],2016年第4期。

[60] 郭景萍:《情感的互动特质:交换、沟通与平等》,载《江汉论坛》[J],2007年第9期。

[61] 杨明伟:《"枫桥经验":毛泽东、习近平跨世纪的共同关注》,载《党史博览》[J],2018年第11期。

[62] 张玲玉:《韦伯"卡迪司法"论断辨正》,载《环球法律评论》[J],2012年第3期。

[63] 易军:《另一种"法的正义"——民间报应正义的法理分析》,载《广西大学学报》(哲学社会科学版)[J],2011年第2期。

[64] 徐爱国:《论中国法理学的"死亡"》,载《中国法律评论》[J],2016年第2期。

[65] 季卫东,舒国滢等:《中国需要什么样的法理学》,载《中国法律评论》[J],2016年第3期。

[66] 陈金钊:《中国法理学研究中的"身份"焦虑》,载《华东政法大学学报》[J],2014年第4期。

[67] 朱晓东:《通过婚姻的治理》,载《北大法律评论》[J]第2辑,北京:法律出版社2002年版.

[68] 张龑:《论我国法律体系中的家与个体自由原则》,载《中外法学》[J],2013年第4期。

[69] 张龑:《何为我们看重的生活意义——家作为法学的一个基本范畴》,载《清华法学》[J],2016年第1期。

[70] 方乐:《法律实践如何面对"家庭"》,载《法制与社会发展》[J],2011年第4期。

[71] 伊涛:《家庭伦理的儒学内涵与权利的备选位置》,载《法制与社会发展》[J],2013年第4期。

[72] 俞江:《继承领域内冲突格局的形成——近代中国的分家习惯与继承法移植》,载《中国社会科学》[J],2005年第5期。

[73] 林辉煌:《家产制与中国家庭法律的社会适应——一种"实践的法律社会学"分析》,载《法制与社会发展》[J],2012年第4期。

[74] 俞金尧:《欧洲历史上家庭概念的演变及其特征》,载《世界历史》[J],2004年第4期。

[75] 汪兵:《诸子均分与遗产继承——中西古代家产继承制起源与性质比较》,载《天津师范大学学报》[J],2005年第6期。

[76] 肖仕卫:《刑事诉讼法如何面对家庭》,载《清华法学》[J],2015年第2期。

[77] 刘鹤玲:《亲缘选择理论:生物有机体的亲缘利他行为及其基因机制》,载《华中师范大学学报》(自然科学版)[J],2008年第1期。

[78] 唐灿、陈午晴：《中国城市家庭的亲属关系——基于五城市家庭结构与家庭关系调查》，载《江苏社会科学》[J]，2012 年第 2 期。

[79] 王跃生：《个体家庭、网络家庭和亲属圈家庭分析——历史与现实相结合的视角》，载《开放时代》[J]，2010 年第 4 期。

[80] 刘汶蓉：《当代家庭代际支持观念与群体差异——兼论反馈模式的文化基础变迁》，载《当代青年研究》[J]，2013 年第 3 期。

[81] 陈一筠编译：《同居关系会替代婚姻吗？——美国的最新研究报告》，载《国外社会科学》[J]，1999 年第 4 期。

[82] 姚国建：《宪法是如何介入家庭的？———判例法视角下的美国宪法对家庭法的影响及其争拗》，载《比较法研究》[J]，2011 年第 6 期。

[83] 姜涛：《刑法如何面对家庭秩序》，载《政法论坛》[J]，2017 年第 3 期。

[84] 汪维佳：《政治秩序演进与家庭法——中国经验及其意义》，载《浙江社会科学》[J]，2016 年第 2 期。

[85] 薛丁兰：《婚姻家庭法定位及其伦理内涵》，载《江淮论坛》[J]，2015 年第 6 期。

[86] 裴桦：《配偶权之权利属性探究》，载《法制与社会发展》[J]，2009 年第 6 期。

四、英文文献

[1] Ho, P. T. Chinese Civilization: A Search for Roots of Its Longevity, *Journal of Asian Studies*[J], 1976.

[2] David B. Wong, *Rights and Community in Confucianism*, *in Confucian Ethics: A Comparative Study of Self, Autonomy, and Community*[M], Kwong-loi Shun and David B. Wong, eds., Cambridge University Press, 2004.

[3] Chenyang Li, Shifting Perspectives: Filial Morality Revisited, *Philosophy East and West*[J], Vol. 47, No. 2 (Apr., 1997).

[4] Homans, G. C., *Social, Behavior: Its Elementary Forms*[M], New York: Harcourt, Brace, and Word, 1961.

[5] Murdock, G. P., *The Nuclear family*, *Issues in Cultural Anthropology*[M], D. W. Mccurdy and J. P. Spradley ed Little, Brown and Company, 1949, Boston.

[6] D. Black, The Boundaries of Legal Sociology, *The Yale Law Journal*[J], vol. 81, 1972.

[7] Ian R. Macneil, Relational Contract Theory: challenges and queries, 94 *Northwestern university law review*[J], 2000.

[8] Brian Leiter. American Legal Realism. Martin P. Golding and William A. Edmundson (Edited). *The Blackwell Guide to the Philosophy of Law and Legal Theory*[M]. 2005 by Blackwell Publishing Lt .

[9] Roo, Annir De and Rob Jagtenberg, Mediation in the Netherland: *Past Present Future Electronic Journal of Comparative Law*[J] 6.4 (dec) 2002.

[10] Jeremy Waldron, *Liberal Rghts: Collected Papers* 1981 - 1991 [M], Cambridge University Press, 1993.

[11] Joseph Chan, *Confucian Perfectionism: A Political Philosophy for Modern Times*[M], Princeton University Press, 2014.

[12] R. P. Peerenboom, What's Wrong with Chinese Rights? Toward a Theory of Rights with Chinese Characteristics, *6 Harvard Human Rights*[J], 1993.

[13] Roland Robertson, *European Glocalization in Global Context* [M], First published 2014 by PALGRAVE MACMILLAN.

[14] Walter K. Olson, *The Litigation Explosion: What Happened When America Unleashed the Lawsuit*[M], E. P. Dutton/Truman Talley books, 1991.

[15] S. P. Huntington, *The clash of civilizations and the remaking of world*[M], New York: Simon & Schuster, 1996.

[16] Gouldner, Alvin W., The Norm of Reciprocity: A Preliminary Statement, *American Sociological Review*[J], Vol. 25, No. 2, 1960.

[17] Luigino Bruni, *Reciprocity, Altruism and the Civil Society: In praise of heterogeneity*[M], London and New York: Routledge, 2008.

[18] Simmel, Georg, *The Sociology of Georg Simmel* [M], The Free Press, Glencoe, Illinois, 1950.

[19] Talcott Parsons, *The Structure of Social Action* [M], NewYork: Free Press, 1949.

[20] Jerome Frank, *Law and the Modern Mind* [M], Gloucester, Mass: Peter Smith, 1970.

[21] Owen M. Fiss, The Forms of Justice, *Harvard Law Review*[J], Volume 93, November 1979.

[22] Paul D. Carrington, The Civil Jury and American Democracy, In Duke Law School Public Law and Legal Theory Research Paper Eseries, Research Paper, No. 44, October 2003.

后　记

时间过得飞快，一转眼来东北工作二十多年了。昔日的“拥军哥”也快变成“拥军叔”了。我自认为是个“笨人”，生活中只要带一点技术性的运动或活计，我基本都不会。还记得上高中的时候，在体育课上练跳鞍马，我怎么也跳不过去。我随口和老师说：“老师，鞍马是我的弱项。”老师和同学们都笑了。老师问我：“那什么是你的强项？”说实话，在体育方面我真没有强项。至今我也不会开车，每每出门都是媳妇开车载我。因为我很“笨”，日常生活中的琐事，都由我媳妇操持。因为我很“笨”，别的干不了，只能一根筋地钻到书堆里，看看书，写点东西。常言道“男怕入错行，女怕嫁错郎”，所以我一直庆幸当初我选对了工作，教师可能是唯一适合我这个“笨人”的工作。

东北的冷是出了名的。我曾在一首小诗中写道：“长春非长春，动人也冻人。”长春一年差不多有5个月在冬天。漫长的冬天给出行带来极大的不便，这也是很多东北的老人去海南过冬的原因。如果你冬天到长春，晚上九点以后找饭店吃饭都很难，这和南方热闹的夜生活形成了鲜明的反差。我和大多数东北人一样也渴望春天的到来，盼望着风和日丽的日子。但是，漫长的冬日对于我这样的一个“笨人”来说未必都是苦日子，因为冬日的出行不便正好能让我坐下来看点东西、写点东西。每逢寒风刺骨、大雪飘飘、路面溜滑的日子恰是我创作的高峰期。经过自己的思考而创造出来的成果就像自己孕育出来的婴儿，会给你带来无比的幸福感。你对它充满了爱，就如同舍不得打自己的孩子一下一样，你也不舍得删减任何一个字。由此看来,东北的冷也成就了我这样一个学术上的"笨人"。

论文是一点一点做出来的,不是一气呵成的。打个比方,学术论文的写作就像燕子搭窝。有一个"白鸟学艺"的童话故事。许多鸟听说凤凰会搭窝,就都到她那里去学习。猫头鹰、老鹰、乌鸦、麻雀都没有耐心听完凤凰的讲解就飞走了,只有小燕子认真地听到最后,因此燕子搭的窝是最好的。燕子搭的窝是用唾液一点点将泥和草粘出来的。与之相同,论文也是一点点地做出来的,甚至说是一点一点地"磨"出来的。把手头的材料运用到你的论文中且恰到好处,本身就是一个费功夫的工作。这是一个精雕细琢、不断打磨的过程。这一过程具体是:通过大量的阅读后产生某种想法或火花,也就是问题意识,然后围绕着这一问题意识广泛地收集资料,尽量把与之相关的资料都收集到,然后对资料进行阅读,阅读的过程既是一个凝练主题的过程,同时又是一个不断对资料筛选取舍的过程,不断阅读资料后,把有用的资料按照你的问题线索通过生活和学术的逻辑将这些资料利用起来,通过这些资料支撑起文章的思想。这一过程是一个"先分散、后凝缩、再分散、再收缩"的过程。这是一个漫长艰苦的过程,是一个慢活、累活,但只有慢工才能出巧匠。所以我认为,"笨人"比之"聪明人"更可能在学术研究中获得成功。如果一个人极度聪明,很多工作都能胜任,他未必选择做学术,尤其不会从事法理学的研究,因为研究法理学得能够坐得住冷板凳,挨得住寂寞和清贫。因此,在这方面"笨人"更有优势。当然,如果一个既聪明又能够坐住冷板凳的人,那他定能成为学问大家。我没有作为思想大家的天资,也没有这样的奢望。我只想作为一个"笨人",通过自己的努力取得自己力所能及的收获。所以,我的座右铭是:"老牛自知夕阳短,不用扬鞭自奋蹄"。

记得当年考上兰州大学法律系的时候,乡亲们兴高采烈地把我送出村口。在他们眼里,我将来是要做律师、法官的。这对他们来讲可是无比神圣的职业啊!可是后来我当了老师,还是法理学老师,但他们仍然把我看成律师。每每回到老家,总有乡亲们拿来一些案子让我帮他们分析,这往往是我最尴尬的时候。当我表示无能为力时,乡亲们总是露出不解的神情。有亲戚说：你堂堂的法学博士、大学教授，怎么连个小案子都整不明白？你这些年都学什么了？情急之下我无奈地说：你们的案子与法律的阶级性、社会性有关吗，涉及权利本位的问题吗？用得上哈特和德沃金的思想吗？能放在大陆法系和英美法系区别的视野下吗？如果你们的案子和这些内容有关，我就能给你分析，否则分析不了，因为我只擅长这些内容。我记得贺卫方先生也曾经讲述过这样的经历。

虽然有点夸张，但也的确促使我思考一下自己的研究方向。法律就是为解决现实纠纷而产生的，这也是它存在的价值，从这个意义上说，法学是一个实践学科，它每时每刻都不能和生活实践相脱节。由此说来，当初乡亲们一提起我是学法律就把我和律师、法官联系在一起并没有错，因为在生活中法律就是由这些人群来表现的。如此说来，作为一个研究法律的学术人，即使你是研究法理论的，也不能远离实践。正是基于此，这些年来我一直尝试将法理学与部门法、法律实践、社会生活相结合，试图将法理学从"天上"拉到"地下"，从"仙境"回归"人间"，尝试缔造一种属于实践的法理学、属于生活的法理学，力求让法理学为推进实践和更新生活做出实实在在的贡献。

反思是法理学的思维方式，是学术研究的本质规定性。用孙正聿先生的话说："反思就是思想以自身为对象反过来而思之"。它是在别人看来稀松平常、司空见惯、见怪不怪、不足为奇的地方发现问题。它是一种"抬杠式"的思维，它要向假设质疑，要向前提挑战，反对"人云亦云"。所以，这些年来我在司法学研究上经常保持着一种对现实批判的态度。在很多人眼中，我更多的是给现行的司法机关挑毛病，找瑕疵，但我一直认为，告诉你牙上有韭菜叶的人是对你最好的人，"千人诺诺，不如一士谔谔"，我们只有意识到法律制度的不足，才有改进的动力。从某种意义上说，改革开放以来我们国家法治的发展其实都是在反思过去的意义上取得的。每每想到这一点，我就有了写下去的动力和兴趣。

学术研究是一个苦活、累活，需要自己坐得住冷板凳，但是更需要亲人朋友的帮助。因为我是一个生活上的"笨人"，所以琐碎的家庭生活全部落到了我媳妇宋豫女士身上，有时她陪孩子写作业一直到深夜。我的岳父宋保洛先生和岳母张茹琴女士特意从沈阳过来，照顾我们的生活。他们二老对我无微不至的照顾，让我这样一个外地人实实在在地感受到家的温暖。我的儿子李蓟泽，敏而好学，兴趣广泛。当我带着他在街头散步，我俩谈天说地、论历史、讲法律的时候，这是我人生最幸福的时刻。感谢我的亲人们！

人到中年，开始怀旧，大学毕业初到东北时的情景历历在目。1997年7月我被分配到沈阳工业大学文法学院工作。当时举目无亲，孑然一身。那时的同事们以东北人特有的真诚接纳了我，给了我亲人般关心和帮助，所以我要真诚地感谢张敬春、王树元、赵立忠、包愚勤、于善琦、周绍强、易玉、曹延泅、陈彦超、杨乃坤、刘芙、王磊、陈巍、王宇、李秋月、杨凤文、于维同、杨友民等等同事们曾经对我的关心和帮助。我要感谢初来沈阳时我的叔婶张光悦夫妇对我的关心和帮助。虽然他们只是我老乡的叔婶，但是我们一直彼此视为亲人。到了长春以后，融入到吉林大学法学院、理论法学研究中心这个大家庭中，老师们、同事们、兄弟姐妹们都给予了我最大限度的关心、帮助与宽容。所以我要真诚感谢李放、马新福、李永泰等前辈学者，感谢张文显、郑成良、姚建宗、蔡立东、黄文艺、吕丽等老师们，感谢宋显忠、刘红臻、钱大军、朱振、刘雪斌、侯学宾、刘小平、蔡宏伟、颜毅艺、王克金、苗炎、张琪、杨帆等同事们，你们的关心和帮助我牢记在心。我要感谢曾在兰州大学任教的刘艺工、刘志坚、周林彬、吴双全、汪振江等诸位老师对我的教诲，感谢这些我学术生涯中的领路人。我还要感谢我的同学王维林律师，在生活上，他像兄长一样关心我，帮助我，他坦荡的胸襟和高尚的人格时常感染我、激励我，当我遇到难处的时候，他鼓励我，劝慰我。我庆幸人生旅途中有这样的挚友。我要感谢尹奎杰、郑智航、康建胜、秦景党、李炳烁、钱继磊、任瑞兴、许辉猛、霍海红、杨波、朱磊、王晶宇、刘涛、杨铁军、朱丽娟、冯学伟、张姗姗、吴留戈、孙丽君、王方玉、丰霏、王奇才、葛健等兄弟姐妹们对我的关心和支持。我还要感谢学界中何勤华、沈国明、张新宝、蒋传光、杨松、王申、马治选、杨建军、桑本谦、郭春镇、任强、李小明、马长山、张建伟、陈景辉、尤陈俊、侯猛、祖伟、王素芬、李卓等学界的师长和同仁，感谢远在我国宝岛台湾的黄源盛、黄茂荣、陈清秀、张熙怀、陈爱娥、钟芳桦等等师长与朋友，与他们交流总让我受益匪浅。关心和帮助过我的人很多，一时也想不全，也写不完，最后对多年来关心、爱护、支持我的所有亲人、朋友、师长、同事以及我的学生致以最诚挚的谢意！

李拥军

2019年12月

图书在版编目(CIP)数据

“家”视野下的中国法制现代化/李拥军著.—上海:上海三联书店,2021.12 重印
ISBN 978-7-5426-6923-0

Ⅰ.①家… Ⅱ.①李… Ⅲ.①法制-研究-中国 Ⅳ.①D920.0

中国版本图书馆 CIP 数据核字(2019)第 282590 号

“家”视野下的中国法制现代化

著　　者 / 李拥军

责任编辑 / 郑秀艳
装帧设计 / 一本好书
监　　制 / 姚　军
责任校对 / 王凌霄

出版发行 / 上海三联书店
(200030)中国上海市漕溪北路 331 号 A 座 6 楼
邮购电话 / 021-22895540
印　　刷 / 上海展强印刷有限公司

版　　次 / 2020 年 7 月第 1 版
印　　次 / 2021 年 12 月第 2 次印刷
开　　本 / 640 mm×960 mm　1/16
字　　数 / 250 千字
印　　张 / 18.25
书　　号 / ISBN 978-7-5426-6923-0/D·439
定　　价 / 68.00 元